"十二五"职业教育国家规划教材修订版

icve 智慧职教 高等职业教育电类课程 新形态一体化教材

工厂电气控制技术

（第5版）

张运波 郑文 编

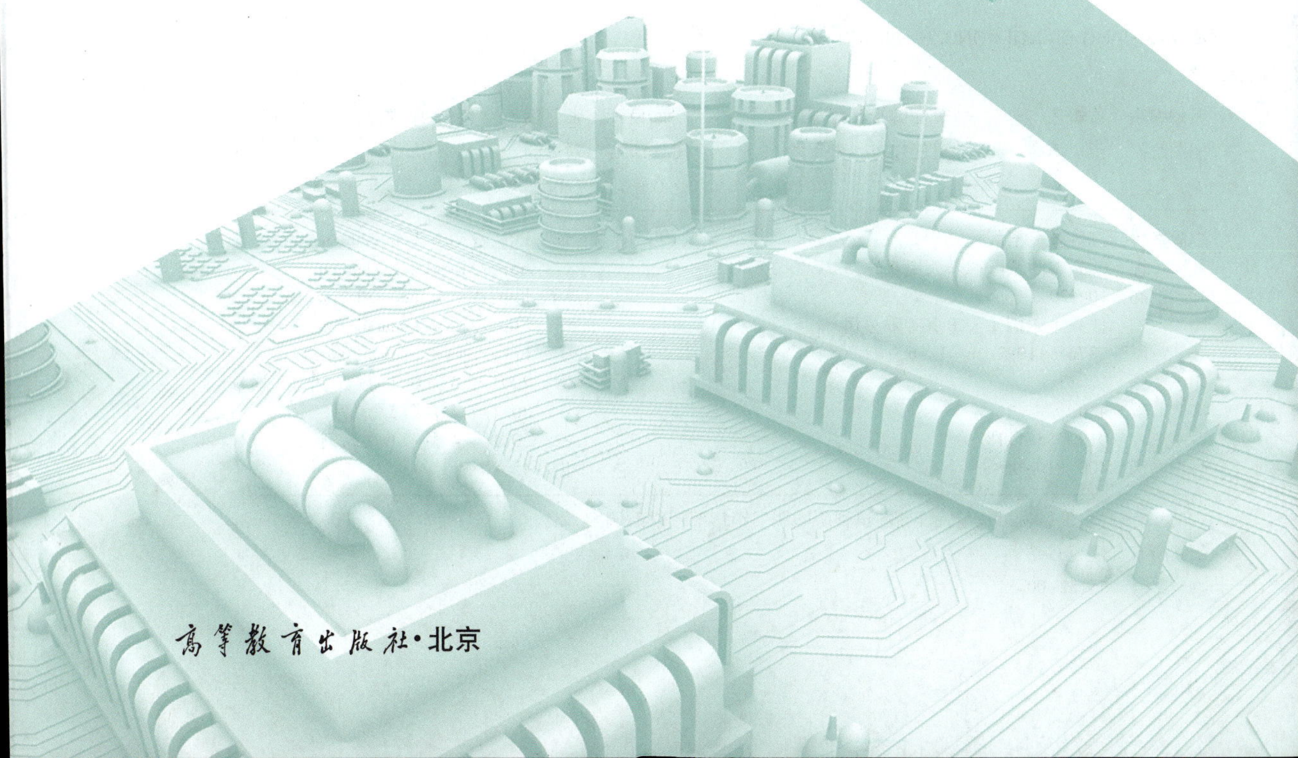

高等教育出版社·北京

内容提要

本书紧密结合工厂实际情况，将 PLC 应用技术、变频调速技术和软起动控制技术等融入传统的电气控制系统中，介绍了目前应用较多的新型低压电器及其故障诊断与维修方法、工厂常用的电气控制线路、典型的电气控制技术以及电气控制系统的设计、安装、调试、故障诊断与处理方法等，同时配有实例和习题。

全书共分 6 章，主要内容包括电气控制系统中常用的低压电器、电气控制系统的典型线路、可编程序控制器原理及应用、典型生产机械的电气控制、电气控制系统的设计与调试和电气控制技术实训等。

本书实现了互联网与传统教育的完美融合，以新颖的留白编排方式，突出资源的导航，扫描二维码，即可观看动画、微课等视频类数字资源，随扫随学，突破传统课堂教学的时空限制，激发学生自主学习的兴趣，打造高效课堂。

本书可作为高职高专、成人高等教育等的“电气控制与 PLC 应用技术”“工厂电气控制设备”和“工厂电气控制技术”等课程的教材，也可供有关专业师生和从事现场工作的技术人员参考。

图书在版编目（CIP）数据

工厂电气控制技术 / 张运波，郑文编. -- 5 版. -- 北京：高等教育出版社，2021.4

ISBN 978-7-04-055152-5

Ⅰ.①工… Ⅱ.①张… ②郑… Ⅲ.①工厂-电气控制-高等职业教育-教材 Ⅳ.①TM571.2

中国版本图书馆 CIP 数据核字（2020）第 191896 号

GONGCHANG DIANQI KONGZHI JISHU

策划编辑 曹雪伟　　责任编辑 曹雪伟　　封面设计 张　楠　　版式设计 童　丹
插图绘制 于　博　　责任校对 李大鹏　　责任印制 刘思涵

出版发行 高等教育出版社
社　　址 北京市西城区德外大街 4 号
邮政编码 100120
印　　刷 佳兴达印刷（天津）有限公司
开　　本 787mm×1092mm 1/16
印　　张 17.25
字　　数 430 千字
购书热线 010-58581118
咨询电话 400-810-0598

网　　址 http://www.hep.edu.cn
http://www.hep.com.cn
网上订购 http://www.hepmall.com.cn
http://www.hepmall.com
http://www.hepmall.cn
版　　次 2001 年 4 月第 1 版
2021 年 4 月第 5 版
印　　次 2021 年 4 月第 1 次印刷
定　　价 45.80 元

物 料 号 55152-00

前言

根据高职高专人才培养目标和课程体系的特点，我们在《工厂电气控制技术》（第4版）的基础上修订编写了本书。为了适应高职高专教育的需要，在修订中重点强调了常用低压电器和电气控制系统的故障诊断与处理方法，删除了数控技术相关的内容。为适应“互联网+”时代对教学提出的新要求，本次修订增加了丰富的数字化教学资源，包括教学课件（PPT）、动画、微课等，并在“智慧职教”平台配套了在线课程，以助于在线学习。

全书共分6章，书中紧密结合工厂实际情况，着重介绍目前应用较多的新型低压电器、工厂常用的电气控制线路以及典型的电气控制技术。第1章从应用的角度出发，在介绍各种低压电器基本原理的基础上，重点介绍了各种低压电器的作用、应用场合、主要技术参数、国产及进口产品型号以及选择、整定、使用维护、故障诊断与处理方法。第2章在简要叙述电气原理图绘制规则的基础上，重点介绍了组成电气控制线路的基本规律以及现场中使用较多的交直流电动机的典型起动、制动、行程和调速控制线路以及电动机软起动和交流变频调速技术的应用等。第3章讲述了可编程序控制器的原理及应用技术。第4、5章较详细地介绍了工业现场中电气控制线路的分析以及自动控制系统的设计、安装、调试、使用维护、故障诊断与处理方法，包括电气原理图的设计、电器布置图的设计、安装接线图的设计、参数计算与元器件的选择以及电控柜安装的一般步骤与方法、系统调试方法和故障诊断与处理方法等；作为应用，选择了几种典型的生产机械进行分析与设计，为了便于对比学习，将PLC控制系统的分析、设计等内容渗透到这两章中。第6章紧密结合教学内容和工业现场实际，列举了13个实训项目，通过实训，培养学生实际工作能力。

为了使学生学完后就能会做，本书在介绍各种方法之后，都列举了实例。

全书由长春工程学院的张运波、郑文编写，其中第1、4、5章由张运波编写，第2、3、6章由郑文编写。

由于编者水平有限，书中缺点和错误之处在所难免，欢迎读者批评指正。

编　者

2021年3月于长春

目 录

第 1 章　电气控制系统中常用的低压电器

内容提要

本章首先介绍了电磁式低压电器的基础知识，包括电磁机构和触点系统及其产生故障的原因、预防措施和故障诊断与修理方法，然后介绍了电气控制系统中常用的刀开关、组合开关、低压断路器、熔断器、接触器、继电器（电磁式继电器、时间继电器、热继电器、速度继电器、干簧继电器、固态继电器等）和主令电器（按钮、行程开关、接近开关、光电开关、万能转换开关、主令控制器等）的结构、工作原理、作用、应用场合、主要技术参数、典型产品、图形符号和文字符号以及选择、使用、故障诊断与处理方法等。

1.1　概　　述

1.1.1　低压电器的作用与分类

动画
低压电器的定义与分类

电器是一种能够根据外界信号的要求，手动或自动地接通或断开电路，断续或连续地改变电路参数，以实现电路或非电对象的切换、控制、保护、检测、变换和调节作用的电气设备。简言之，电器就是一种能控制电的工具。

电器按其工作电压等级可分成高压电器和低压电器。低压电器通常是指在交流额定电压 1 200 V、直流额定电压 1 500 V 及以下的电路中起通断、保护、控制或调节作用的电器产品。本书仅介绍电力拖动控制系统中常用的低压电器。

低压电器的用途广泛，作用多样，品种规格繁多，原理结构各异。为了概括地了解这些低压电器，从以下几个方面加以分类。

一、按操作方式分类

1. 手动电器

由人工直接操作才能完成任务的电器称为手动电器，如刀开关、按钮和转换开关等。

2. 自动电器

不需人工直接操作，按照电的或非电的信号自动完成接通、分断电路任务的电器称为自动电器，如低压断路器、接触器和继电器等。

二、按用途分类

1. 低压配电电器

主要用于低压供电系统，如刀开关、低压断路器、转换开关和熔断器等。

2. 低压控制电器

主要用于电力拖动控制系统，如接触器、继电器、控制器、控制按钮、行程开关、主令控制器和万能转换开关等。

三、 按工作原理分类

1. 电磁式电器

根据电磁感应原理来工作的电器，如交直流接触器、电磁式继电器等。

2. 非电量控制电器

电器的工作是靠外力或非电物理量的变化而动作的电器。如刀开关、行程开关、按钮、速度继电器、压力继电器和温度继电器等。

1.1.2 低压电器的发展方向

近年来，随着计算机、电子学、电弧等离子物理、信息和网络以及材料科学的发展，使得低压电器的发展更迅速便捷、更先进、更全面，主要体现在以下几个方面：

1. 低压电器的智能化与网络化

微处理器和计算机技术引入低压电器，一方面使低压电器具有智能化的功能，另一方面使低压开关电器实现了与中央控制计算机的双向通信。如智能化电动机控制器，随着计算机信息网络的发展，由低压配电系统和电动机控制中心已统一形成智能化、保护和信息网络系统。这种由新型低压电器元件和中央控制计算机组成的网络系统与传统的低压配电系统和电动机控制系统相比具有以下优点：

① 实现中央计算机集中控制，提高了低压配电系统自动化程度，实现了信息化。

② 使低压配电、控制系统的调度和维护达到新的水平。

③ 采用新的监控元件，使得开关柜屏面上提供的信息量大幅增加。

④ 监控元件与传统的指示和主令电器相比，便于安装，提高了工作的可靠性。

⑤ 可以实现数据共享，避免了信息的重复，减少了信息通道。

网络通信的发展，对用户和设备之间的开放性和兼容性的要求日益提高，因而制定一个统一的通信协议是急需解决的问题。目前由智能化电器与中央计算机通过接口构成的自动化通信网络正从集中式控制向分布式控制发展；现场总线技术的出现，不但为构造分布式计算机控制系统提供了条件，而且，它即插即用、扩充性好、维护方便，因而目前这种技术成为国内外关注的热点。

2. 设计与开发手段的现代化

由于市场竞争，目前国内外一些电器工厂正致力于产品开发手段的现代化，以缩短产品开发周期，提高产品质量，降低成本。产品开发手段的现代化主要体现在以下两个方面：

① 三维计算机辅助设计与制作软件系统的引进。

② 电器通断特性计算机仿真技术的发展。

随着计算机技术的发展，电器产品的计算机辅助设计正从二维转向三维，标志着辅助设计技术进入了一个新阶段。传统的二维设计软件仅能解决计算机制图问题，而三维设计系统集设计、制造和分析于一体，让设计者在三维空间内完成零部件的设计和装配，并在此基础上自动生成图纸，完成零部件的自动加工工艺并生成相应的代码，实现了设计与制造的自动化和优化。

目前国外一些著名的电气公司已广泛采用三维设计系统来开发产品，如德国的金钟-默勒公司、日本的三菱公司等。20 世纪 90 年代初首先由常熟开关厂依靠 UG 三维设计系统开发 CMI 系列高分断性能的塑壳断路器获得成功,从而带动国内其他生产厂家纷纷引进这种新技术。目前该技术已在国内不少工厂开花结果。

3. 环保材料的广泛使用

随着工农业的发展,环境保护问题日趋严重,这对大量使用的低压电器提出了新的要求。如低压电器中几乎 80% 的材料是塑料,塑料常作为低压电器的外壳使用,对这些材料来说,一方面要保证长的寿命和电器本身的工作可靠性,另一方面还应考虑环保要求,即无污染,并且可以回收。再如,长期以来,由于 AgCdO 有较好的耐电弧侵蚀能力,因而在低压电器中作为控制电器的触点材料得到了广泛的应用。但由于 AgCdO 材料有毒,近年来,从环保要求出发,人们以 $AgSnO_2$ 代替 AgCdO。由于新型材料的采用和推广,使得低压电器在其应用的过程中更可靠、更环保。

4. 结构设计的模块化、组合化、模数化和零部件通用化

当前低压电器在结构设计上广泛采用模块化、组合化、模数化和零部件通用化。模块化使电器制造过程大为简便,通过不同模块积木式的组合,使电器可获得不同的附加功能。组合化使不同功能的电器组合在一起,有利于使电器结构紧凑,减少线路中所需元件品种,并使保护特性得到良好配合。模数化使电器外形尺寸规范化,便于安装和组合。不同额定值或不同类型电器实行零部件通用化,对制造厂家来说,将大大减少产品开发和生产的费用,对用户来说,也便于维修和减少零部件的库存量。

1.2 电磁式低压电器的基础知识

由于电磁式低压电器在电气控制线路中使用量较大,其类型也很多,并且各类电磁式低压电器在工作原理和结构上基本相同,所以,本节将介绍电磁式低压电器的基础知识。

从结构上看,电器一般都具有两个基本组成部分,即感测部分和执行部分。感测部分是接收外界输入的信号,并通过转换、放大、判断,做出有规律的反应,使执行部分动作,输出相应的指令,实现控制目的。对于电磁式低压电器,感测部分大都是电磁机构,而执行部分则是触点系统。

1.2.1 电磁机构

电磁机构是电磁式低压电器的重要组成部分之一,它将电磁能转换成机械能,带动触点使之闭合或断开。电磁机构由吸引线圈、铁心(静铁心)、衔铁(动铁心)、铁轭和空气隙等组成。电磁机构中的线圈、铁心是静止不动的,只有衔铁是可动的。

一、 电磁机构的分类

根据磁路形状和衔铁运动方式的不同,以及线圈接入电路的方式不同,电磁机构可分成多种形式和类型。不同形式和类型的电磁机构可构成多种类型的电磁式低压电器。

1. 按磁路形状和衔铁运动方式分类

(1) U 形拍合式

铁心制成 U 字形,而衔铁的一端绕棱角或转轴做拍合运动。图 1.2.1(a)表示铁心和衔铁均由工程软铁制成而衔铁绕棱角运动,此种形式的电磁机构广泛用于直流电磁式低压电器(如直流

接触器和直流继电器)中。图 1.2.1(b)表示的铁心和衔铁均由电工钢片叠成而衔铁绕转轴转动,此种形式的电磁机构广泛用于交流电磁式低压电器中。

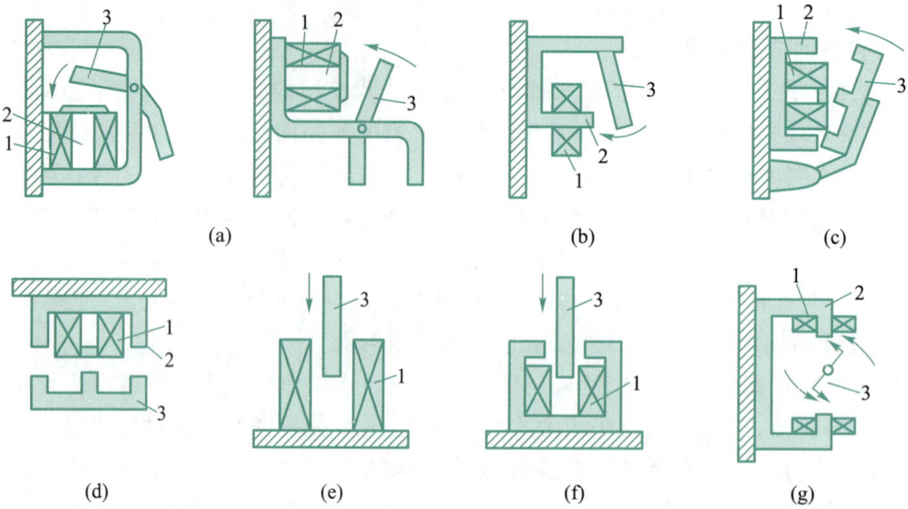

1—线圈;2—铁心;3—衔铁

图 1.2.1 常用电磁机构的形式

(2) E 形拍合式和 E 形直动式

铁心和衔铁均制成 E 字形,且均由电工钢片叠成,线圈套装在中间铁心柱上。这两种形式的电磁机构均用于交流电磁式低压电器中。E 形拍合式如图 1.2.1(c)所示,广泛用于 60 A 及以上的交流接触器中。E 形直动式如图 1.2.1(d)所示,该种形式的电磁机构广泛用于 40 A 以下的交流接触器和交流电压继电器、中间继电器及时间继电器中。

(3) 空心螺管式

这种电磁机构只有线圈和圆柱形衔铁而无铁心,衔铁在空心线圈内做直线运动,如图 1.2.1(e)所示。主要用于交流电流继电器和供电系统用的时间继电器中。

(4) 装甲螺管式

在空心线圈的外面罩以用导磁材料制成的外壳,而圆柱形衔铁在空心线圈内做直线运动,如图 1.2.1(f)所示。常用于交流电流继电器中。

(5) 回转式

铁心制成 C 字形,且用电工钢片叠成,两个可串联或并联的线圈分别绕在铁心开口侧的铁心柱上,而衔铁是 Z 形转子,如图 1.2.1(g)所示。这种机构应用于供电系统的电流继电器中。

2. 按线圈接入电路方式分类

(1) 串联电磁机构

电磁机构的线圈串接于电路中,如图 1.2.2(a)所示。按电路的电流种类又可分为直流串联电磁机构和交流串联电磁机构。串联电磁机构的衔铁动作与否取决于线圈中电流的大小,而衔铁的动作不会引起线圈中电流的变化。这种接入方式的线圈又称为电流线圈,具有这种电磁机构的电

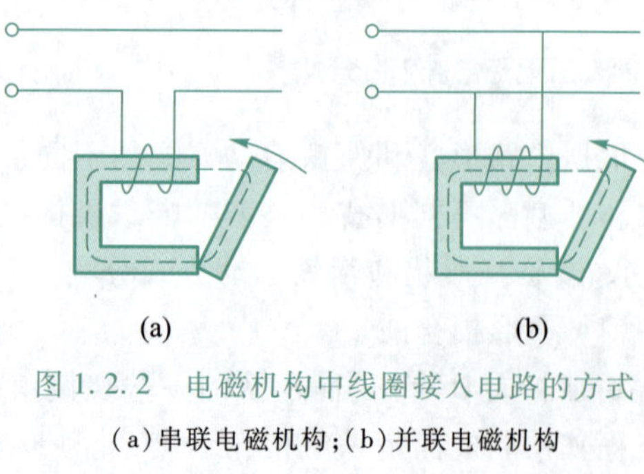

图 1.2.2 电磁机构中线圈接入电路的方式

(a)串联电磁机构;(b)并联电磁机构

器都属于电流型电器。为了不影响电路中负载的端电压和电流，要求线圈的内阻很小，因此，串联电磁机构的线圈导线截面积较大，且线圈匝数较少。

(2) 并联电磁机构

电磁机构的线圈并联于电路中，如图 1.2.2(b)所示。按电路的电流种类分为直流并联电磁机构和交流并联电磁机构。并联电磁机构的衔铁动作与否取决于线圈两端的电压大小，这种接入方式的线圈又称为电压线圈，具有这种电磁机构的电器均属于电压型电器。直流并联电磁机构的衔铁动作不会引起线圈中电流的变化，但对于交流并联电磁机构，其衔铁的动作会引起线圈阻抗的变化，从而会引起线圈中电流的变化。由实验得知，对于 U 形电磁机构，衔铁打开时线圈中电流值为衔铁闭合后的 6 ~ 7 倍，E 形电磁机构可达 10 ~ 15 倍。而线圈的允许电流值是按衔铁闭合后的电流值设计的，所以一旦线圈有电而衔铁由于某种原因闭合不上或频繁操作时，线圈易过热乃至烧坏，这也是交流电压型电器比直流电压型电器易损坏的原因之一。

二、电磁机构的特性

电磁机构的工作情况常用吸力特性和反力特性来表征，二者间的配合关系将直接影响电磁式低压电器的工作可靠性。

电磁机构的吸力与气隙的关系曲线称为吸力特性，它随励磁电流种类（交流或直流）、线圈的连接方式（串联或并联）的不同而有所差异。电磁机构转动部分的静阻力与气隙的关系曲线称为反力特性，阻力的大小与作用弹簧、摩擦阻力以及衔铁重量有关。下面分析吸力特性、反力特性和两者的配合关系。

1. 电磁机构的吸力特性

当电磁机构的气隙 δ 较小，磁通分布比较均匀时，电磁机构的吸力 F_{at} 可近似地按下式求得

$$F_{at}=\frac{1}{2\mu_0}B^2S \tag{1.2.1}$$

式中，$\mu_0=0.4\pi\times10^{-6}$ H/m（空气磁导率）；

S 为极靴面积。

当 S 为常数时，F_{at} 与 B^2 成正比。

对于具有电压线圈的直流电磁机构，因为外加电压和线圈电阻不变，流过线圈的电流为常数，与磁路的气隙大小无关。根据磁路定律

$$\Phi=\frac{IN}{R_m}\propto\frac{1}{R_m} \tag{1.2.2}$$

则

$$F_{at}\propto\Phi^2\propto\frac{1}{R_m}$$

根据式(1.2.1)不难推出吸力 F_{at} 与气隙 δ 间的关系为

$$F_{at}=\frac{1}{2}IN\mu_0S\frac{1}{\delta^2} \tag{1.2.3}$$

由式(1.2.3)可见吸力 F_{at} 与气隙 δ^2 成反比，故吸力特性为二次曲线形状，如图 1.2.3 所示。它表明衔铁闭合前后吸力变化很大。

对于具有电压线圈的交流电磁机构，其吸力特性与直流电磁机构有所不同。设外加电压不变，交流吸引线圈的阻抗主要取决于线圈的电抗，电阻可忽略，电阻压降也可忽略，则

$$U(\approx E)=4.44f\Phi N \tag{1.2.4}$$

$$\Phi = \frac{U}{4.44 f N} \tag{1.2.5}$$

当频率f、匝数N和电压U均为常数时，Φ为常数，由式(1.2.1)知，F_{at}亦为常数，说明F_{at}与δ大小无关。

实际上考虑到漏磁的作用，吸力F_{at}随气隙δ的减小略有增加，如图1.2.4所示。

对于交流并联电磁机构，当线圈的外加电压不变时，线圈的阻抗随着气隙的改变而改变，所以线圈中的电流也改变。气隙大时，线圈电流也大，反之则小。当气隙变化时，电流I与气隙δ呈线性关系，如图1.2.4所示。

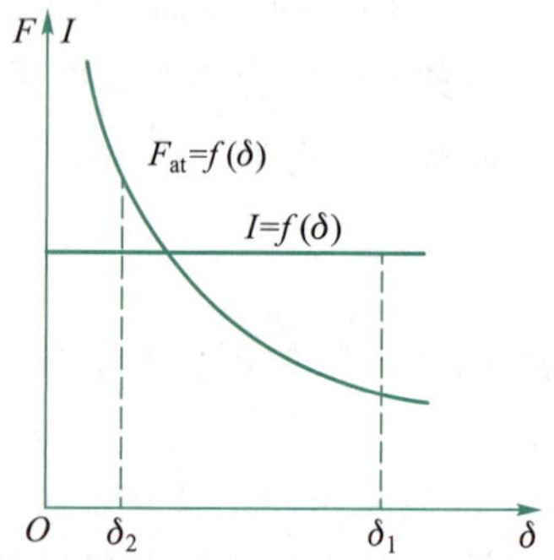

图1.2.3 直流电磁机构的吸力特性

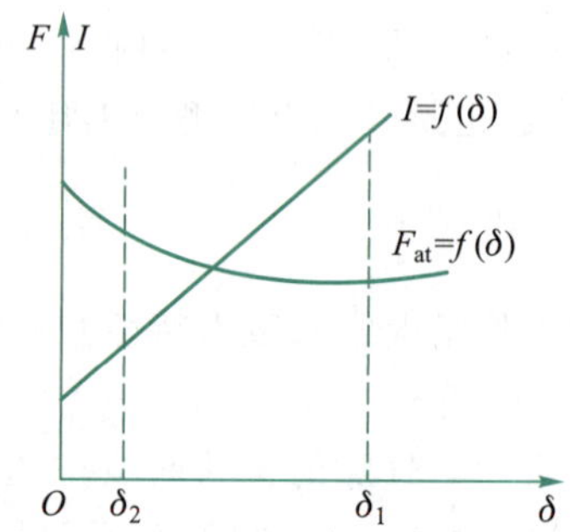

图1.2.4 交流电磁机构的吸力特性

由以上分析可以看出，直流电磁机构的吸力与气隙的平方成反比，而交流电磁机构的吸力与气隙的大小无关。因此，直流电磁机构的吸力特性比交流电磁机构的吸力特性要陡。

2. 电磁机构的反力特性

在忽略电磁机构运动部件重力的情况下，电磁机构的反力主要由释放弹簧和触点弹簧的反力构成，用F_r表示。由于弹簧的作用力与其长度呈线性关系，所以反力特性曲线都是直线段，如图1.2.5中的曲线3所示。δ_1为气隙的最大值，此时对应的动、静触点之间的距离称为触点开距，也称为触点行程，它的全称是触点断开距离。在衔铁闭合过程中，当气隙由δ_1开始减小时，反力逐渐增大，如曲线3中的ab段所示，这一段为释放弹簧的反力变化。到达气隙δ_2位置时，动、静触点刚刚接触，由于触点弹簧预先被压缩了一段，因而当动、静触点刚刚接触时，由触点弹簧产生一个压力，称为初压力，此时初压力作用到衔铁上，反力突增，曲线也突变，如曲线3中的bc段所示，这一段为触点弹簧的初压力。当气隙由δ_2再减小时，释放弹簧与触点弹簧同时起作用，使反力变化增大。气隙越小触点压得越紧，反力越大，线段较$\delta_1 \sim \delta_2$段陡，如曲线3的cd段所示。

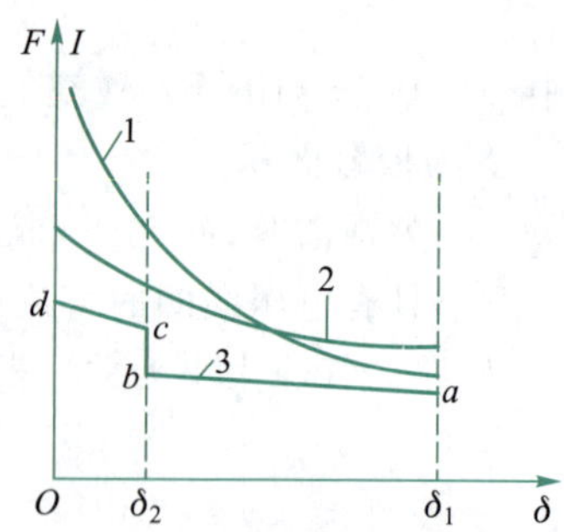

1—直流电磁机构的吸力特性；
2—交流电磁机构的吸力特性；
3—反力特性
图1.2.5 吸力特性和反力特性

触点弹簧压缩的距离称为触点的超行程，即从静、动触点刚开始接触到触点压紧而动触点向前压紧的距离。触点完全闭合后动触点已不再向前运动时的触点压力称为终压力。

由以上分析可以看出，气隙减小的过程就是触点闭合的过程。开距、超行程、初压力、终压力是触点的四个主要参数。开距是为保证断开电弧和在规定的试验电压下不被击穿；超行程是保证触点可靠的接触所必不可少的；初压力主要是限制并防止触点在刚接触时发生的机械振动；终压力是保证触点在闭合状态下接触电阻较小（详见 1.2.2 节中的有关内容），使触点温升不超过允许值。

改变释放弹簧的松紧，可以改变反力特性曲线的位置，若将释放弹簧扭紧，则反力特性曲线上移；若将释放弹簧放松，则反力特性曲线平行下移。

3. 电磁机构的吸力特性与反力特性的配合

吸力特性与反力特性适当配合的宗旨，是在保证衔铁产生可靠吸合动作的前提下尽量减少衔铁和铁心柱端面间的机械磨损和触点的电磨损。为此，反力特性曲线应在吸力特性曲线的下方且彼此靠近，如图 1.2.5 所示。如果反力特性曲线在吸力特性曲线的上方，这时衔铁无法产生闭合动作，尤其是对于交流并联电磁机构，由于衔铁无法吸合而导致线圈严重过热乃至烧坏。如果反力过小，则反力特性曲线远离吸力特性曲线的下方，这时衔铁虽然能产生闭合动作，但由于吸力过大，使衔铁闭合时的运动速度过大，因而会产生很大的冲击力，使衔铁与铁心柱端面造成严重的机械磨损。此外，过大的冲击力有可能使触点产生弹跳现象，从而导致触点的熔焊或烧损，也就会引起严重的电磨损，降低触点的使用寿命。为此，可以通过改变释放弹簧的松紧来实现吸力特性与反力特性的适当配合。

4. 单相交流电磁机构的吸力

交流电磁机构按所接入电路的类型分为单相和三相两种，在电力拖动控制系统中所用的交流电磁式电器都采用单相交流电磁机构。

在单相交流电磁机构中，由于外加正弦交流电压，其气隙磁感应强度是按正弦规律变化的，即

$$B=B_{\mathrm{m}}\sin(\omega t) \tag{1.2.6}$$

将式（1.2.6）代入式（1.2.1）中，经过整理得电磁吸力的公式为

$$F_{\mathrm{at}}=\frac{1}{2}F_{\mathrm{m}}-\frac{1}{2}F_{\mathrm{m}}\cos(2\omega t) \tag{1.2.7}$$

式中，F_{m} 为电磁吸力最大值

$$F_{\mathrm{m}}=\frac{1}{2\mu_0}B_{\mathrm{m}}^2 S$$

电磁吸力的平均值为

$$F_0=\frac{1}{T}\int_0^T F_{\mathrm{at}}\mathrm{d}t=\frac{1}{2}F_{\mathrm{m}} \tag{1.2.8}$$

则式（1.2.7）可写为

$$F_{\mathrm{at}}=F_0[1-\cos(2\omega t)] \tag{1.2.9}$$

由式（1.2.9）可知，交流电磁机构的电磁吸力是一个 2 倍电源频率的周期性变量。它有两个分量：一个是恒定分量 F_0，其值为最大吸力值的一半；另一个是交变分量 $F_0\cos(2\omega t)$，其幅值也为最大吸力值的一半，但以 2 倍电源频率变化。总的电磁吸力 F_{at} 在 $0\sim F_{\mathrm{m}}$ 的范围内变化，如图 1.2.6 所示。

交流电磁机构的电磁吸力是随时间变化而变化的。在工作中，决定其能否将衔铁吸住的是平均吸力 F_0 的大小。所以通常说的交流电磁机构的吸力，就是指它的平均吸力。

电磁机构在工作中，衔铁始终受到反作用弹簧、触点弹簧等反作用力 F_{r} 的作用。尽管电磁吸力的平均值 F_0 大于 F_{r}，但在某些时候 F_{at} 仍将小于 F_{r}，如图 1.2.6 所示。当 $F_{\mathrm{at}}<F_{\mathrm{r}}$ 时，衔铁开

始释放；当 $F_{at}>F_r$ 时，衔铁又被吸合，如此周而复始，从而使衔铁产生振动，发出噪声。振动还会造成电器结构松散、寿命降低，同时使触点接触不良，易于熔焊和烧损。因此，必须采取措施抑制振动和噪声。

由以上分析可知，只有使电磁机构的吸力 F_{at} 在任何时候都大于反力 F_r，才有可能消除振动和噪声。为此，设法将气隙磁通分为两部分，使它们在相位上错开一个角度 ψ，而且当一个磁通为零时，另一个磁通恰好为最大或接近于最大。这样，不论在什么时候，两磁通产生的电磁吸力都不会同时为零，而且它们的合力有可能一直大于反力 F_r，从而消除振动和噪声。具体办法是在铁心端部开一个槽，槽内嵌以铜环，称为短路环或分磁环，如图 1.2.7 所示。

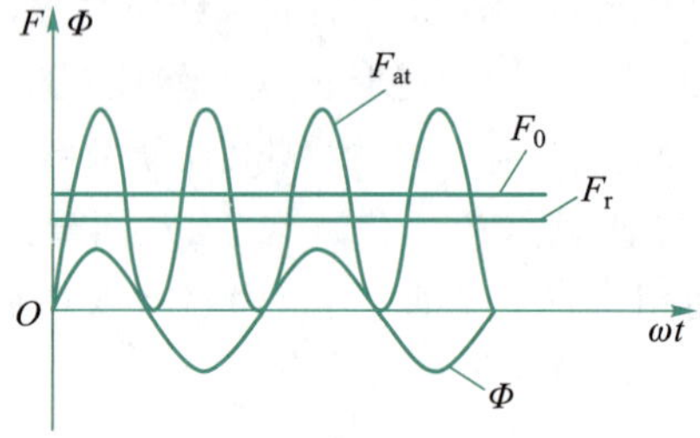

图 1.2.6　交变磁通和它的吸力

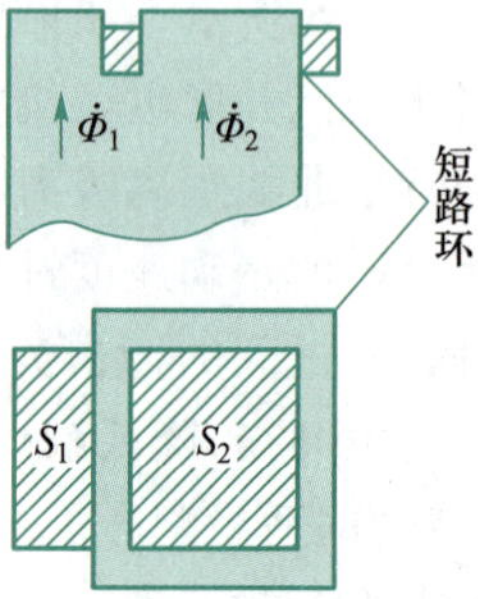

图 1.2.7　短路环示意图

1.2.2　电接触

触点是电磁式电器的执行元件，电器就是通过触点的动作来分合被控制的电路。触点在闭合状态下动、静触点完全接触，并有工作电流通过时，称为电接触。电接触情况的好坏将影响触点的工作可靠性和使用寿命。影响电接触工作情况的主要因素是触点的接触电阻，因为接触电阻大，易使触点发热而温度升高，从而使触点易产生熔焊现象，这样既影响了工作的可靠性又降低了触点的使用寿命。触点的接触电阻不仅与触点的接触形式有关，而且还与接触压力、触点材料及触点表面状况有关。

一、触点的接触形式

触点的接触形式有点接触、线接触和面接触三种，如图 1.2.8 所示。

点接触是由两个半球或一个半球与一个平面形触点构成。由于接触区域是一个点或面积很小的面，允许通过电流很小，所以它常用于电流较小的电器中，如继电器的触点和接触器的辅助触点。线接触由两个圆柱面形的触点构成，又称为指形触点。它的接触区域是一条直线或一条窄面，允许通过的电流较大，常用于中等容量接触器的主触点。由于这种接触形式在通断过程中是滑动接触，如图 1.2.9 所示，接通时，接触点由 $A—B—C$ 变化；断开时，接触点则由 $C—B—A$ 变化。这样可以自动清除触点表面的氧化膜，从而更好地保证触点的良好接触。面接触是两个平面形触点相接触，由于接触区域有一定的面积，可以通过很大的电流，常在大容量的接触器中作主触点用。

二、接触电阻

触点有四种工作状态，即：闭合状态、断开过程、断开状态、闭合过程。在理想情况下，触点闭

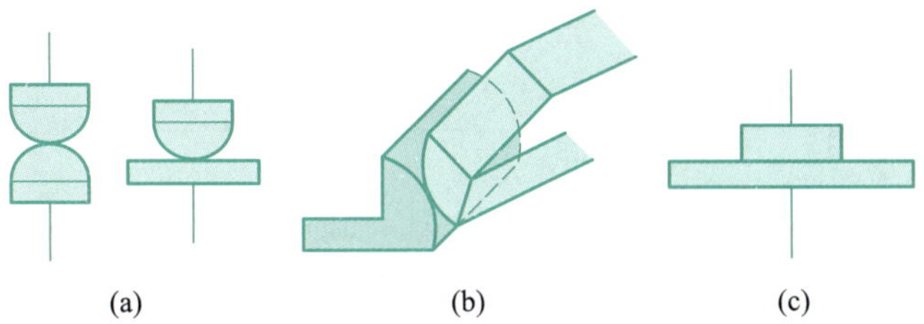

图 1.2.8 触点的三种接触形式

(a)点接触;(b)线接触;(c)面接触

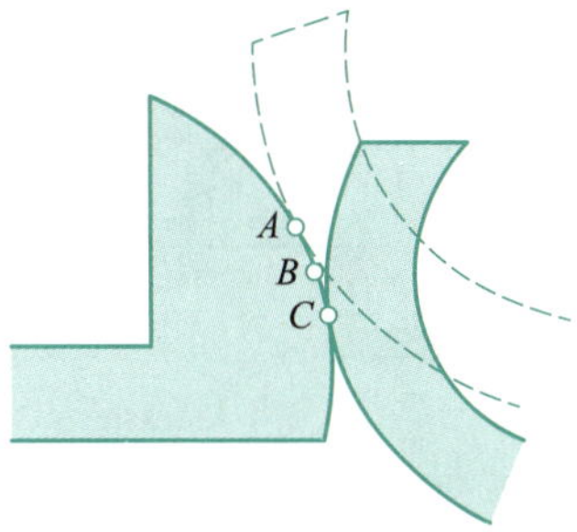

图 1.2.9 指形触点的接触过程

合时其接触电阻为零;触点断开时接触电阻为无穷大;在闭合过程中接触电阻瞬时由无穷大变为零;在断开过程中接触电阻瞬时由零变为无穷大。但实际上,在闭合状态时耦合触点间有接触电阻存在,若接触电阻太大,就可能导致被控电路压降过大或电路不通;在断开状态时要求触点间有一定的绝缘电阻,若绝缘电阻不足就可能导致击穿放电,致使被控电路导通;在闭合过程中有触点弹跳现象,可能破坏触点的可靠闭合;在断开过程中可能产生电弧破坏触点可靠断开。

从微观观察,不管触点表面如何光洁,实际上表面总是凹凸不平的,所以两个触点接触时总是由许多斑点接触,如图 1.2.10 所示。在电接触中,起很大作用的就是所谓的收缩电阻 R_E,它是由于电流通过真正接触面的微观面(斑点面),导致电力线收缩而产生的,如图 1.2.11 所示。触点表面因各种原因而产生表面膜,表面膜进一步增加触点的接触电阻,这部分增量(电阻)称为表面膜电阻 R_F。

触点电阻 R_K(即接触电阻)就是由收缩电阻 R_E 和表面膜电阻 R_F 的总和组成,即

$$R_K = R_E + R_F$$

因此,实际中应采取相应的措施减小接触电阻。

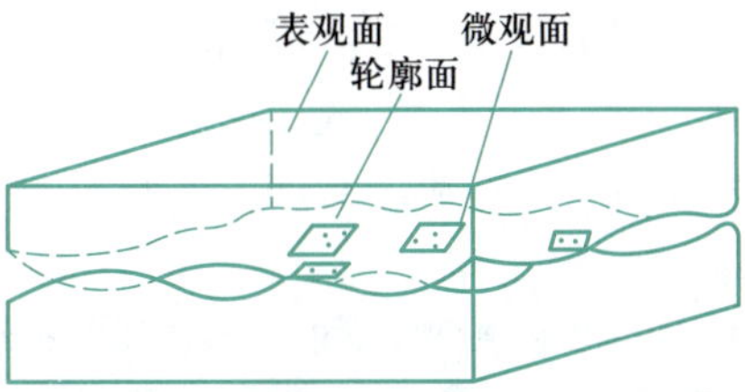

图 1.2.10 触点的接触状态

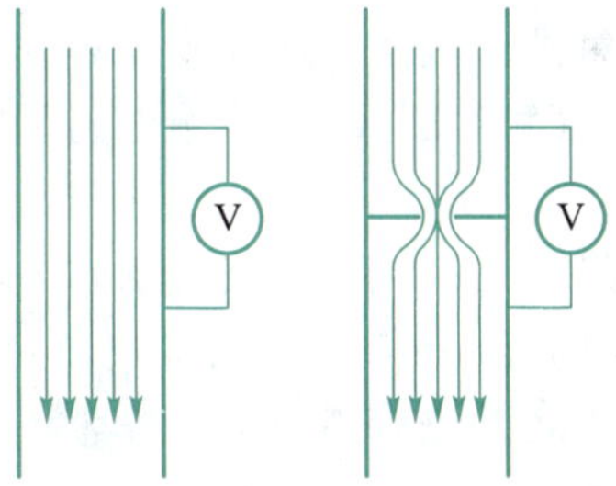

图 1.2.11 收缩电阻

三、 影响接触电阻的因素及其减小方法

前面已经提到,触点表面总是凹凸不平的,电流的导通是经过大量的非均匀分布的微观面而实现的,微观面的尺寸、数目和分布与触点的形状、接触压力、温度、材料性能等有关,其中,触点压力是一个非常重要的因素。增加接触压力,可以增加接触面积,使接触电阻减小。为此,在动触点上安装一个触点弹簧,如图 1.2.12 所示。该弹簧预先被压缩了一段,因而产生一个初压力 F_1,如图 1.2.12(b)所示。触点闭合后由于弹簧在超行程内继续压缩而产生终压力 F_2,如图 1.2.12(c)所示。弹簧压缩的距离 l 为触点的超行程,即从静、动触点刚开始接触到触点向前压紧的距离。有了超行程,触点在有磨损的情况下,仍具有一定的压力,故可使接触电阻减小。当触点磨损严重时可以更换触点。

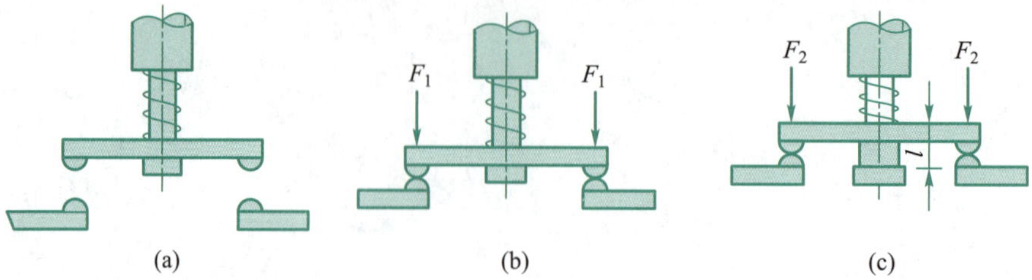

图 1.2.12 触点的位置示意图

(a)最终拉开位置;(b)刚刚接触位置;(c)最终闭合位置

材料的电阻系数越小,接触电阻也越小。在金属中银的电阻系数最小,但银比铜的价格贵,实际中常在铜基触点上镀银或嵌银,以减小接触电阻。

在空气中触点表面会被氧化而形成表面膜电阻,触点温度升高会加速氧化的进程。由于一般金属氧化物的电阻系数均比金属本身大得多,所以一旦金属表面生成氧化物之后,会使接触电阻增大,严重的氧化会使触点间形成绝缘而导致电路不通。银的氧化物电阻系数比纯银大得不是太多,因此,在小容量的电器中可采用银或镀银触点。在大容量电器中,可采用具有滑动作用的指形触点,这样在每次闭合过程中都可以磨去氧化膜,从而让清洁的金属接触面相互接触,以增强触点的导电性。此外,触点上的尘垢也会影响其导电性,因此,当触点表面聚集了尘垢以后,需用无水乙醇或四氯化碳揩拭干净。如果触点表面被电弧烧灼而出现烟熏状,也需按上述方法处理。

1.2.3 电弧的产生和灭弧方法

一、电弧的产生

电弧是在触点由闭合状态过渡到断开状态的过程中产生的。触点的断开过程是逐步进行的,开始时接触面积逐渐减少,接触电阻随之增加,温升随之增加。根据试验,当触点切断电路时,如果电路中电压在 10~20 V 之间,电流在 80~100 mA 之间,触点间便会产生电弧。电弧是气体自持放电形式之一,是一种带电质点(电子或离子)的急流。它的主要特点是外部有白炽弧光,内部有很高的温度和密度很大的电流。

触点分断瞬间,由于间隙很小,电路电压几乎全部加在触点之间,在触点间形成很强的电场,阴极中的自由电子会逸出到间隙中并向阳极加速运动。前进中的自由电子中途碰撞中性粒子(气体分子或原子),使其分裂为电子和正离子,电子在向阳极运动过程中又碰撞其他粒子,这就是碰撞电离。经碰撞电离后产生的正离子向阴极运动,撞击阴极表面并使其温度逐渐升高,当温度达到一定值时,部分电子将从阴极表面逸出并再参与碰撞电离,此时,间隙内产生弧光并使温度继续升高,当弧温达到 8 000~10 000 K 以后,触点间的中性粒子以很高的速度做不规则的运动并相互剧烈碰撞,也产生电离,这就是由于高温作用使中性粒子碰撞产生的热电离。上述几种电离的结果,在触点间出现大量的离子流,这就是电弧。电弧形成之后,热电离占主导地位。

电弧一方面烧蚀触点,降低电器寿命和电器工作的可靠性;另一方面会使分断时间延长,严重时会引起火灾或其他事故。因此在电路中应采取适当措施熄灭电弧。

二、常用的灭弧方法和装置

由上述电弧产生的物理过程可知,欲使电弧熄灭,应设法降低电弧温度和电场强度。常用的灭弧装置有以下几种：

1. 电动力灭弧

双断点也就是桥式结构的触点，当触点分断时，在左右两个弧隙中产生两个彼此串联的电弧，在电动力 F 的作用下，向两侧方向运动，使电弧受到拉长，如图 1.2.13 所示，在拉长过程中电弧遇到空气迅速冷却而很快熄灭。

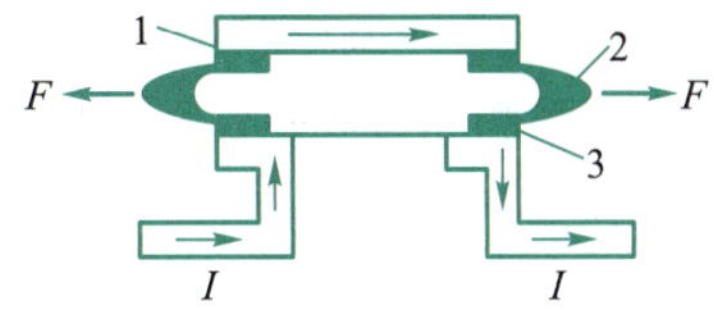

1—动触点；2—电弧；3—静触点

图 1.2.13 电动力灭弧原理图

2. 灭弧栅灭弧

灭弧栅的灭弧原理如图 1.2.14 所示。灭弧栅片 3 由多个镀铜薄钢片组成，彼此之间互相绝缘，片间距离为 2 ~ 3 mm，这些金属片称为栅片，安放在触点上方的灭弧罩（图中未画出）内。一旦产生电弧，电弧周围产生磁场，导磁的钢片将电弧吸入栅片，电弧被栅片分割成许多串联的短电弧，而栅片就是这些短电弧的电极。栅片的作用在于：能导出电弧的热量；由于电弧被分割成许多段，而每一栅片又相当于一个电极，那么也就要有许多个阳极压降和阴极压降，有利于电弧的熄灭。

3. 灭弧罩灭弧

比灭弧栅更为简单的是采用一个陶土和石棉水泥做成的耐高温的灭弧罩。电弧进入灭弧罩后，可以降低弧温和隔弧。在直流接触器的主触点上广泛采用这种灭弧装置。

4. 磁吹式灭弧装置

借助电弧与弧隙磁场相互作用而产生的电磁力实现灭弧的装置，称为磁吹式灭弧装置，如图 1.2.15 所示。在触点电路中串入一个具有铁心的吹弧线圈 3，它产生的磁通通过导磁夹片 4 引向触点周围，其方向如图中“×”所示。电弧产生后，其磁通方向如图中“⊕”和“⊙”所示。产生的电弧可看成是一个载流导体，电流方向由静触点流向动触点。这时，根据左手定则可确定出电弧在磁场中所受电磁力 F 的方向是向上的。由于电弧向上运动，它一方面被拉长，另一方面又被冷却，促使电弧很快熄灭。熄弧角除了有引导电弧运动的作用外，还能把电弧从触点处引开，从而起到保护触点的作用。

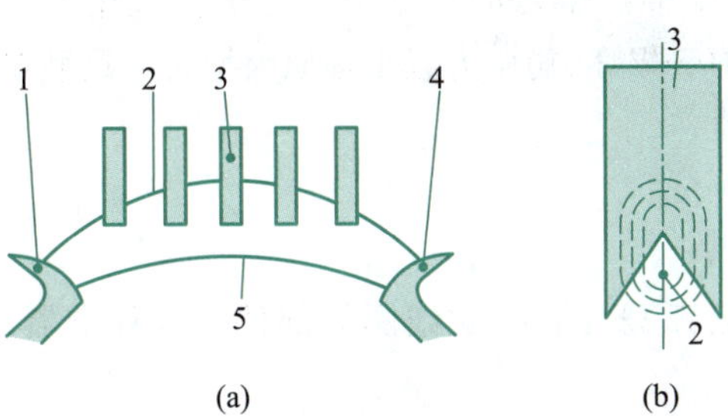

1—静触点；2—短电弧；3—灭弧栅片；
4—动触点；5—长电弧

图 1.2.14 灭弧栅的灭弧原理

（a）栅片灭弧原理；
（b）电弧进入栅片的图形

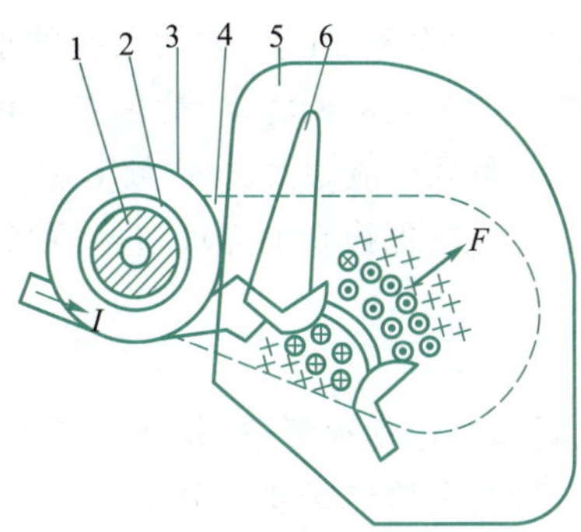

1—铁心；2—绝缘管；3—吹弧线圈；
4—导磁夹片；5—灭弧罩；6—熄弧角

图 1.2.15 磁吹式灭弧装置

由于磁吹线圈串联于主电路中，所以作用于电弧的磁场力随电弧电流的大小而改变，电弧电流越大，灭弧能力越强。而且磁吹力的方向与电流方向无关。所以，磁吹灭弧装置适用于交、直流控制电器中。

1.2.4 电磁机构、触点和灭弧系统的故障诊断与修理方法

一般电磁式电器，通常由触点系统、电磁系统和灭弧装置等组成，而触点系统和电磁机构是电磁式低压电器的共性元件，这部分元件经过长期使用或使用不当，可能会发生故障而影响电器的正常工作。

一、 触点的故障诊断及维修

触点是低压电器的主要部件，它担负着接通和分断电路的作用，也是电器中比较容易损坏的部件。触点的常见故障有触点过热、磨损和熔焊等情况。

（1） 触点过热

触点接触压力不足、表面接触不良，或者触点表面被电弧灼伤烧毛等原因，都会使触点接触电阻增大，从而导致触点过热现象的发生。

解决方法：对于由于弹簧失去弹性而引起的触点压力不足，可通过重新调整弹簧或更新弹簧解决；触点表面的油污、积垢或烧毛可用小刀刮去或用锉锉去。

（2） 触点的磨损

电器触点的磨损情况，可以分为两种原因造成的，一是由于触点间电弧或电火花的高温使触点金属气化和蒸发所造成的电气磨损；二是由于触点闭合时的撞击、触点表面的相对滑动摩擦等造成的机械磨损。

解决方法：当触点磨损至原有厚度的2/3（铜触点）或3/4（银或银合金触点）时，应更换新触点。另外，超行程不符合规定时，也应更换新触点。如果发现磨损过快，应查明原因。

（3） 触点熔焊

动、静触点接触面熔化后被焊在一起而不断开的现象，称为触点的熔焊。当触点闭合时，由于撞击和产生振动，在动、静触点间的小间隙中产生短电弧，电弧的高温使触点表面被灼伤甚至烧熔，熔化的金属液便将动、静触点焊在一起。发生触点熔焊的常见原因是电器选用不当，触点容量太小、负载电流太大、操作频率过大以及触点弹簧损坏、初压力减小等原因均会导致触点熔焊。

解决方法：更换新触点或选择适当容量的电器。

二、 灭弧系统的故障诊断及维修

灭弧系统包括灭弧罩、相间隔弧板、引弧角、灭弧栅片和磁吹线圈等部件。各种电器采用的灭弧室不同，在检修时要区分对待。

（1） 陶土灭弧室

在检修这种灭弧室时，应检查相间隔弧是否良好、隔弧板是否有缺陷、与胶木底板（躯壳）的结合是否平整等。如果出现缝隙，就会发生相间短路，这时必须更换陶土灭弧室。陶土灭弧室在相对于触点的部位压着一些陶土的齿，在齿与齿之间有着一些间隙，当经常接通与断开负载时，触点上的金属颗粒会喷溅于齿、缝隙和隔弧板上，从而严重削弱灭弧能力，因此，必须将它们清除，当齿严重烧损时，必须更换灭弧室。

(2) 金属栅片灭弧室

这种灭弧室的材料通常为陶土、耐弧塑料或石棉水泥。栅片用铁片镀铜(也有镀镉或锌)制成,栅片固定于灭弧室的槽中。为防止松动,常用胶黏剂把灭弧片黏牢在灭弧室中。

陶土灭弧室的主要问题是易破碎、易受潮,在检修时应仔细检查,并针对其原因进行修理。

① 灭弧罩碎裂应予以更换,绝不允许三相灭弧室只装两相使用,更不允许在检修后忘记装上灭弧室而运行。

② 若灭弧罩碳化,可以将其刮除。

③ 若引弧角脱落和烧毁,可以用铁片按原尺寸重做。

④ 胶黏剂要采用无机的。

⑤ 灭弧罩受潮可以烘干后使用。

(3) 磁吹灭弧室

其检修方法与金属栅片灭弧室类似,但应检查磁吹线圈有无短路并清除短路故障。

三、 电磁系统的故障诊断及维修

(1) 衔铁振动和噪声

在日常的电器使用过程中,常常会发现电磁系统产生振动和噪声。造成以上两种故障的原因主要由于短路环损坏或脱落以及衔铁歪斜或铁心端面有锈蚀、尘垢等导致活动部分卡住而使衔铁不能完全吸合。

(2) 线圈过热或导致烧毁故障

如果线圈中的电流过大,就很容易导致线圈过热或者烧毁。造成线圈电流过大的原因主要有如下几点:

① 线圈匝间短路。

② 衔铁与铁心闭合后有间隙。

③ 由于操作太过于频繁,超过了允许操作频率,或者外加电压高于线圈额定电压等。

(3) 衔铁不释放

当线圈断电后衔铁不释放,应立即断开电源开关,以免线圈被烧毁。衔铁不释放的原因主要有如下几点:

① 触点熔焊在一起。

② 铁心剩磁太大。

③ 反作用弹簧弹力不足。

④ 活动部分机械上被卡住或者铁心端面有油污等。

上述原因都可能导致线圈断电后衔铁不能释放,触点不能复位。

(4) 衔铁不能吸合

当交流线圈接通电源后,衔铁不能吸合时,应立即切断电源,以免线圈被烧毁。衔铁不能吸合的原因有:

① 线圈引出线脱落、断开或烧毁。

② 电源电压过低。

③ 活动部分卡住。

针对上述故障现象,可以通过检查线圈供电电压、负荷大小以及调整机械部分和弹簧等予以解决。

1.3 刀开关

1.3.1 概述

刀开关是低压配电电器中结构最简单、应用最广泛的电器，主要用在低压成套配电装置中，用于不频繁地手动接通和分断交直流电路或作隔离开关用；也可以用于不频繁地接通与分断额定电流以下的负载，如小型电动机等。

动画
刀开关的外形

刀开关的典型结构如图 1.3.1 所示，它由手柄、触刀、静插座、铰链支座和绝缘底板组成。刀开关按极数分为单极、双极和三极；按操作方式分为直接手柄操作式、杠杆操作机构式和电动操作机构式；按刀开关转换方向分为单投和双投等。

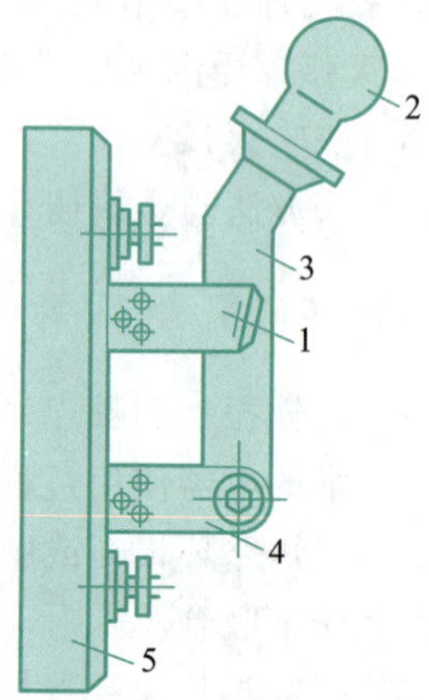

1—静插座；2—手柄；3—触刀；
4—铰链支座；5—绝缘底板

图 1.3.1 刀开关的典型结构

1.3.2 常用的刀开关

常用的刀开关型号有 HD（单投）和 HS（双投）等系列。其中，HD 系列刀开关按现行新标准应该称 HD 系列刀形隔离器，而 HS 系列为双投刀形转换开关。在 HD 系列中，HD11、HD12、HD13、HD14 为老型号，HD17 系列为新型号，产品结构基本相同，功能相同。

HD 系列刀开关、HS 系列刀形转换开关，主要在交流 380 V、50 Hz 电力网中作电源隔离或电流转换之用，是电力网中必不可少的电器元件，常用于各种低压配电柜、配电箱、照明箱中。当电源进入首先是接刀开关，之后再接熔断器、断路器、接触器等其他电器元件，以满足各种配电柜、配电箱的功能要求。当其以下的电器元件或线路中出现故障时，通过它切断隔离电源，以便对设备、电器元件进行修理更换。HS 刀形转换开关，主要用于转换电源，即当一路电源不能供电，需要另一路电源供电时就由它来进行转换，当转换开关处于中间位置时，可以起隔离作用。

动画
刀开关的结构

HD 系列刀开关的型号及其含义如下：

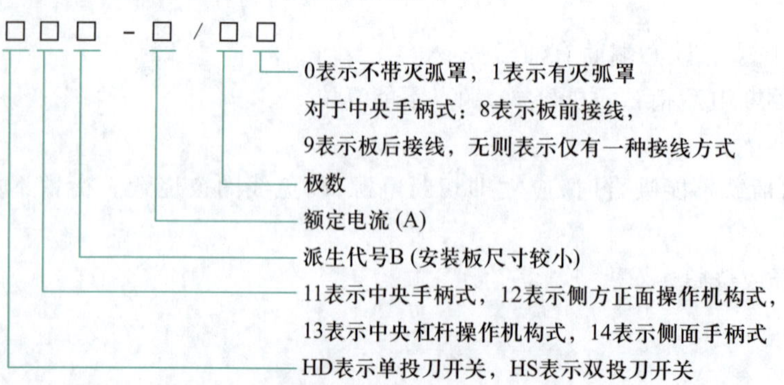

HD17 系列刀开关的主要技术参数见表 1.3.1。

表 1.3.1 HD17 系列刀开关的主要技术参数

额定电流/A	通断能力/A			在 AC380 V 和 60% 额定电流时，刀开关的电气寿命/次	电动稳定性电流峰值/kA	1 s 热稳定性电流/kA
	AC 380 V cos φ =0.72～0.8	DC				
		220 V	440 V			
		T=0.01～0.011 s				
200	200	200	100	1 000	30	10
400	400	400	200	1 000	40	20
600	600	600	300	500	50	25
1 000	1 000	1 000	500	500	60	30
1 500	—	—	—	—	80	40

为了使用方便和减少体积，在刀开关上安装熔丝或熔断器，组成兼有通断电路和保护作用的开关电器，如胶盖闸刀开关、熔断器式刀开关等。

胶盖刀开关即开启式负荷开关，适用于交流 50 Hz，额定电压单相 220 V、三相 380 V，额定电流至 100 A 的电路中，作为不频繁地接通和分断有负载电路与小容量线路的短路保护之用。其中，三极开关适当降低容量后，可作为小型异步电动机手动不频繁操作的直接起动及分断用。常用的有 HK1 和 HK2 系列。

熔断器式刀开关即熔断器式隔离开关，是以熔断体或带有熔断体的载熔件作为动触点的一种隔离开关。常用的型号有 HR3、HR5、HR6 系列，其中，HR5 和 HR6 系列符合 GB 14048.3 及 IEC408 标准，主要用于额定电压 AC 660 V(45～62 Hz)，约定发热电流至 630 A 的具有高短路电流的配电电路和电动机电路中，作为电源开关、隔离开关、应急开关，并作为电路保护用，但一般不作为直接开关单台电动机之用。

HR5、HR6 熔断器式隔离开关中的熔断器为 NT 型低压高分断熔断器。NT 型熔断器是引进德国 AEG 公司制造技术生产的产品。

HR5、HR6 系列若配用有熔断撞击器的熔断体，当某极熔断体熔断，撞击器弹出使辅助开关发出信号，以实现断相保护。

动画
刀开关的类型及图形符号

1.3.3 刀开关的选用及图形、文字符号

刀开关的额定电压应等于或大于电路额定电压。其额定电流应等于(在开启和通风良好的场合)或稍大于(在封闭的开关柜内或散热条件较差的工作场合，一般选 1.15 倍)电路工作电流。在开关柜内使用还应考虑操作方式，如杠杆操作机构、旋转式操作机构等。当用刀开关控制电动机时，其额定电流要大于电动机额定电流的 3 倍。

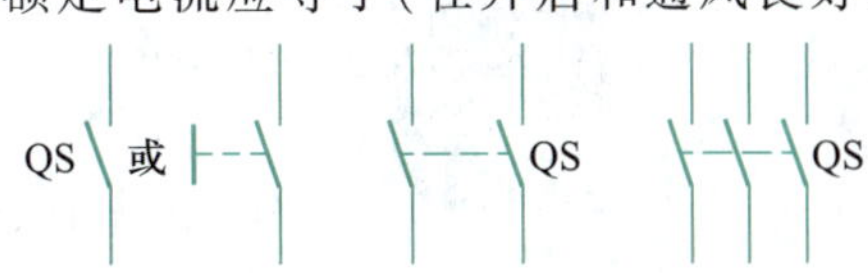

(a) (b) (c)

图 1.3.2 刀开关的图形符号和文字符号

(a)单极；(b)双极；(c)三极

刀开关的图形符号及文字符号如图 1.3.2 所示。

1.3.4 刀开关的检查

刀开关的检查通常包括如下项目：

① 检查负荷电流是否超过刀开关的额定电流。

② 检查刀开关动、静触点的连接是否不实、静触点闭合力是否不够或刀开关合闸是否不到位等。

③ 检查刀开关的进出线端子在开关连接处压接是否牢固，有无接触不良、过热变形等现象。

④ 检查绝缘拉杆、底座等绝缘部分有无损伤和放电现象。

⑤ 检查动、静触点有无烧伤及缺损。

⑥ 检查刀开关三相合闸的同期性，分、合闸时三相闸刀动作是否一致，触点接触是否严密。

1.3.5 刀开关的故障诊断及排除方法

刀开关的常见故障诊断及排除方法见表1.3.2。

表1.3.2 刀开关的常见故障诊断及排除方法

故障现象	故障诊断	排除方法
触刀过热甚至烧毁	电路电流过大	改用较大容量的开关
	触刀和静触座歪扭	调整触刀和静触座的位置
	触刀表面被电弧烧毛	磨掉毛刺和凸起点
开关手柄转动失灵	定位机械部分损坏	修理或更换
	触刀固定螺钉松脱	扭紧固定螺钉
合闸后一相或两相无电压	静触点弹性消失，开口过大，使动、静触点不能接触	更换静触点
	熔丝熔断或虚连	更换熔丝或重新连接熔丝
	静触点或动触点氧化或有污垢	清洁触点
	电源进线或出线线头接触不良	检查进出线，重新连接
动触点或静触点烧坏	刀开关容量太小	更换大容量刀开关
	拉、合闸时动作太慢造成电弧过大，烧坏触点	改善操作方法

1.4 组合开关

组合开关又称转换开关，也是一种刀开关。不过它的刀片（动触片）是转动式的，比刀开关轻巧而且组合性强，能组成各种不同的线路。

动画
组合开关的外形

组合开关有单极、双极和三极之分，由若干个动触点及静触点分别装在数层绝缘件内组成，动触点随手柄旋转而变更其通断位置。顶盖部分由滑板、凸轮、扭簧及手柄等零件构成操作机构。由于该机构采用了扭簧储能结构从而能快速闭合及分断开关，使开关闭合和分断的速度与手动操作无关，提高了产品的通断能力。其结构示意图如图1.4.1所示。由图可知，静止时虽然触点位置不同，但当手柄转动90°时，三对动、静触点均闭合，接通电路。常用的组合开关有HZ5、HZ10和HZ15系列（其中，HZ15是在HZ10

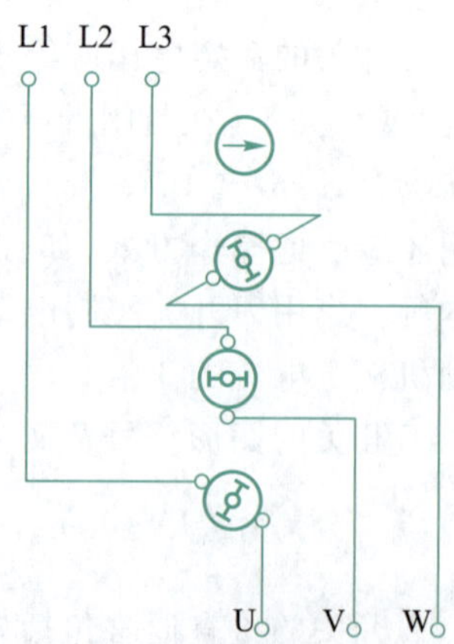

图1.4.1 组合开关结构示意图

的基础上改进组装的)。HZ15 系列组合开关的型号及其含义如下：

HZ 15 － □ / □ □ □

- □(第三个)——转换电路数：1或2
- □(第二个)——0表示有断路，1表示有断路和限位
- □(第一个)——极数
- □——额定电流 (A)
- 15——设计序号
- HZ——类组代号：组合开关

动画
组合开关的结构

HZ15 系列组合开关的主要技术参数列于表 1.4.1。

表 1.4.1　HZ15 组合开关技术数据表

型号	极数	额定电压/V	额定电流/A	使用类别代号	通断能力/A		电寿命/次	机械寿命/次
					接通电流	分断电流		
HZ15-10	1,2,3,4	交流 380	10	配电电器	30	30	10 000	30 000
HZ15-25			25	AC-20	75	75		
HZ15-63			63	AC-21 AC-22	190	190		
HZ15-10			3	控制电动机	30	24	5 000	
HZ15-25			6.3	AC-3	63	50		
HZ15-10		直流 220	10		15	15	10 000	30 000
HZ15-25			25	DC-20	38	38		
HZ15-63			63	DC-21	95	95		

注：通断能力以及电寿命栏内的数据均为功率因数 0.65，直流时，时间常数为 1 ms 条件下的数据。

组合开关的图形符号和文字符号如图 1.4.2 所示。

组合开关的使用、维护及常见故障诊断方法如下：

(a)　(b)

图 1.4.2　组合开关的图形符号和文字符号

(a)单极；(b)三极

一、组合开关的使用与维护

① 组合开关不得超负荷运行，最好不要带负荷接通和切断电源，以免损坏开关触点，降低使用寿命。

② 不得随意拆装组合开关。若必须拆开维修时，要按步骤顺序进行，安装完毕应转动手柄，检查接触情况，并用兆欧表检查各极间的绝缘情况。

③ 安装在底板、面板上的组合开关，应用保护罩将其罩入，至少要将接线端子用绝缘保护起来，防止发生事故。

④ 用作电源引入时，应使用带有锁住机构的组合开关，以便机床操作者不用机床时，锁住电源开关，防止别人随意转动组合开关，接通机床电源。

二、组合开关常见故障诊断

① 手柄转不动，或者手柄转动无定位感觉，造成组合开关不能闭合或断开。产生该故障的原因是组合开关内部机械机构卡住或松动、脱开所致。

② 组合开关动、静触点烧毛，甚至熔焊，不能随手柄转动而断开。产生该故障的原因是经常带负荷切断电源或组合开关选用不合理，长期超负荷工作所致。

③ 组合开关内部的动、静触点接触不良，或开关额定电流小于负荷回路电流，造成内部接点起弧烧蚀。

④ 组合开关内部的转轴上扭簧松软或断裂，使开关动触片无法转动、改变接点位置。

⑤ 由于组合开关固定螺钉松动，旋转操作频繁，引起导线压接松动，造成外部连接点放电、打火、烧蚀或短路。

1.5 接 触 器

接触器是一种用来自动地接通或断开大电流电路的电器。大多数情况下，其控制对象是电动机、也可用于其他电力负载，如电热器、电焊机、电炉变压器等。接触器不仅能自动地接通和断开电路，还具有控制容量大、低电压释放保护；寿命长、能远距离控制等优点。所以在电气控制系统中应用十分广泛。

动画
接触器的外形

动画
接触器的结构

接触器的触点系统可以用电磁铁、压缩空气或液体压力等驱动，因而可分为电磁式接触器、气动式接触器和液压式接触器，其中，以电磁式接触器应用最为广泛。根据接触器主触点通过电流的种类，可分为交流接触器和直流接触器。

1.5.1 交流接触器

交流接触器主要由触点系统、电磁机构和灭弧装置等组成。

1. 触点系统

触点是接触器的执行元件，用来接通和断开电路。交流接触器一般采用双断点桥式触点，两个触点串联于同一电路中，同时接通或断开。接触器的触点有主触点和辅助触点之分，主触点用以通断主电路，辅助触点用以通断控制回路。

2. 电磁机构

电磁机构的作用是将电磁能转换成机械能，操纵触点的闭合或断开。交流接触器一般采用衔铁绕轴转动的拍合式电磁机构和衔铁做直线运动的电磁机构。由于交流接触器的线圈通交流电，在铁心中存在磁滞和涡流损耗，会引起铁心发热。为了减少涡流损耗、磁滞损耗，以免铁心发热过甚，铁心由硅钢片叠铆而成。同时，为了减小机械振动和噪声，在静铁心极面上要装有分磁环（短路环）。

3. 灭弧装置

交流接触器分断大电流电路时，往往会在动、静触点之间产生很强的电弧。电弧一方面会烧伤触点，另一方面会使电路切断时间延长，甚至会引起其他事故。因此，灭弧是接触器的主要任务之一。

容量较小(10 A 以下)的交流接触器一般采用的灭弧方法是双断触点和电动力灭弧。容量较大(20 A 以上)的交流接触器一般采用灭弧栅灭弧。

4. 其他部分

交流接触器的其他部分有底座、反力弹簧、缓冲弹簧、触点压力弹簧、传动机构和接线柱等。反力弹簧的作用是当吸引线圈断电时,迅速使主触点和动合辅助触点断开;缓冲弹簧的作用是缓冲衔铁在吸合时对静铁心和外壳的冲击力;触点压力弹簧的作用是增加动、静触点之间的压力,增大接触面积以降低接触电阻,避免触点由于接触不良而过热灼伤,并有减振作用。

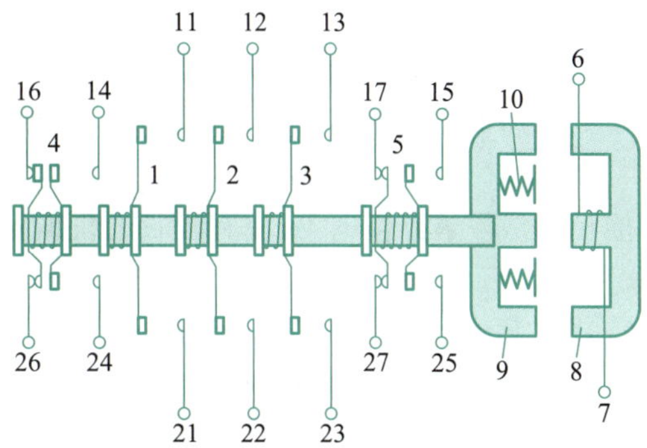

图 1.5.1 交流接触器的工作原理

交流接触器的工作原理如图 1.5.1 所示。当交流接触器电磁系统中的线圈 6、7 间通入交流电流以后,铁心 8 被磁化,产生大于反力弹簧 10 弹力的电磁力,将衔铁 9 吸合。一方面,带动了动合主触点 1、2、3 的闭合,接通主电路;另一方面,动断辅助触点(在 4 和 5 处)首先断开,接着,动合辅助触点(也在 4 和 5 处)闭合。当线圈断电或外加电压太低时,在反力弹簧 10 的作用下衔铁释放,动合主触点断开,切断主电路;动合辅助触点首先断开,接着,动断触点恢复闭合。图中,11 ~ 17 和 21 ~ 27 为各触点的接线柱。

1.5.2 直流接触器

直流接触器和交流接触器一样,也是由触点系统、电磁机构和灭弧装置等部分组成。图 1.5.2 为直流接触器的结构原理图。

1. 触点系统

直流接触器有主触点和辅助触点。主触点一般做成单极或双极,由于主触点接通或断开的电流较大,故采用滚动接触的指形触点;辅助触点的通断电流较小,常采用点接触的双断点桥式触点。

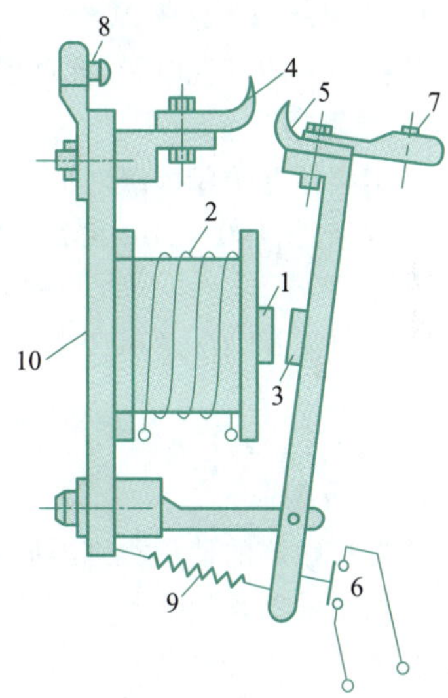

1—铁心;2—线圈;3—衔铁;4—静触点;
5—动触点;6—辅助触点;7、8—接线柱;
9—反作用弹簧;10—底板

图 1.5.2 直流接触器的结构原理图

2. 电磁机构

因为线圈中通的是直流电,铁心中不会产生涡流,所以铁心可用整块铸铁或铸钢制成,也不需要安装短路环。铁心中无磁滞和涡流损耗,因而铁心不发热。线圈的匝数较多,电阻大,线圈本身发热,因此吸引线圈做成长而薄的圆筒状,且不设线圈骨架,使线圈与铁心直接接触,以便散热。

3. 灭弧装置

直流接触器一般采用磁吹式灭弧装置。

1.5.3 接触器的主要技术参数及常用的接触器

动画
接触器的原理

一、 接触器的主要技术参数

1. 额定电压

指主触点的额定工作电压,此外还应规定辅助触点及吸引线圈的额定电压。直流线圈常用的电压等级为 24 V、48 V、110 V、220 V、440 V 等,交流线圈常用的电压等级为 36 V、127 V、220 V及 380 V 等。

2. 额定电流

指主触点的额定工作电流。它是在规定条件下(额定工作电压、使用类别、额定工作制和操作频率等),保证电器正常工作的电流值。若改变使用条件,额定电流也要随之改变。

3. 机械寿命与电气寿命

接触器是频繁操作电器,应有较长的机械寿命和电气寿命,目前有些接触器的机械寿命已达 1 000 万次以上,电寿命达 100 万次以上。

4. 操作频率

是指每小时允许的操作次数,目前一般为 300 次/h、600 次/h、1 200 次/h 等几种。操作频率直接影响接触器的电寿命及灭弧室的工作条件,对于交流接触器还影响线圈温升,是一个重要的技术指标。

5. 接通与分断能力

是指接触器的主触点在规定的条件下,能可靠地接通和分断的电流值。在此电流值下,接通时,主触点不应发生熔焊;分断时,主触点不应发生长时间燃弧。

6. 约定发热电流

是指在使用类别条件下,允许温升对应的电流值。

7. 约定封闭发热电流

是指有封闭外壳时,在允许温升下的发热电流。

8. 额定绝缘电压

是指接触器绝缘等级对应的最高电压。低压电器的绝缘电压一般为 500 V。但根据需要,AC 可提高到 1 140 V,DC 可达 1 000 V。

9. 工作频率

是指交流 50 Hz 或 60 Hz。

二、选择交流接触器的技术条件

1. 使用类别

根据接触器的使用类别不同对接触器主触点的接通和分断能力的要求也不一样,而不同使用类别的接触器是根据其不同的控制对象(负载)的控制方式所规定的。所谓使用类别是指所带负载性质及工作条件。接触器的使用类别在原标准 JB2455 中规定为四种,为了与国际接轨,使我国的电气产品适合国际 IEC 的规定和技术要求,在国家标准 GB14048.4 中对使用类别的规定,交流增加了 AC-5 ~ AC-8,且每种又分为 a、b 两类,实际上相当增加了八种 AC 的使用类别,而直流增加一种 DC-6 使用类别,如表 1.5.1 所示。

表 1.5.1 常见的接触器使用类别及典型用途

电流	使用类别代号	典型用途
AC	AC-1	无感或微感负载、电阻炉
	AC-2	绕线转子异步电动机的起动、分断
	AC-3	笼型异步电动机的起动、运转中分断
	AC-4	笼型异步电动机的起动、反接制动或反向运转、点动

续表

电流	使用类别代号	典 型 用 途
AC	AC-5a	放电灯的通断
	AC-5b	白炽灯的通断
	AC-6a	变压器的通断
	AC-6b	电容器组的通断
	AC-7a	家用电器和类似用途的低电感负载
	AC-7b	家用的电动机负载
	AC-8a	具有手动复位过载脱扣器的密封制冷压缩机中的电动机控制
	AC-8b	具有自动复位过载脱扣器的密封制冷压缩机中的电动机控制
DC	DC-1	无感或微感负载、电阻炉
	DC-3	并励电动机的起动、反接制动或反向运行、点动、电动机在动态中分断
	DC-5	串励电动机的起动、反接制动或反向运行、点动、电动机在动态中分断
	DC-6	白炽灯的通断

接触器的使用类别代号通常标注在产品的铭牌上或产品手册中。每种类别的接触器都具有一定的接通和分断能力，例如，AC-1 和 DC-1 类允许接通和分断额定电流；AC-2、DC-3 和DC-5 类允许接通和分断 4 倍的额定电流；AC-3 类允许接通 8～10 倍的额定电流和分断6～8倍的额定电流；AC-4 类允许接通 10～12 倍的额定电流和分断 8～10 倍的额定电流等。

2. 额定工作制

接触器有五种标准工作制：

① 8 小时工作制。是接触器的基本工作制，约定发热电流参数就是按 8 小时工作制确定的。

② 不间断工作制。这种工作制较 8 小时工作制严酷，因为触点上氧化层和尘埃的积累会导致触点发热恶化。当为不间断工作制时，接触器需要相应地增大设计容量，即分断能力要比正常数值大一些。

③ 断续周期工作制。断续周期工作制的通电持续率（又称负载因数）的标准值为 15%、25%、40% 和 60%。每小时内可完成的操作循环次数，称为操作频率。

④ 短时工作制。其触点通断时间的标准值为 3 min、10 min、60 min、90 min 四种。

⑤ 周期工作制。

3. 耐受过载电流能力

耐受过载电流能力是指接触器承受电动机的起动电流和操作时过负荷引起过载电流所造成热效应的能力。

三、 常用接触器介绍

常用的交流接触器有：CJ20、CJ24、CJ26、CJ28、CJ29、CJT1、CJ40 和 CJX1、CJX2、CJX3、CJX4、CJX5、CJX8 系列以及 NC2、NC6、B、CDC、CK1、CK2、EB、HC1、HUC1、CKJ5、CKJ9 等系列。

常用的直流接触器有：CZ0、CZ21、CZ22、CZ18 等系列。

下面以 CJ、CDC、B 系列交流接触器为例，介绍接触器的型号及其含义。

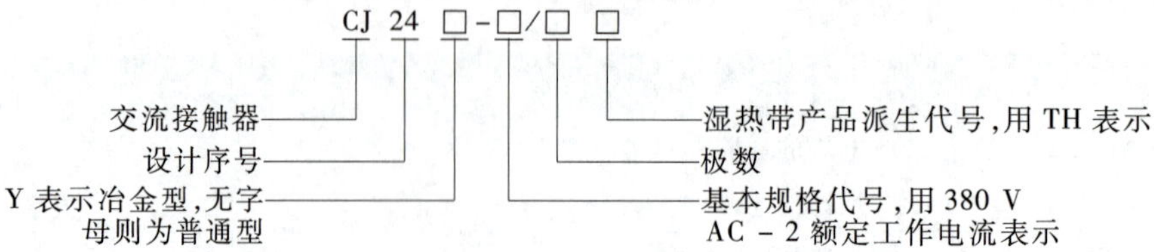

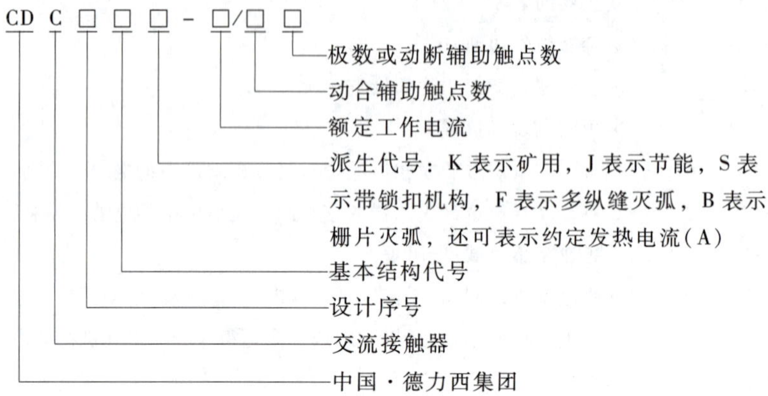

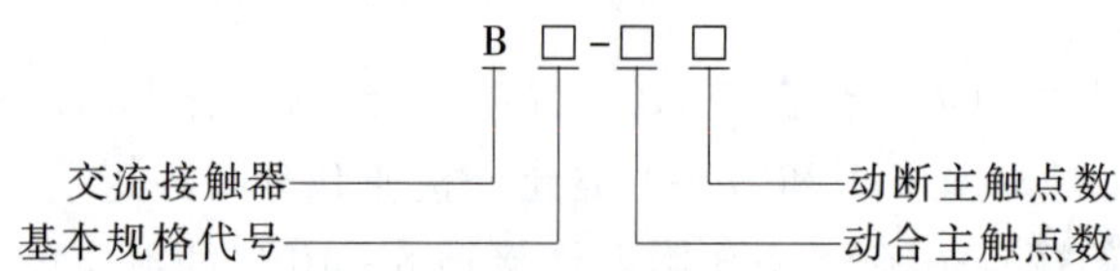

CJ24、CDC、B 系列交流接触器的技术数据分别如表 1.5.2、表 1.5.3、表 1.5.4 所示。

表 1.5.2 CJ24 系列交流接触器的技术数据

产品型号	额定绝缘电压/V	额定工作电压/V	约定发热电流/A	断续周期工作制下的额定工作电流/A AC-1 AC-2 AC-3		AC-4	不间断工作制下的额定工作电流/A	额定操作循环数/(次/h)	电寿命(AC-2)/(10^4次)	机械寿命/(10^4次)	用途
				380 V	660 V	380 V					
CJ24-100	660	380 660	100	100	63	40	120	600	18	600	适用于交流 50 Hz(派生后可用于 60 Hz),额定工作电压至 660 V,额定工作电流至 630 A 的电力系统中,供轧钢机及起重机等电气设备作远距离频繁地接通、分断电路和供电动机起动、停止、反向及反接制动之用
CJ24-160			160	160	80	63	160				
CJ24-250			250	250	160	100	250				
CJ24-400			400	400	250	160	400	300	12	300	
CJ24-630			630	630	400	250	630				
CJ24Y-100			100	100	63	40	100	600	24	600	
CJ24Y-160			160	160	80	63	160				
CJ24Y-250			250	250	160	100	250				
CJ24Y-400			400	400	250	160	400	300	15	300	
CJ24Y-630			630	630	400	250	630				

表 1.5.3 CDC 系列交流接触器的技术数据

规格型号	最高绝缘电压/V	额定工作电压/V	额定工作电流/A		AC3-3 可控功率 380 V 时/kW	机械寿命/(10^7 次)	电寿命/(10^7 次)
			AC-3 380 V 时	AC-4 660 V 时			
CDC1-9～460	660	660	8.5～475	3.5～337	4.0～250	1	1
CDC2-F9～400	1 000	660	9～400	3.3～150	4.0～200	0.8～1	1
CDC3-100～600	1 000	380	100～600			0.1～0.3	
CDC5-10～630	690～1 140	220/380/660	10～630		4.0～400	1	1
CDC6-63～800	690～1 140	380～1 140	63～800		30～450		
CDC7-9～100	660	380	9～100		4.4～49.4	1	1
CDC8-9～170	660	380	9～170		4.0～90		1
CDC9-25～63	660	380	17.3～63		12～30		0.1
CDC10-10～150	690	380	10～150		4.0～75		
CDC11-11～35	500	380	11～37		5.5～18.5		
CDC12-11～60	500	380	9～65		4.0～37		
CDC13-6～35	500	380	6～35		2.2～22		
CDC15-11～35	500	380	11～35		4.0～22		
CDC8-9/N～140N	660	380	9～140		4～75		

表 1.5.4 B 系列交流接触器的技术数据

<table>
<tr><th rowspan="3">产品型号</th><th rowspan="3">额定绝缘电压/V</th><th rowspan="3">额定电压/V</th><th rowspan="3">约定发热电流/A</th><th colspan="3">断续周期工作制下的额定工作电流/A</th><th colspan="3">AC-3 使用类别下的额定工作功率/kW</th><th rowspan="3">不间断工作制的额定电流/A</th><th rowspan="3">外形尺寸(宽×高×深)/(mm×mm×mm)</th><th rowspan="3">用途</th></tr>
<tr><th rowspan="2">AC-1</th><th colspan="2">AC-3,AC-4</th><th rowspan="2">220 V</th><th rowspan="2">380 V</th><th rowspan="2">660 V</th></tr>
<tr><th>220 V,380 V</th><th>660 V</th></tr>
<tr><td>B9</td><td rowspan="13">690</td><td rowspan="13">220
380
660</td><td>16</td><td>16</td><td>8.5</td><td>3.5</td><td>2.2</td><td>4</td><td>3</td><td>16</td><td rowspan="3">44×67×103</td><td rowspan="13">适用于主回路额定电压交流 50 Hz,660 V 及以下,电流至 370 A 的电力系统中接通和分断电路,并能与适当的热继电器组合成电动机起动器,以保护可能发生过载的电路</td></tr>
<tr><td>B12</td><td>20</td><td>20</td><td>11.5</td><td>4.9</td><td>3</td><td>5.5</td><td>4</td><td>20</td></tr>
<tr><td>B16</td><td>25</td><td>25</td><td>15.5</td><td>6.7</td><td>4</td><td>7.5</td><td>5.5</td><td>25</td></tr>
<tr><td>B25</td><td>40</td><td>40</td><td>22</td><td>13</td><td>6.5</td><td>11</td><td>11</td><td>40</td><td rowspan="2">54×81×108</td></tr>
<tr><td>B30</td><td>45</td><td>45</td><td>30</td><td>17.5</td><td>9</td><td>15</td><td>15</td><td>45</td></tr>
<tr><td>B37</td><td>45</td><td>45</td><td>37</td><td>21</td><td>11</td><td>18.5</td><td>18.5</td><td>45</td><td rowspan="2">112×81
×178.5</td></tr>
<tr><td>B45</td><td>60</td><td>60</td><td>44</td><td>25</td><td>13</td><td>22</td><td>22</td><td>60</td></tr>
<tr><td>B65</td><td>80</td><td>80</td><td>65</td><td>45</td><td>18.5</td><td>33</td><td>40</td><td>80</td><td rowspan="2">92×132
×193.5</td></tr>
<tr><td>B85</td><td>100</td><td>100</td><td>85</td><td>55</td><td>25</td><td>45</td><td>50</td><td>100</td></tr>
<tr><td>B105</td><td>140</td><td>140</td><td>105</td><td>82</td><td>30</td><td>55</td><td>75</td><td>140</td><td>116×152×218</td></tr>
<tr><td>B170</td><td>230</td><td>230</td><td>170</td><td>118</td><td>55</td><td>90</td><td>110</td><td>230</td><td>133×163×218</td></tr>
<tr><td>B250</td><td>300</td><td>300</td><td>245</td><td>170</td><td>75</td><td>132</td><td>160</td><td>300</td><td>200×250×150</td></tr>
<tr><td>B370</td><td>410</td><td>410</td><td>370</td><td>268</td><td>110</td><td>200</td><td>250</td><td>410</td><td>200×250×135</td></tr>
</table>

接触器的图形符号及文字符号如图1.5.3所示。

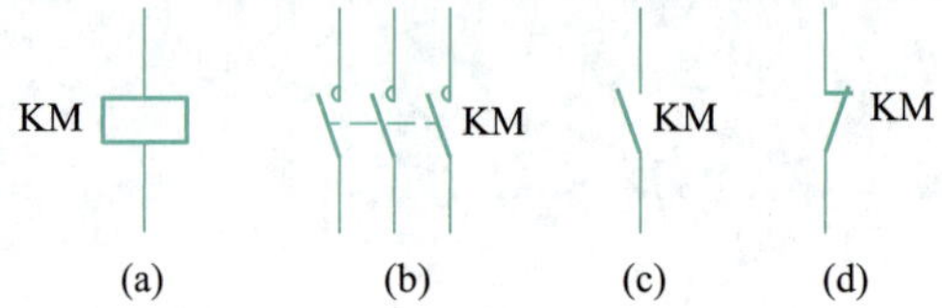

图1.5.3　接触器的图形符号和文字符号

(a)线圈;(b)主触点;(c)动合辅助触点;(d)动断辅助触点

1.5.4　接触器的选用

为了保证系统正常工作,必须根据以下原则正确选择接触器,使接触器的技术参数满足控制线路的要求。

1. 接触器类型的选择

接触器的类型应根据电路中负载电流的种类来选择。即交流负载应选用交流接触器,直流负载应选用直流接触器。

根据使用类别选用相应系列产品,接触器产品系列是按使用类别设计的,所以应根据接触器负担的工作任务来选择相应的使用类别。若电动机承担一般任务,其接触器可选AC-3类;若承担重任务可选用AC-4类。如选用AC-3类用于重任务时,应降低容量使用,例如,AC-3设计的控制4 kW电动机的接触器,用于重任务时,应降低一个容量等级,只能控制2.2 kW电动机等。直流接触器的选择类别与交流接触器类似。

2. 接触器主触点的额定电压选择

被选用的接触器主触点的额定电压应大于或等于负载的额定电压。

3. 接触器主触点额定电流的选择

对于电动机负载,接触器主触点额定电流按下式计算

$$I_N=\frac{P_N\times 10^3}{\sqrt{3}U_N\cos\varphi\cdot\eta}\tag{1.5.1}$$

式中,P_N为电动机功率(kW);

U_N为电动机额定线电压(V);

$\cos\varphi$为电动机功率因数,其值大约在0.85~0.9之间;

η为电动机的效率,其值一般在0.8~0.9之间。

在选用接触器时,其额定电流应大于计算值。也可以根据电气设备手册给出的被控电动机的容量和接触器额定电流对应的数据选择。

根据式(1.5.1),在已知接触器主触点额定电流的情况下,可以计算出所控制电动机的功率。例如,CJ20~63型交流接触器在380 V时的额定工作电流为63 A,故它在380 V时能控制的电动机的功率为

$$P_N=\sqrt{3}\times 380\ \text{V}\times 63\ \text{A}\times 0.9\times 10^{-3}\approx 33\ \text{kW}$$

其中,$\cos\varphi$、η均取0.9。

由此可见,在380 V的情况下,63 A的接触器的额定控制功率为33 kW。

在实际应用中，接触器主触点的额定电流也常常按下面的经验公式计算

$$I_N = \frac{P_N \times 10^3}{KU_N} \tag{1.5.2}$$

式中，K 为经验系数，取 1～1.4。

在确定接触器主触点电流等级时，如果接触器的使用类别与所控制负载的工作任务相对应时，一般应使主触点的电流等级与所控制的负载相当，或者稍大一些。如果不对应，例如用 AC-3 类的接触器控制 AC-3 与 AC-4 混合类负载时，则需降低电流等级使用。

当负载为电容器或白炽灯时，接通时的冲击电流可达额定工作电流的十几倍。这时宜选用 AC-4 类的接触器。如果不得不用 AC-3 类别的产品，则应降低为 70%～80% 额定容量来使用。

4. 接触器吸引线圈电压的选择

如果控制线路比较简单，所用接触器数量较少，则交流接触器线圈的额定电压一般直接选用 380 V 或 220 V。如果控制线路比较复杂，使用的电器又比较多，为了安全起见，线圈的额定电压可选低一些。例如，交流接触器线圈电压可选择 127 V、36 V 等，这时需要附加一个控制变压器。

直流接触器线圈的额定电压应视控制回路的情况而定。同一系列、同一容量等级的接触器，其线圈的额定电压有几种，可以选线圈的额定电压与直流控制电路的电压一致。

直流接触器的线圈加的是直流电压，交流接触器的线圈一般是加交流电压。有时为了提高接触器的最大操作频率，交流接触器也有采用直流线圈的。

1.5.5 接触器的检查与维护

接触器的检查与维护主要包括外观、触点系统、铁心、电磁线圈和灭弧罩等。

（1）接触器外观的检查与维护

① 用布擦拭干净，清除灰尘和油污。

② 定期检查接触器各紧固件是否松动，特别是紧固导线的螺钉，以防脱落后造成连接处过热，如有发热，应处理好接触面的氧化膜，再重新装好。

（2）触点系统的检查与维护

① 调节触点弹簧，保证动、静触点动作的同期性。

② 测量相间绝缘电阻，其阻值不低于 10 MΩ。

③ 触点磨损深度不超过 1 mm，严重磨损时应更换新触点。

（3）铁心的检查与维护

① 定期清除接触器上的灰尘。灰尘过多会影响运动系统，使机械磨损增大；堆积导电灰尘会造成相间短路。

② 定期用棉纱蘸少量汽油或用刷子将铁心表面油污清理干净。

③ 检查铁心铆钉有无断裂。

④ 短路环有无脱落或断裂。

⑤ 电磁铁吸力是否正常，有无错位现象。

（4）电磁线圈的检查与维护

① 定期检查接触器控制回路电源电压。电压过高，线圈会发热，关闭时冲击力大；电压过低，关合闸速度缓慢。

② 电磁线圈电压为额定电压的 85%～105% 时可靠动作，电源电压低于额定电压 40% 时应

可靠释放。

③ 线圈有无过热或表面老化、变色现象。如果表面温度高于65℃,即表明线圈过热,可能引起匝间短路。

④ 引线有无断裂或开焊现象。

⑤ 线圈骨架有无破损、裂纹。

⑥ 运行前用兆欧表测量绝缘电阻,看其是否在绝缘范围内。

(5) 灭弧罩的检查与维护

① 灭弧罩有无损伤,损伤严重必须更换。

② 检查栅片灭弧罩是否烧伤变形,有无严重脱落、位置变化,若不能修复,应及时更换。

③ 清除罩内脱落杂物及金属粒子。

1.5.6 接触器的故障诊断与处理方法

接触器常见故障主要包括通电不吸合、吸力不足、吸力过猛、不释放或释放缓慢、电磁铁噪声大、线圈过热以及触点过热或熔焊等,其故障诊断与处理方法见表1.5.5。

表1.5.5 接触器常见故障诊断与处理方法

故障现象	故障诊断	处理方法
通电不吸合	当接触器不能吸合时,首先检查电磁线圈两端有无电压,如无电压,说明故障发生在控制电路,可根据具体电路检查处理;如有电压,但低于线圈的额定电压,使线圈产生的电磁力不足,这时应更换线圈或改接电路;如有额定电压,多数是线圈本身已经开路,应用万用表测量线圈电阻进行判断 除此之外,机械可动部分卡住或转轴生锈、歪曲等也可能导致接触器通电无法吸合 1. 线圈断路或烧毁 2. 线圈供电线路断路:供电导线断或控制按钮的触点失效以及控制电路触点接触不良等导致不能接通电路 3. 控制电路接线错误 4. 机械可动部分卡住,转轴生锈或歪曲 5. 电源电压过低	1. 更换线圈 2. 更换供电导线或更换控制按钮 3. 检查、更正控制线路 4. 排除卡住故障,修理受损零件 5. 调整电源电压
吸力不足,不能完全闭合	1. 电源电压低于线圈额定供电电压的85%或电压波动较大 2. 控制电路电源容量不足,导致线圈电压低于额定值的85% 3. 线圈供电电路中的电器元件触点不清洁或严重氧化使触点接触不良 4. 触点弹簧压力过大或触点超行程过大	1. 调整电源电压 2. 增加电源容量 3. 定期清洗控制电路中的电器元件 4. 调整弹簧压力及行程
吸合速度过快	控制电路电源电压大于线圈额定电压	调整控制电路电源电压

续表

故障现象	故障诊断	处理方法
不释放或释放速度缓慢	1. 可动部分被卡住或转轴生锈、歪斜 2. 触点弹簧压力太小 3. 触点熔焊 4. 反力弹簧损坏 5. 铁心极面有油污或尘埃黏着 6. 控制电路接线错误使线圈不断电 7. 铁心使用已久,去磁气隙消失,剩磁增大,使铁心不释放	1. 排除卡住故障,修理受损零件 2. 调整触点弹簧 3. 排除熔焊,修理或更换触点 4. 更换反力弹簧 5. 清理铁心极面 6. 检查、改正控制电路 7. 更换铁心
电磁铁噪声大或振动	1. 线圈电压过低 2. 动、静铁心的接触面接触不良 3. 短路环断裂或脱落 4. 触点弹簧压力过大 5. 铁心极面磨损严重且不平 6. 铁心卡住或歪斜 7. 铁心松动	1. 提高控制电路电压 2. 修理接触面 3. 修理或更换短路环 4. 调整弹簧压力 5. 更换铁心 6. 清除铁心卡住故障 7. 紧固铁心
无电压释放失灵	1. 反力弹簧反力不足 2. 铁心极面油污或因剩磁作用使铁心黏附在静铁心上 3. 铁心磨损严重,使中间极面防止剩磁的气隙太小	1. 更换反力弹簧 2. 清除油污或更换铁心 3. 将中间极面锉平
触点过热或熔焊	该故障一般是因为接触不良,通电电流过大造成的: 1. 操作频繁或过负荷使用 2. 负载侧短路 3. 控制电路电压过低,使吸力不足,形成触点的停滞不前或反复振动 4. 触点表面有金属颗粒或异物突起 5. 触点弹簧压力过小 6. 触点闭合过程中,可动部分被卡住	1. 调换合适的接触器 2. 排除短路故障,更换触点 3. 提高线圈供电电压,使其不低于额定电压的 85% 4. 清理触点表面 5. 调整触点弹簧 6. 消除卡住故障
线圈过热或烧损	1. 电源电压过高或过低 2. 操作过于频繁 3. 铁心极面不平或气隙太大 4. 运动部分卡住 5. 线圈匝间短路,造成局部发热 6. 铁心断面不清洁、有杂物或铁心表面变形,导致衔铁运动受阻,造成动、静触点不能紧密闭合,线圈电流增大 7. 线圈技术参数与实际使用条件不符	1. 调整电源电压 2. 选择合适的接触器 3. 处理极面或更换铁心 4. 解决卡住问题 5. 更换线圈 6. 清除或修复铁心表面 7. 调换线圈或接触器

1.6 熔 断 器

熔断器是一种广泛应用的最简单有效的保护电器之一。其主体是低熔点金属丝或金属薄片制成的熔体，串联在被保护的电路中。在正常情况下，熔体相当于一根导线，当发生短路或过载时，电流很大，熔体因过热熔化而切断电路。

动画
熔断器的外形

熔断器作为保护电器，具有结构简单、体积小、重量轻、使用和维护方便、价格低廉、可靠性高等优点。

1.6.1 熔断器的结构及保护特性

熔断器由熔体和绝缘底座(或称熔管)等组成。熔体为丝状或片状，熔体材料通常有两种：一种是由铅锡合金和锌等熔点低、导电性能差的金属制成，因而不易灭弧，多用于小电流的电路；另一种由银、铜等熔点高、导电性能好的金属丝制成，易于灭弧，多用于大电流电路。当正常工作的时候，流过熔体的电流小于或等于它的额定电流，由于熔体发热温度尚未达到熔体的熔点，所以熔体不会熔断，电路仍保持接通。当流过熔体的电流达到额定电流的1.3～2倍时，熔体缓慢熔断；当流过熔体的电流达到额定电流的8～10倍时，熔体迅速熔断。电流越大，熔断越快，熔断器的这种特性称为安秒特性或保护特性，如表1.6.1和图1.6.1所示。表中，I_N为熔体额定电流，通常取$2I_N$为熔断器的熔断电流，其熔断时间约为30～40 s。因此，熔断器对轻度过载反应比较迟钝，一般只能作短路保护用。

动画
瓷插式熔断器的结构

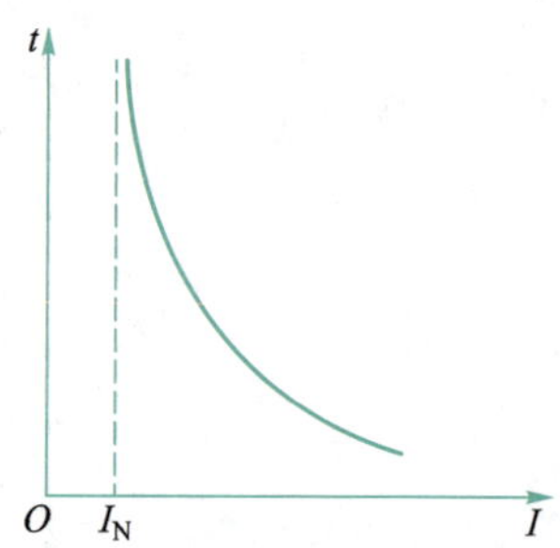

图1.6.1 熔断器的保护特性

表1.6.1 常用熔体的安秒特性

熔体通过电流/A	$1.25I_N$	$1.6I_N$	$1.8I_N$	$2.0I_N$	$2.5I_N$	$3I_N$	$4I_N$	$8I_N$
熔断时间/s	∞	3 600	1 200	40	8	4.5	2.5	1

1.6.2 熔断器的主要技术参数

1. 额定电压

熔断器的额定电压是指熔断器长期工作时和分断后能够承受的电压，它取决于线路的额定电压，其值一般等于或大于电气设备的额定电压。

动画
熔断器的工作原理

2. 额定电流

熔断器的额定电流是指熔断器长期工作时，各部件温升不超过规定值时所能承受的电流。熔断器的额定电流等级比较少，而熔体的额定电流等级比较多，即在一个额定电流等级的熔断管内可以分装不同额定电流等级的熔体，但熔体的额定电流最大不能超过熔断管的额定电流。

3. 极限分断能力

是指熔断器在规定的额定电压和功率因数(或时间常数)的条件下,能分断的最大短路电流值。在电路中出现的最大电流值一般是指短路电流值。所以,极限分断能力也反映了熔断器分断短路电流的能力。

动画
熔断器的类型及图形符号

1.6.3 常用的熔断器

1. 瓷插式熔断器

常用的瓷插式熔断器为 RC1A 系列,用于交流 50 Hz、额定电压 380 V 及以下的电路末端,作为供配电系统导线及电气设备(如电动机、负荷开关)的短路保护,也可作为民用照明等电路的保护。

2. RM10 系列无填料封闭管式熔断器

RM10 系列无填料封闭管式熔断器适用于经常发生过载和短路故障的场合,作为低压电力线路或成套配电装置的连续过载及短路保护。

RM10 系列无填料封闭管式熔断器的技术数据如表 1.6.2 所示。

表 1.6.2 RM10 系列无填料封闭管式熔断器的技术数据

型号	额定电流/A	熔体额定电流/A	极限分断能力/kA
RM10-15	15	6、10、15	1.2
RM10-60	60	15、20、25、35、45、60	3.5
RM10-100	100	60、80、100	10
RM10-200	200	100、125、160、200	
RM10-350	350	200、225、260、300、350	
RM10-600	600	350、430、500、600	12
RM10-1000	1 000	600、700、850、1 000	

3. 有填料封闭管式熔断器

目前,熔断器使用最广泛的灭弧介质填料是石英砂。因为石英砂具有热稳定性好、熔点高、化学惰性、热导率高和价格低等优点。

熔断器熔断时,一方面电弧在石英砂颗粒间的窄缝中受到强烈的消电离作用而熄灭;另一方面,电弧在极短的时间内、在很小的容积里产生巨大的能量,使熔管型腔内温度非常高,而且温升很快。这时,颗粒填料层的存在就保护了熔断器零件,使之免遭电弧的强烈热作用。

常用的有填料封闭管式熔断器有:螺栓连接的 RT12、RT15 系列,产品符合国际电工 IEC269 低压电器标准;圆筒形帽熔断器 RT14、RT19、RT18 系列。

RT14、RT19 系列配带撞击器的熔断器,与熔断式隔离器配合使用时,可作为电动机的缺相保护。

RT14、RT15 系列熔断器的主要技术参数列于表 1.6.3。

4. 螺旋式熔断器

螺旋式熔断器主要由磁帽、熔心和底座组成。适用于电气线路中作输配电设备、电缆、导线过载和短路保护器件。

表1.6.3 RT型熔断器的主要技术参数

型号	额定电压/V	支持件额定电流/A	熔体额定电流/A	额定分断能力/kA
RT14	380	20	2、4、6、10、16、20	100
		32	2、4、6、10、20、25、32	
		63	10、16、25、32、40、50、60	
RT15	415	100	40、50、63、100	80
		200	125、160、200	
		315	250、315	
		400	350、400	

常用的螺旋式熔断器有RL6系列中的RL6-25(R021)、RL6-63(R022)以及R024、R026等。产品全部符合IEC269标准。

螺旋式熔断器的主要技术参数列于表1.6.4。

表1.6.4 螺旋式熔断器的主要技术参数

型号	额定电压/V	熔断器额定电流/A	熔断体额定电流/A	额定分断能力/kA
R021(RL6-25)	500	25	2、4、6、10、16、20、25	50
R022(RL6-63)		63	35、50、63	

5. 半导体器件保护用熔断器

由于半导体元件的过载能力很低,只能在极短时间内承受较大的过载电流,因此要求短路保护具有快速熔断的特性。目前常用的半导体保护性熔断器有NGT型和RS0、RS3系列快速熔断器,以及RS21、RS22型螺旋式快速熔断器。其中,NCT型是引进德国AEG公司熔断99技术制造,是国内率先符合IEC269标准的产品。

NGT型熔断器具有分断能力强、限流特性好、周期性负载特性稳定、低功率损耗等优点,能可靠地保护半导体器件晶闸管及其成套装置。产品的电压等级为交流380~1 000 V,电流规格齐全,技术数据完整。

NGT型熔断器的主要技术参数列于表1.6.5。

表1.6.5 NGT型熔断器的主要技术参数

型号	额定电压/V	熔断体额定电流/A	额定分断能力/kA
NGT00	380、800	25、32、40、50、63、80、100、125	100
NGT1	380	100、125、160、200、250	
NGT2	660	200、250、280、315、355、400	
NGT3	1 000	355、400、450、500、560、630	

6. NT型低压高分断能力熔断器

NT型熔断器是引进德国AEG公司制造技术生产的产品,具有体积小、重量轻、功耗小、分断能力强等特点。广泛用于额定电压至660 V,额定频率50 Hz,额定电流至1 000 A的电路,作为工业电气设备过载和短路保护使用。产品符合IEC269标准,与国外同类产品具有通用性和互换性。

NT型熔断器额定电压可至660 V,因此还可作为660 V矿用电气设备的过载和短路保护之用。

NT型熔断器的主要技术参数列于表1.6.6。

表1.6.6 NT型熔断器的主要技术参数

<table>
<tr><th>型号</th><th>额定电压/V</th><th>底座额定电流/A</th><th>熔体额定电流/A</th><th>额定分断能力</th></tr>
<tr><td>NT00</td><td rowspan="5">500或660</td><td rowspan="2">160</td><td>4、6、10、16、20、25、32、35、40、50、63、80、100、125、160</td><td rowspan="5">500V-120kA或660V-50kA</td></tr>
<tr><td>NT0</td><td>6、10、16、20、25、32、35、40、50、63、80、100、125、160</td></tr>
<tr><td>NT1</td><td>250</td><td>80、100、125、160、200、224、250</td></tr>
<tr><td>NT2</td><td>400</td><td>125、160、200、224、250、300、315、355、400</td></tr>
<tr><td>NT3</td><td>630</td><td>315、355、400、425、500、630</td></tr>
<tr><td>NT4</td><td>380</td><td>1 000</td><td>800、1 000</td><td>100</td></tr>
</table>

7. 自复式熔断器

自复式熔断器是一种限流元件,它本身不能分断电路,而是与低压断路器串联使用,以提高分断能力。当故障消除后,它又能迅速复原,重新投入运行。因此,这种限流元件被称为自复式熔断器或永久熔断器。

自复式熔断器实质上是一个非线性电阻。为了抑制分断时出现的过电压,并保证断路器的脱扣机构始终有一动作电流以保证其工作的可靠性,自复式熔断器要并联一附加电阻,一般为80~120 MΩ,如图1.6.2所示。

自复式熔断器的工业产品有BZ1系列等,它用于交流380 V的电路,与断路器配合使用。熔断器的额定电流有100 A、200 A、400 A、600 A四个等级,在cos $\varphi \leqslant 0.3$时的分断能力为100 kA。

必须指出,尽管自复式熔断器可多次重复使用,但其技术特性却将逐渐劣化,故一般只能重复工作数次。

熔断器的图形符号及文字符号如图1.6.3所示。

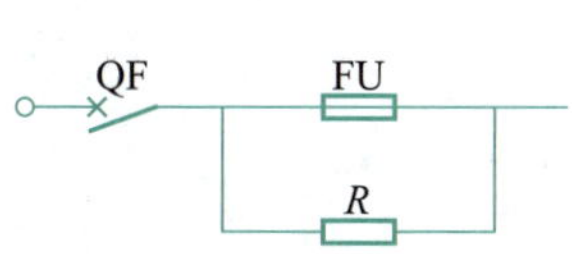

图1.6.2 自复式熔断器应用电路

图1.6.3 熔断器的图形符号和文字符号

1.6.4 熔断器的选择与维护

一、熔断器的选择

工业上选择熔断器一般应从以下几个方面考虑：

① 熔断器的类型应根据线路的要求、使用场合及安装条件进行选择。

② 熔断器的额定电压必须等于或高于熔断器工作点的电压。

③ 熔断器的额定电流根据被保护的电路（支路）及设备的额定负载电流选择。熔断器的额定电流必须等于或高于所装熔体的额定电流。

④ 熔断器的额定分断能力必须大于电路中可能出现的最大故障电流。

⑤ 熔断器的选择需考虑电路中其他配电电器、控制电器之间选择性配合等要求。为此，应使上一级（供电干线）熔断器的熔体额定电流比下一级（供电支线）大1～2个级差。

⑥ 熔断器所装熔体额定电流的选择：

a. 对于照明线路等没有冲击电流的负载，应使熔体的额定电流等于或稍大于电路的工作电流，即

$$I_{FU} \geqslant I$$

式中，I_{FU}为熔体的额定电流，I为电路的工作电流。

b. 对于电动机类负载，要考虑起动冲击电流的影响，应按下式计算

$$I_{FU} \geqslant (1.5 \sim 2.5) I_N$$

c. 对于多台电动机由一个熔断器保护时，熔体额定电流应按下式计算

$$I_{FU} \geqslant (1.5 \sim 2.5) I_{NMAX} + \sum I_N$$

式中，I_{NMAX}为容量最大的一台电动机的额定电流，$\sum I_N$为其余电动机额定电流的总和。

d. 降压起动的电动机选用熔体的额定电流等于或略大于电动机的额定电流。

二、熔断器在使用维护方面注意事项

① 安装前检查熔断器的型号、额定电流、额定电压、额定分断能力等参数是否符合规定要求。

② 安装时应注意熔断器与底座触刀接触应良好，以避免因接触不良造成温升过高，引起熔断器误动作和周围电器元件损坏。

③ 熔断器熔断时，应更换同一型号规格的熔断器。

④ 工业用熔断器的更换应由专职人员更换，更换时应切断电源。

⑤ 使用时应经常清除熔断器表面的尘埃，在定期检修设备时，如发现熔断器有损坏，应及时更换。

1.6.5 熔断器的故障诊断与处理方法

熔断器常见故障主要包括熔体过早熔断和熔体不能熔断两种情况。

(1) 熔断器熔体过早熔断的主要原因

① 熔体容量选得太小，特别是在电动机起动过程中发生过早熔断，导致电动机不能正常起动。

② 熔体变色或变形。说明熔体已经过热，熔体的形状直接影响熔体的特性，形状变化会导致熔体过早熔断。

（2）熔体不能熔断的原因

熔体容量选得过大，特别是在更换熔体时，增大熔体的电流等级或用其他金属丝代替，当线路发生短路时，熔体不能熔断，即不能对线路或电动机起保护作用，严重时甚至烧坏线路或电动机。

低压熔断器故障诊断及处理方法见表1.6.7。

表1.6.7 低压熔断器故障诊断及处理方法

常见故障	故障诊断	处理方法
户外低压熔断器瓷件断裂	1. 制造质量问题 2. 外力破坏 3. 过热	如果是因为制造质量不良或外力破坏引起，应停电处理；如果是由于过热引起，应查明并消除过热原因后，再更换瓷件
接线端子发热	1. 螺钉未拧紧，接触不良 2. 导线未处理好，表面氧化，接触不良 3. 铜铝接触	连接端子时应注意导线要处理干净，螺钉必须拧紧，并避免铜铝接触
熔丝（片）在正常情况下熔断	1. 熔丝（片）选择不当，容量过小 2. 熔丝（片）在安装时受损	应停电检查熔丝（片），并调换合适的熔丝（片），在安装时应注意不使熔丝（片）受损

1.7 继电器

1.7.1 概述

继电器是一种根据电量（电压、电流等）或非电量（热、时间、转速、压力等）的变化使触点动作，接通或断开控制电路，以实现自动控制和保护电力拖动装置的电器。继电器一般由感测机构、中间机构和执行机构三个基本部分组成。感测机构把感测到的电量或非电量传递给中间机构，将它与预定值（整定值）进行比较，当达到整定值时，中间机构便使执行机构动作，从而接通或断开电路。

继电器的种类和形式很多，主要按以下方法分类：

① 按用途可分为控制继电器和保护继电器。

② 按工作原理可分为电磁式继电器、感应式继电器、热继电器、机械式继电器、电动式继电器和电子式继电器等。

③ 按反应的参数（动作信号）可分为电流继电器、电压继电器、时间继电器、速度继电器、压力继电器等。

④ 按动作时间可分为瞬时继电器(动作时间小于0.05 s)和延时继电器(动作时间大于0.15 s)。

⑤ 按输出形式可分为有触点继电器和无触点继电器。

1.7.2 电磁式继电器

电磁式继电器是以电磁力为驱动力的继电器,是电气控制设备中用得最多的一种继电器。图1.7.1是电磁式继电器的典型结构,它由铁心、衔铁、电磁线圈、反力弹簧和触点系统等部分组成。在这种磁系统中,铁心7和铁轭为一整体,减少了非工作气隙;极靴8为一圆环,套在铁心端部;衔铁6制成板状,绕棱角(或绕轴)转动;线圈不通电时,衔铁靠反力弹簧2作用而打开。衔铁上垫有非磁性垫片5。装设不同的线圈后可分别制成电流继电器、电压继电器和中间继电器。这种继电器线圈有交流的和直流的两种,即构成交流电磁式继电器和直流电磁式继电器。直流电磁式继电器再加装阻尼铜套11后可构成电磁式时间继电器。

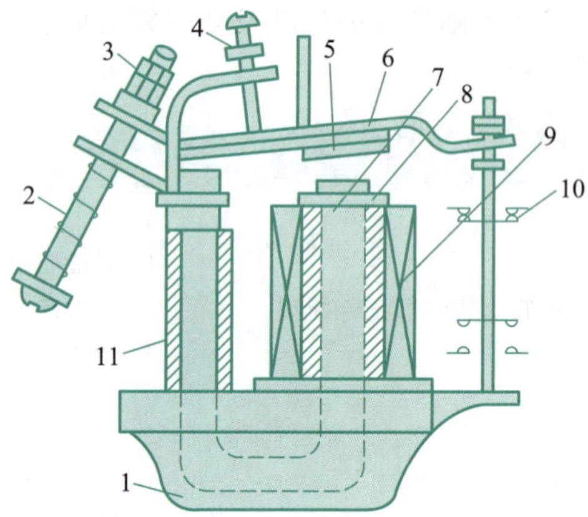

1—底座;2—反力弹簧;3、4—调整螺钉;5—非磁性垫片;6—衔铁;7—铁心;8—极靴;9—电磁线圈;10—触点系统;11—阻尼铜套

图1.7.1 电磁式继电器的典型结构

尽管继电器与接触器都是用来自动接通和断开电路,但也有不同之处。首先,继电器一般用于控制电路中,控制小电流电路,触点额定电流不大于5 A(有的中间继电器触点额定电流大于5 A),所以不加灭弧装置;而接触器一般用于主电路中,控制大电流电路,主触点额定电流不小于5 A,需加灭弧装置。其次,接触器一般只能对电压的变化作出反应,而继电器可以在相应的各种电量或非电量作用下动作。

一、工作原理

1. 电磁式电流继电器

电流继电器的线圈串联在被测量的电路中,以反映电路电流的变化。为了不影响电路的正常工作,电流继电器线圈匝数少、导线粗、线圈阻抗小。

除一般用于控制的电流继电器外,还有保护用的过电流继电器和欠电流继电器。

(1) 过电流继电器

线圈电流高于整定值时动作的继电器称为过电流继电器。过电流继电器的动断触点串联在接触器的线圈电路中,动合触点一般用作对过电流继电器的自锁和接通指示灯线路。过电流继电器在电路正常工作时衔铁不吸合,当电流超过某一整定值时衔铁才吸上(动作)。于是它的动断触点断开,切断接触器线圈电源,使接触器的动合触点断开被测电路,从而令设备脱离电源,起到保护作用。同时过电流继电器的动合触点闭合进行自锁或接通指示灯,指示发生过电流。过电流继电器整定值的整定范围为1.1~3.5倍额定电流。有的过电流继电器,发生过电流后不能自动复位,需手动复位,这样可避免重复过电流的事故发生。

(2) 欠电流继电器

当线圈电流低于整定值时动作的继电器称为欠电流继电器。欠电流继电器一般将动合触点串联在接触器的线圈电路中。

欠电流继电器的吸引电流为线圈额定电流的 30% ~65%，释放电流为额定电流的 10% ~20%。因此，在电路正常工作时，衔铁是吸合的，只有当电流降低到某一整定值时，继电器释放，输出信号去控制接触器断电，从而控制设备脱离电源，起到保护作用。这种继电器常用于直流电动机和电磁吸盘的失磁保护。

2. 电磁式电压继电器

电压继电器是根据线圈两端电压大小而接通或断开电路的继电器。这种继电器线圈的导线细、匝数多、阻抗大，并联在电路中。电压继电器有过电压、欠电压和零电压继电器之分。

一般来说，过电压继电器在电压为额定电压的 110% ~120% 以上时动作，对电路进行过压保护，其工作原理与过电流继电器相似；欠电压继电器在电压为额定电压的 40% ~70% 时动作，对电路进行欠电压保护，其工作原理与欠电流继电器相似；零压继电器在电压降至额定电压的 5% ~25% 时动作，对电路进行零压保护。

3. 中间继电器

中间继电器在结构上是一个电压继电器，但它的触点数多、触点容量大（额定电流 5 ~10 A），是用来转换控制信号的中间元件。其输入是线圈的通电或断电信号，输出信号为触点的动作。其主要用途是当其他继电器的触点数量或触点容量不够时，可借助中间继电器来扩大它们的触点数量或触点容量。

二、 电磁式继电器的特性、主要参数和整定方法

1. 电磁式继电器的特性

继电器的主要特性是输入-输出特性，电磁式继电器的输入-输出特性如图 1.7.2 所示，这一矩形曲线称为继电特性曲线。

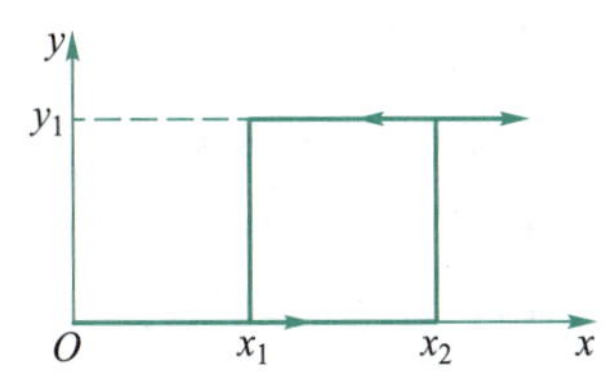

图 1.7.2 继电器输入-输出特性曲线

当继电器输入量 x 由零增至 x_1 以前，继电器输出量 y 为零。当输入量增加到 x_2 时，继电器吸合，通过其触点的输出量为 y_1，若 x 再增加，y 值不变。当 x 减小到 x_1 时，继电器释放，输出 y_1 降到零，x 再减小，y 值恒为零。

图中，x_2 称为继电器的吸合值，欲使继电器动作，输入量 x 必须大于此值；x_1 称为继电器的释放值，欲使继电器释放，输入量 x 必须小于此值。$K=x_1/x_2$ 称为继电器的返回系数，它是继电器的重要参数之一。

2. 电磁式继电器的主要参数

① 灵敏度。使继电器动作的最小功率称为继电器的灵敏度。

② 额定电压和额定电流。对于电压继电器，它的线圈额定电压为该继电器的额定电压；对于电流继电器，它的线圈额定电流为该继电器的额定电流。

③ 吸合电压或吸合电流。使继电器衔铁开始运动时线圈的电压（对电压继电器）或电流（对电流继电器）称为吸合电压或吸合电流，用 U_{XH} 或 I_{XH} 表示。

④ 释放电压或释放电流。继电器衔铁开始释放时线圈的电压或电流，用 U_{SF} 或 I_{SF} 表示。

⑤ 返回系数。释放电压（或电流）与吸合电压（或电流）的比值，称为返回系数。用 K 表示，K 值恒小于 1。

电压继电器的返回系数 $K=U_{SF}/U_{XH}$

电流继电器的返回系数 $K=I_{SF}/I_{XH}$

K 值可以调节,具体方法随继电器的结构不同而有所差异。返回系数实际上是表示继电器的吸合值与释放值的接近程度。

⑥ 吸合时间和释放时间。吸合时间是从线圈接受电信号到衔铁完全吸合所需的时间;释放时间是线圈断电到衔铁完全释放所需的时间。它们的大小影响继电器的操作频率。一般继电器的吸合时间和释放时间为 0.05 ~0.15 s,快速继电器可达 0.005 ~0.05 s。

⑦ 整定值。根据控制系统的要求,预先使继电器达到某一个吸合值或释放值,吸合值(电压或电流)或释放值(电压或电流)就称为整定值。

3. 电磁式继电器的整定方法

继电器在使用前,应预先将它们的吸合值和释放值或返回系数整定到控制系统所需要的值。对图 1.7.1 所示的继电器整定方法如下:

① 调节调整螺钉 3 上的螺母可以改变反力弹簧 2 的松紧度,从而调节吸合电流(或电压)。反力弹簧调得越紧,吸合电流(或电压)就越大,反之就越小。

② 调节调整螺钉 4 可以改变初始气隙的大小,从而调节吸合电流(或电压)。气隙越大,吸合电流(或电压)越大,反之就越小。

③ 改变非磁性垫片的厚度可以调节释放电流(或电压)。非磁性垫片越厚,释放电流(或电压)越大,反之则越小。

除了吸合值和释放值要整定外,有些继电器要求增大返回系数,以提高控制灵敏度。

三、 常用的电磁式继电器

常用的电磁式继电器有 JZC1 系列、JZC4 系列接触器式中间继电器;JZ7 系列、DZ-638A 型、DZ-644 型、DZ-650 型、DZ-690(T90)型等中间继电器;DY-50Q/50T 系列、DJ-100 系列电压继电器;JL12 系列过电流延时继电器;JL14 系列电流继电器以及用作直流电压、时间、欠电流、中间继电器的 JT3 系列等。

JZC1 系列性能指标等同于德国西门子公司的 3TH 系列产品;JZC4 系列是 JZ7 系列的更新换代产品;DZ-650 型继电器是消化引进技术的派生产品,达到瑞士 ABB 公司产品 RXMA2 同等水平,可替代 ABB 产品;DZ-690(T90)型等中间继电器广泛用于自动控制、顺序控制以及家用电器、医疗设备中换接交直流电路,可与日本 OMRON 公司的 G8P 系列继电器互换使用。

DY-50Q/50T 系列的磁系统有两个线圈,可以随意串联或并联来改变保护动作值的整定范围,作过电压或欠电压闭锁元件。

JZC4 系列中间继电器型号及其含义如下:

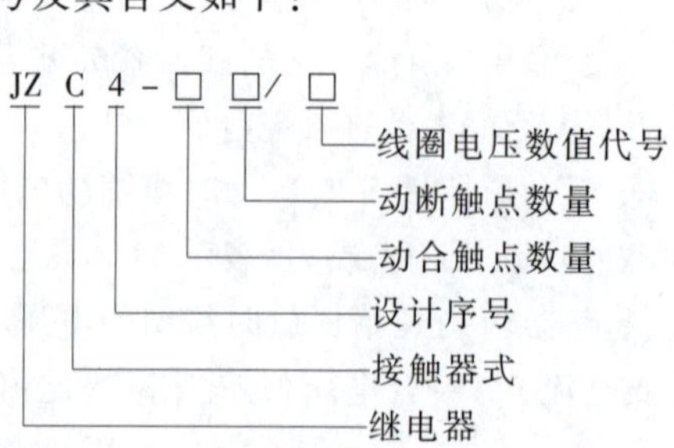

JZC4 系列中间继电器的主要技术参数列于表 1.7.1。

表 1.7.1 JZC4 系列中间继电器的主要技术参数

额定绝缘电压/V	约定发热电流/A	最小负载（可靠工作）	额定功率		电寿命/（10^4 次数）	机械寿命/（10^4 次数）	线圈电压 AC/V
			DC	AC			
660	10	0.6 V · A（6 V 或 10 mA 以上）	DC-11 220 V 33 W DC-13 50 W	AC-11 380 V 300 V · A AC-15 400 V · A	≥200	≥2 000	24、(36)、48、110、(127)、220、380

电磁式继电器的一般图形符号是相同的，如图 1.7.3 所示。电流继电器的文字符号为 KA，线圈方格中用 I>（或 I<）表示过电流（或欠电流）继电器。电压继电器的文字符号为 KV，线圈方格中用 U<（或 $U=0$）表示欠电压（或零压）继电器。详见表 2.1.2。

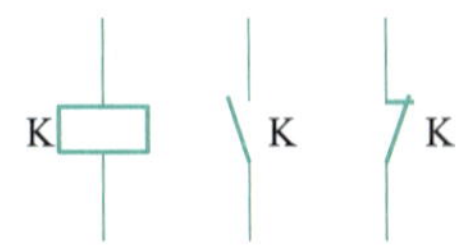

图 1.7.3 电磁式继电器的图形符号

电磁式继电器在选用时应考虑继电器线圈电压或电流满足控制线路的要求，同时还应按照控制需要区别选择过电流继电器、欠电流继电器、过电压继电器、欠电压继电器、中间继电器等，另外要注意交流与直流之分。

四、 电磁式继电器的使用与维护

① 经常保持继电器的清洁，接线螺钉应紧固，接触要良好。

② 继电器触点的压力、超程和开距等都应符合规定，触点上不得涂抹润滑油。

③ 检查衔铁与铁心接触是否紧密，应及时清除接触处的尘埃和污垢。

④ 由于继电器分断电流能力很差，因此，不能用继电器代替接触器使用。

⑤ 更换继电器时，不要用力太猛，以免损坏有机玻璃外罩以及使触点离开原始位置。

⑥ 继电器在使用中如有不正常噪声，可能是静铁心与衔铁极面间有油污存在造成的，要清理极面。

⑦ 焊接接线底座时，最好用松香作为焊药焊接，以免含有水分或杂质的焊水进入底座，引起线匝间短路。

电磁式继电器的故障诊断与处理方法参阅接触器的各项内容进行。

动画
时间继电器的外形

1.7.3 时间继电器

在电力拖动控制系统中，不仅需要动作迅速的继电器，而且需要当吸引线圈通电或断电以后其触点经过一定延时再动作的继电器，这种继电器称为时间继电器。按其动作原理与构造不同，可分为电磁式、空气阻尼式、电动式和电子式等时间继电器。

一、 直流电磁式时间继电器

电磁式时间继电器一般在直流电气控制电路中应用较广，只能直流断电延时动作。它的结构是在图 1.7.1 的 U 形静铁心 7 的另一柱上装上阻尼铜套 11，即构成时间继电器。

其工作原理是，当电磁线圈 9 断电后，通过铁心 7 的磁通要迅速减少，由于电磁感应，在阻尼铜套 11 内产生感应电流。根据电磁感应定律，感应电流产生的磁场总是阻碍原磁场的减弱，使铁心继续吸持衔铁一小段时间，达到延时的目的。

这种时间继电器延时时间的长短是靠改变铁心与衔铁间非磁性垫片的厚度（粗调）或改变释放弹簧的松紧（细调）来调节的。垫片越厚延时越短，反之越长；而弹簧越紧则延时越短，反之越长。因非导磁性垫片的厚度一般为 0.1 mm、0.2 mm、0.3 mm，具有阶梯性，故用于粗调。由于弹簧松紧可连续调节，故用于细调。

电磁式时间继电器的优点是，结构简单、运行可靠、寿命长，但延时时间短。

动画
空气阻尼式时间继电器的结构

二、空气阻尼式时间继电器

空气阻尼式时间继电器是利用空气阻尼作用获得延时的，线圈电压为交流，因交流继电器不能像直流继电器那样依靠断电后磁阻尼延时，因而采用空气阻尼式延时。它分为通电延时和断电延时两种类型。图 1.7.4 是 JS7-A 系列时间继电器的结构示意图，它主要由电磁系统、延时机构和工作触点三部分组成。

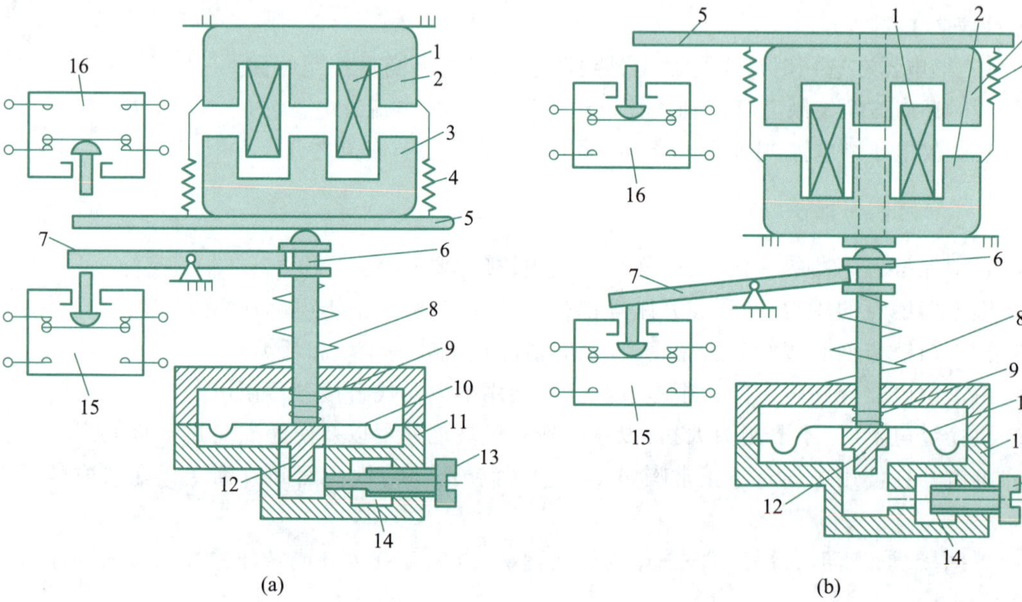

1—线圈；2—铁心；3—衔铁；4—复位弹簧；5—推板；6—活塞杆；7—杠杆；8—塔形弹簧；9—弱弹簧；10—橡皮膜；11—空气室壁；12—活塞；13—调节螺杆；14—进气孔；15、16—微动开关

图 1.7.4　JS7-A 系列时间继电器动作原理图

（a）通电延时型；（b）断电延时型

动画
空气阻尼式时间继电器的工作原理

图 1.7.4（a）为通电延时型时间继电器，当线圈 1 通电后，铁心 2 将衔铁 3 吸合，同时推板 5 使微动开关 16 立即动作。活塞杆 6 在塔形弹簧 8 的作用下，带动活塞 12 及橡皮膜 10 向上移动，由于橡皮膜下方气室空气稀薄，形成负压，因此活塞杆 6 不能迅速上移。当空气由进气孔 14 进入时，活塞杆才逐渐上移。移到最上端时，杠杆 7 才使微动开关 15 动作。延时时间即为自电磁铁吸引线圈通电时刻起到微动开关 15 动作为止这段时间。通过调节螺杆 13 来改变进气孔的大小，就可以调节延时时间。

当线圈 1 断电时，衔铁 3 在复位弹簧 4 的作用下将活塞 12 推向最下端。因活塞被往下推时，橡皮膜下方气室内的空气，都通过橡皮膜 10、弱弹簧 9 和活塞 12 肩部所形成的单向阀，经上气室缝隙顺利排掉，因此延时与不延时的微动开关 15 与 16 都能迅速复位。

将电磁机构翻转180°安装后，可得到图1.7.4(b)所示的断电延时型时间继电器。它的工作原理与通电延时型相似，微动开关15是在吸引线圈断电后延时动作的。

空气阻尼式时间继电器的优点是结构简单、寿命长、价格低，还附有不延时的触点，所以应用较为广泛。缺点是准确度低、延时误差大(±10% ~ ±20%)，在要求延时精度高的场合不宜采用。

国产空气阻尼式时间继电器型号为JS7系列和JS7-A系列，A为改型产品，体积小。

JS7-A系列空气阻尼式时间继电器的主要技术参数列于表1.7.2。

表1.7.2 JS7-A系列空气阻尼式时间继电器主要技术参数

型号	瞬时动作触点数量		有延时的触点数量				触点额定电压/V	触点额定电流/A	线圈电压/V	延时范围/s	额定操作频率/(次/h)
			通电延时		断电延时						
	动合	动断	动合	动断	动合	动断					
JS7-1A	—	—	1	1	—	—	380	5	24 36 110 127 220 380 420	0.4~60 及 0.4~180	600
JS7-2A	1	1	1	1	—	—					
JS7-3A	—	—	—	—	1	1					
JS7-4A	1	1	—	—	1	1					

三、电子式时间继电器

电子式时间继电器按其构成可分为 *RC* 式晶体管时间继电器和数字式时间继电器，多用于电力传动、自动顺序控制及各种过程控制系统中，并以其延时范围宽、精度高、体积小、工作可靠的优势逐步取代传统的电磁式、空气阻尼式等时间继电器。

1. 晶体管式时间继电器

晶体管式时间继电器是以 *RC* 电路电容充电时，电容器上的电压逐步上升的原理为延时基础制成的。常用的晶体管式时间继电器有JS14A、JS15、JS20、JSJ、JSB、JS14P等系列。其中，JS20系列晶体管时间继电器是全国统一设计产品，延时范围有0.1~180 s、0.1~300 s、0.1~3 600 s三种，电气寿命达10万次，适用于交流50 Hz、电压380 V及以下或直流110 V及以下的控制电路中。

2. 数字式时间继电器

RC 晶体管式时间继电器是利用 *R*、*C* 充放电原理制成的。由于受延时原理的限制，不容易做成长延时，且延时精度易受电压、温度的影响，精度较低，延时过程也不能显示，因而影响了它的使用。随着半导体技术、特别是集成电路技术的进一步发展，采用新延时原理的时间继电器——数字式时间继电器便应运而生，各种性能指标得到大幅度的提高。目前最先进的数字式时间继电器内部装有微处理器。

数字式时间继电器型号很多，有DH48S、DH14S、DH11S、JSS1、JS14S系列等。其中，JS14S系列与JS14、JS14P、JS20系列时间继电器兼容，取代方便。DH48S系列数字时间继电器，为引进技术及工艺制造，替代进口产品，延时范围为0.01 s~99 h 99 min，任意预置。另外，还有从日本富士公司引进生产的ST系列等。

时间继电器的图形符号和文字符号如图1.7.5所示。

在图1.7.5中，(d)和(e)为通电延时型时间继电器的触点，它们在线圈通电时延时动作，在线圈继电时瞬时动作；(f)和(g)为断电延时型时间继电器的触点，它们在线圈通电时瞬时动作，在线圈断电时延时动作。

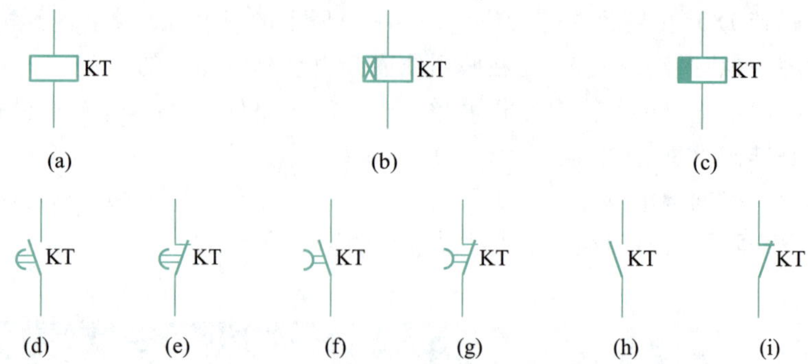

图 1.7.5 时间继电器的图形符号和文字符号

(a)线圈一般符号；(b)通电延时线圈；(c)断电延时线圈；(d)延时闭合动合触点；(e)延时断开动断触点；(f)延时断开动合触点；(g)延时闭合动断触点；(h)瞬动动合触点；(i)瞬动动断触点

动画
时间继电器的选用及图形符号

对于通电延时型时间继电器，使用通电延时线圈(b)，所用的触点是延时闭合动合触点(d)和延时断开动断触点(e)；对于断电延时时间继电器，使用断电延时线圈(c)，所用的触点是延时断开动合触点(f)和延时闭合动断触点(g)；有的时间继电器还附有瞬动动合触点(h)和瞬动动断触点(i)。

时间继电器在选用时应考虑延时方式(通电延时或断电延时)、延时范围、延时精度要求、外形尺寸、安装方式、价格等因素。

常用的时间继电器有气囊式、空气阻尼式、电磁式、电动式及电子式等，在要求延时范围大、延时准确度较高的场合，应选用电动式或电子式时间继电器。当延时精度要求不高、电源电压波动大的场合，可选用价格较低的电磁式或气囊式时间继电器。

动画
时间继电器的测量

四、时间继电器的故障诊断与处理方法

(1) 空气阻尼式时间继电器的故障诊断与处理方法

空气阻尼式时间继电器的常见故障是延时不准确，其主要原因是空气室故障所致。

① 空气室经过拆开后重新装配时，不按规定操作，造成空气室密封不严、漏气，使延时不准确，严重时甚至不延时。维修时，不要随意拆开空气室，保证空气室密闭。

② 空气室内部不清洁，灰尘或微粒进入空气通道，使气道阻塞，延时时间延长。应拆下继电器，在空气清洁的环境中拆开空气室，清除灰尘、微粒，再按规定的技术要求重新装配即可排除故障。

③ 安装或更换时间继电器时，安装方向不对，造成空气室工作状态改变，使延时不准确。因此，时间继电器不能倒装，也不能水平安装。

④ 使用时间长，空气湿度变化，使空气室中橡皮膜变质、老化、硬度改变，造成延时不准。应及时更新橡皮膜。

(2) 晶体管式时间继电器的故障诊断与处理方法

① 调节延时时间的电位器磨损或进入灰尘，使延时时间不准确。用少量汽油顺着电位器悬柄滴入，并转动悬柄，或对磨损严重的电位器及时更换。

② 晶体管损坏、老化，造成参数变化，导致延时不准确，甚至不延时。应拆下继电器进行检

修或更换。

③ 因受振动使元件焊点松动，脱离插座。应进行仔细检查或重新补焊。

1.7.4 热继电器

动画
热继电器的外形

热继电器是一种具有反时限（延时）过载保护特性的过电流继电器，广泛用于电动机的过载保护，也可以用于其他电气设备的过载保护。

电动机在运行过程中，如果长期过载、频繁起动、欠电压运行或者断相运行等都有可能使电动机的电流超过它的额定值。如果超过额定值的量不大，熔断器在这种情况下不会熔断，这样将因引起电动机过热，损坏绕组的绝缘，缩短电动机的使用寿命，严重时甚至烧坏电动机。因此，常采用热继电器作为电动机的过载保护，以及断相保护。

动画
热继电器的结构

一、热继电器的结构和工作原理

热继电器有各种各样的结构形式，最常用的是双金属片式结构，图 1.7.6 为热继电器的结构原理图。双金属片 2 是使用两种不同线膨胀系数的金属片，通过机械碾压在一起制成的，一端固定，另一端为自由端。当双金属片的温度升高时，由于两种金属的线膨胀系数不同，所以它将弯曲，热元件 3 串接在电动机定子绕组中，电动机绕组电流即为流过热元件的电流。当电动机正常运行时，热元件产生的热量虽能使双金属片 2 弯曲，但不足以使继电器动作；当电动机过载时，热元件产生的热量增大，使双金属片弯曲位移量增大，经过一段时间后，双金属片弯曲推动导板 4，并通过补偿双金属片 5 与推杆 14 将触点 9 和 6 分开，触点 9 和 6 为热继电器串于接触器线圈回路的动断触点，断开后使接触器断电，接触器的动合触点断开电动机等负载回路，保护了电动机等负载。

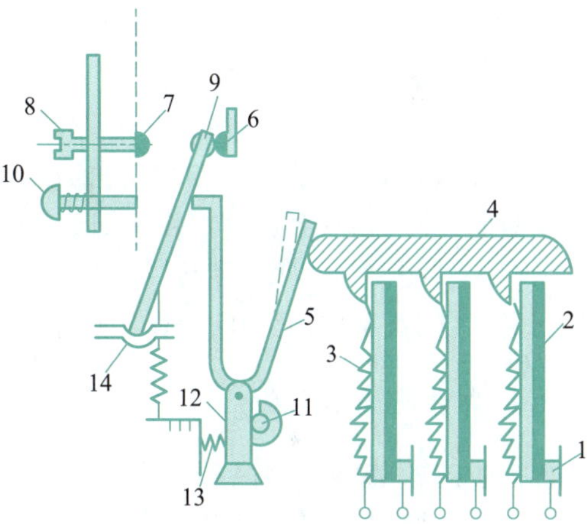

1—支脚；2—双金属片；3—热元件；4—导板；
5—补偿双金属片；6，9—动断触点；7—动合触点；
8—复位螺钉；10—按钮；11—偏心轮；12—支撑件；
13—弹簧；14—推杆

图 1.7.6 热继电器的结构原理图

补偿双金属片 5 可以在规定的范围内（$-30 \sim +40$℃）补偿环境温度对热继电器的影响。如果周围温度升高，双金属片向左弯曲程度加大，然而补偿双金属片 5 也向左弯曲，使导板 4 与补偿双金属片之间距离保持不变，故继电器特性不受环境温度升高的影响，反之亦然。有时可采用欠补偿，使补偿双金属片 5 向左弯曲的距离小于双金属片 2 因环境温度升高向左弯曲的变动值，以便在环境温度较高时，热继电器动作较快，更好地保护电动机。

动画
热继电器的工作原理

调节旋钮 11 是一个偏心轮，它与支撑件 12 构成一个杠杆，转动偏心轮，即可改变补偿双金属片 5 与导板 4 的接触距离，从而达到调节整定动作电流值的目的。此外，靠调节复位螺钉 8 来改变动合静触点 7 的位置使热继电器能工作在手动复位和自动复位两种工作状态。调试手动复位时，在故障排除后需按下按钮 10 才能使动触点 9 恢复到与静触点 6 相接触的位置。

二、带断相保护的热继电器

上述结构的热继电器适用于三相同时出现过载电流的情况，若三相中有一相断线而出现过载电流，则因为断线那一相的双金属片不弯曲而使热继电器不能及时动作，有时甚至不动作，故不能起到保护作用。这时就需要使用带断相保护的热继电器，其结构原理如图 1.7.7 所示，其中剖面 3 为双金属片，虚线表示动作位置，图 1.7.7(a)为断电时的位置。

当电流为额定值时，三个热元件均正常发热，其端部均向左弯曲推动上、下导板同时左移，但达不到动作位置，继电器不会动作，如图 1.7.7(b)所示。

当电流过载达到整定值时，双金属片弯曲较大，把导板和杠杆推到动作位置，继电器动作，使动断触点立即打开，如图 1.7.7(c)所示。

当一相(设 L1 相)断路时，L1 相(右侧)的双金属片逐渐冷却降温，其端部向右移动，推动上导板向右移动；而另外两相双金属片温度上升，使端部向左移动，推动下导板继续向左移动，产生差动作用，使杠杆扭转，继电器动作，起到断相保护作用。

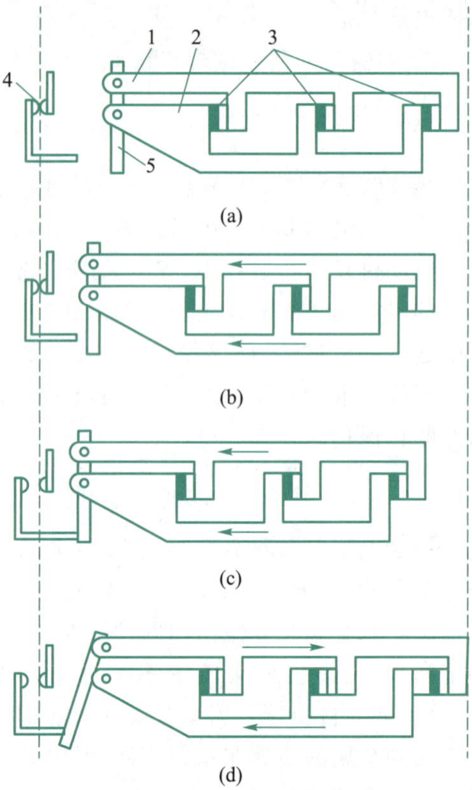

1—上导板；2—下导板；3—双金属片；4—动断触点；5—杠杆

图 1.7.7 带断相保护的热继电器

(a)通电前；(b)三相正常通电；(c)三相均匀过载；(d)L1 相断线

三、常用的热继电器

国内生产的热继电器品种很多，常用的有 JR0、JR15、JR16、JR20、JRS1、JRS2、JRS5 和 T 系列等。

JRS1 为引进法国 TE 公司的 LR1-D 系列，JRS2 为引进德国西门子公司的 3UA 系列，JRS5 为引进日本三菱公司的 TH-K 系列，T 系列为引进瑞士 ABB 公司的产品。

JR20 系列热继电器采用立体布置式结构，且系列动作机构通用。除具有过载保护、断相保护、温度补偿以及手动和自动复位功能外，还具有动作脱扣灵活、动作脱扣指示以及断开检验按钮等功能装置。

JR20 系列热继电器型号及其含义如下：

JR 20 - □ □ / □

- □（/ 后）—派生代号：TH 表示热带产品
- □—特征代号(注)
- □—额定电流值
- 20—设计序号
- JR—热过载继电器

注：Z 表示与交流接触器组合安装
L 表示独立安装
GZ 表示标准导轨组合安装
GL 表示标准导轨独立安装

JR20 系列产品共有 8 个额定电流等级，46 个热元件规格，可适用于 0.1 ~ 630 A 保护范围。其主要技术参数见表 1.7.3。

表 1.7.3 JR20 系列热继电器的主要技术参数

型号	额定电流/A	热元件号	整定电流调节范围/A
JR20-10	10	1R ~ 15R	0.1 ~ 11.6
JR20-16	16	1S ~ 6S	3.6 ~ 18
JR20-25	25	1T ~ 4T	7.8 ~ 29
JR20-63	63	1U ~ 6U	16 ~ 71
JR20-160	160	1W ~ 9W	33 ~ 176

热继电器的图形符号及文字符号如图 1.7.8 所示。

四、 热继电器接入电动机定子电路方式

三相交流电动机的过载保护大多数采用三相式热继电器，由于热继电器有带断相保护和不带断相保护两种，根据电动机绕组的接法，这两种类型的热继电器接入电动机定子电路的方式也不尽相同。

当电动机的定子绕组为星形联结时，带断相保护和不带断相保护的热继电器均可接在线电路中，如图 1.7.9(a)所示。采用这种接入电路方式，在发生三相均匀过载、不均匀过载乃至发生一相断线事故时，流过热继电器的电流即为流过电动机绕组的电流，所以热继电器可以如实地反映电动机的过载情况。

(a) (b)

图 1.7.8 热继电器的图形符号和文字符号

(a)热元件；(b)动断触点

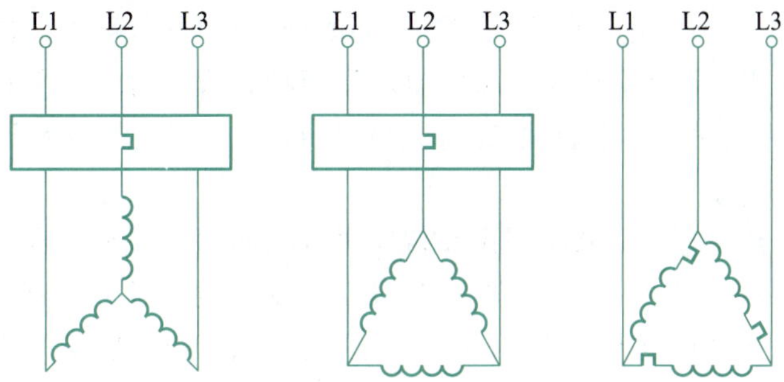

(a) (b) (c)

图 1.7.9 热继电器接入电路的方式

(a)星形联结带断相式和不带断相式；(b)三角形联结带断相式；(c)三角形联结不带断相式

电动机的额定电流是指线电流，电动机在三角形联结时，额定线电流为每相绕组额定相电流的$\sqrt{3}$倍。当发生断相运行时，如果故障线电流达到电动机的额定电流，可以证明，此时电动机电流最大一相绕组的电流将达到额定相电流的 1.15 倍。若将热继电器的热元件串联在三角形联结电动机的电源进线中，并且按电动机的额定电流选择热继电器，当故障线电流达到额定电流时，在电动机绕组内部，电流较大的那一相绕组的故障相电流将超过额定电流。因热继电器串在电源进线中，所以热继电器不动作，但对电动机来说就有过热危险了。

因此，当电动机定子绕组为三角形联结时，若采用普通热继电器，为了能进行断相保护，必须将三个发热元件串联在电动机的每相绕组上，如图 1.7.9(c)所示。如果采用断相式热继电器，可以采用图 1.7.9(b)的接线形式。

动画
热继电器的选用及图形符号

五、热继电器的选用与维护

热继电器的选用是否得当直接影响着对电动机进行过载保护的可靠性。

① 热继电器有两相、三相和三相带断相保护等形式。星形联结的电动机及电源对称性较好的情况可选用两相或三相结构的热继电器;三角形联结的电动机应选用带断相保护装置的三相结构热继电器。

② 原则上热继电器的额定电流应按电动机的额定电流来选择。但对于过载能力较差的电动机,其配用的热继电器(主要是发热元件)的额定电流应适当小些,一般选取热继电器的额定电流(实际上是选取发热元件的额定电流)为电动机额定电流的60%～80%。在不频繁起动的场合,要保证热继电器在电动机的起动过程中不产生误动作。通常,当电动机的起动电流为其额定电流的6倍,起动时间不超过6 s且电动机很少连续起动时,就可按电动机的额定电流来选用热继电器。

动画
热继电器的测量

热元件选好后,还需按电动机的额定电流来调整它的整定值。

③ 对于工作时间较短、间歇时间较长的电动机,以及虽然长期工作但过载的可能性很小的电动机,可以不设过载保护。

④ 双金属片式热继电器一般用于轻载、不频繁起动电动机的过载保护。对于重载、频繁起动的电动机,则可用过电流继电器(延时动作型的)作它的过载保护和短路保护。因为热元件受热变形需要时间,故热继电器不能作短路保护用。

⑤ 热继电器有手动复位和自动复位两种方式。对于重要设备,宜采用手动复位方式;如果热继电器和接触器的安装地点远离操作地点,且从工艺上又易于看清过载情况,宜采用自动复位方式。

另外,热继电器必须按照产品说明书规定的方式安装。当与其他电器安装在一起时,应将热继电器安装在其他电器的下方,以免其动作受其他电器发热的影响。使用中应定期除去尘埃和污垢,若双金属片出现锈斑,可用棉布蘸上汽油轻轻揩拭,切忌用砂纸打磨。另外,当主电路发生短路事故后,应检查发热元件和双金属片是否已经发生永久性变形。在做调整时,绝不允许弯折双金属片。

六、热继电器的故障诊断与处理方法

热继电器的主要故障包括热继电器接入后主电路或控制电路不通、热继电器误动作和热继电器不动作等情况,其故障诊断与处理方法如下。

(1) 热继电器接入后主电路或控制电路不通

① 热元件烧断或热元件进出线脱焊。可用万用表电阻挡进行测量,也可打开盖子检查,但不要随意拆下热元件。对脱焊的接线应重新焊牢。若热元件烧断,应更换同样规格的热元件。

② 动断触点不通。整定电流调节凸轮(或调节螺钉)转不到合适的位置上,使动断触点断开。可打开盖子,调节凸轮,观察动作机构,并调到合适的位置上。动断触点烧坏、再扣弹簧或支持杆弹簧弹性消失,也会使动断触点不能接通,应更换触点及相应的弹簧。

③ 热继电器的主电路或控制电路中接线螺钉松动,也会造成电路不通。可检查接线螺钉,紧固即可。

（2）热继电器误动作

热继电器误动作是指电动机未过载时热继电器就动作，使电动机不能正常工作。

① 电动机起动频繁，热元件频繁地受到起动电流的冲击，会造成热继电器误动作。应限制电动机频繁起动，当不能限制时可改用热敏电阻温度继电器。

② 电动机起动时间过长，热元件较长时间通过起动电流，也会造成热继电器误动作。可按电动机起动时间的要求，在控制电路上采取措施，在起动过程中短接热继电器，起动运行后再接入热继电器。

③ 电动机负荷剧增，使过大的电流通过热元件时，会导致热继电器误动作。应排除电动机负荷剧增的故障。

④ 热继电器电流调节刻度有误差（偏小），会造成热继电器误动作。此时，应合理调整。可将电流调节凸轮调向大电流时起动电动机，等正常运行 1 h 后，再将电流调节凸轮向小电流方向缓慢调节，直到热继电器动作，最后再把调节凸轮向大电流方向稍做适当旋转即可。

⑤ 热继电器调整部件松动，使热元件整定电流偏小，也会造成热继电器误动作。可拆开后盖，检查动作机构及部件并紧固，再重新调整。

⑥ 连接导线过细，接线端接触不良，使接点发热，也会使热继电器误动作。应合理选择导线，保证接触良好。

（3）电动机已经烧坏，热继电器尚未动作

① 热继电器调节刻度有误差（偏大），或者调整部件松动，引起整定电流偏大，在电动机过负荷运行时，负荷电流虽然能使热元件温度升高、双金属片弯曲，但不足以推动导板和温度补偿双金属片，使电动机长时间过载运行而烧毁。应对热继电器进行修复和调整。

② 动作机构卡住，导板脱出，导致双金属片不能推动导板，使电动机过负荷运行烧坏而热继电器不动作。应打开盖子，检查动作机构，放入导板，使动作机构动作灵活。

③ 由于热元件通过短路电流，双金属片产生永久性变形。当电动机过载时热继电器无法动作，使电动机烧坏。应更换双金属片且重新调整。

1.7.5 速度继电器

动画
速度继电器的结构

速度继电器常用于三相异步电动机按速度原则控制的反接制动线路中，亦称反接制动继电器。它主要由转子、定子和触点三部分组成。转子是一个圆柱形永久磁铁，定子是一个笼型空心圆环，由硅钢片叠成，并装有笼型绕组。

速度继电器的工作原理图如图 1.7.10 所示。其转子轴与电动机轴相连接，定子空套在转子上。当电动机转动时，速度继电器的转子（永久磁铁）随之转动，在空间产生旋转磁场，切割定子绕组，而在其中感应出电流。此电流又在旋转磁场作用下产生转矩，使定子随转子转动方向旋转一定的角度，与定子装在一起的摆锤推动触点动作，使动断触点断开，动合触点闭合。当电动机转速低于某一值时，定子产生的转矩减小，动触点复位。

动画
速度继电器的工作原理

常用的速度继电器有 JY1 型和 JFZ0 型。JY1 型能在 3 000 r/min 以下可靠工作；JFZ0-1 型适用于 300～1 000 r/min，JFZ0-2 型适用于 1 000～3 600 r/min；JFZ0 型有两对动合、动断触点。一般速度继电器转轴在 120 r/min 左右即能动作，在 100 r/min 以下触点复位。

速度继电器的图形符号及文字符号如图 1.7.11 所示。

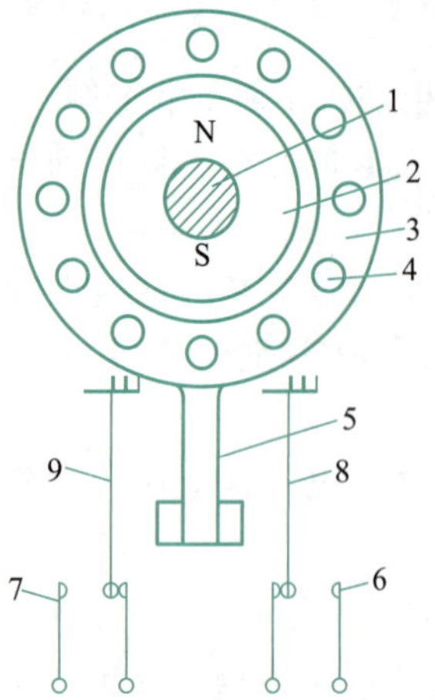

1—转轴;2—转子;3—定子;4—绕组;
5—摆锤;6、7—静触点;8、9—动触点

图 1.7.10 速度继电器的工作原理图

动画
速度继电器的选型及图形符号

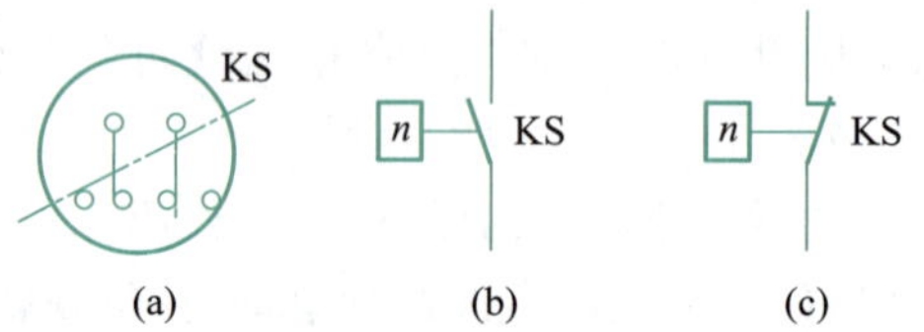

图 1.7.11 速度继电器的图形符号及文字符号
(a)转子;(b)动合触点;(c)动断触点

JY1 型和 JFZ0 型速度继电器的主要技术参数列于表 1.7.4。

表 1.7.4 JY1 型和 JFZ0 型速度继电器的主要技术参数

型号	触点容量		触点数量		额定工作转速/(r/min)	允许操作频率/(次/h)
	额定电压/V	额定电流/A	正转时动作	反转时动作		
JY1	380	2	1 组转换触点	1 组转换触点	100～3 600	<30
JFZ0					300～3 600	

1.7.6 干簧继电器

干式舌簧继电器简称干簧继电器,是近年来迅速发展起来的一种新型密封触点的继电器。普通的电磁继电器由于动作部分惯量较大,动作速度不快;同时因线圈的电感较大,其时间常数也较大,因而对信号的反映不够灵敏。而且普通继电器的触点又暴露在外,易受污染,使触点接触不可靠。干簧继电器克服了上述缺点,具备快速动作、高度灵敏、稳定可靠和功率消耗低等优点,为自动控制装置和通信设备所广泛采用。

干簧继电器的主要部件是由铁镍合金制成的干簧片,它既能导磁又能导电,兼有普通电磁继电器的触点和磁路系统的双重作用。干簧片装在密封的玻璃管内,管内充有纯净干燥的惰性气体,以防止触点表面氧化。为了提高触点的可靠性和减小接触电阻,通常在干簧片的触点表面镀有导电性良好、耐磨的贵重金属(如金、铂、铑及合金)。

在干簧管外面套一励磁线圈就构成一只完整的干簧继电器,如图 1.7.12(a)所示。当线圈通以电流时,在线圈的轴向产生磁场,该磁场使密封管内的两干簧片被磁化,于是两干簧片触点产生极性相反的两种磁极,它们相互吸引而闭合。当切断线圈电流时,磁场消失,两干簧片也失去磁性,依靠其自身的弹性而恢复原位,使触点断开。

除了可以用通电线圈来作为干簧片的励磁之外,还可以直接用一块永久磁铁靠近干簧片来励磁,如图 1.7.12(b)所示。当永久磁铁靠近干簧片时,触点同样也被磁化而闭合,当永久磁铁离开干簧片时，触点则断开。

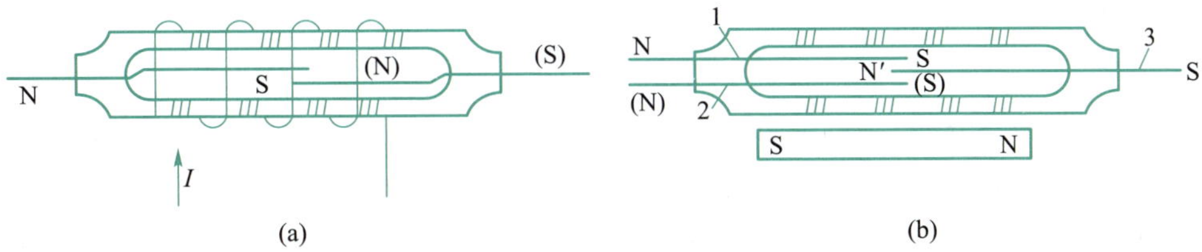

图 1.7.12 干簧继电器

(a)动合式触点；(b)切换式触点

干簧片的触点有两种：一种是如图 1.7.12(a)所示的动合式触点，另一种则是如图 1.7.12(b)所示的切换式触点。后者当给予励磁时(例如用条形永久磁铁靠近)，干簧管中的三根簧片均被磁化，其中，簧片 1、2 的触点被磁化后产生相同的磁极(图示为 S 极性)因而互相排斥，使动断触点断开；而簧片 1、3 的触点则因被磁化后产生的磁性相反而吸合。

常用的干簧继电器有 JAG-2-1 型，小型 JAG-4 型，大型 JAG-5 型等，其中，又分动合、动断与转换三种不同的类型。其主要技术参数列于表 1.7.5。

表 1.7.5 干簧继电器主要技术参数

型号 参数	JAG-2		JAG-3		JAG-4		JAG-5	
	H 型	Z 型	H 型	Z 型	H 型	Z 型[1]	H 型	Z 型
触点类型	动合	转换	动合	转换	动合	转换	动合	转换
使用环境温度/℃	-10 ~ +55		-25 ~ +55		-10 ~ +55		-10 ~ +55	
舌簧管外形尺寸/mm^2	$\phi 4\times 36$	$\phi 4\times 35$	$\phi 3\times 20$	$\phi 3\times 20$	$\phi 3\times 21$	$\phi 3\times 20$	$\phi 8\times 42$	$\phi 8\times 50$
吸合安匝	60 ~ 80	45 ~ 65	45 ~ 85	45 ~ 85	25 ~ 40	60 ~ 100	180 ~ 330	180 ~ 330
释放安匝	≥25	≥20	25 ~ 30	25 ~ 30	≥8	≥20	≥60	≥60
吸合时间/ms	≤1.7	≤2.5	≤3	≤3	≤0.9		≤5①	≤5①
接触电阻/Ω	≤0.1	≤0.15	≤0.2	≤0.2	≤0.15	≤0.15	≤0.5	≤0.5
触点容量/阻性	24 V 直流×0.2 A	24 V 直流×0.1 A	24 V 直流×0.1 A	24 V 直流×0.1 A	12 V 直流×0.05 A	12 V 直流×0.05 A	最大电压 300 V 直流 最大电流 2 A 最大功率 200 W②	
寿命/次	10^7	10^6	10^6	10^5	10^6		5×10^4	
备注	上述参数均在标准线圈中测出						环境温度可达+55℃	

① 为参考数据。

② 特殊情况下 3 000 V×0.1 A 负荷亦可。

另外，还有双列直插式塑料封装的干簧继电器，其外形尺寸和引脚与 14 根引出端的 DIP 标准封装的集成电路完全一致，因此称为 DIP(双列直插)封装的干簧继电器，它符合安装标准，可直接装配在印制电路板上。该继电器具有一组动合触点，还可内装保护电子回路的抑制二极管。线圈工作电压有 5 V、6 V、12 V、24 V 等系列，可用半导体元件或集成电路直接驱动。

1.7.7 固态继电器

一、概述

固态继电器简称SSR，是一种无触点通断电子开关，因为可实现电磁继电器的功能，故称“固态继电器”；又因其“断开”和“闭合”均为无触点、无火花，因而又称其为“无触点开关”。

由于固态继电器是由固体元件组成的无触点开关元件，所以与电磁继电器相比，它具有体积小、重量轻、工作可靠、寿命长、对外界干扰小、能与逻辑电路兼容、抗干扰能力强、开关速度快、使用方便等一系列优点。同时由于采用整体集成封装，使其具有耐腐蚀、抗振动、防潮湿等特点，因而在许多领域有着广泛的应用，在某些领域有逐步取代传统电磁继电器的趋势。固态继电器的应用还在电磁继电器难以胜任的领域得到扩展，如计算机和可编程控制器的输入输出接口、计算机外围和终端设备、机械控制、中间继电器、电磁阀、电动机等的驱动装置、调压装置、调速装置等。在一些要求耐振、耐潮、耐腐蚀、防爆的特殊装置和恶劣的工作环境以及要求工作可靠性高的场合中使用固态继电器都较传统电磁继电器具有无可比拟的优越性。

二、固态继电器的分类

1. 按负载电源类型分类

固态继电器可分为交流型固态继电器（AC-SSR）和直流型固态继电器（DC-SSR）两种。AC-SSR以双向晶闸管作为开关元件，而DC-SSR一般以功率晶体管作为开关元件，分别用来接通或关断交流或直流负载电源。

交流型固态继电器可分为过零型（过零触发型）和随机导通型（调相型）两种，它们之间的主要区别在于负载端交流电流导通的条件不同。对于随机导通型AC-SSR，当在其输入端加上导通信号时，不管负载电源电压处于何种相位状态下，负载端立即导通，如图1.7.13(a)所示；而对于过零型AC-SSR，当在其输入端加上导通信号时，负载端并不一定立即导通，只有当电源电压过零时才导通，如图1.7.13(b)所示，因此减少了晶闸管接通时的干扰，高次谐波干扰少，可用于计算机I/O接口等场合。随机导通型AC-SSR由于是在交流电源的任意状态（指相位）上导通，因而导通瞬间可能产生较大的干扰。

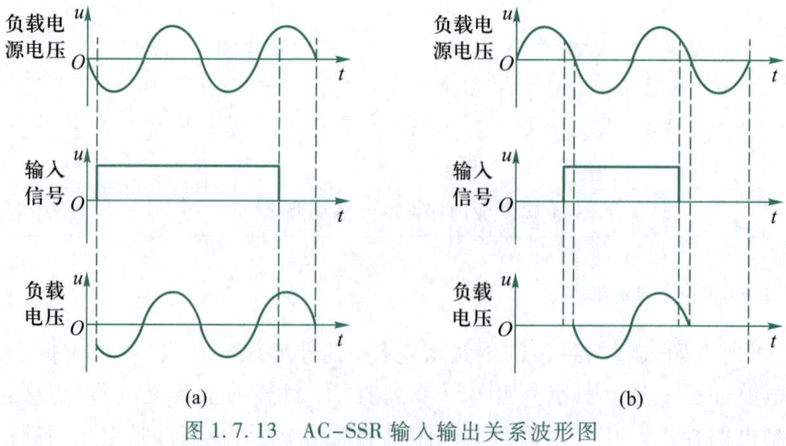

图1.7.13 AC-SSR输入输出关系波形图

(a)随机导通型；(b)过零型

由于双向晶闸管的关断条件是控制极导通电压撤除，同时负载电流必须小于双向晶闸管导通的维持电流。因此，对于随机导通型和过零型 AC-SSR，在导通信号撤除后，都必须在负载电流小于双向晶闸管维持电流时才关断，可见这两种 SSR 的关断条件是相同的。

直流固态继电器（DC-SSR）的输入输出波形如图 1.7.14 所示。DC-SSR 内部的功率器件一般为功率晶体管，在控制信号的作用下工作在饱和导通或截止状态。DC-SSR 在导通信号撤除后立刻关断。

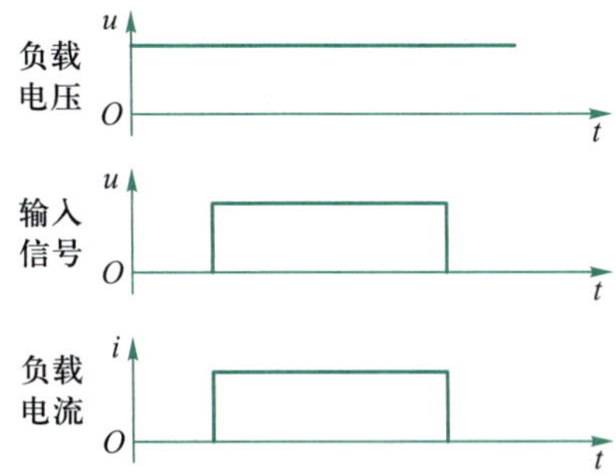

图 1.7.14　DC-SSR 输入输出波形图

2. 按安装形式分类

固态继电器可分为装配式固态继电器、焊接式固态继电器和插座式固态继电器。装配式 SSR 可装配在电路板上，焊接式 SSR 可直接焊装在印制电路板上。

三、固态继电器的工作原理

AC-SSR 为四端器件，两个输入端，两个输出端。DC-SSR 有四端型和五端型之分，其中，两个为输入端，对于五端型输出增加一个负端。图 1.7.15 和图 1.7.16 分别为随机导通型和过零型 AC-SSR 电原理图，下面将分别介绍它们的工作原理。

1. 随机导通型 AC-SSR

图 1.7.15 所示为随机导通型 AC-SSR 电原理图。

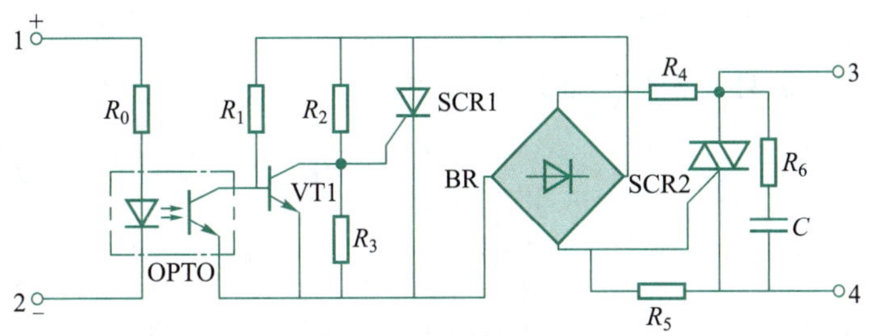

图 1.7.15　随机导通型 AC-SSR 电原理图

图 1.7.15 中，OPTO 为光电隔离器，它把输入输出两部分从电气上隔离，VT1 为放大器，SCR1 和 BR 用来获得使双向晶闸管 SCR2 开启用的双向触发脉冲。R_0 和 R_4 为限流电阻，R_4 也为 SCR1 的负载，R_3 和 R_5 为分流电阻，分别用来保护 SCR1 和 SCR2，R_6 和 C 用来组成浪涌吸收电路，BR 为双向整流桥。

当输入端加上信号时，OPTO 导通，VT1 截止，SCR1 导通，在 SCR2 的控制极上将会得到从 R_4→BR→SCR1→BR→R_5 以及反方向的脉冲，使 SCR2 导通，负载接通。

当输入信号撤除后，OPTO 截止，VT1 导通，SCR1 截止，但此时 SCR2 仍有可能导通，必须等到负载电流小于双向晶闸管维持电流时才截止。

2. 过零型 AC-SSR

图 1.7.16 为过零型 AC-SSR 电原理图。

图中，R_4、R_5 和 VT2 组成过零电压检测电路，只要适当选择分压电阻 R_4 和 R_5，使得在 SCR1

两端电压超过零电压时,VT2 饱和导通,反之则 VT2 截止。VT1 和 VT2 组成门电路,即输入信号总是在交流电压为零附近方能使 SCR1 导通,接通负载,实现过零触发。

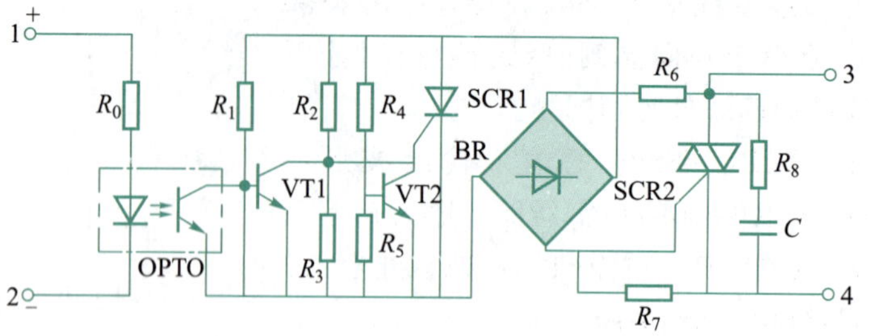

图 1.7.16 过零型 AC-SSR 电原理图

值得注意的是,上述电路的所谓过零并非真的在 0 V 处导通,而是一般在±10~±25 V 区域内,因为开关电路需要供电。

有些交流固态继电器采用的是晶闸管型光电隔离器。对于过零型光耦合双向晶闸管驱动器,其内部还带过零检测电路。

在具体使用时,图 1.7.15 和图 1.7.16 中的 1、2 端接控制信号,3、4 端接负载和交流电源,如图 1.7.17 所示。图中的 R_L 为负载。

直流固态继电器的使用与交流固态继电器类似,这里不再叙述。在使用时注意参看产品说明书。

四、 固态继电器型号及使用注意事项

国产固态继电器的型号及其含义如下:

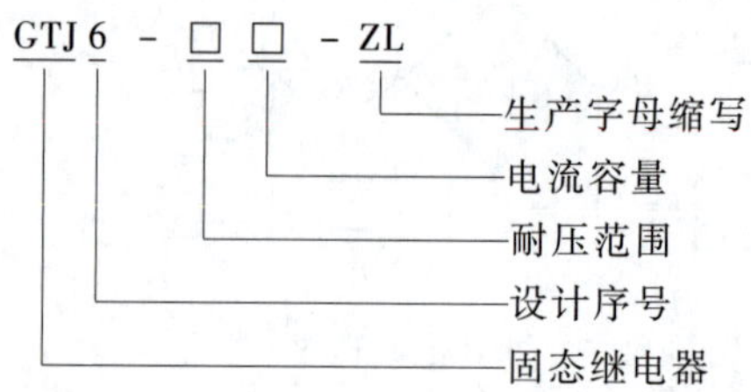

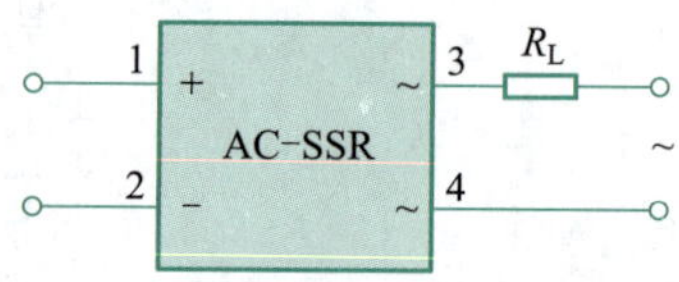

图 1.7.17 固态继电器应用电路

CTJ6 固态继电器的主要技术参数如表 1.7.6 所示。

表 1.7.6 GTJ6 固态继电器的主要技术参数

输入参数				输出参数		
输入电压	关闭电压	输入电流	接通电流	工作电压	工作电流	绝缘电压
DC3~12 V	DC1.5 V	≤25 mA	5 mA	AC220 V	0.5~2 A	≥AC2 000 V
DC3~12 V					1~3 A	≥AC2 500 V
DC3~32 V				AC380 V	10~60 A	≥AC2 500 V

固态继电器的输入端一般只需 100 mA 左右的驱动电流即可,最小工作电压为 3 V,所以 MOS 管逻辑信号通常要经过晶体管缓冲级放大后再去控制固态继电器,对于 CMOS 电路可利用

NPN 型晶体管缓冲器。当输出端的负载容量很大时，直流固态继电器可通过功率晶体管（交流固态继电器通过双向晶闸管）再驱动负载。

当温度超过 35℃左右后，固态继电器的负载能力（最大负载电流）随温度升高而降低，因此使用时必须注意散热或降低电流使用。

对于容性或电阻类负载，应限制其开通瞬间的浪涌电流值（一般为负载电流的 7 倍），对于电感性负载，应限制其瞬时峰值电压，以防止损坏固态继电器。具体使用时，可参照产品使用说明书。

固态继电器 SSR 的内部电子元件均具有一定的漏电流，其值通常在 5 ~ 10 mA。因此，它的输出回路不能实现电气隔离，这一点在使用中应特别注意。

1.8 主令电器

自动控制系统中用于发送控制指令的电器称为主令电器。主令电器是一种机械操作的控制电器，对各种电气系统发出控制指令，使继电器和接触器动作，从而改变拖动装置的工作状态（如电动机的起动、停车、变速等），以获得远距离控制。

主令电器应用广泛，种类繁多。常用的主令电器有控制按钮、行程开关、接近开关、主令控制器、万能转换开关等。

1.8.1 控制按钮

动画
控制按钮的外形

控制按钮是发出控制指令和信号的电器开关，是一种手动且一般可以自动复位的主令电器。用于对电磁起动器、接触器、继电器及其他电气线路发出指令信号控制。

控制按钮的结构示意图如图 1.8.1 所示，它由按钮帽 1、复位弹簧 2、动触点 3、动断静触点 4、动合静触点 5 和外壳等组成，通常制成具有动合触点和动断触点的复式结构。指示灯式按钮内可装入信号灯以显示信号。

动画
控制按钮的工作原理

按钮的结构形式有多种，适用于不同的场合：紧急式装有突出的蘑菇形钮帽，以便于紧急操作；指示灯式在透明的按钮内装入信号灯，用作信号显示；钥匙式为了安全起见，需用钥匙插入方可旋转操作等。为了表明各个按钮的作用，避免误操作，通常将钮帽做成不同的颜色以示区别，其颜色一般有红、绿、黑、黄、蓝、白等。一般以红色表示停止按钮，绿色表示起动按钮。

动画
控制按钮的结构

早期使用比较多的有 LA10、LA18、LA19、LA20、LA25、LAY3、LAY5、LAY9、HUL11、HUL2 等系列产品。其中，LAY3 系列是引进产品，产品符合 IEC337 标准及国家标准。LAY5 系列是仿法国施耐德电气公司产品，LAY9 系列是综合日本和泉公司、德国西门子公司等产品的优点而设计制作，符合 IEC337 标准。

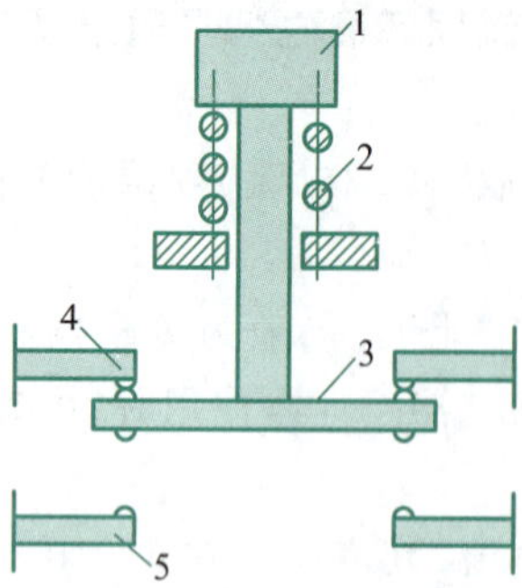

1—按钮帽;2—复位弹簧;3—动触点;
4—动断静触点;5—动合静触点

图 1.8.1 控制按钮的结构示意图

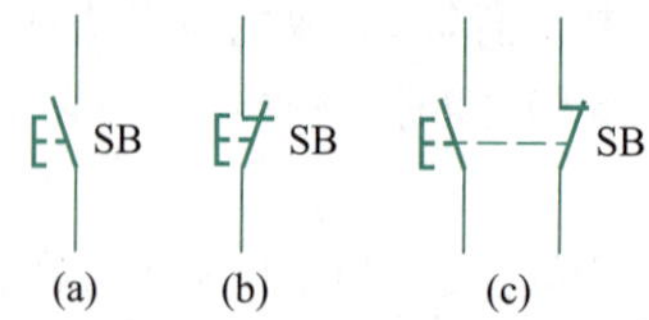

图 1.8.2 控制按钮的图形符号及文字符号

(a)动合触点;(b)动断触点;(c)复式触点

LA 系列控制按钮的型号及其含义如下:

LA□ - □□

- 派生代号:J 表示蘑菇钮,D 表示带指示灯,X 表示旋钮式,Y 表示钥匙钮,无代号表示平钮式
- 触点数(1 ~ 6)
- 设计序号
- 按钮

动画 控制按钮的测量

动画 行程开关的外形

图 1.8.2 是控制按钮的图形符号及文字符号。

控制按钮的选用依据主要是根据需要的触点对数、动作要求、是否需要带指示灯、使用场合以及颜色等要求。

1.8.2 行程开关

依据生产机械的行程发出命令以控制其运行方向或行程长短的主令电器,称为行程开关。若将行程开关安装于生产机械行程终点处,以限制其行程,则称为限位开关或终点开关。行程开关广泛用于各类机床和起重机械中以控制这些机械的行程。

行程开关的种类很多,其主要变化在于传动操作方式和传动头形状的变化。操作方式有瞬动型和蠕动型。头部结构有直动、滚动直动、杠杆单轮、双轮、滚动摆杆可调式、杠杆可调式以及弹簧杆等。

动画 行程开关的结构

行程开关的工作原理与控制按钮类似,只是它用运动部件上的撞块来碰撞行程开关的推杆。行程开关触点结构示意如图 1.8.3 所示。触点结构是双断点直动式,为瞬动型触点,瞬动操作是靠传感头推动推杆 1 达到一定行程后,触桥中心点过死点 O''以使触点在弹簧 2 的作用下迅速从一个位置跳到另一个位置,完成接触状态转换,使动断触

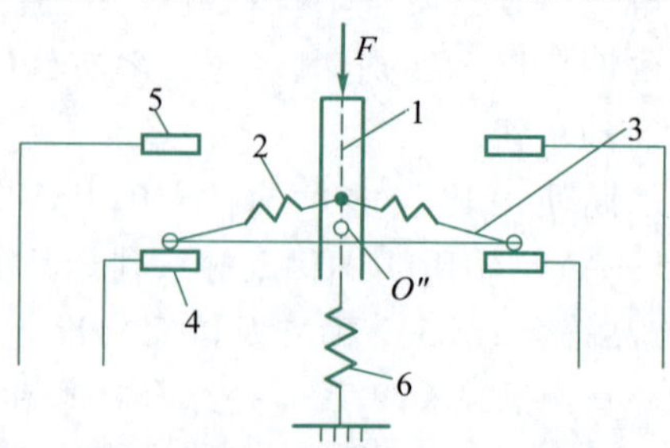

1—推杆;2—弹簧;3—动触点;
4—动断静触点;5—动合静触点;6—复位弹簧

图 1.8.3 行程开关的触点结构示意图

点断开（动触点 3 和动断静触点 4 分开），动合触点闭合（动触点 3 和动合静触点 5 闭合）。闭合与分断速度不取决于推杆行进速度，而由弹簧刚度和结构决定。各种结构的行程开关，只是传感部件的机构方式不同，而触点的动作原理都是类似的。

动画
行程开关的工作原理

常用的行程开关有 LX19、LX22、LX32、LX33、JLXL1 以及 LXW－11、JLXK1－11、JLXW5 系列等。行程开关的型号及其含义如下：

L X □ - □ □ □

- L —— 主令电器
- X —— 行程开关
- □ —— 设计序号
- - 后第一个 □ —— 0 表示无滚轮，1 表示单轮，2 表示双轮，3 表示直动不带轮，4 表示直动带轮
- 第二个 □ —— 0 表示仅径向传动杆，1 表示滚动轮装在传动杆外侧，2 表示滚动轮装在传动杆内侧，4 表示滚动轮装在传动杆凹槽内侧
- 第三个 □ —— 1 表示自动复位，2 表示不能自动复位

J L X K 1 - □ □ □

- J —— 机床电器
- L —— 主令电器
- X —— 位置开关
- K —— 快速
- 1 —— 设计序号
- 第一个 □ —— 1 表示单轮，2 表示双轮，3 表示直动不带轮，4 表示直动带轮
- 第二个 □ —— 动合触点数
- 第三个 □ —— 动断触点数

动画
行程开关的选用及图形符号

图 1.8.4 所示为 LX19 系列行程开关外形图，(a) 为单轮旋转式，(b) 为双轮旋转式。行程开关的图形符号及文字符号如图 1.8.5 所示。

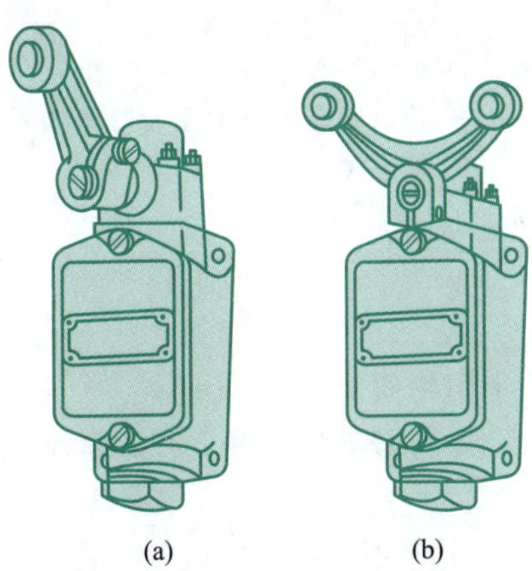

图 1.8.4 LX19 系列行程开关外形图
(a) 单轮旋转式；(b) 双轮旋转式

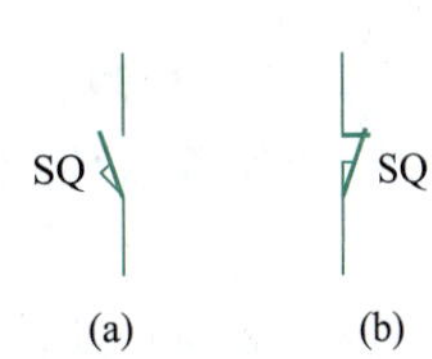

图 1.8.5 行程开关的图形符号及文字符号
(a) 动合触点；(b) 动断触点

行程开关在选用时，主要根据机械位置对开关形式的要求和控制线路对触点的数量要求以及电流、电压等级来确定其型号。

动画
接近开关的外形

1.8.3　接近开关

接近开关是一种无接触式物体检测装置。也就是某一物体接近某一信号机构时，信号机构发出“动作”信号的开关。接近开关又称为无触点行程开关，当检测物体接近它的工作面并达到一定距离时，不论检测体是运动的还是静止的，接近开关都会自动地发出物体接近而“动作”的信号，而不像机械式行程开关那样需施以机械力。

接近开关是一种开关型传感器，它既有行程开关、微动开关的特性，同时又具有传感器的性能，且动作可靠、性能稳定、频率响应快、使用寿命长、抗干扰能力强，而且具有防水、防震、耐腐蚀等特点。它不但有行程控制方式，而且根据其特点，还可以用于计数、测速、零件尺寸检测、金属和非金属的探测、无触点按钮、液面控制等电量与非电量检测的自动化系统中，还可以同微机、逻辑元件配合使用，组成无触点控制系统。

接近开关的种类很多，但不论何种类型的接近开关，其基本组成都是由信号发生机构（感测机构）、振荡器、检波器、鉴幅器和输出电路组成。感测机构的作用是将物理量变换成电量，实现由非电量向电量的转换。

目前市场上接近开关的产品很多，型号各异，例如，LXJO 型、LJ-1 型、LJ-2 型、LJ-3 型、CJK 型、JKDX 型、JKS 型晶体管无触点接近开关以及 J 系列接近开关等，但功能基本相同，外形有 M6～M34 圆柱形、方形、普通型、分离型、槽形等。

J 系列接近开关的型号含义如下：

J　M18　L　-　F　5　N　K

- J：接近开关代号
- M18：外形尺寸代号：M 表示圆柱螺纹型，G 表示方型，R 表示平面圆型
- L：种类代号：L 表示电感式，C 表示电容式，H 表示霍尔式，S 表示磁感式
- F：检出方式：F 表示埋入式，Y 表示非埋入式
- 5：检测距离：(mm)
- N：输出形式：N 表示 NPN，P 表示 PNP，T 表示直流二线制，A 表示交流二线制，R 表示继电器
- K：输出状态：K 表示动合，B 表示动断；H 表示一动合一动断

接近开关的图形符号及文字符号如图 1.8.6 所示。

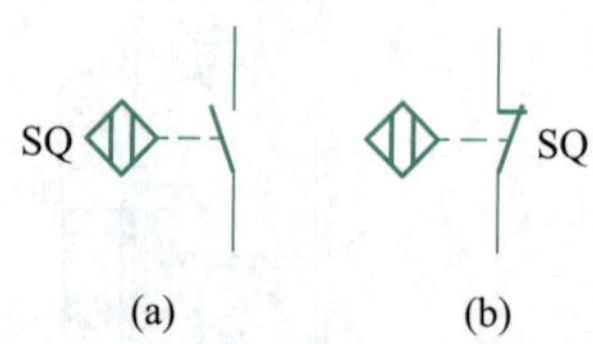

图 1.8.6　接近开关的图形符号及文字符号
(a) 动合触点；(b) 动断触点

1.8.4　光电开关

光电开关又称为无接触检测和控制开关。它是利用物质对光束的遮蔽、吸收或反射等作用，对物体的位置、形状、标志、符号等进行检测。

光电开关能非接触、无损伤地检测各种固体、液体、透明体、烟雾等。它具有体积小、功能多、寿命长、功耗低、精度高、响应速度快、检测距离远和抗光、电、磁干扰性能好等优点。它广泛应用于各种生产设备中作为物体检测、液位检测、行程控制、产品计数、

速度监测、产品精度检测、尺寸控制、宽度鉴别、色斑与标记识别、人体接近开关和防盗警戒等，成为自动控制系统和生产线中不可缺少的重要元件。

光电开关是一种新兴的控制开关。在光电开关中最重要的是光电器件，是把光照强弱的变化转换为电信号的传感元件。光电器件主要有发光二极管、光敏电阻、光电晶体管、光电耦合器等，它们构成了光电开关的传感系统。

动画
光电开关

光电开关的电路一般是由投光器和受光器组成，光传感系统根据需要有的是投光器和受光器相互分离；也有的是投光器和受光器组成一体。投光器的光源有的用白炽灯，而现在普遍采用以磷化镓为材料的发光二极管作为光源。受光器中的光电元件既可用光电晶体管也可用光电二极管。

市场上的光电开关型号很多，例如 G 系列等，但功能基本相同，需要注意的是并非所有的光电开关都能用作人身安全保护。G 系列光电开关的型号含义如下：

G 50 - D 30 N K

- G —— 红外线光电开关
- 50 —— 外形代号
- K —— 输出状态：K 表示动合，B 表示动断；H 表示一动合一动断
- N —— 输出形式：N 表示 NPN，P 表示 PNP，A 表示交流，R 表示继电器
- 30 —— 检测距（cm 或 m）
- D —— 检出方式：D 表示扩散反射型，R 表示镜片反射型，T 表示对射型，U 表示沟型

1.8.5　主令控制器

动画
主令控制器的外形

动画
主令控制器的工作原理

主令控制器是用来较为频繁地切换复杂得多回路控制电路的主令电器。它操作比较轻便，允许每小时通电次数较多，触点为双断点桥式结构，适用于按顺序操作的多个控制回路。其结构如图 1.8.7 所示。

主令控制器一般由触点、凸轮、定位机构、转轴、面板及其支承件等部分组成。图 1.8.7 为主令控制器的工作原理，图中，1 和 7 是固定于方轴上的凸轮块；2 是接线柱，由它连向被操作的回路；静触点 3 由桥式动触点 4 来闭合与断开；静触点 4 固定于能绕轴 6 转动的支杆 5 上。当操作者用手柄转动凸轮块 7 的方轴使凸轮块达到推压小轮 8 带动支杆 5 向外张开时，将被操作的回路断电，在其他情况下（凸轮块离开推压轮）触点是闭合的。根据每块凸轮块的形状不同，可使触点按一定的顺序闭合与断开。这样只要安装一层层不同形状的凸轮块即可实现控制回路顺序地接通与断开。

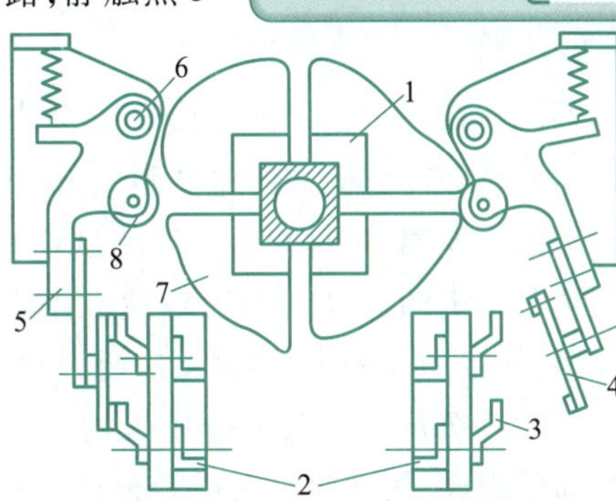

1、7—凸轮块；　2—接线柱；　3—静触点；
4—动触点；　5—支杆；　6—转动轴；　8—小轮

图 1.8.7　主令控制器的工作原理

从结构形式来看，主令控制器有两种类型，一种是凸轮调整式主令控制器，它的凸轮片上开有孔和槽，凸轮片的位置可根据给定的触点分合表进行调整；另一

种是凸轮非调整式主令控制器，其凸轮不能调整，只能按触点分合表做适当的排列组合。

常用的主令电器有：LS3、LK4、LK5 和 LK17、LK18 系列。其中，LK4 系列属于调整式主令控制器，即闭合顺序可根据不同要求进行任意调节。

主令控制器的型号及其含义如下：

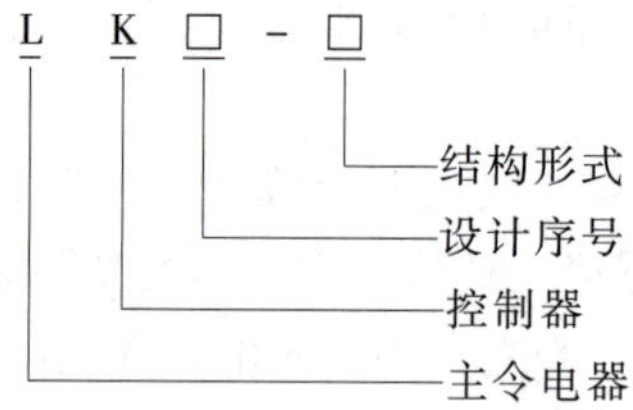

主令控制器的图形符号及文字符号如图 1.8.8(a)所示。图形符号中“每一横线”代表一路触点，而用竖的虚线代表手柄位置。哪一路接通就在代表该位置的虚线上的触点下面用黑点“·”表示。触点通断也可用通断表来表示，如图 1.8.8(b)所示，表中的“×”表示触点闭合，空白表示触点分断。例如，在图 1.8.8 中，当主令控制器的手柄置于“Ⅰ”位时，触点“1”“3”接通，其他触点断开；当手柄置于“Ⅱ”位时，触点“2”“4”“5”“6”接通，其他触点断开等。

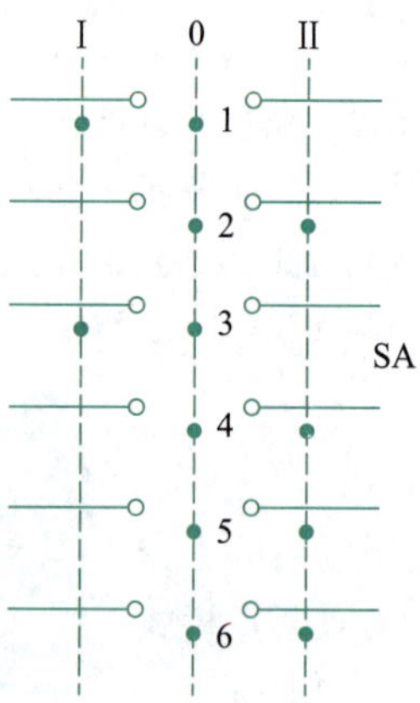

(a)

触点号	Ⅰ	0	Ⅱ
1	×	×	
2		×	×
3	×	×	
4		×	×
5		×	×
6		×	×

(b)

图 1.8.8　主令控制器的图形符号及文字符号与通断表

(a)图形符号及文字符号；(b)通断表

1.8.6　万能转换开关

万能转换开关是一种多挡式且能对电路进行多种转换的主令电器。它是由多组相同结构的触点组件叠装而成的多回路控制电器，主要用于各种配电装置的远距离控制，也可作为电气测量仪表的转换开关或用作小容量电动机的起动、制动、调速和换向的控制。由于触点挡数多，换接的线路多，用途又广泛，故称万能转换开关。

万能转换开关一般由操作机构、面板、手柄及数个触点座等部件组成，用螺栓组装成为整体。触点的分断与闭合由凸轮进行控制，如图 1.8.9 所示。由于每层凸轮可做成不同的形状，因此当手柄转到不同位置时，通过凸轮的作用，可以使各对触点按需要的规律接通和分断。

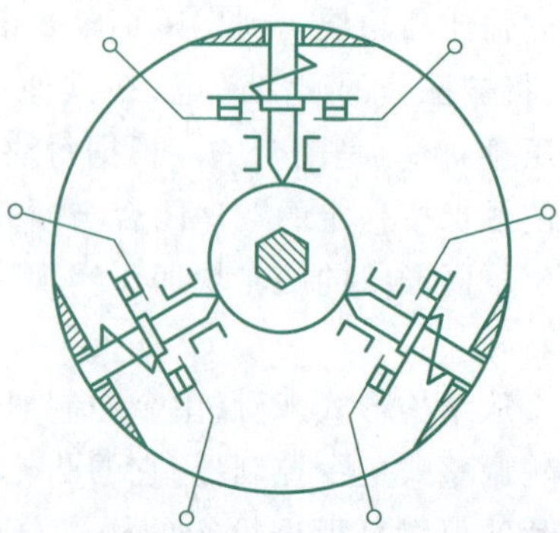

图 1.8.9　万能转换开关结构示意图

常用的万能转换开关有 LW2、LW5、LW6、LW8、LW9、LW10-10、LW12、LW15 和 3LB、3ST1、JXS2-20 等系列。

LW6 系列万能转换开关的型号及其含义如下：

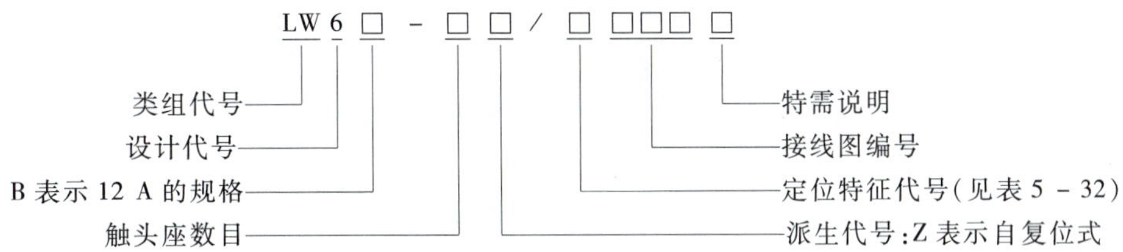

万能转换开关的图形符号及文字符号与操作手柄在不同位置时的触点分合状态的表示方法和主令控制器相同，这里不再重述。使用时不同操作位置各触点的分合情况，可以根据定位特征代号和接线图编号查阅有关手册而得。

1.8.7 主令电器的使用维护与故障诊断

一、按钮使用维护与故障诊断

1. 使用维护

① 按钮的触点间距较小，所以应经常保持触点清洁。

② 安装时多加一个紧固圈，在接线螺钉处加套绝缘塑料管。

③ 对于通电时间较长的按钮，不宜选用带指示灯的按钮。

2. 故障诊断

① 触点烧毛。由于触点接触不良、表面不清洁，使接触电阻增大，引起触点过热、烧毛。应使用锋利的刀刃或锉刀修平。

② 触点接触不良，特别是动断触点不能复位闭合。引起故障的原因是动触点的返回弹簧失效，或触点表面不清洁，触点磨损、松动，使触点返回时接触不良，甚至接触不上。应维修或更换弹簧及触点。

③ 绝缘性能降低。由于长时间使用或密封不好，使灰尘、油或水流入，造成绝缘性能降低甚至击穿。应进行绝缘和清洁处理，并采取相应的密封措施。

二、行程开关使用维护与故障诊断

1. 行程开关的使用与维护

① 行程开关应紧固在安装板和机械设备上，不得有晃动现象。

② 行程开关在使用过程中，若烧毛比较严重，影响开关性能，应及时予以更换。

③ 应定期进行检查，检查前应先切断电源。检查内容包括触点有无损伤，动作是否灵活、平稳，螺钉有无松动，导出杆是否清洁等。

④ 定期检查，除去油垢、粉尘，清理触点，并经常检查动作是否可靠，随时排除故障，以免引起设备或人身事故。

2. 行程开关常见故障诊断

① 行程开关不动作。由于开关未压合、开关固定螺钉松动、开关被撞坏、机构动作失灵、杂质进入开关内部等，使机构被卡住，造成行程开关不能动作。

② 行程开关不复位。由于运动部件或撞块超程过多、机构失灵、开关被撞坏、杂质进入开关内部等使机构被卡住以及开关复位弹簧失效、弹力不足,造成触点不能复位闭合。

三、 接近开关的使用维护

接近开关的使用与维护要注意如下几点:

① 应按接近开关使用说明书的要求正确安装,特别要注意引线的极性、额定工作电压的范围和额定工作电流的极限值。

② 对非埋入式接近开关,必须留有一非阻尼区(即按规定使开关在空间偏离铁磁性物质或金属物一定距离)。

③ 接线时应按引出线的颜色,辨别引出线的极性和输出形式。

④ 在调整动作距离时,应使运动部件(被测工件)与检测面轴向距离在驱动距离范围之内。

⑤ 保持开关感应面的清洁,并防止其他金属件的碰撞。

1.9 低压断路器

动画
低压断路器的外形

低压断路器又称自动空气开关或自动空气断路器,主要用于低压动力线路中。它相当于刀闸开关、熔断器、热继电器和欠压继电器的组合,是一种自动切断电路故障的保护电器。

1.9.1 低压断路器的工作原理

动画
低压断路器的工作原理

低压断路器主要由触点系统、操作机构和保护元件三部分组成。主触点由耐弧合金制成,采用灭弧栅片灭弧,操作机构较复杂,其通断可用操作手柄操作,也可用电磁机构操作,故障时自动脱扣,触点通断瞬时动作与手柄操作速度无关。其工作原理如图 1.9.1 所示。

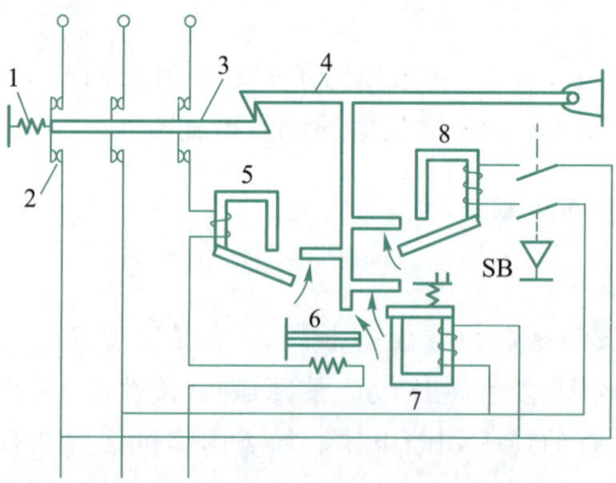

动画
低压断路器的结构

1—分闸弹簧;2—主触点;3—传动杆;4—锁扣;
5—过电流脱扣器;6—过载脱扣器;
7—失压脱扣器;8—分励脱扣器

图 1.9.1 低压断路器原理图

断路器的主触点 2 是靠操作机构手动或电动合闸的,并由自动脱扣机构将主触点锁在合闸位置上。如果电路发生故障,自动脱扣机构在有关脱扣器的推动下动作,使钩子脱开,于是主触点在弹簧的作用下迅速分断。过电流脱扣器 5 的线圈和过载脱扣器 6 的线圈与主电路串联，失压脱扣器 7 的线圈与主电路并联，当电路发生短路或严重过载时，过电流脱扣器的衔铁被吸合，使自动脱扣机构动作；当电路过载时，过载脱扣器的热元件产生的热量增加，使双金属片向上弯曲，推动自动脱扣机构动作；当电路失压时，失压脱扣器的衔铁释放，也使自动脱扣机构动作。分励脱扣器 8 则作为远距离分断电路使用，根据操作人员的命令或其他信号使线圈通电，从而使断路器跳闸。

断路器根据不同用途可配备不同的脱扣器。

1.9.2 低压断路器的主要技术参数和典型产品介绍

一、低压断路器的主要技术参数

1. 额定电压

额定电压分额定工作电压、额定绝缘电压和额定脉冲电压。

断路器的额定工作电压在数值上取决于电网的额定电压等级，我国电网标准规定为 AC220 V、380 V、660 V 及 1 140 V、DC220 V、440 V 等。应该指出，同一断路器可以规定在几种额定工作电压下使用，但相应的通断能力并不相同。

额定绝缘电压是设计断路器的电压值。一般情况下，额定绝缘电压就是断路器的最大额定工作电压。

开关电器工作时，要承受系统中所发生的过电压，因此开关电路（包括断路器）的额定电压参数中给定了额定脉冲耐压值，其数值应大于或等于系统中出现的最大过电压峰值。额定绝缘电压和额定脉冲电压共同决定了开关电器的绝缘水平。

2. 额定电流

断路器的额定电流就是过电流脱扣器的额定电流，一般是指断路器的额定持续电流。

3. 通断能力

开关电器在规定的条件下（电压、频率及交流电路的功率因数和直流电路的时间常数），能在给定的电压下接通和分断的最大电流值，也称为额定短路通断能力。

4. 分断时间

指切断故障电流所需的时间，它包括固有的断开时间和燃弧时间。

二、低压断路器的保护特性

低压断路器的保护特性主要是指其过载和过电流保护特性，即断路器的动作时间与过载和过电流脱扣器的动作电流的关系特性。为了能起到良好的保护作用，断路器的保护特性应同保护对象的允许发热特性匹配，即断路器的保护特性应位于保护对象的允许发热特性之下，如图 1.9.2 所示，其中，曲线 1 为保护对象的发热特性，曲线 2 为低压断路器的保护特性。

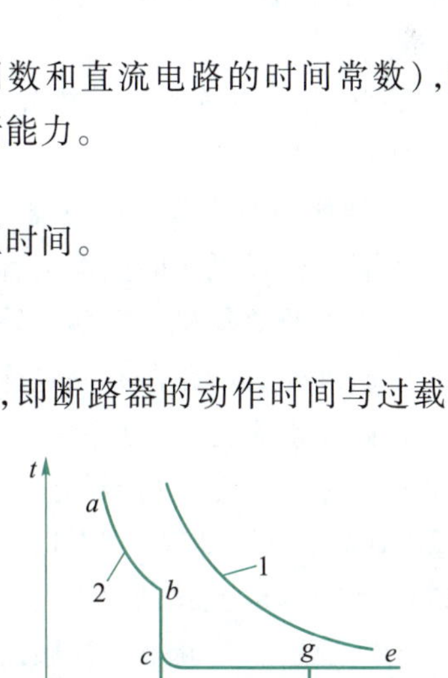

1—保护对象的发热特性；
2—低压断路器的保护特性
图 1.9.2 低压断路器的保护特性

为了充分利用电气设备的过载能力，尽可能缩小事故范围，低压断路器的保护特性必须具有选择性，即它应当是分段的。保护特性的 ab 段是过载保护部分，它是反时限的，即动作电流的大小同动作时间的长短成反比。df 段是瞬时动作部分，只要故障电流超过 i_1 时，过电流脱扣器便瞬时动作，切除故障电路。*ce* 段是定时限延时动作部分，只要故障电流超过 i_1 时，过电流脱扣器经过一定的延时后即动作，切除故障电路。根据需要，断路器的保护特性可以是两段式的，如 *abdf* 式，即过载长延时和短路瞬时动作；*abce* 式，即过载长延时和短路短延时动作。为了获得更完整的选择性和上、下级开关间的协调配合，还可以有三段式的保护特性，即 *abcghf* 式的保护特性，过载长延时、短路短延时和特大短路瞬时动作。

三、 低压断路器典型产品介绍

低压断路器按其用途和结构特点可分为框架式低压断路器、塑料外壳式低压断路器、直流快速低压断路器和限流式低压断路器等。随着低压电器技术的发展，国内低压电器行业结合国外低压电器先进的制造技术，研制开发出一大批新型的低压断路器，以下在主要介绍框架式和塑料外壳式两大类的基础上再介绍一种新型的智能型万能式低压断路器。

1. 框架式低压断路器

框架式低压断路器又称万能式低压断路器，主要用于 40 ~ 100 kW 电动机回路的不频繁全压起动，并起短路、过载、失压保护作用。其操作方式有手动、杠杆、电磁铁和电动机操作四种。额定电压一般为 380 V，额定电流有 200 ~ 4 000 A 若干种。常见的框架式低压断路器有 DW 系列等。

① DW10 系列断路器。本系列产品额定电压为交流 380 V 和直流 440 V，额定电流为200 ~ 4 000 A，非选择型（即无短路短延时），由于其技术指标较低，现已逐渐被淘汰。

② DW15 系列断路器。它是更新换代产品，其额定电压为交流 380 V，额定电流为 200 ~ 4 000 A，极限分断能力均比 DW10 系列大一倍。它分选择型和非选择型两种产品，选择型（具有三段特性）的采用半导体脱扣器。在 DW15 系列断路器的结构基础上，适当改变触点的结构，则制成 DWX15 系列限流式断路器，它具有快速断开和限制短路电流上升的特点，因此特别适用于可能发生特大短路电流的电路中。在正常情况下，它也可作为电路的不频繁通断及电动机的不频繁起动用。

除此以外，还有引进国外先进技术生产的 ME、AE、AH 及 3WE 等系列的具有高分断能力的框架式低压断路器。

2. 塑料外壳式低压断路器

塑料外壳式低压断路器又称装置式低压断路器或塑壳式低压断路器。一般用作配电线路的保护开关以及电动机和照明线路的控制开关等。

塑料外壳式断路器有一绝缘塑料外壳，触点系统、灭弧室及脱扣器等均安装于外壳内，而手动扳把露在正面壳外，可手动或电动分合闸。它也有较高的分断能力和动稳定性以及比较完善的选择性保护功能。我国目前生产的塑壳式断路器有 DZ5、DZ10、DZX10、DZ12、DZ15、DZX19、DZ20、DM1、SM1、CCM1、NM1、RMM1、HSM1、HM3、TM30、CM1 等系列的产品，其中，DZX10 和 DZX19 系列为限流式断路器，二者均是利用短路电流通过结构特殊的触点回路时，产生的巨大电动斥力实现迅速分断来达到限流的目的，它能在 4 ~ 5 ms 内使短路电流不再增长，8 ~ 10 ms 内可全部分断电路。

另外，塑壳式低压断路器还有引进美国西屋公司制造技术的 H 系列以及引进德国西门子公司制造技术的 DZ108 系列等。

下面以 DZ20、NM1 系列为例，介绍塑壳式低压断路器型号意义及技术参数。

DZ20、NM1 系列塑壳式低压断路器型号及其意义如下：

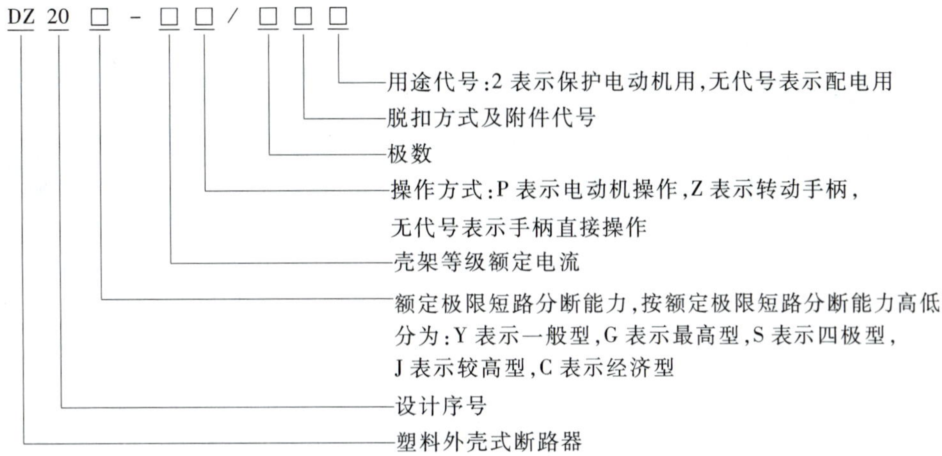

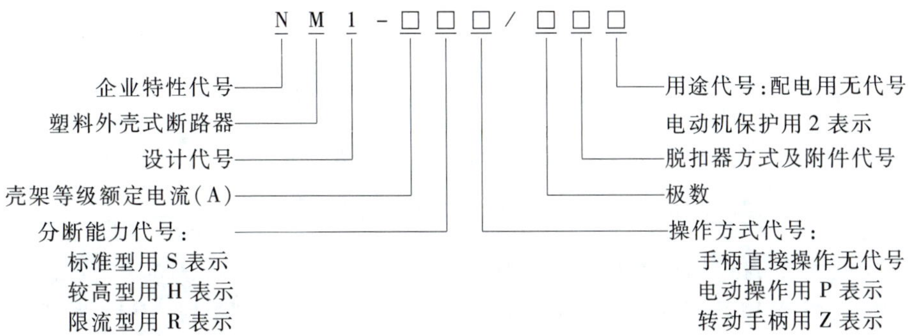

DZ20、NM1 系列塑壳式低压断路器主要技术参数分别如表 1.9.1、表 1.9.2 所示。

3. 智能型万能式低压断路器

智能型万能式断路器是在万能式低压电器的基础上增设了智能型控制器,使其功能更加现代化,既能实施自动控制,又能实施智能控制。

表 1.9.1 DZ20 系列塑壳式低压断路器主要技术参数

型号	额定电压/V	壳架等级额定电流/A	断路器额定电流 I_N/A	瞬时脱扣器整定电流倍数
DZ20Y-100	~380	100	16、20、25、32、40、50、63、80、100	配电用 $10I_N$ 保护电动机用 $12I_N$
DZ20J-100				
DZ20G-100				
DZ20Y-225		225	100、125、160、180、200、225	配电用 $5I_N$、$10I_N$ 保护电动机用 $12I_N$
DZ20J-225				
DZ20G-225				
DZ20Y-400	~220	400	250、315、350、400	配电用 $10I_N$ 保护电动机用 $12I_N$
DZ20J-400				
DZ20G-400				配电用 $5I_N$、$10I_N$
DZ20Y-630		630	400、500、630	
DZ20J-630				

表 1.9.2 NM1 系列塑壳式低压断路器主要技术参数

<table>
<tr><th rowspan="2">型号</th><th rowspan="2">壳架等级额定电流/A</th><th rowspan="2">额定工作电流/A</th><th rowspan="2">额定电压/V</th><th rowspan="2">额定绝缘电压/V</th><th colspan="2">辅助触点额定值/A</th><th rowspan="2">额定极限分断能力/kA</th><th rowspan="2">额定运行短路分断能力/kA</th></tr>
<tr><th>约定发热电流</th><th>额定工作电流</th></tr>
<tr><td>NM1-100 S</td><td rowspan="3">100</td><td rowspan="3">16、20、32、40、50、63、80、100</td><td rowspan="12">690</td><td rowspan="12">800</td><td rowspan="6">3</td><td rowspan="6">0.26</td><td>35</td><td>17.5</td></tr>
<tr><td>NM1-100 H</td><td>50</td><td>25</td></tr>
<tr><td>NM1-100 R</td><td>85</td><td>42.5</td></tr>
<tr><td>NM1-225 S</td><td rowspan="3">225</td><td rowspan="3">100、125、160
180、200、225</td><td>35</td><td>17.5</td></tr>
<tr><td>NM1-225 H</td><td>50</td><td>25</td></tr>
<tr><td>NM1-225 R</td><td>85</td><td>42.5</td></tr>
<tr><td>NM1-400 S</td><td rowspan="3">400</td><td rowspan="3">225、250、315
350、400</td><td rowspan="6">6</td><td rowspan="6">1</td><td>50</td><td>25</td></tr>
<tr><td>NM1-400 H</td><td>65</td><td>32.5</td></tr>
<tr><td>NM1-400 R</td><td>100</td><td>50</td></tr>
<tr><td>NM1-630 S</td><td rowspan="3">630</td><td rowspan="3">400、500、630</td><td>50</td><td>25</td></tr>
<tr><td>NM1-630 H</td><td>65</td><td>32.5</td></tr>
<tr><td>NM1-630 R</td><td>100</td><td>50</td></tr>
</table>

常见的智能型万能式低压断路器有 CB11(DW48)系列、F 系列、CW1 系列、JXW1 系列、MA40(DW40)系列、MA40B(MA45)系列、NA1 系列、SHTW1(DW45)系列、YSA1 系列等。

下面以 JXW1 系列为例,介绍智能型低压断路器型号意义及技术参数。

JXW1 系列智能型低压断路器型号意义如下:

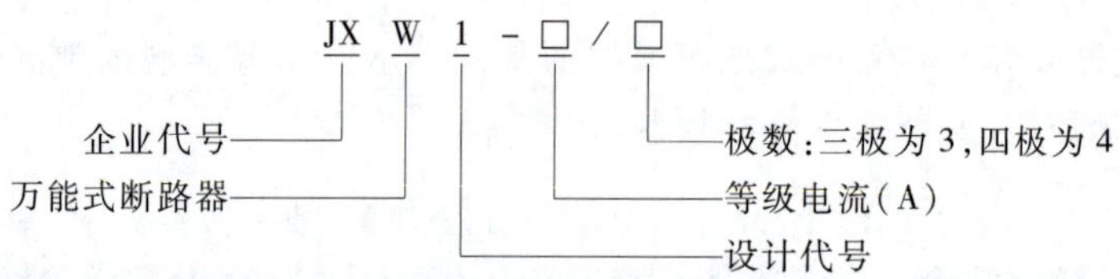

JXW1 系列智能型低压断路器技术数据如表 1.9.3 所示。

表 1.9.3 JXW1 系列智能型低压断路器技术数据

<table>
<tr><th>产品型号</th><th>额定电压/V</th><th>额定电流/A</th><th>额定极限短路分断能力 I_{cu}/kA</th><th>额定运行短路分断能力 I_{cs}/kA</th><th>用途</th></tr>
<tr><td rowspan="2">JXW1-2000</td><td>400</td><td rowspan="2">630、800、1 000、1 250、1 600、2 000</td><td>80</td><td>50</td><td rowspan="4">适用于交流 50 Hz,额定绝缘电压 690 V,额定工作电压 400 V 和 690 V,额定电流 630～3 200 A 的配电网络中,用来分配电能和保护线路及电源设备免受过载、欠电压、短路、接地等故障的危害。具有智能化保护功能</td></tr>
<tr><td>690</td><td>50</td><td>40</td></tr>
<tr><td rowspan="2">JXW1-3200</td><td>400</td><td rowspan="2">2 000、2 500、2 900、3 200</td><td>100</td><td>65</td></tr>
<tr><td>690</td><td>65</td><td>50</td></tr>
</table>

低压断路器的图形符号和文字符号如图 1.9.3 所示。

动画
低压断路器的类型及图形符号

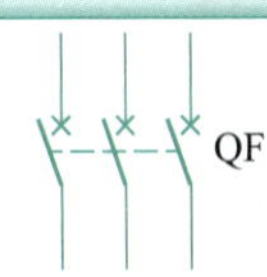

图 1.9.3 低压断路器的图形符号和文字符号

4. 漏电保护型低压断路器

漏电保护型低压断路器是一种为了防止发生人身触电和漏电火灾等事故而研制的一种新型电器。它实质上是一种装有检测漏电保护元件的塑料外壳式断路器，主要用于电压为 380 V 以下及电流在 60 A 以下的交流电路中，作漏电保护。

漏电保护断路器有单相式和三相式等形式，其额定漏电动作电流为30 ~ 100 mA，漏电脱扣器动作时间小于 0.1 s。

常见的漏电保护断路器为 DZ15L 系列。DZ15L 系列漏电保护断路器是电流动作型电磁快速漏电保护开关，主要由零序电流互感器、漏电脱扣器、试验检查部分和带有过负荷及短路保护的断路器组成。在正常情况下，零序电流互感器主回路的三相电流矢量和等于零，在零序电流互感器的二次回路中就不会有感应电压产生，漏电保护断路器在合闸状态下工作。当被保护电路中有漏电或人身触电时，只要漏电电流或触点电流达到漏电动作电流值，零序电流互感器的二次线圈就输出一个信号，并通过漏电脱扣器使断路器能在 0.1 s 的时间内动作，可靠地切除电源，从而起到漏电和触电保护作用。

1.9.3 低压断路器的选用

1. 选用的技术标准

低压断路器的选用应符合 GB/T 14048.1—2012《低压开关设备和控制设备总则》、GB/T 14048.2—2008《低压开关设备和控制设备低压断路器》等国家标准，且与国际标准接轨。

2. 选用的技术原则

① 断路器的额定工作电压应大于或等于线路或设备的额定工作电压。对于配电电路来说应注意区别是电源端保护还是负载保护，电源端电压比负载端电压高出约 5%。

② 断路器主电路额定工作电流大于或等于负载工作电流。

③ 断路器的过载脱扣整定电流应等于负载工作电流。

④ 断路器的额定通断能力大于或等于电路的最大短路电流。

⑤ 断路器的欠电压脱扣器额定电压等于主电路额定电压。

⑥ 断路器类型的选择，应根据电路的额定电流及保护的要求来选用。

1.9.4 低压断路器故障诊断与处理方法

低压断路器是一种比较复杂的低压电器，它集控制、保护于一身，除正常选用外，尚需妥善维修。

一、低压断路器运行中的检查

① 检查所带的正常最大负荷是否超过低压断路器的额定值。

② 检查传动机构及相间绝缘、主轴的工作状态，看前者有无变形、锈蚀、销钉松脱现象，后者有无裂痕、表层剥落和放电现象。

③ 检查灭弧罩的工作位置是否因受震动而移动，外观是否完整，有无喷弧痕迹和受潮情况。

④ 监听低压断路器在运行时有无异常音响。

⑤ 检查触点系统和导线连接点处有无过热现象，特别对有热元件保护装置的，更应注意。

⑥ 遇有灭弧罩损坏,不论多相还是一相,均应停止使用。

⑦ 检查脱扣器工作状态,如:整定值指示位置是否与被保护负荷相符,电磁铁表面及间隙是否清洁,弹簧的外观有无锈蚀、线圈有无过热及异常声响等。

⑧ 检查分合闸状态是否与辅助触点所串接的信号指示灯相符合。

⑨ 低压断路器因发生短路故障而掉闸或遇有喷弧现象时,除排除故障外,还需对开关解体检修,重点是触点系统和灭弧罩。

⑩ 如发生长时间的负荷变动,需要相应调节过电流脱扣器的整定值,必要时应更换设备或附件。

二、 低压断路器维护与检修

除上述巡视检查外,还应对低压断路器定期维护及检修。内容如下:

① 取下灭弧罩,检查灭弧栅片的完整性,清除表面的烟痕和金属细末,保证外壳完整无损。

② 检查触点表面,清除烟痕,用细锉或细砂布打平接触面,并须保持触点原有形状;如果触点的银钨合金表面烧伤超过 1 mm 时应更换新触点。

③ 用手动缓慢分、合闸,检查辅助触点的动断、动合触点的工作状态是否合乎要求,并检查辅助触点的表面是否损坏。

④ 检查触点的压力,有无因过热而失效,调节三相触点的位置和压力,使其保持三相同时闭合,并保证接触面积完整,接触压力一致。

⑤ 检查脱扣器的衔铁和拉簧活动是否正常,动作应无卡阻,磁铁工作极表面应清洁平滑,无锈蚀、毛刺和污垢。检查热元件的各部位有无损坏,其间隙是否正常等。

⑥ 机构各个摩擦部件应定期涂润滑油。

全部检修完毕后,应做几次传动实验,检查是否正常,特别对于两个开关之间的电气联锁系统,要确保动作无误。

三、 低压断路器故障诊断与处理方法

1. 塑料外壳式断路器的故障诊断与处理方法

(1) 手柄操作不能合闸

开关外壳上有“合”“分”字样,分别表示触点接通和断开时手柄所处的位置。手柄位于“合”的位置,表示能合闸,若扳不动,说明不能合闸。一般不能合闸的故障点在操作机构及部件上。

开关由于自动跳闸,手柄停在“合”与“分”的中间,离“合”较近。短路故障使开关跳闸后,只要将手柄朝“分”的方向扳动,使主杠杆进入钢片,此时,处于再扣状态。当热脱扣器动作,引起开关跳闸后,应经一段时间(一般为 5 min,严重过载时为 10 min)恢复后,才能将手柄朝“分”的方向扳动,使主杠杆下端压动主轴,推动杠杆,压缩弹簧,使同步调整螺钉进入杠杆下端,开关恢复再扣。若不能恢复,用手去搬手柄,有可能压断主轴。

操作机构的搭钩磨损、杠杆和联动机构的轴脱离、弹簧失效或同步调整螺钉调整不当等,都可能造成不能合闸,应适当整修、调整或更换部件。

(2) 起动负荷时自动分闸

① 电动机及其他电路有故障或负荷过重会导致起动时自动分闸,应检查线路或减轻负荷。

② 过流脱扣器和热脱扣器动作电流整定值有误会导致起动时自动分闸,应调整整定值。

③ 采用热元件动作的，超过额定值范围会导致起动时自动分闸，应更换热元件。

2. 框架式断路器的故障诊断与处理方法

框架式断路器可利用手柄直接操作、通过杠杆操作机构直接操作或者通过电磁铁操作合闸，其动作分为“再扣”“闭合”和“断开”三个程序。

(1) 手动操作不能合闸

其主要原因如下：

① 自由脱扣机构未调整好。

② 欠电压脱扣器无电压或电压线圈损坏。

③ 储能弹簧变形，闭合力减小。

④ 释放弹簧的反作用力太大。

⑤ 脱扣机构不能复位再扣。

(2) 灭弧室内的电弧熄灭不够迅速，灭弧时出现软弱无力的声音

主要原因是由于灭弧室受潮或碳化导致灭弧时间太长而不能迅速熄灭电弧，应将灭弧室烘干或将碳化部分刮出予以排除。

(3) 触点运行温度过高

主要原因和处理方法如下：

① 触点接触压力太小。调节相应的螺母，改变弹簧的长度，提高触点的压力，必要时更换弹簧。

② 触点氧化。将氧化严重的触点拆下来，放入硫酸中，将氧化层腐蚀掉，然后放在碱水中，再用自来水清洗干净；或者将烧伤触点表面形成的凸凹点用整形锉刀修理，改善接触状态。

③ 导电零件连接处螺钉松动。紧固触点连接处松动的螺钉。

④ 触点合闸同期性不良及动作顺序有误。进行调整，使触点的不同期性不大于 0.5 mm。

⑤ 触点通过过负荷电流。调整负荷，使设备在额定状态下运行或避免频繁操作。

(4) 起动负荷时自动分闸

开关起动负载时自动分闸或工作一段时间后自动分闸主要是电动机及电路有故障或负载过重，或开关本身的过电流脱扣器和热脱扣器动作电流整定有误所致。应对电路进行检查，重新调整整定电流。

(5) 失压脱扣器有噪声和振动，甚至脱扣

断路器失压脱扣器的脱扣线圈在(75% ~105%)额定电压时吸合，开关合闸；低于 40% 额定电压时释放，开关断开。

① 如果脱扣器线圈额定电压高于实际额定电压，所产生的电磁力不能克服弹簧的反作用力，或弹簧的反作用力太大，致使脱扣器运行时，发出噪声和振动。应更换线圈或调整弹簧压力，必要时更换弹簧。

② 失压脱扣器铁心短路环断裂或铁心工作面有污垢，影响铁心可靠吸合，会造成脱扣器运行时有噪声及振动。应更换铁心短路环，清除工作面污垢。

③ 失压脱扣器的弹簧长度调整不当，使线圈释放电压提高，造成运行时脱扣。应调节螺母，使弹簧伸长，增加拉力，线圈电压提高，或将弹簧缩短，减小拉力，线圈释放电压降低。

习题

1.1 判断题(用√和×表示)

(1) 一台额定电压为 220 V 的交流接触器在交流 220 V 和直流 220 V 的电源上均可使用。( )

(2) 交流接触器通电后如果铁心吸合受阻,将导致线圈烧毁。( )

(3) 交流接触器铁心端面嵌有短路铜环的目的是保证动、静铁心吸合严密,不发生振动与噪声。( )

(4) 直流接触器比交流接触器更适用于频繁操作的场合。( )

(5) 低压断路器又称为自动空气开关。( )

(6) 只要外加电压不变化,交流电磁铁的吸力在吸合前、后是不变的。( )

(7) 直流电磁铁励磁电流的大小与行程成正比。( )

(8) 熔断器的保护特性是反时限的。( )

(9) 低压断路器具有失压保护的功能。( )

(10) 一定规格的热继电器,其所装的热元件规格可能是不同的。( )

(11) 无断相保护装置的热继电器不能对电动机的断相提供保护。( )

(12) 热继电器的额定电流就是其触点的额定电流。( )

(13) 热继电器的保护特性是反时限的。( )

(14) 行程开关、限位开关、终端开关是同一种开关。( )

(15) 万能转换开关本身带有各种保护。( )

(16) 主令控制器除了手动式产品外,还有由电动机驱动的产品。( )

(17) 继电器在整定值下动作时所需的最小电压称为灵敏度。( )

(18) 固态继电器是一种无触点的继电器。( )

(19) 电磁式继电器铁心剩磁太大,会导致断电时衔铁不释放。( )

(20) 电磁式继电器可以三相灭弧室只装两相使用。( )

(21) 由于触点间电弧的高温会使触点产生电气磨损。( )

(22) 组合开关额定电流小于负荷回路电流,会造成内部触点起弧烧蚀。( )

(23) 组合开关最好不要带负荷接通和切断电源。( )

(24) 接触器触点超行程过小,会导致吸力不足,不能完全闭合。( )

(25) 接触器反力弹簧反力不足,会导致无电压释放失灵。( )

(26) 接触器铁心极面不平或气隙太大,会导致线圈过热。( )

(27) 继电器触点上必须经常涂抹润滑油。( )

(28) 电动机起动时间过长,热继电器的热元件长时间通过起动电流,不会造成热继电器误动作。( )

(29) 低压断路器过流脱扣器动作电流整定值不对可能会导致起动时自动分闸。( )

(30) 框架式断路器失压脱扣器线圈额定电压高于实际电压会使脱扣器运行时,发出噪声和振动。( )

1.2 选择题

(1) 电磁机构的吸力特性与反力特性的配合关系是( )。

(a) 反力特性曲线应在吸力特性曲线的下方且彼此靠近
(b) 反力特性曲线应在吸力特性曲线的上方且彼此靠近
(c) 反力特性曲线应在远离吸力特性曲线的下方
(d) 反力特性曲线应在远离吸力特性曲线的上方

(2) 关于接触电阻,下列说法中不正确的是(　　)。
(a) 由于接触电阻的存在,会导致电压损失
(b) 由于接触电阻的存在,触点的温度降低
(c) 由于接触电阻的存在,触点容易产生熔焊现象
(d) 由于接触电阻的存在,触点工作不可靠

(3) 为了减小接触电阻,下列做法中不正确的是(　　)。
(a) 在静铁心的端面上嵌有短路铜环　　(b) 加一个触点弹簧
(c) 触点接触面保持清洁　　(d) 在触点上镶一块纯银块

(4) 由于电弧的存在,将导致(　　)。
(a) 电路的分断时间加长　　(b) 电路的分断时间缩短
(c) 电路的分断时间不变　　(d) 分断能力提高

(5) GJ20-160 型交流接触器在 380 V 时的额定工作电流为 160 A,故它在 380 V 时能控制的电动机的功率约为(　　)。
(a) 85 kW　　(b) 100 kW　　(c) 20 kW　　(d) 160 kW

(6) 在接触器的铭牌上常见到 AC3、AC4 等字样,它们代表(　　)。
(a) 生产厂家代号　　(b) 使用类别代号　　(c) 国标代号　　(d) 电压级别代号

(7) GJ40-160 型交流接触器在 380 V 时的额定电流为(　　)。
(a) 160 A　　(b) 40 A　　(c) 100 A　　(d) 80 A

(8) 交流接触器在不同的额定电压下,额定电流(　　)。
(a) 相同　　(b) 不相同　　(c) 与电压无关　　(d) 与电压成正比

(9) 熔断器的额定电流与熔体的额定电流(　　)。
(a) 是一回事　　(b) 不是一回事

(10) 电压继电器的线圈与电流继电器的线圈相比,具有的特点是(　　)。
(a) 电压继电器的线圈与被测电路串联
(b) 电压继电器的线圈匝数多、导线细、电阻大
(c) 电压继电器的线圈匝数少、导线粗、电阻小
(d) 电压继电器的线圈匝数少、导线粗、电阻大

(11) 欲增大电压继电器的返回系数,应采取的办法是(　　)。
(a) 减小非磁性垫片的厚度　　(b) 增加非磁性垫片的厚度
(c) 增加衔铁释放后的气隙　　(d) 减小吸合后的气隙

(12) 断电延时型时间继电器,它的动合触点为(　　)。
(a) 延时闭合的动合触点　　(b) 瞬动动合触点
(c) 瞬时闭合延时断开的动合触点　　(d) 延时闭合瞬时断开的动合触点

(13) 在延时精度要求不高、电源电压波动较大的场合,应选用(　　)。
(a) 空气阻尼式时间继电器　　(b) 晶体管式时间继电器

(c) 电动式时间继电器 (d) 上述三种都不合适

(14) 交流电压继电器和直流电压继电器铁心的主要区别是( )。

(a) 交流电压继电器的铁心是由彼此绝缘的硅钢片叠压而成,而直流电压继电器的铁心则不是

(b) 直流电压继电器的铁心是由彼此绝缘的硅钢片叠压而成,而交流电压继电器的铁心则不是

(c) 交流电压继电器的铁心是由整块软钢制成,而直流电压继电器的铁心则不是

(d) 交、直流电压继电器的铁心都是由整块软钢制成,但其大小和形状不同

(15) 电压继电器的返回系数是指( )。

(a) 释放电压与吸合电压的比值 (b) 释放电流与吸合电流的比值

(c) 吸合电压与释放电压的比值 (d) 吸合电流与释放电流的比值

(16) 通电延时型时间继电器,它的动作情况是( )。

(a) 线圈通电时触点延时动作,断电时触点瞬时动作

(b) 线圈通电时触点瞬时动作,断电时触点延时动作

(c) 线圈通电时触点不动作,断电时触点瞬时动作

(d) 线圈通电时触点不动作,断电时触点延时动作

(17) 低压断路器的两段式保护特性是指( )。

(a) 过载延时和特大短路的瞬时动作 (b) 过载延时和短路短延时动作

(c) 短路短延时和特大短路的瞬时动作 (d) 过载延时、短路短延时和特大短路瞬时动作

1.3 问答题

(1) 什么是低压电器? 常用的低压电器有哪些?

(2) 电磁式低压电器有哪几部分组成? 说明各部分的作用。

(3) 什么是电接触? 接触电阻是怎样产生的? 有哪些危害?

(4) 说明触点分断时电弧产生的原因及常用的灭弧方法。

(5) 低压电器触点过热的主要原因是什么? 应如何处理?

(6) 低压电器触点磨损的主要原因是什么? 应如何处理?

(7) 低压电器触点的熔焊是如何产生的?

(8) 电磁式低压电器造成线圈电流过大的主要原因有哪些?

(9) 电磁式低压电器产生衔铁振动和噪声的主要原因有哪些?

(10) 刀开关的运行检查主要包括哪些项目?

(11) 熔体的熔断电流一般是额定电流的多少倍?

(12) 熔断器常见故障主要包括哪两种情况? 其主要原因是什么?

(13) 如何选择熔体和熔断器规格?

(14) 交流接触器的铁心端面上为什么要安装短路环?

(15) 交流接触器频繁操作后线圈为什么会发热? 其衔铁卡住后会出现什么后果?

(16) 交流接触器能否串联使用? 为什么?

(17) 在接触器的铭牌上常见到 AC3、AC4 等字样,它们有何意义?

(18) 从接触器的结构上,如何区分是交流接触器还是直流接触器?

(19) 接触器灭弧罩检查与维护主要包含哪些项目?

（20）当接触器通电不能吸合时，应按什么程序进行检查？

（21）什么是继电器？按用途不同可分为哪两大类？

（22）中间继电器和接触器有何异同？在什么条件下可以用中间继电器来代替接触器？

（23）什么是时间继电器？它有何用途？

（24）造成空气阻尼式时间继电器延时不准确的主要原因是什么？

（25）电压继电器和电流继电器在电路中各起何作用？它们的线圈和触点各接于什么电路中？

（26）在电动机起动过程中，热继电器会不会动作？为什么？

（27）既然在电动机的主电路中装有熔断器，为什么还要装热继电器？装有热继电器是否就可以不装熔断器？为什么？

（28）带断相保护的热继电器与不带断相保护的热继电器有何区别？它们接入电动机定子电路的方式有何不同？

（29）转换开关内的储能弹簧起什么作用？

（30）控制按钮与主令控制器在电路中各起什么作用？

（31）接近开关与行程开关有何异同？

（32）热继电器接入电动机控制电路中，如果电动机已经烧坏，而热继电器尚未动作，其主要原因是什么？

（33）控制按钮动断触点不能复位闭合，其主要原因是什么？

（34）造成行程开关不动作的主要原因是什么？

（35）低压断路器可以起到哪些保护作用？说明其工作原理。

（36）塑料外壳式断路器在起动负荷时自动分闸，其主要原因是什么？

第2章 电气控制系统的典型线路

内容提要

本章首先介绍电气图纸的类型、国家标准及电气原理图的绘制原则，然后介绍组成电气控制线路的基本规律以及交直流电动机起动、运行、制动、调速和生产机械的行程控制线路，介绍计算机控制的交流异步电动机软起动和变频调速的方法。本章内容是电气控制线路分析、设计的基础。

在学习了各种低压电器之后，就可以利用它们对生产机械进行控制了。在广泛使用的生产机械中，大多数都是由电动机拖动的，即是说生产机械的各种运动都是通过电动机的各种运动实现的。因此，控制电动机就间接地实现了对生产机械的控制。尽管实际的控制线路是千差万别的，但它们都遵循一定的原则和规律，只要通过对典型控制线路的分析研究，掌握其规律，就能够阅读控制线路和设计控制线路。本章主要介绍电气控制系统的典型线路，由于涉及电气系统图，所以首先介绍电气图的类型、画法及国家标准。

2.1 电气控制系统图的绘制规则和常用符号

2.1.1 电气控制系统图的分类

电气控制系统是由许多电器元件按一定要求连接而成的。为了表达生产机械电气控制系统的结构、原理等设计意图，同时也为了便于电器元件的安装、接线、运行、维护，将电气控制系统中各电器元件的连接用一定的图形符号表示出来，这种图就是电气控制系统图。

由于电气控制系统图描述的对象复杂，应用领域广泛，表达形式多种多样，因此表示一项电气工程或一种电器装置的电气控制系统图有多种，它们以不同的表达方式反映工程问题的不同侧面，但又有一定的对应关系，有时需要对照起来阅读。按用途和表达式方式的不同，电气控制系统图可分为电气系统图和框图、电气原理图、电器布置图、电气安装接线图、功能图、电器元件明细表等几种。本书将主要介绍电气原理图、电器布置图和电气安装接线图。

一、电气原理图

电气原理图是为了便于阅读与分析控制线路，根据简单、清晰的原则，采用电器元件展开的形式绘制而成的图样。它包括所有电器元件的导电部件和接线端点，但并不按照电器元件的实际布置位置来绘制，也不反应电器元件的大小。其作用是便于详细了解工作原理，指导系统或设备的安装、调试与维修。电气原理图是电气控制系统图中最重要的种类之一，也是识图的难点和重点。

二、电器布置图

电器布置图主要是用来表明电气设备上所有电器元件的实际位置，为生产机械电气控制设备的制造、安装提供必要的资料。通常电器布置图与电气安装接线图组合在一起，既起到电气安装接线图的作用，又能清晰表示出电器的布置情况。

三、电气安装接线图

电气安装接线图是为安装电气设备和对电器元件进行配线或检修电器故障服务的。它是用规定的图形符号，按各电器元件相对位置绘制的实际接线图，它清楚地表示了各电器元件的相对位置和它们之间的电路连接，所以安装接线图不仅要把同一电器的各个部件画在一起，而且各个部件的布置要尽可能符合这个电器的实际情况，但对比例和尺寸没有严格要求。不但要画出控制柜内部之间的电器连接还要画出柜外电器的连接。电气安装接线图中的回路标号是电气设备之间、电器元件之间、导线与导线之间的连接标记，它的文字符号和数字符号应与原理图中的标号一致。

2.1.2 电气图的一般特点

一、电气图的主要表达方式——简图

电气图是一种简图，它并不是严格按几何尺寸和绝对位置测绘的，而是用规定的标准符号和文字表示系统或设备的组成部分间的关系。这一点是与机械图、建筑图等有所区别的。

二、电气图的主要表达内容——元件和连接线

电气图的主要描述对象是电器元件和连接线。连接线可用单线法和多线法表示，两种表示方法在同一张图上可以混用。电器元件在图中可以采用集中表示法、半集中表示法、分开表示法来表示。集中表示法是把一个元件的各组成部分的图形符号绘在一起的方法；分开表示法是将同一元件的各组成部分分开布置，有些可以画在主电路，有些画在控制电路；半集中表示法介于上述两种方法之间，在图中将一个元件的某些部分的图形符号分开绘制，并用虚线表示其相互关系。

绘制电气图时一般采用机械制图规定的八种线条中的四种，如表 2.1.1 所示。

表 2.1.1　图线及其应用

序号	图线名称	一般应用
1	实线	基本线、简图主要内容用线、可见轮廓线、可见导线
2	虚线	辅助线、屏蔽线、机械连接线、不可见轮廓线、不可见导线、计划扩展内容用线
3	点画线	分界线、结构围框线、分组围框线
4	双点画线	辅助围框线

图线采用两种宽度，粗对细之比应不小于 2∶1，线宽从以下范围选择：

0.18 mm、0.25 mm、0.35 mm、0.5 mm、0.7 mm、1.0 mm、1.4 mm、2.0 mm

平行线之间的最小距离不小于粗线宽度的 2 倍，建议不小于 0.7 mm。

三、电气图的主要组成部分——图形符号和文字符号

一个电气系统或一种电气装置总是由各种元器件组成的，在主要以简图形式表达的电气图中，无论是表示构成、功能或电器接线等，都没有必要也不可能一一画出各种元器件的外形结构，

通常是用一种简单的图形符号表示的。但是在大多数情况下，在同一系统中，或者说在同一个图上有两个以上作用不同的同一类型电器（例如在某一系统中使用了两个接触器），显然此时在一个图上用一个符号来表示是不严格的，还必须在符号旁标注不同的文字符号以区别其名称、功能、状态、特征及安装位置等。这样图形符号和文字符号的结合，就能使人们一看就知道它是不同用途的电器。

2.1.3　电气图的图形符号和文字符号

电气技术的发展日新月异，新技术、新产品不断更新，在世界贸易组织这个大家庭里，为了加强与各国科学技术领域中的交流与借鉴，促进我国电气技术的发展，参照 IEC（国际电工委员会）、TC3（图形符号委员会）等国际组织颁布的技术标准，我国先后制定了 28 个电气制图新标准，以利于在电工技术方面与国际接轨。其中包括视图和用图的主要技术标准。

一、图形符号

电气图样是进行电气技术交流的主要媒介，而电气图形符号是绘制各类电气图的依据，是电气技术的工程语言。我国已经加入 WTO，电气工程技术要与国际接轨，要与 WTO 中的各国交流电气工程技术，必须具备通用的电气工程语言，因此，我国参照更新的 IEC 标准，制定了新版国家标准 GB/T 4728.1～13—2005—2008《电气简图用图形符号》，常见的如表 2.1.2 所示。为了使读者搞清新旧标准中图形符号的变化情况，在表 2.1.2 中把 GB312～314—1964 年版、GB4728—1984—1985 年版和 GB/T4728—2005—2008 年版的新旧符号对比地列出。

表 2.1.2　电气图中的图形符号及文字符号新旧对照表

名称	新符号			旧符号	
	图形符号（GB4728—2008）	图形符号（GB4728—1985）	文字符号（GB4728—1987）	图形符号（GB312—1964）	文字符号（GB315—1964）
直流电		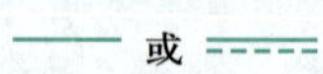			
交流电					
交直流					
导线的连接	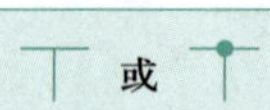	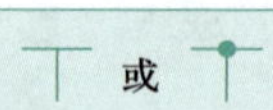			
导线的多线连接	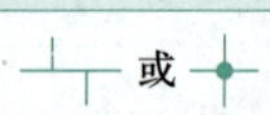	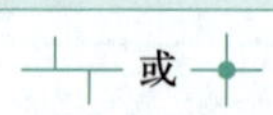			
导线不连接					
接地一般符号			E		E
自耦变压器一般符号	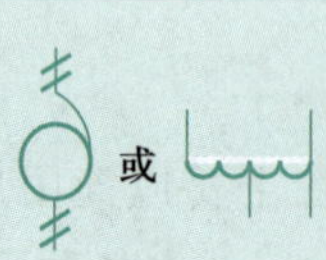		T		B

续表

名称	新符号			旧符号	
	图形符号（GB4728—2008）	图形符号（GB4728—1985）	文字符号（GB4728—1987）	图形符号（GB312—1964）	文字符号（GB315—1964）
星形联结的三相自耦变压器			T	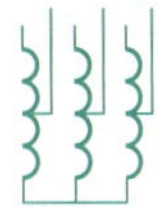	ZOB
电流互感器		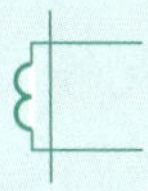	TA	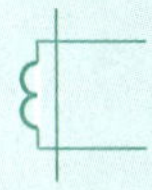	LH
三相笼型感应电动机			M 3～		JD
三相绕线转子异步电动机			M 3～		JD
他励式直流电动机		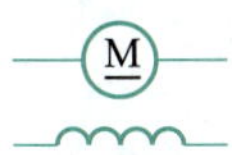	M	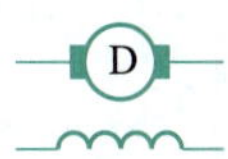	ZD
并励式直流电动机			M		ZD
永磁式直流测速发电机			TG		SF
熔断器			FU		RD
插头			XP		CT
插座			XS		CZ
单极刀开关			Q		K
三极刀开关	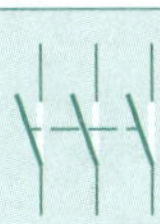	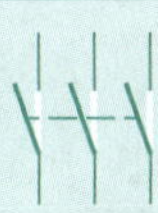	Q	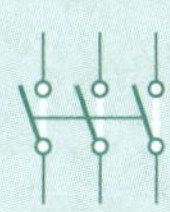	K
无自动复位的手动旋转开关			S		

续表

名称	新符号			旧符号	
	图形符号（GB4728—2008）	图形符号（GB4728—1985）	文字符号（GB4728—1987）	图形符号（GB312—1964）	文字符号（GB315—1964）
三相断路器	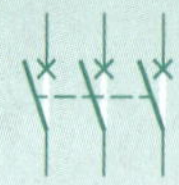	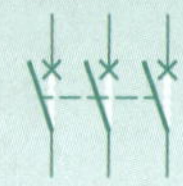	QF	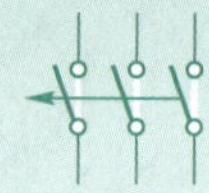	ZK
手动三极开关一般符号	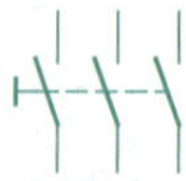	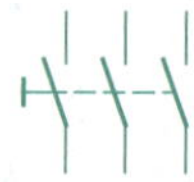	Q		
动合（常开）触点				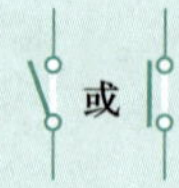	
动断（常闭）触点				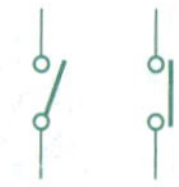	
先断后合的转换触点				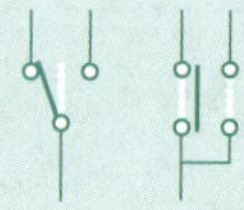	
自动复位的手动按钮开关动合触点			SB		QA
按钮开关动断触点			SB		TA
限位开关					
带动合触点的位置开关			SQ	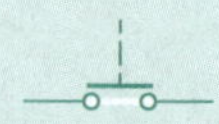	XK
带动断触点的位置开关			SQ		XK
接触器					
线圈	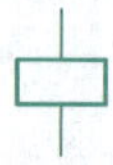		KM		C

续表

名称	新符号 图形符号 （GB4728—2008）	新符号 图形符号 （GB4728—1985）	新符号 文字符号 （GB4728—1987）	旧符号 图形符号 （GB312—1964）	旧符号 文字符号 （GB315—1964）
主动合（常开）触点			KM		C
主动断（常闭）触点			KM		C
继　电　器					
动合（常开）触点	 或 		符号同操作元件		符号同操作元件
动断（常闭）触点					
延时闭合的动合（常开）触点			KT		SJ
延时断开的动合（常开）触点					
延时闭合的动断（常闭）触点			KT		SJ
延时断开的动断（常闭）触点					
延时动合触点					
继电器线圈（一般符号）	 或 	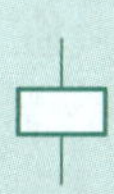 或 	KT		SJ
中间继电器线圈			K		ZJ

续表

名称	新符号			旧符号	
	图形符号（GB4728—2008）	图形符号（GB4728—1985）	文字符号（GB4728—1987）	图形符号（GB312—1964）	文字符号（GB315—1964）
缓慢释放（断电延时型）时间继电器			KT		SJ
缓慢吸合（通电延时型）时间继电器线圈	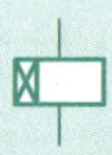		KT	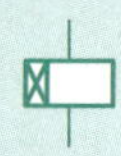	SJ
欠电压继电器线圈	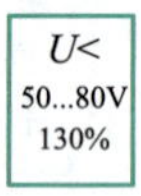		KV		QYJ
电流继电器线圈	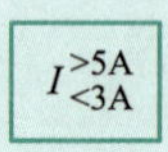	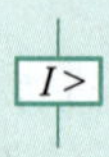	KA	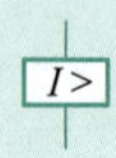	GLJ
热继电器热元件			FR		RJ
热继电器的动断触点		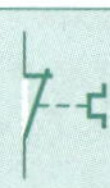	FR		RJ
主令控制器的触点			SA		LK
电磁铁			YA		DCT
电磁吸盘			YH	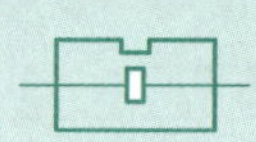	DX
电磁制动器			YB		ZC
电铃			HA		DL
扬声器（电喇叭）			HA		LB
照明灯			EL	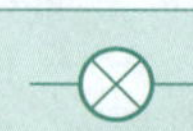	ZD
信号灯	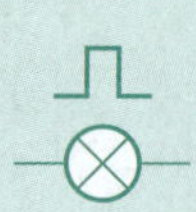		HL		XD

通常用于图样或其他文件以表示一个设备或概念的图形、标记或字符，统称为图形符号。它们由一般符号、符号要素、限定符号等组成。

1. 一般符号

用以表示一类产品或此类产品特征的一种通常很简单的符号，称为一般符号。如电动机的一般符号为“⊛”，“＊”号用 M 代替可以表示电动机，用 G 代替可以表示发电机。

2. 符号要素

一种具有确定意义的简单图形，必须同其他图形组合以构成一个设备或概念的完整符号。

3. 限定符号

用以提供附加信息的一种加在其他符号上的符号，称为限定符号。限定符号一般不能单独使用，但它可以使图形符号更具多样性。例如，在电阻器一般符号的基础上分别加上不同的限定符号，则可得到可变电阻器、压敏电阻器、热敏电阻器等。

二、 文字符号

依据 IEC 相关的技术标准，我国制定了 GB/T 7159—1987《电气技术中的文字符号制订通则》、GB/T 4026—2010《人机界面标志标识的基本和安全规则　设备端子和导体终端的标识》。

文字符号适用于电气技术领域中文件的编制，也可表示在电气设备、装置和元器件上或其近旁，以标明电气设备、装置和元器件的名称、功能和特征。

文字符号分为基本文字符号（单字母或双字母）和辅助文字符号。文字符号用大写正体拉丁字母。

1. 基本文字符号

基本文字符号有单字母与双字母符号两种。单字母符号是按拉丁字母将各种电气设备、装置和元器件划分为 23 个大类，每一大类用一个专用单字母符号表示。如“C”表示电容器类，“R”表示电阻器类。

双字母符号是由一个表示种类的单字母符号与另一字母组成。其组合形式是单字母符号在前，另一个字母在后的次序列出。如“F”表示保护器件类，而“FU”表示熔断器。

2. 辅助文字符号

辅助文字符号是用以表示电气设备、装置和元器件以及线路的功能、状态和特征的，如“L”表示限制，“RD”表示红色等。辅助文字符号也可放在表示种类的单字母符号后边组成双字母符号，如“YB”表示电磁制动器，“SP”表示压力传感器等。为简化文字符号起见，若辅助文字符号由两个以上字母组成时，允许只采用其第一位字母进行组合，如“MS”表示同步电动机等。辅助文字符号还可以单独使用，如“ON”表示接通，“PE”表示保护接地，“M”表示中间线等。

3. 补充文字符号的原则

如基本文字符号和辅助文字符号不能满足使用要求，可按国家标准的符号组成规则予以补充。

① 在不违背国家标准原则的条件下，可采用国际标准中规定的电气技术文字符号。

② 在优先采用标准中规定的单字母符号、双字母符号和辅助文字符号的前提下，可补充标准中未列出的双字母符号和辅助文字符号。

③ 文字符号应按有关电气名词术语国家标准或专业标准中规定的英文术语缩写而成。基本文字符号不得超过两个字母，辅助文字符号一般不能超过三个字母。

④ 因拉丁字母“I”和“O”易同阿拉伯数字“1”和“0”混淆，不允许单独作为文字符号使用。

三、线路和三相电气设备端标记

线路采用字母、数字、符号及其组合标记。

三相交流电源采用 L1、L2、L3 标记，中性线采用 N 标记。

电源开关之后的三相交流电源主电路分别按 U、V、W 顺序标记。

分级三相交流电源主电路采用三相文字代号 U、V、W 后加上阿拉伯数字 1、2、3 等来标记，如 U1、V1、W1 及 U2、V2、W2 等。

各电动机分支电路各接点标记，采用三相文字代号后面加数字来表示，数字中的个位数表示电动机代号，十位数表示该支路各接点的代号，从上到下按数字大小顺序标记。如 U11 表示 M1 电动机第一相的第一个接点代号，U21 为第一相的第二个接点代号，依此类推。电动机绕组首端分别用 U、V、W 标记，尾端分别用 U′、V′、W′标记，双绕组的中点用 U″、V″、W″标记。

控制电路采用阿拉伯数字编号，一般由三位或三位以下的数字组成。标记方法按"等电位"原则进行。在垂直绘制的电路中，标号顺序一般由上而下编号，凡是被线圈、绕组、触点或电阻、电容元件所间隔的线段，都应标以不同的线路标记。线路标记见图 2.1.1。

2.1.4 电气原理图的绘制规则

系统图和框图，对于从整体上理解系统或装置的组成和主要特征无疑是十分重要的。然而要达到详细理解电气作用原理，进行电气接线，分析和计算电路特性，还必须有另外一种图，这就是电气原理图。下面以图 2.1.1 所示的电气原理图为例介绍电气原理图的绘制原则、方法以及注意事项。

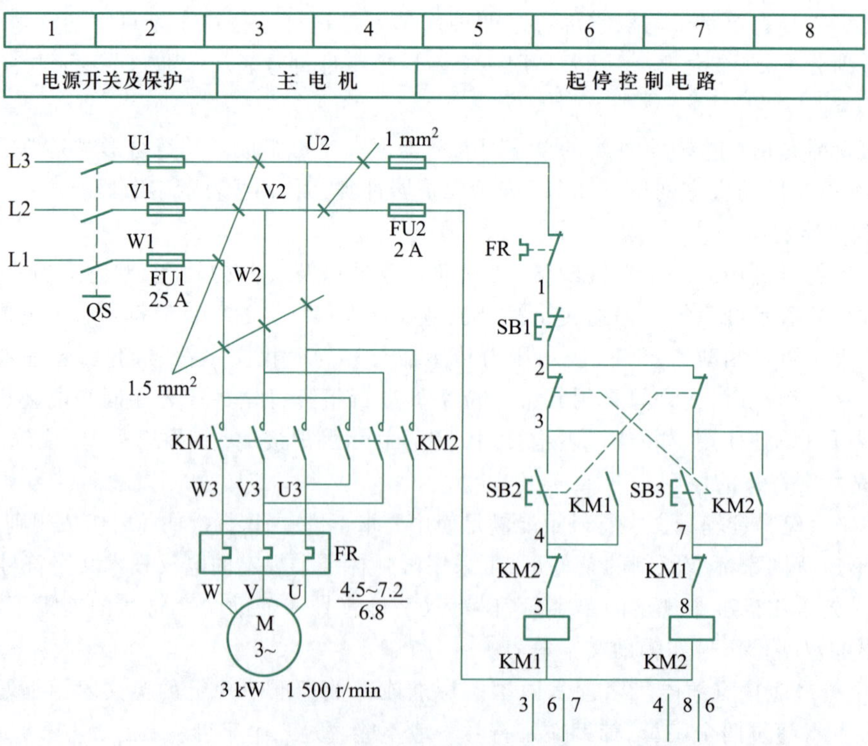

图 2.1.1 三相笼型异步电动机可逆运行电气原理图

一、电气原理图的绘制原则

① 原理图一般分主电路和辅助电路两部分:主电路就是从电源到电动机大电流通过的路径。辅助电路包括控制电路、照明电路、信号电路及保护电路等,由继电器和接触器的线圈、继电器的触点、接触器的辅助触点、按钮、照明灯、信号灯、控制变压器等电器元件组成。

② 控制系统内的全部电机、电器和其他器械的带电部件,都应在原理图中表示出来。

③ 原理图中各电器元件不画实际的外形图,而采用国家规定的统一标准图形符号,文字符号也要符合国家标准规定。

④ 原理图中,各个电器元件和部件在控制线路中的位置,应根据便于阅读的原则安排。同一电器元件的各个部件可以不画在一起。例如,接触器、继电器的线圈和触点可以不画在一起。

⑤ 图中元件、器件和设备的可动部分,都按没有通电和没有外力作用时的开闭状态画出。例如,继电器、接触器的触点,按吸引线圈不通电状态画;主令控制器、万能转换开关按手柄处于零位时的状态画;按钮、行程开关的触点按不受外力作用时的状态画等。

⑥ 原理图的绘制应布局合理、排列均匀,为了便于看图,可以水平布置,也可以垂直布置。

⑦ 电器元件应按功能布置,并尽可能按工作顺序排列,其布局顺序应该是从上到下,从左到右。电路垂直布置时,类似项目宜横向对齐;水平布置时,类似项目应纵向对齐。例如,图中线圈属于类似项目,由于线路采用垂直布置,所以接触器线圈应横向对齐。

⑧ 电气原理图中,有直接联系的交叉导线连接点,要用黑圆点表示;无直接联系的交叉导线连接点不画黑圆点。

二、图幅分区及符号位置索引

为了便于确定图上的内容,也为了在用图时查找图中各项目的位置,往往需要将图幅分区。图幅分区的方法是:在图的边框处,竖边方向用大写拉丁字母,横边方向用阿拉伯数字,编号顺序应从左上角开始,分格数应是偶数,并应按照图的复杂程度选取分区个数,建议组成分区的长方形的任何边长都应不小于 25 mm、不大于 75 mm。图幅分区式样如图 2.1.2 所示。

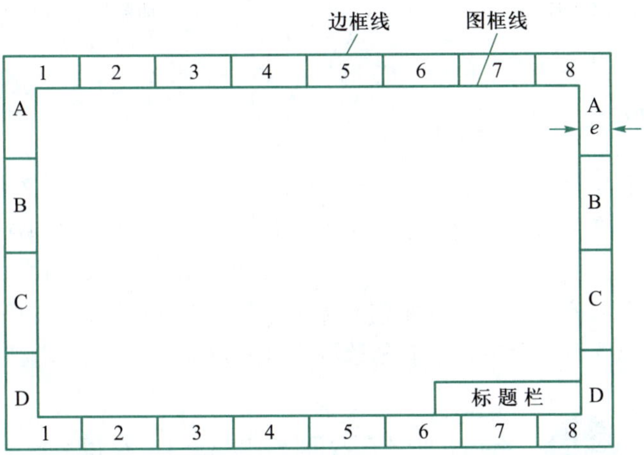

注:图中的 e 表示图框线与边框线的距离,A0、A1 号图纸为 20 mm,A2 ~ A4 号图纸为 10 mm

图 2.1.2 图幅分区示样

图幅分区以后，相当于在图上建立了一个坐标。项目和连接线的位置可用如下方式表示：

① 用行的代号（拉丁字母）表示。

② 用列的代号（阿拉伯数字）表示。

③ 用区的代号表示。区的代号为字母和数字的组合，且字母在左、数字在右。

在具体使用时，对水平布置的电路，一般只需标明行的标记；对垂直布置的电路，一般只需标明列的标记；复杂的电路需标明组合标记。例如图 2.1.1 中，只标明了列的标记。

图 2.1.1 中，图区编号下方的“电源开关及保护”等字样，表明它对应的下方元件或电路的功能，使读者能清楚地知道某个元件或某部分电路的功能，以利于理解全电路的工作原理。

图 2.1.1 中 KM1 及 KM2 线圈下方的是接触器 KM1 和 KM2 相应触点的索引。它表示接触器 KM1 的主触点在图区 3，动合辅助触点在图区 6，动断辅助触点在图区 7；接触器 KM2 的主触点在图区 4，动合辅助触点在图区 8，动断辅助触点在图区 6。

KM1

3	6	7

KM2

4	8	6

电气原理图中，接触器和继电器线圈与触点的从属关系应用附图表示，即在原理图中相应线圈的下方，给出触点的文字符号，并在其下面注明相应触点的索引代号，对未使用的触点用“×”表明，有时也可省略。

对接触器，上述表示法中各栏的含义如下：

左　栏	中　栏	右　栏
主触点所在图区号	辅助动合触点所在图区号	辅助动断触点所在图区号

对继电器，这种表示方法中各栏的含义如下：

左　栏	右　栏
动合触点所在图区号	动断触点所在图区号

三、电气原理图中技术数据的标注

电器元件的数据和型号，一般用小号字体注在电器代号下面。例如图 2.1.1 中，FR 下面的数据表示热继电器动作电流值的范围和整定值的标注；图中的 1.5 mm^2、1 mm^2 字样表明该导线的截面积。

本节主要介绍了电气原理图的绘制原则和方法，关于电器元件布置图和电气安装接线图的绘制原则和方法将在第 5 章结合电气控制系统的设计予以介绍。

2.2　组成电气控制线路的基本规律

在继电接触器自动控制系统中，联锁控制的应用是很广泛的。本节以几个典型线路为例进行分析，总结出一些具有普遍性的规律。掌握它将有助于对控制系统的分析和设计。

2.2.1 自锁控制

图 2.2.1 所示是三相笼型异步电动机直接起动、自由停车的电气控制线路。主电路刀开关 QS 起隔离作用，熔断器 FU 对主电路进行短路保护，接触器 KM 的主触点控制电动机起动、运行和停车，热继电器 FR 用作过载保护。

控制电路中的 FU1 作短路保护，SB2 为起动按钮，SB1 为停止按钮。

线路的工作情况如下：

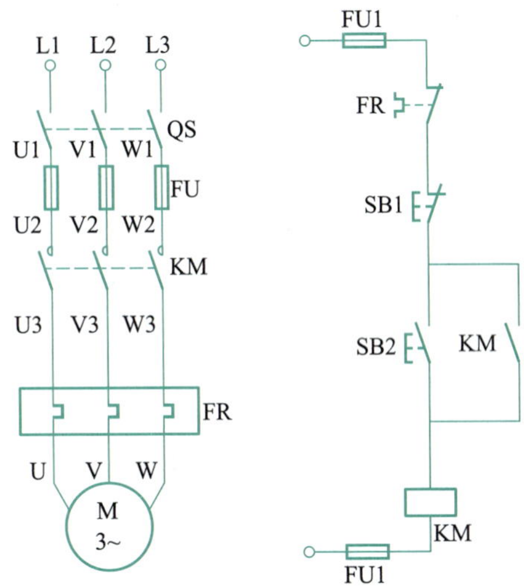

图 2.2.1 三相笼型异步电动机直接起动、自由停车的电气控制线路

起动时，合上刀开关 QS 引入三相电源。按下起动按钮 SB2，KM 的吸引线圈通电动作，KM 的衔铁吸合，其中，KM 的主触点闭合使电动机接通电源起动运转；与 SB2 并联的 KM 动合辅助触点闭合，使接触器的吸引线圈经两条线路供电。一条线路是经 SB1 和 SB2，另一条线路是经 SB1 和接触器 KM 已经闭合的动合辅助触点。这样，当手松开，SB2 自动复位时，接触器 KM 的吸引线圈仍可通过其动合辅助触点继续供电，从而保证电动机的连续运行。这种依靠接触器自身辅助触点而使其线圈保持通电的现象，称为自锁或自保持。这个起自锁作用的辅助触点，称为自锁触点。

停车时，按下停止按钮 SB1，这时接触器 KM 线圈断电，主触点和自锁触点均恢复到断开状态，电动机脱离电源停止运转。当手松开停止按钮 SB1 后，SB1 在复位弹簧的作用下恢复闭合状态，但此时控制电路已经断开，只有再按下起动按钮 SB2，电动机才能重新起动运转。

在电动机运行过程中，当电动机出现长期过载而使热继电器 FR 动作时，其动断触点断开，KM 线圈断电，电动机停止运转，实现电动机的过载保护。

实际上，上述所说的自锁控制并不局限在接触器上，在控制线路中电磁式中间继电器也常用自锁控制。自锁控制的另一个作用是实现欠压和失压保护。在图 2.2.1 中，当电网电压消失（如停电）后又重新恢复供电时，电动机及其拖动的机构不能自行起动，因为不重新按起动按钮，电动机就不能起动，这就构成了失压保护。它可防止在电源电压恢复时，电动机突然起动而造成设备和人身事故。另外，当电网电压较低时，达到释放电压，接触器的衔铁释放，主触点和辅助触点均断开，电动机停止运行，它可以防止电动机在低压下运行，实现欠压保护。

2.2.2 互锁控制

各种生产机械常常要求具有上、下、左、右、前、后等相反方向的运动，这就要求电动机能够正、反向运转。对于三相交流电动机可借助正、反向接触器改变定子绕组相序来实现。图 2.2.2 所示为三相笼型异步电动机实现正、反转的控制线路。图中，KM1、KM2 分别为正、反转接触器，它们的主触点接线的相序不同，KM1 按 U—V—W 相序接线，KM2 按 V—U—W 相序接线，即将 U、V 两相对调，所以两个接触器分别工作时，电动机的旋转方向不一样，实现电动机的可逆运转。

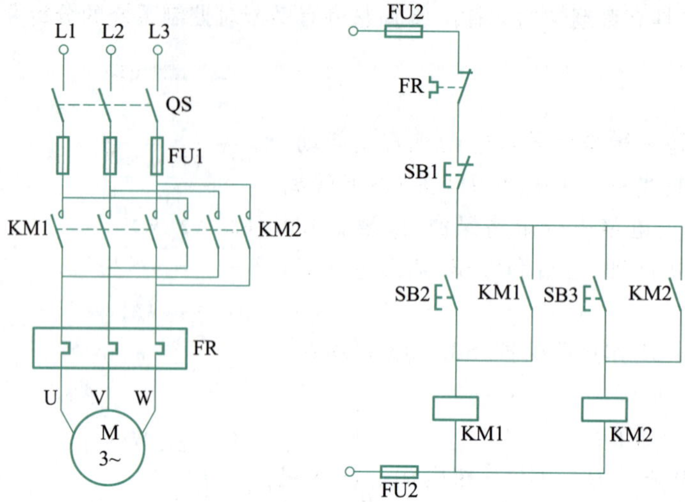

图 2.2.2 三相笼型异步电动机实现正、反转的控制线路

图 2.2.2 所示控制线路虽然可以完成正反转的控制任务，但这个线路是有缺点的，在按下正转按钮 SB2 时，KM1 线圈通电并且自锁，接通正序电源，电动机正转。若发生错误操作，在按下 SB2 的同时又按下反转按钮 SB3，KM2 线圈通电并自锁，此时在主电路中将发生 U、V 两相电源短路事故。

为了避免上述事故的发生，就要求保证两个接触器不能同时工作。这种在同一时间里两个接触器只允许一个工作的控制作用称为互锁或联锁。图 2.2.3 为带接触器联锁保护的正、反转控制线路。在正、反两个接触器中互串一个对方的动断触点，这对动断触点称为互锁触点或联锁触点。这样当按下正转起动按钮 SB2 时，正转接触器 KM1 线圈通电，主触点闭合，电动机正转，与此同时，由于 KM1 的动断辅助触点断开而切断了反转接触器 KM2 的线圈电路。因此，即使按反转起动按钮 SB3，也不会使反转接触器的线圈通电工作。同理，在反转接触器 KM2 动作后，也保证了正转接触器 KM1 的线圈电路不能再工作。

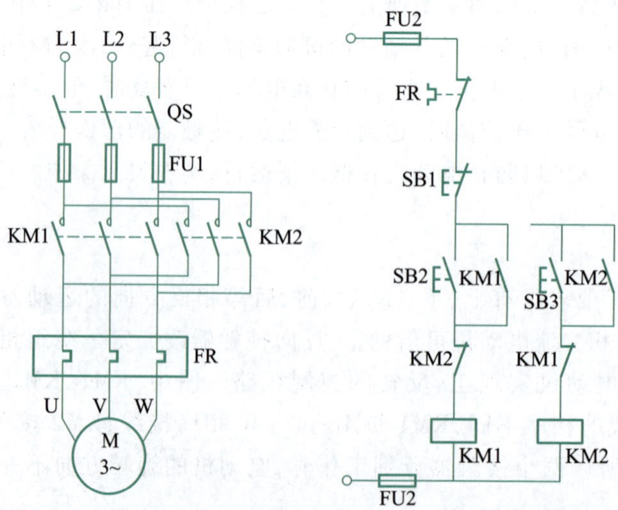

图 2.2.3 接触器联锁正、反转控制线路

由以上的分析可以得出如下的规律：

① 当要求甲接触器工作时，乙接触器就不能工作，此时应在乙接触器的线圈电路中串入甲接触器的动断触点。

② 当要求甲接触器工作时乙接触器不能工作，而乙接触器工作时甲接触器不能工作，此时要在两个接触器线圈电路中互串对方的动断触点。

但是，图 2.2.3 所示的接触器联锁正、反转控制线路也有个缺点，即在正转过程中要求反转时必须先按下停止按钮 SB1，让 KM1 线圈断电，联锁触点 KM1 闭合，这样才能按反转按钮使电动机反转，这给操作带来了不方便。为了解决这个问题，在生产上常采用复式按钮和触点联锁的控制线路，如图 2.2.4 所示。

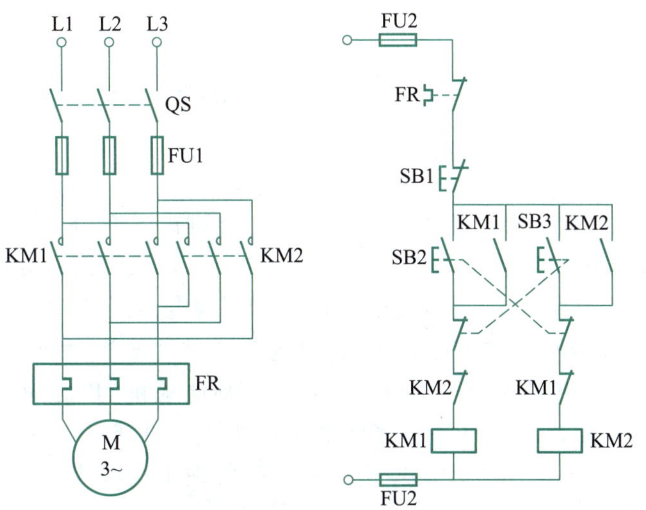

图 2.2.4 复合联锁的正、反转控制线路

图 2.2.4 中，保留了由接触器动断触点组成的互锁电气联锁，并添加了由按钮 SB2 和 SB3 的动断触点组成的机械联锁。这样，当电动机由正转变为反转时，只需按下反转按钮 SB3，便会通过 SB3 的动断触点断开 KM1 电路，KM1 起互锁作用的触点闭合，接通 KM2 线圈控制电路，实现电动机反转。

这里需注意一点，复式按钮不能代替联锁触点的作用。例如，当主电路中正转接触器 KM1 的触点发生熔焊（即静触点和动触点烧蚀在一起）现象时，由于相同的机械连接，KM1 的触点在线圈断电时不复位，KM1 的动断触点处于断开状态，可防止反转接触器 KM2 通电使主触点闭合而造成电源短路故障，这种保护作用仅采用复式按钮是做不到的。

这种线路既能实现电动机直接正、反转的要求，又保证了电路可靠地工作，常用在电力拖动控制系统中。

2.2.3 按顺序工作时的联锁控制

在生产实践中，常要求各种运动部件之间或生产机械之间能够按顺序工作。例如车床主轴转动时，要求油泵先给润滑油，主轴停止后，油泵方可停止润滑，即要求油泵电动机先起动，主轴电动机后起动，主轴电动机停止后，才允许油泵电动机停止。实现该过程的控制线路如图 2.2.5 所示。

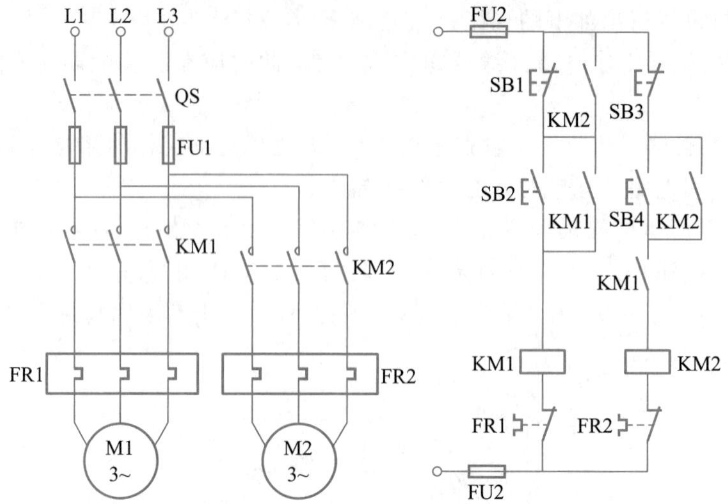

图 2. 2. 5 按顺序控制的线路

图 2. 2. 5 中,M1 为油泵电动机,M2 为主轴电动机,分别由 KM1、KM2 控制。SB1、SB2 为 M1 的停止、起动按钮,SB3、SB4 为 M2 的停止、起动按钮。由图可见,将接触器 KM1 的动合辅助触点串入接触器 KM2 的线圈电路中,只有当接触器 KM1 线圈通电,动合触点闭合后,才允许 KM2 线圈通电,即电动机 M1 先起动后才允许电动机 M2 起动。将主轴电动机接触器 KM2 的动合触点并联接在油泵电动机的停止按钮 SB1 两端,即当主轴电动机 M2 起动后,SB1 被 KM2 的动合触点短路,不起作用,直到主轴电动机接触器 KM2 断电,油泵停止按钮 SB1 才能起到断开 KM1 线圈电路的作用,油泵电动机才能停止。这样就实现了按顺序起动、按顺序停止的联锁控制。

总结上述关系,可以得到如下的控制规律:

① 当要求甲接触器工作后方允许乙接触器工作,则在乙接触器线圈电路中串入甲接触器的动合触点。

② 当要求乙接触器线圈断电后方允许甲接触器线圈断电,则将乙接触器的动合触点并联在甲接触器的停止按钮两端。

2. 2. 4 正常工作与点动的联锁控制

有些生产机械常常要求既能正常工作,又能实现调整时的点动。

图 2. 2. 6(a) 所示为最基本的点动控制线路。当按下点动按钮 SB 时,接触器 KM 吸合,主触点闭合,电动机接通电源。当手松开按钮时,接触器 KM 断电释放,主触点断开,电动机被切断电源而停转。电动机转动时间是由按钮按下的时间决定的。

图 2. 2. 6(b) 所示的电路将点动按钮 SB3 的动断触点作为联锁触点串联在接触器 KM 的自锁触点电路中,当正常起动时按下起动按钮 SB2,接触器 KM 通电动作并自锁。当点动工作时,按下点动按钮 SB3,其动合触点闭合,接触器 KM 通电,但 SB3 的动断触点将 KM 的自锁电路切断,手一松开按钮,接触器 KM 断电,从而实现了点动控制。

图 2. 2. 6(c) 中增加了一个中间继电器 K,正常工作时按下起动按钮 SB2,K 通电并自锁,使接触器 KM 通电,电动机正常起动运转。当需要点动时按下点动按钮 SB3,因为不能自锁,则松

开按钮 SB3,KM 便断电,从而实现了正常工作与点动的联锁控制。

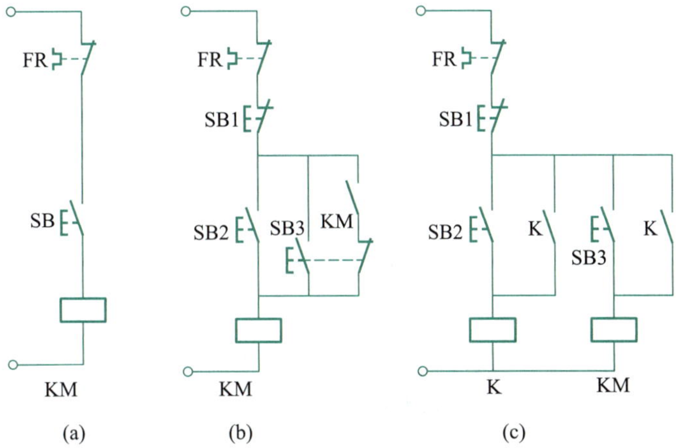

图 2.2.6 点动控制线路

2.2.5 实现多点控制起、停的联锁控制

在大型设备中,为了操作方便,常常要求能在多个地点进行控制。图 2.2.7 所示为一台三相笼型异步电动机单方向旋转的两地控制线路。

在图 2.2.7 中,各起动按钮是并联的,即当任一处按下起动按钮,接触器线圈都能通电并自锁;各停止按钮是串联的,即当任一处按下停止按钮后,都能使接触器线圈断电,电动机停转。由此可以得出普遍结论:欲使几个电器都能控制甲接触器通电,则几个电器的动合触点应并联接到甲接触器的线圈电路中;欲使几个电器都能控制甲接触器断电,则几个电器的动断触点应串联接到甲接触器的线圈电路中。

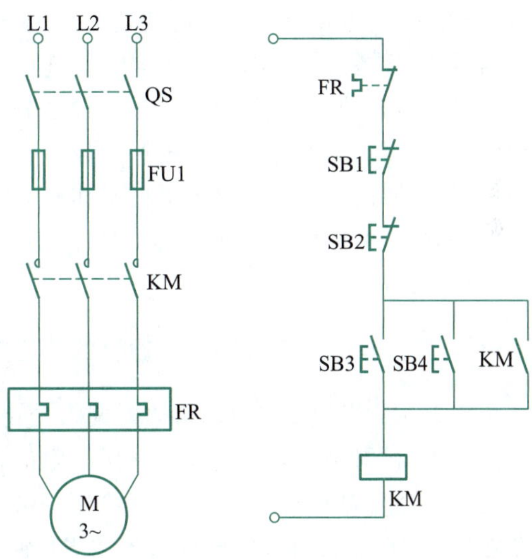

图 2.2.7 三相笼型异步电动机两地控制线路

以上以三相笼型异步电动机直接起动的控制为例,介绍了组成电气控制线路的基本规律,这些规律同样适用于绕线转子异步电动机和直流电动机的控制线路。

本节所介绍的控制线路电动机都是采用直接起动,或者称为全压起动,它是通过开关或接触器,将额定电压直接加在定子绕组上使电动机起动的方法。这种方法的优点是起动设备简单、起动力矩较大、起动时间短。缺点是起动电流大(起动电流为额定电流的 5 ~7 倍),当电动机的容量很大时,过大的起动电流将会造成线路上很大的电压降落,这不仅影响到线路上其他设备的运行,同时,由于电压降落也会影响到起动转矩($T \propto U^2$),严重时,会导致电动机无法起动。因此,直接起动只能用于电源容量较电动机容量大得多的情况。

电源容量是否允许电动机在额定电压下直接起动,可根据下式判断:

$$\frac{I_{ST}}{I_N} \leqslant \frac{3}{4} + \frac{\text{电源容量}(\text{kV}\cdot\text{A})}{4\times\text{电动机额定功率}(\text{kW})} \tag{2.2.1}$$

式中，I_{ST} 为电动机全压起动电流（A）；

I_N 为电动机额定电流（A）。

一般容量小于 10 kW 的电动机常采用直接起动。若电动机不能直接起动，则需采用下节介绍的起动方法。

2.3 三相异步电动机起动控制线路

为了减小起动电流，在电动机起动时必须采取适当措施。本节将分别介绍笼型异步电动机和绕线转子异步电动机限制起动电流的控制线路。

2.3.1 笼型异步电动机起动控制线路

动画

三相异步电动机的工作原理

笼型异步电动机限制起动电流常采用降压起动的方法，即起动时将定子绕组电压降低，起动结束将定子电压升至全压，使电动机在全压下运行。降压起动的方法很多，如定子串电阻降压起动；定子串电抗器降压起动；定子串自耦变压器降压起动；星-三角降压起动等。无论哪种方法，对控制的要求是相同的，即给出起动指令后，先降压，当电动机接近额定转速时再加全压，这个过程是以起动过程中的某一变化参量为控制信号自动进行的。在起动过程中，转速、电流、时间等参量都发生变化，原则上这些变化的参量都可以作为起动的控制信号。但是，经过分析可以发现，以转速和电流为变化参量控制电动机起动受负载变化、电网电压波动的影响较大，往往造成起动失败，而采用以时间为变化参量控制电动机起动，换接是靠时间继电器的动作，不论负载变化或电网电压波动，都不会影响时间继电器的整定时间，可以按时切换，不会造成起动失误。所以，控制电动机起动，大多采用以时间为变化参量来进行控制。

一、定子电路串电阻（或电抗器）的降压起动

图 2.3.1 是笼型异步电动机以时间为变化参量控制起动的线路。该线路是根据起动过程中时间的变化，利用时间继电器控制降压电阻的切除。时间继电器的延时时间按起动过程所需时间整定。当合上刀开关 QS，按下起动按钮 SB2 时，KM1 立即通电吸合，使电动机在串接定子电阻 R 的情况下起动，与此同时，时间继电器 KT 通电开始计时，当达到时间继电器的整定值时，其延时闭合的动合触点闭合，使 KM2 通电吸合，KM2 的主触点闭合，将起动电阻短接，电动机在额定电压下进入稳定正常运转。

由图 2.3.1(a) 可以看出，本线路在起动结束后，KM1、KT 一直通电动作，这是不必要的。如果能使 KM1、KT 在电动机起动结束后断电，可减少能量损耗，延长接触器、继电器的使用寿命。其解决方法为：在接触器 KM1 和时间继电器 KT 的线圈电路中串入 KM2 的动断触点，KM2 要有自锁，如图 2.3.1(b) 所示。这样当 KM2 线圈通电时，其动断触点断开使 KM1、KT 线圈断电。

定子所串电阻一般采用由电阻丝绕制的板式电阻或铸铁电阻，它的阻值小、功率大，允许通过较大的电流。每相串接的降压电阻可用以下经验公式计算：

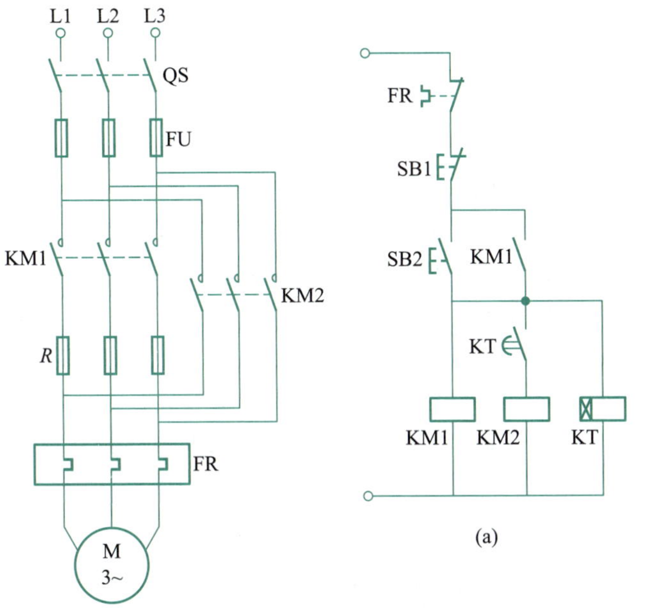

图 2.3.1 定子串电阻降压起动控制线路

（1）电阻值的计算公式

$$R=\frac{220}{I_{\mathrm{N}}}\left(\frac{I_{\mathrm{ST}}}{I'_{\mathrm{ST}}}\right)^{2}-1 \tag{2.3.1}$$

式中，I_{N} 为电动机额定电流；

I_{ST}为额定电压下未串电阻时的起动电流，一般取 $I_{\mathrm{ST}}=(5\sim7)I_{\mathrm{N}}$；

I'_{ST}为串联电阻后所要求达到的电流，一般取 $I'_{\mathrm{ST}}=(2\sim3)I_{\mathrm{N}}$。

（2）降压电阻功率的计算

$$P=RI_{\mathrm{ST}}^{2} \tag{2.3.2}$$

由于起动电阻只在起动时应用，而起动时间又很短，所以实际选用电阻功率可比计算值小 3～4 倍。若电动机定子回路只串接两相起动电阻，则电阻值应取式(2.3.1)计算值的 1.5 倍。

定子串电阻降压起动的方法由于不受电动机接线形式的限制，设备简单，所以在中、小型生产机械上应用广泛。但是，定子串电阻降压起动，能量损耗较大。为了节省能量可采用电抗器代替电阻，但其成本较高，它的控制线路与电动机定子串电阻的控制线路相同，这里就不再重复了。

二、星-三角降压起动控制线路

凡是正常运行时定子绕组接成三角形的笼型异步电动机可采用星-三角的降压起动方法来达到限制起动电流的目的。Y 系列的笼型异步电动机 4.0 kW 以上者均为三角形联结，都可以采用星-三角起动的方法。

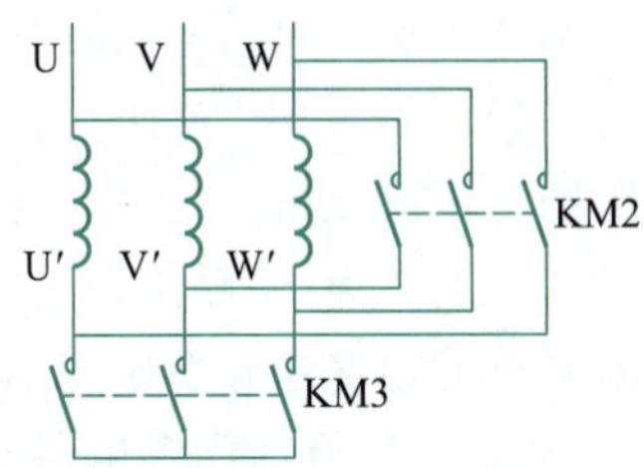

图 2.3.2 电动机定子绕组星-三角接线示意图

1. 降压起动的工作原理

在起动过程中，将电动机定子绕组接成星形，使电动机每相绕组承受的电压为额定电压的 $1/\sqrt{3}$，起动电流为三角形联结时起动电流的 1/3，图 2.3.2 中，UU′、VV′、WW′为电动机的三相绕组，当 KM3 的动合触点闭合，KM2 的动合触点断开时，相当于 U′、V′、W′连在一起，为星形联结；当 KM3 的动合触点断开，KM2 的动合触点闭合时，相当于 U 与 V′、V 与 W′、W 与 U′连在一起，三相绕组头尾相连，为三角形联结。

2. 星-三角降压起动控制线路的工作情况

图 2.3.3 所示为笼型异步电动机星-三角降压起动控制线路。当合上刀开关 QS 以后，按下起动按钮 SB2，接触器 KM1 线圈、KM3 线圈以及通电延时型时间继电器 KT 线圈通电，电动机接成星形起动；同时通过 KM1 的动合辅助触点自锁，时间继电器开始定时。当电动机接近于额定转速，即时间继电器 KT 延时时间已到，KT 的延时断开动断触点断开，切断 KM3 线圈电路，KM3 断电释放，其主触点和辅助触点复位；同时，KT 的动合延时闭合的触点闭合，使 KM2 线圈通电自锁，主触点闭合，电动机接成三角形运行。时间继电器 KT 线圈也因 KM2 动断触点断开而失电，时间继电器的触点复位，为下一次起动做好准备。图中的 KM2、KM3 动断触点是互锁控制，防止 KM2、KM3 线圈同时通电而造成电源短路。

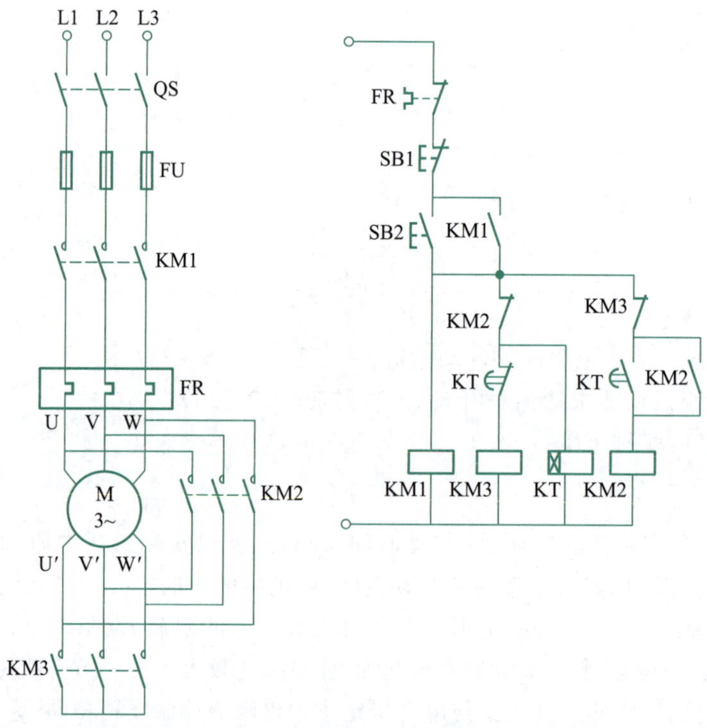

图 2.3.3 笼型异步电动机星-三角降压起动控制线路

图 2.3.3 所示的控制线路适用于电动机容量较大（一般为 13 kW 以上）的场合。当电动机的容量较小（4 ~ 13 kW）时，通常采用图 2.3.4 所示的两个接触器的星-三角降压起动控制线路。线路的工作情况是：按下起动按钮 SB2，时间继电器 KT 和接触器 KM1 线圈通电，利用 KM1 的辅助动合触点自锁，主触点接通主电路，时间继电器开始延时，而 KM2 线圈因 SB2 动断触点和 KM1 动断触点的相继断开而始终不通电，KM2 的动断触点闭合，电动机接成星形起动。当电动机接近于额定转速，即时间继电器延时时间已到，其延时打开的动断触点断开，KM1 线圈断电，电动机瞬时断电。KM1 的动断触点及 KT 的延时闭合动合触点闭合，接通 KM2 的线圈电路，KM2 通电动作并自锁，主电路中的动断触点断开，动合触点闭合，电动机定子绕组接成三角形。同时

KM2 的动合辅助触点闭合，再次接通 KM1 线圈，KM1 主触点闭合接通三相电源，电动机进入正常运转状态。

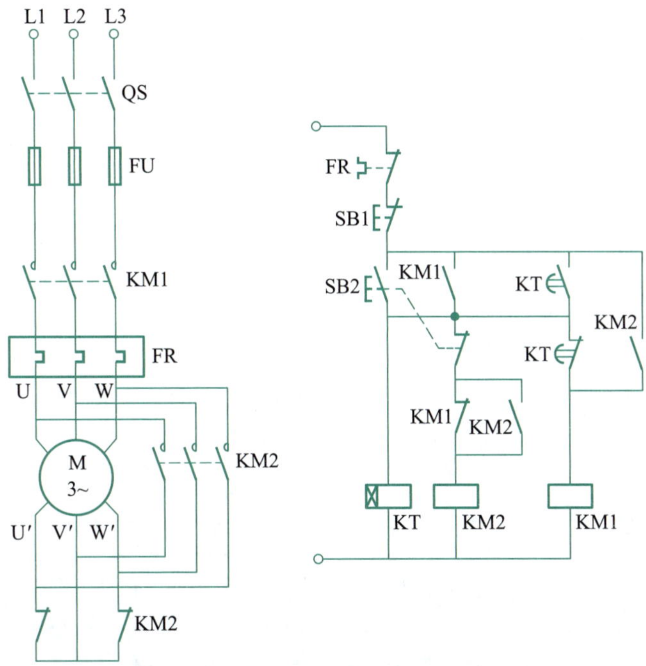

图 2.3.4 两个接触器的星-三角降压起动控制线路

本线路的主要特点是：

① 主电路中所用 KM2 动断触点为辅助触点，如工作电流太大就会烧坏触点，因此这种控制线路只适用于功率较小的电动机。

② 由于本线路只用了两个接触器和一个时间继电器，所以线路简单。另外，在由星形联结转换为三角形联结时，KM2 是在不带负载的情况下吸合的，这样可以延长使用寿命。

本线路在设计时充分利用了电器中联动的动合、动断触点在动作时，动断触点先断开，动合触点后闭合，中间有个延时的特点。例如，在按下 SB2 时，动断触点先断开，动合触点后闭合；KT 延时时间已到，动断延时打开触点先断开，动合延时闭合触点后闭合等。理解和掌握电器的这一特点对分析、设计电器控制线路是很重要的。

三相笼型异步电动机星-三角降压起动具有投资少、线路简单的优点。但是，在限制起动电流的同时，起动转矩也为三角形直接起动时转矩的 1/3。因此，它只适用于空载或轻载起动的场合。

三、 自耦变压器降压起动控制线路

1. 降压起动的工作原理

如图 2.3.5 所示，自耦变压器按星形联结，起动时将电动机定子绕组接到自耦变压器二次侧。这样，电动机定子绕组得到的电压即为自耦变压器的二次电压，改变自耦变压器抽头的位置可以获得不同的起动电压。在实际应用中，自耦变压器一般有 65%、85% 等抽头。当起动完毕时，自耦变

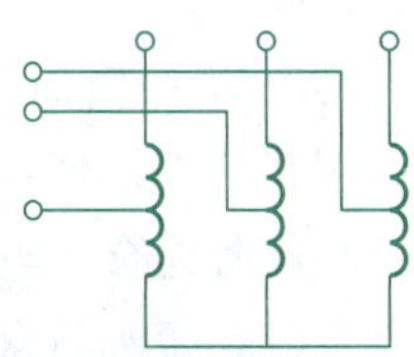

图 2.3.5 星形联结自耦变压器示意图

压器被切除，额定电压(即自耦变压器的一次电压)直接加到电动机定子绕组上，电动机进入全压正常运行。

2. 自耦变压器降压起动控制线路的工作过程

图 2.3.6 所示为自耦变压器降压起动控制线路。KM1、KM2 为降压接触器，KM3 为正常运行接触器，KT 为时间继电器，K 为中间继电器。

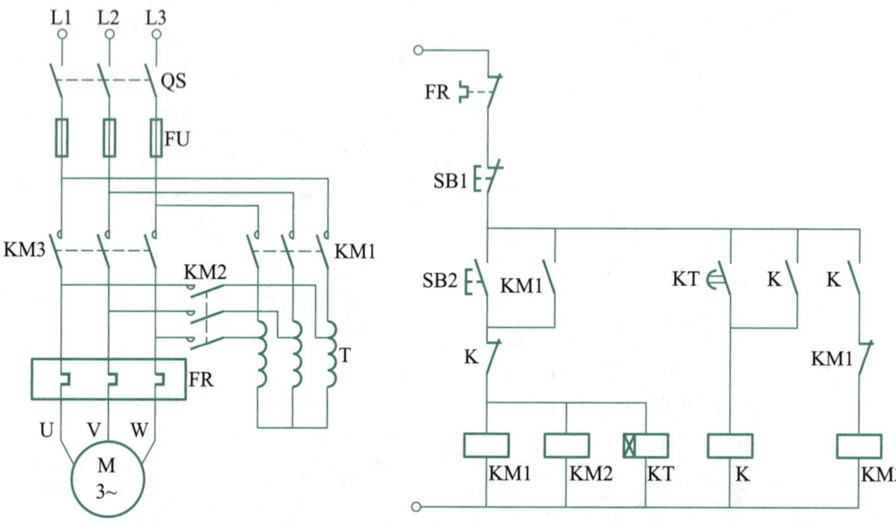

图 2.3.6 自耦变压器降压起动控制线路

线路的工作情况如下：

合上电源开关 QS，按下起动按钮 SB2，KM1、KM2 的线圈及 KT 的线圈通电并通过 KM1 的动合辅助触点自锁，KM1、KM2 的主触点将自耦变压器接入，电动机定子绕组经自耦变压器供电做降压起动。同时，时间继电器 KT 开始延时。当电动机转速上升到接近额定转速时，对应的 KT 延时结束，其延时闭合的动合触点闭合，中间继电器 K 通电动作并自锁，K 的动断触点断开使 KM1、KM2、KT 的线圈均断电，将自耦变压器切除，K 的动合触点闭合使 KM3 线圈通电动作，主触点接通电动机主电路，电动机在全压下运行。

自耦变压器降压起动方法适用于电动机容量较大、正常工作时接成星形或三角形的电动机。起动转矩可以通过改变抽头的连接位置得到改变。它的缺点是自耦变压器价格较贵，而且不允许频繁起动。

一般工厂常用的自耦变压器起动方法是采用成品的补偿降压起动器。这种起动器包括手动、自动操作两种形式。手动操作的补偿器有 QJ3、QJ5 等型号，自动操作的补偿器有 XJ01 型和 CT2 系列等。

XJ01 型补偿降压起动器适用于 14～28 kW 的电动机，其控制线路如图 2.3.7 所示。

线路的工作情况如下：

起动时先合上电源开关 QS，按下按钮 SB2，接触器 KM1、时间继电器 KT 线圈通电，KM1 的动合主触点闭合将自耦变压器接入电路，电动机降压起动；KM1 的两个动合辅助触点一个用于自锁，一个用于接通指示灯 HL2；KM1 的动断辅助触点断开使指示灯 HL3 熄灭，同时 KT 开始延时。当电动机转速上升到接近额定转速时，对应的时间继电器延时结束，KT 的动合延时闭合触

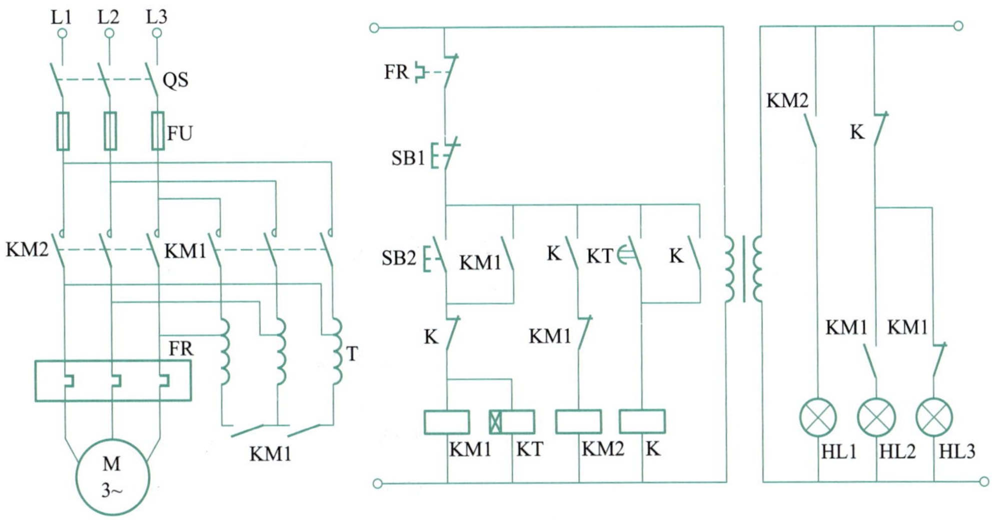

图 2.3.7 XJ01 型补偿器降压起动控制线路

点接通，中间继电器 K 线圈通电，动断触点断开，KM1 线圈断电，KM1 的主触点断开，切除自耦变压器，KM1 的动断触点闭合，通过 K 的动合触点接通 KM2 的线圈，KM2 的主触点接通电动机主电路，电动机在全压下运行，KM2 的动合辅助触点接通指示灯 HL1。

由以上分析可以看出，指示灯 HL1、HL2、HL3 分别用于电动机正常运行、降压起动及停车指示。

2.3.2 三相绕线转子异步电动机起动控制线路

三相绕线转子异步电动机较直流电动机结构简单、维护方便，调速和起动性能比笼型异步电动机优越。有些生产机械虽不要求调速，但要求较大的起动力矩和较小的起动电流，笼型异步电动机不能满足这种起动性能的要求，在这种情况下可采用绕线转子异步电动机拖动，通过滑环在转子绕组中串接外加设备达到减小起动电流、增大起动转矩及调速的目的。

一、 转子绕组串电阻起动控制线路

图 2.3.8 所示为绕线转子异步电动机转子电路串电阻起动控制线路，为了可靠，控制电路采用直流操作。起动、停止和调速采用主令控制器 SA 控制，KA1、KA2、KA3 为过电流继电器，KT1、KT2 为断电延时型时间继电器。

电路的控制过程如下：

1. 起动前的准备

首先将主令控制器 SA 手柄置到“0”位，则触点 SA0 接通。然后合上自动开关 QF、QF1，于是时间继电器 KT1、KT2 线圈通电，它们的动断延时闭合触点瞬时打开；零位继电器 KV 线圈通电自锁，为 KM1、KM2、KM3 线圈的通电做好准备。

2. 起动过程

将 SA 由“0”位推向“3”位，SA 的触点 SA1、SA2、SA3 闭合，KM1 线圈通电，主触点闭合，电动机在转子每相串两段电阻情况下起动，KM1 的动断辅助触点断开，KT1 线圈断电开始延时。当 KT1 延时结束时，其动断延时闭合的触点闭合，KM2 线圈通电，一方面 KM2 的动合主触点闭合，

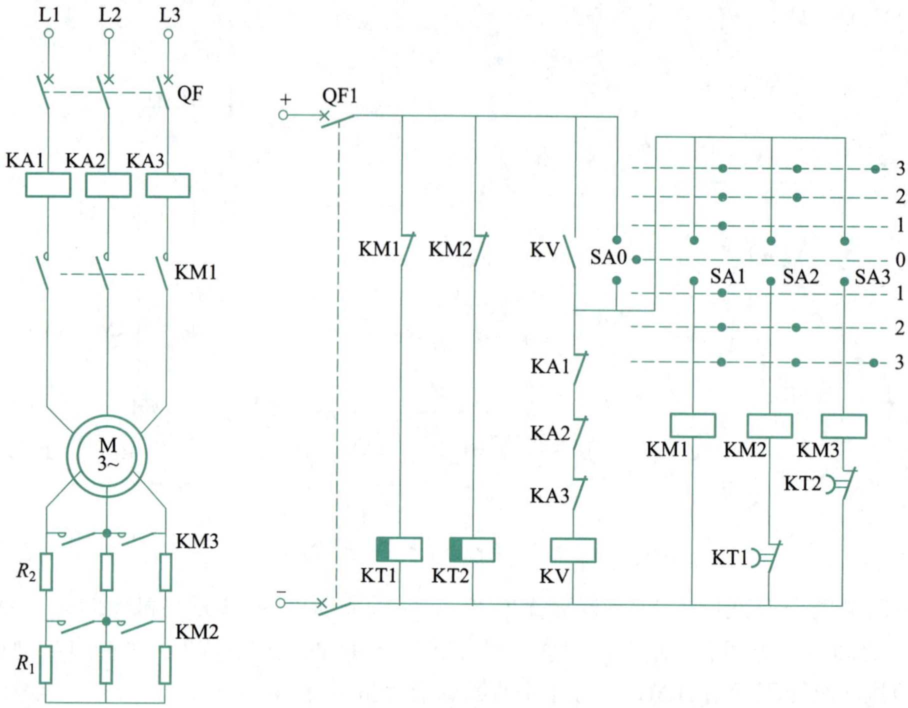

图 2.3.8　绕线转子异步电动机转子电路串电阻起动控制线路

切除电阻 R_1；另一方面 KM2 的动断辅助触点断开，KT2 线圈断电开始延时。当 KT2 延时结束时，其动断延时闭合的触点闭合，KM3 线圈通电，主触点闭合，切除电阻 R_2，电动机进入全速运转。

可见，本线路在起动过程中，通过时间继电器的控制，将转子电路中的电阻分段切除，达到限制起动电流的目的。

3. 电动机调速控制

当要求调速时，可将主令控制器手柄推向"1"位或"2"位。当主令控制器的手柄推向"1"位时，由图可以看出，主令控制器的触点只有 SA1 接通，接触器 KM2、KM3 均不能通电，电阻 R_1、R_2 将接入转子电路中，电动机便在低速下运行；当主令控制器的手柄推向"2"位时，电动机将在转子接入一段电阻的情况下运行，这样就实现了调速控制。

4. 电动机停车控制

当要求电动机停车时，将主令控制器手柄拨回到"0"位，接触器 KM1、KM2、KM3 均断电，电动机断电停车。

5. 保护环节

线路中的零位继电器 KV 起失压保护的作用，电动机每次起动前必须将主令控制器的手柄扳回到"0"位，否则电动机无法起动。KA1、KA2、KA3 作过流保护，正常时继电器不动作，动断触点闭合；若出现过流时，其动断触点断开，KV 线圈断电，使 KM1、KM2、KM3 线圈断电，起到保护作用。

二、转子绕组串频敏变阻器的起动控制线路

绕线转子异步电动机转子串电阻的起动方法，由于在起动过程中逐渐切除转子电阻，在切除

的瞬间电流及转矩会突然增大，产生一定的机械冲击力。如果想减小电流的冲击，必须增加电阻的级数，这将使控制线路复杂，工作不可靠，而且起动电阻体积较大。

频敏变阻器的阻抗能够随着电动机转速的上升、转子电流频率的下降而自动减小，所以它是绕线转子异步电动机较为理想的一种起动装置，常用于较大容量的绕线转子异步电动机的起动控制。

1. 频敏变阻器简介

频敏变阻器实质上是一个铁心损耗非常大的三相电抗器。它的铁心是由几片或十几片较厚的钢板或铁板叠成，并制成开启式，三个绕组按星形联结，将其串联在转子电路中，如图 2.3.9(a) 所示。转子一相的等效电路如图 2.3.9(b) 所示。图中 R_b 为绕线电阻，R 为频敏变阻器的铁损等值电阻，X 为电抗，R 与 X 并联。

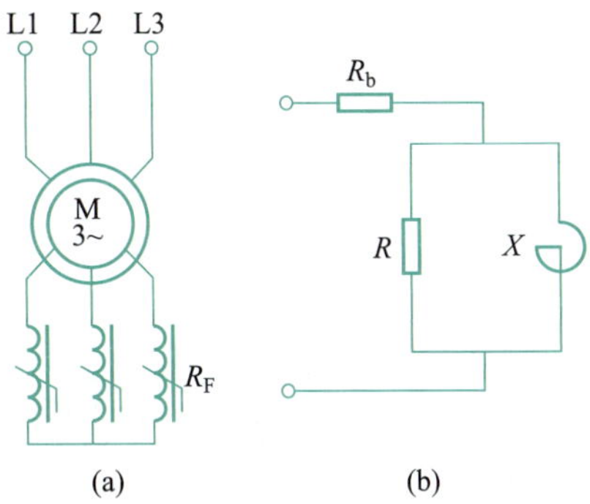

图 2.3.9 频敏变阻器等效电路

当电动机接通电源起动时，频敏变阻器通过转子电路得到交变电动势，产生交变磁通，其电抗为 X，而频敏变阻器铁心由较厚的钢板制成，在交变磁通作用下，产生很大的涡流损耗和较小的磁滞损耗（涡流损耗占总损耗的 80% 以上）。此涡流损耗在电路中以一个等效电阻 R 表示。由于电抗 X 和电阻 R 都是由交变磁通产生的，所以其大小都随转子电流频率变化而变化。在电动机起动过程中，转子电流频率 f_2 与电源频率 f_1 的关系为：$f_2=sf_1$，其中，s 为转差率。当电动机转速为零时，转差率 $s=1$，即 $f_2=f_1$；当 s 随着转速上升而减小时，f_2 便下降。频敏变阻器的 X、R 是与 f_2 的平方成正比的。由此可见，起动开始，频敏变阻器的等效阻抗很大，限制了电动机的起动电流，随着电动机转速的升高，转子电流频率降低，等效阻抗自动减小，从而达到了自动改变电动机转子阻抗的目的，实现了平滑无级起动。当电动机正常运行时，f_2 很低（为 $5\%f_1\sim10\%f_1$），其阻抗很小。另外，在起动过程中，转子等效阻抗及转子回路感应电动势都是由大到小，所以实现了近似恒转矩的起动特性。

2. 转子绕组串频敏变阻器起动控制线路

图 2.3.10 所示为绕线转子异步电动机转子串频敏变阻器起动控制线路。图中，KM1 为线路接触器，KM2 为短接频敏变阻器接触器，KT 为控制起动时间的通电延时型时间继电器，K 为中间继电器，由于是大电流系统，所以，热继电器 FR 接在电流互感器的二次侧。

线路的工作情况如下：

合上电源开关 QS，按下起动按钮 SB2，接触器 KM1 线圈通电自锁，电动机接通三相交流电源，电动机转子串频敏变阻器起动；同时，时间继电器 KT 线圈通电开始延时。当延时结束，KT 的动合延时闭合触点闭合，K 线圈通电并自锁，K 的动断触点断开，热继电器 FR 投入电路作过载保护；K 的两个动合触点闭合，一个用于自锁，另一个接通 KM2 线圈电路，KM2 动合触点闭合将频敏变阻器切除，电动机进入正常运转状态。

在起动过程中，为了避免起动时间过长而使热继电器误动作，用 K 的动断触点将热继电器 FR 的发热元件短接。

3. 频敏变阻器的调整

我国目前生产的频敏变阻器系列主要依据电动机功率、负载特性、起动运行方式等为设计、计算依据。例如 BP1-200、BP1-300 适用于偶尔轻载或轻重载起动的传动设备，BP1-500、BP2-700 用

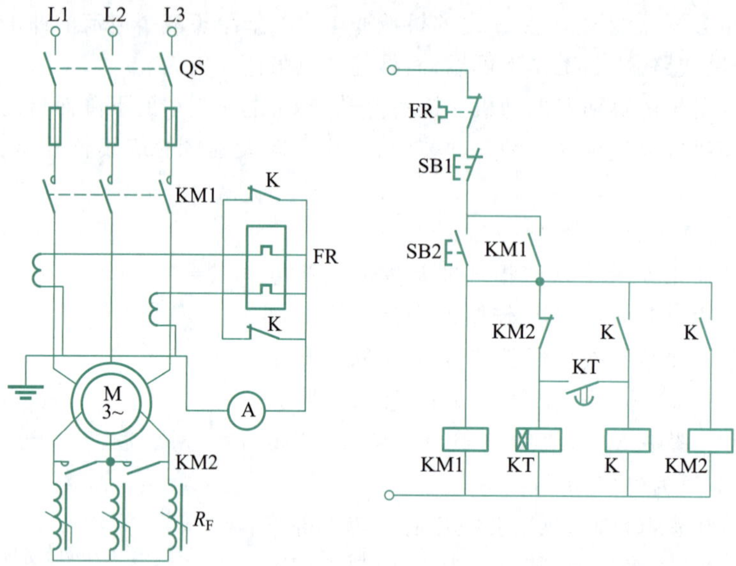

图 2.3.10 绕线转子异步电动机转子串频敏变阻器起动控制线路

于重复短时工作制或重轻载起动等。因此，当频敏变阻器选用得当时，就可以得到恒转矩的起动特性。反之，则会出现特性过硬或过软而导致变阻器线圈过热、电动机长时间受大电流冲击以及起动困难等。

由于频敏变阻器是针对一般使用要求设计的，因使用场合不同、负载不同、电动机参数的差异，其起动特性往往不太理想。所以对购置的频敏变阻器就需要结合现场做某些必要的调整，使之发挥产品的作用，满足生产的需要。主要包括如下两点：

（1）改变线圈匝数

频敏变阻器线圈大多留有几组抽头。增加或减小匝数将改变频敏变阻器的等效阻抗，可起到调整电动机起动电流和起动转矩的作用。如果起动电流过大、起动太快，应增加匝数；反之，则减小匝数。

（2）磁路调整

刚起动时，起动转矩过大，对机械有冲击；起动完毕后，稳定转速低于额定转速较多，短接频敏变阻器时电流冲击大。遇到这些情况时，调整磁路，增加上轭板与铁心间的气隙。

2.3.3 异步电动机软起动控制

交流异步电动机软起动技术成功地解决了交流异步电动机起动时电流大、线路电压降大、电力损耗大以及对传动机械带来破坏性冲击力等问题。交流电动机软起动装置对被控电动机既能起到软起动，又能起到软制动作用。

交流电动机软起动是指电动机在起动过程中，装置输出电压按一定规律上升，被控电动机电压由起始电压平滑地升到全电压，其转速随控制电压变化而发生相应的软性变化，即由零平滑地加速至额定转速的全过程，称为交流电动机软起动。

交流电动机软制动是指电动机在制动过程中，装置输出电压按一定规律下降，被控电动机电压由全电压平滑地降到零，其转速相应地由额定值平滑地减至零的全过程。

一、交流电动机软起动装置的功能特点

交流电动机软起动装置具有如下的功能特点：

① 起动过程和制动过程中，避免了运行电压、电流的急剧变化，有益于被控制电动机和传动机械，更有益于电网的稳定运行。

② 起动和制动过程中，实施晶闸管无触点控制，装置使用时间长，故障事故率低且免检修。

③ 集相序、缺相、过热、起动过电流、运行过电流和过载的检测及保护于一身，节电、安全、功能强。

④ 实现以最小起始电压（电流）获得最佳转矩的节电效果。

二、交流电动机软起动装置系列产品介绍

（一）JDRQ 系列交流电动机软起动器

JDRQ 系列交流电动机软起动器是微电脑全数字自动控制的交流电机软起动器，采用双向晶闸管输出，利用晶闸管的输出随着触发脉冲宽度的变化而变化的软特性实现控制，适用于普通的笼型异步电动机软起动和软制动的控制。JDRQ 系列交流电动机软起动器技术数据见表 2.3.1。

表 2.3.1 JDRQ 系列交流电动机软起动器技术数据

项目	数据
电源电压/V	AC 380±10%，三相，50Hz
斜坡上升时间/s	0.5～60（可选 2～240）
斜坡下降时间/s	1～120（可选 4～480） （斜坡上升时间和斜坡下降时间是完全独立的）
阶跃下降电平	50%、60%、70%、80% 电源电压
最大电流极限上升保持时间/s	30（可选 240）
起始电压	25%、40%、55%、75% 电源电压
突跳起动	可选有效或无效
突跳起动电压	70% 或 90% 电源电压
突跳起动时间/s	0.25、0.5、1.0、2.0
故障检测	电源或电动机缺相、控制电源异常、内部故障
微电脑和显示器能诊断显示的信号	L1 控制电源，L2 斜坡上升/相序错误（闪烁），L3 斜坡下降，L4 故障，L5 限流，L6 起动完成，L7 散热器过热，因此，利用 LED 和继电器信号，能使用户掌握有关软起动器和负载状态的详细信号

① JDRQ-A 系列软起动器型号规格，如表 2.3.2 所示。

表 2.3.2 JDRQ-A 系列软起动器型号规格

序号	型号	电流/A	功率/kW
1	JDRQ-A35	35	15
2	JDRQ-A42	42	18.5
3	JDRQ-A50	50	22
4	JDRQ-A65	65	30

续表

序号	型号	电流/A	功率/kW
5	JDRQ-A80	80	37
6	JDRQ-A100	100	45
7	JDRQ-A120	120	55
8	JDRQ-A160	160	75

② JDRQ 系列交流电动机软起动器电气主电路和控制电路原理图如图 2.3.11 所示。

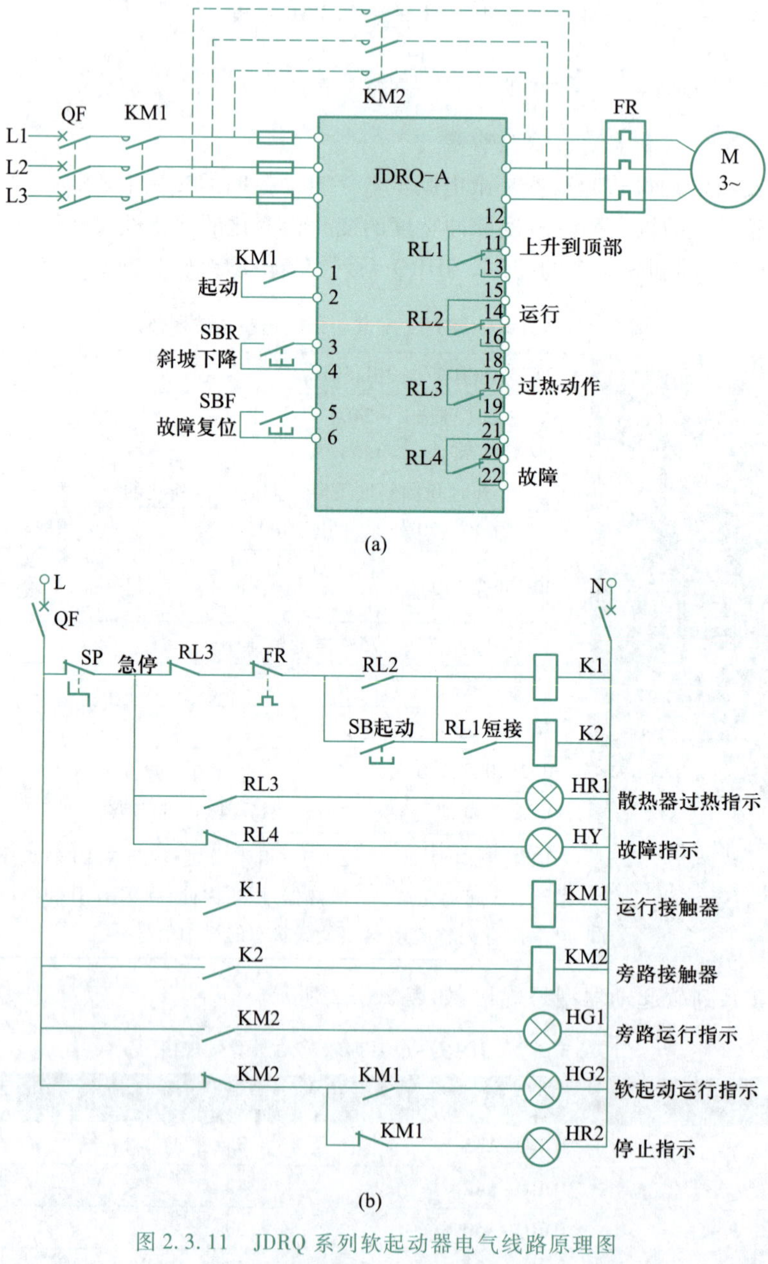

图 2.3.11 JDRQ 系列软起动器电气线路原理图

(a) 主电路；(b) 控制电路

③ JDRQ 系列软起动器控制板布置及端子说明如图 2.3.12 所示，端子及功能见表 2.3.3。

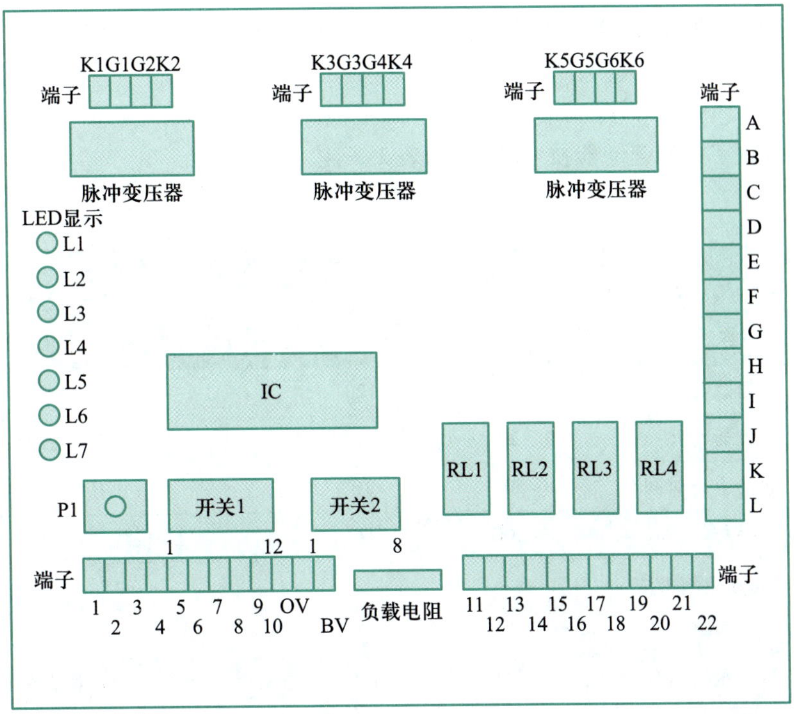

图 2.3.12 JDRQ 系列软起动器主控板布置图

表 2.3.3 端子及其功能表

端子说明	功能	备注
K1、G1	晶闸管 1 阴极和门极	
K2、G2	晶闸管 2 阴极和门极	
K3、G3	晶闸管 3 阴极和门极	
K4、G4	晶闸管 4 阴极和门极	
K5、G5	晶闸管 5 阴极和门极	
K6、G6	晶闸管 6 阴极和门极	
1、2	起动(必须保持闭合到运行)	
3、4	斜坡下降(瞬时或永久)	
5、6	故障复位	
11、12、13	RL1:NC、COM、NO 起动完成	NC=动断,NO=动合
14、15、16	RL2:NC、COM、NO 运行	
17、18、19	RL3:NC、COM、NO 过热	
20、21、22	RL4:NC、COM、NO 故障	
C、D、E	CT1 输入、公共、CT2 输入	CT1、CT2 为电流互感器二次
K、L、I、J	交流控制电源输入	
G、H	交流触发电源输入	

（二）CDJR1 系列数字式电动机软起动器

CDJR1 系列数字式软起动器可应用在 5.5～500 kW 交流电动机的起动及制动控制上。它可以替代星-三角形起动、电抗器起动、自耦降压起动等老式起动设备，应用于冶金、化工、建筑、水泥、矿山、环保等工业领域中。

1. 技术数据

CDJR1 系列数字式软起动器技术数据，见表 2.3.4。

表 2.3.4 CDJR1 系列数字式软起动器技术数据

功能		设定范围	出厂值	说　明
代号	名称			
0	起始电压/V	40～380	120	电压模式有效
1	起始时间/s	0～20	5	电压模式有效
2	起动上升时间/s	0～500	10	电压模式有效
3	软停车时间/s	0～200	2	设为零时自由停车
4	起动限制电流/(%)	50～400	250	限流模式有效
5	过载电流/(%)	50～200	150	额定值百分比
6	运行过流/(%)	50～300	200	额定值百分比
7	起动延时/s	0～999	0	外控延时起动
8	控制模式	0～1	0	0:限流起动　1:斜坡电压起动
9	键盘控制	1～6	1	1:键盘　2:外控　3:键盘+外控 4:PC　5:PC+键盘　6:PLC+外控
A	输出断相保护	0～1	0	0:有　1:无
B	显示方式	0～500	0	0:按额定电流百分比 XXX:选实际功率额定值
C	外部故障控制	0～2	0	0:不用　1:用　2:多用一备
D	远控方式	0～1	0	0:三线控制　1:双线控制
E	本机地址	0～60	0	用于串口通信
F	参数设定保护	0～1	0	0:允许修改　1:不允许修改
EY	修改设定保护	此状态下允许改变数据		
A	起动上升状态	1. 显示电流值 XXXA 或额定值百分比 2. 延时起动时显示时间 DETTT		
-A	运行状态			
-A	软停车状态			

注：X 为 0～9 数值，Y 为 0～F 数字。

2. 软起动控制图

① CDJR1 系列软起动电气设备电路连接图如图 2.3.13 所示。

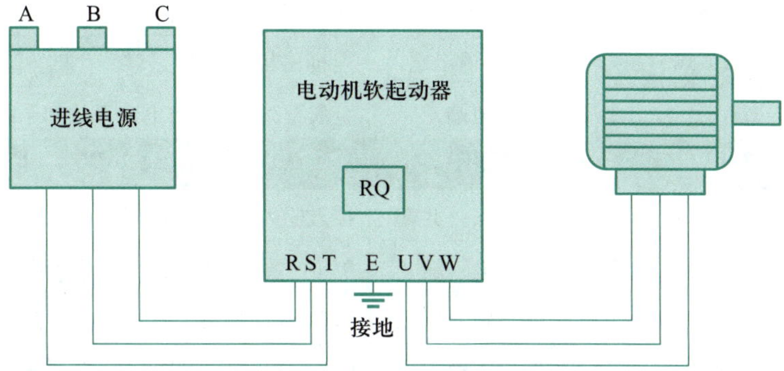

图 2.3.13 CDJR1 系列软起动电气设备电路连接图

② CDJR1 系列软起动器基本电路框图，如图 2.3.14 所示。利用晶闸管可控制的输出特性来实现对电动机软起动的控制。当电动机起动之后，晶闸管退出，交流接触器投入。

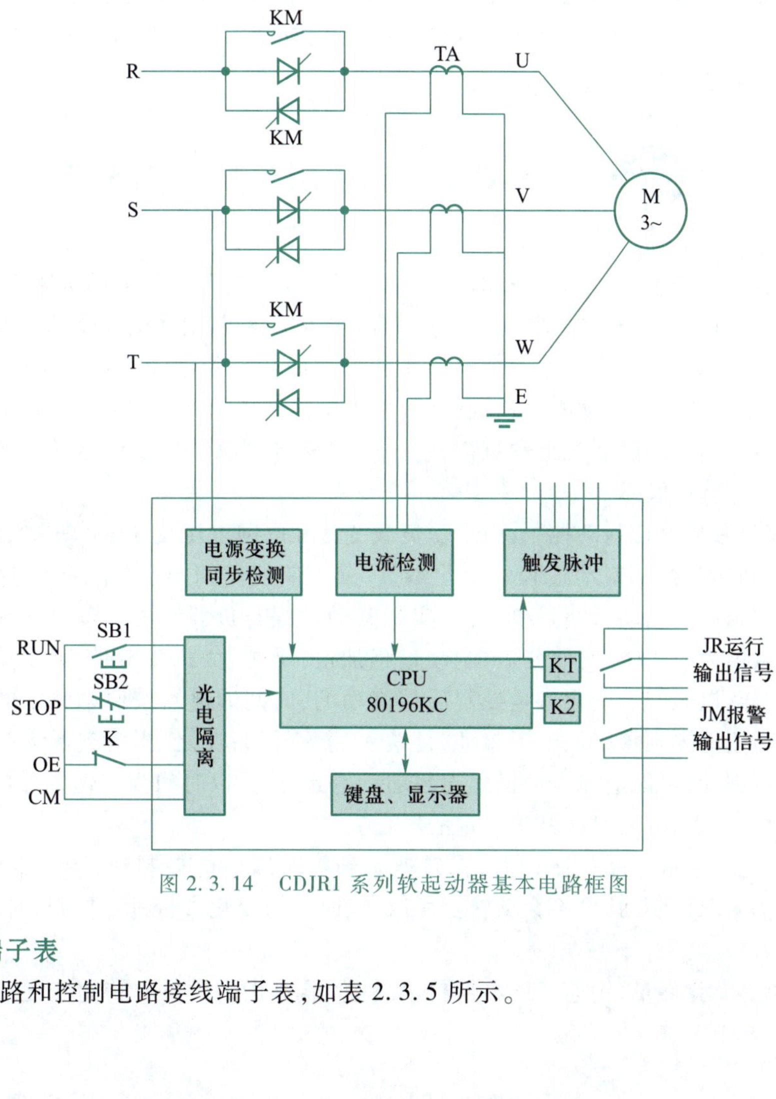

图 2.3.14 CDJR1 系列软起动器基本电路框图

3. 接线端子表

主电气电路和控制电路接线端子表，如表 2.3.5 所示。

表 2.3.5 主电气电路和控制电路接线端子表

	端子标记	端子名称	说明
主电路	R、S、T	主电路电源端	连接三相电源
	U、V、W	起动器输出端	连接三相电动机
	E	接地端	金属框架接地(防电击事故和干扰)
控制电路	端子标记	端子名称	说明
	CM	接点输入公共端	接点输入信号的公共端
	RUN	起动输入端	RUN-CM 接通时电动机开始运行
	STOP	停止输入端	STOP-CM 断开时电动机进入停止状态
	OE1、2、3	外部故障输入端	OE-CM 断开时电动机立即停止
	JRA、B、C	运行输出信号	JRA-JRB 为动合触点,JRB-JRC 为动断触点
	JMA、B、C	报警输出信号	JMA-JMB 为动合触点,JMB-JMC 为动断触点

可见,起动控制器有七个接线端,R、S、T 通过空气断路器接入(无相序要求)。E 端必须牢固接地,U、V、W 为输出端与电动机连接。经试运转可通过换接 R、S、T 中任两端或换接 U、V、W 任意两端改变电动机转向。

2.4 三相异步电动机制动控制线路

电动机断电后,由于惯性作用,停车时间较长。某些生产工艺要求电动机能迅速而准确地停车,这就要求对电动机进行强迫制动。制动停车的方式有机械制动和电气制动两种,机械制动是采用机械抱闸制动;电气制动是产生一个与原来转动方向相反的制动力矩。笼型异步电动机与直流电动机和绕线转子异步电动机一样,制动可采用反接制动和能耗制动。无论哪种制动方式,在制动过程中,电流、转速、时间三个参量都在变化,因此可以取某一变化参量作为控制信号,在制动结束时及时取消制动转矩。

以电流为变化参量进行制动控制,由于受负载变化和电网电压波动影响较大,所以一般不被采用。如果取时间作为控制制动过程的变化参量,其控制线路简单、价格便宜,这是它的优点。但是,按时间原则控制的制动时间是整定值,实际制动过程与负载有关。负载变动时,对制动时间有影响,当负载增大时,制动时间变短,制动过程加快;反之,负载减小时,则制动时间加长,制动过程变慢。这样,以时间为变化参量控制反接制动的,时间继电器按原来整定的时间动作,当负载减小时,在转速还未到零就取消了制动,延缓了制动时间;反之,当负载增大时,在转速已经为零时,仍未取消制动,可能造成电动机反向起动。由此可见,以时间为变化参量控制反接制动,只适用于负载变化不大,制动时间基本一定的场合。

以时间为变化参量进行能耗制动时,在转速未到零时取消能耗制动,转矩很小,影响不大。当转速为零时,仍未取消制动,也不会反转。所以,以时间为变化参量进行控制,对能耗制动是合适的。

如果取转速为变化参量,用速度继电器检测转速,能够正确地反应转速变化,不受外界因素的影响。所以，反接制动常采用以转速为变化参量进行控制。当然，能耗制动也可以采用以转速为变化参量进行控制。

2.4.1　笼型异步电动机能耗制动控制线路

三相笼型异步电动机能耗制动就是把在运动过程中储存在转子中的机械能转变为电能，又消耗在转子电阻上的一种制动方法。将正在运转的三相笼型异步电动机从交流电源上切除，向定子绕组通入直流电流，便在空间产生静止的磁场，此时电动机转子因惯性而继续运转，切割磁感应线，产生感应电动势和转子电流，转子电流与静止磁场相互作用，产生制动力矩，使电动机迅速减速停车。

一、按时间原则控制的能耗制动线路

1. 线路工作情况分析

图 2.4.1 为按时间原则控制的能耗制动控制线路。

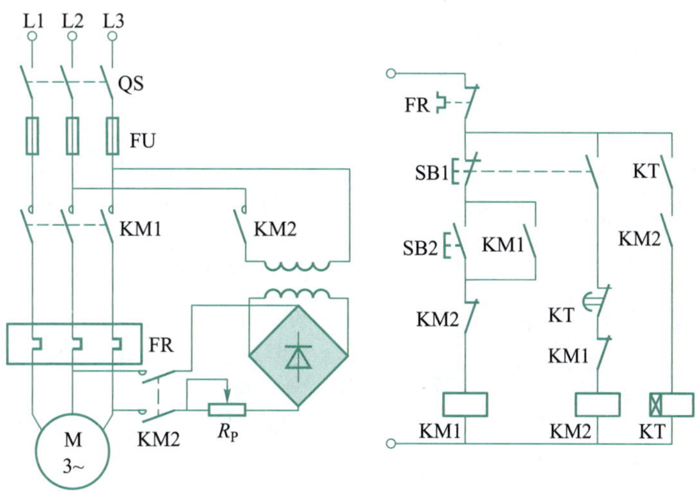

图 2.4.1　按时间原则控制的能耗制动控制线路

线路的工作情况如下：

起动时，合上电源开关 QS，按下起动按钮 SB2，则接触器 KM1 动作并自锁，其主触点接通电动机主电路，电动机在全压下起动运行。

停车时，按下停止按钮 SB1，其动断触点断开使 KM1 线圈断电，切断电动机电源，SB1 的动合触点闭合，接触器 KM2、时间继电器 KT 线圈通电并经 KM2 的辅助触点和 KT 的瞬动触点自锁；同时，KM2 的主触点闭合，给电动机两相定子绕组送入直流电流，进行能耗制动。经过一定时间后，KT 延时结束，其动断延时打开的触点打开，KM2 线圈断电释放，切断直流电源，并且 KT 线圈断电，为下次制动做好准备。显见，时间继电器 KT 的整定值即为制动过程的时间。图中利用 KM1 和 KM2 的动断触点进行互锁的目的是防止交流电和直流电同时加入电动机定子绕组。

2. 直流电源的估算方法

(1) 参数的确定

先用电桥测量电动机定子绕组任意两相之间的冷态电阻 R，也可以从手册中查到；测出电动

机的空载电流 I_0，也可根据 $I_0=(30\%\sim40\%)I_N$ 来确定，其中，I_N 为电动机的额定电流。

一般取直流制动电流为 $I_Z=(1.5\sim4)I_N$，当传动装置转速高、惯性大时，系数可取大些，否则取小些；一般取直流电源的制动电压为 RI_Z。

(2) 变压器容量及二极管的选择

变压器二次侧电压取 $U_2=1.11RI_Z$。

变压器二次侧电流取 $I_2=1.11I_Z$。

变压器容量为 $S=U_2I_2$。

考虑到变压器仅在制动过程短时间内工作，它的实际容量通常取计算容量的三分之一左右。

当采用桥式整流电路时，每只二极管流过的电流平均值为 $\frac{1}{2}I_Z$，反向电压为 $\sqrt{2}U_2$，然后再考虑 1.5～2 倍的安全裕量，选择适当的二极管。

二、 按速度原则控制的可逆运行能耗制动控制线路

图 2.4.2 为按速度原则控制的可逆运行能耗制动控制线路。图中，KM1、KM2 分别为正、反转接触器，KM3 为制动接触器，KV 为速度继电器，KV1、KV2 分别为正、反转时对应的动合触点。

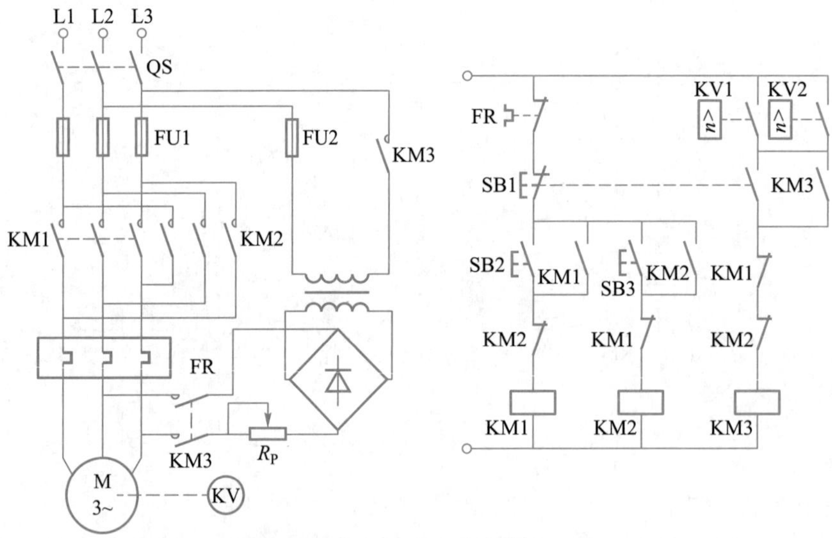

图 2.4.2 按速度原则控制的可逆能耗制动控制线路

线路的工作情况如下：

起动时，合上电源开关 QS，根据需要按下正转按钮或反转按钮，相应的接触器 KM1 或 KM2 线圈通电并自锁，电动机正转或反转，此时速度继电器触点 KV1 或 KV2 闭合。

停车时，按下停车按钮 SB1，使 KM1 或 KM2 线圈断电，SB1 的动合触点闭合，接触器 KM3 线圈通电动作并自锁，电动机定子绕组接入直流电源进行能耗制动，转速迅速下降。当转速下降到 100 r/min 时，速度继电器 KV 的动合触点 KV1 或 KV2 断开，KM3 线圈断电，能耗制动结束，以后电动机自由停车。

能耗制动的特点是制动电流较小、能量损耗小、制动准确，但它需要直流电源、制动速度较慢，所以它适用于要求平稳制动的场合。

2.4.2 笼型异步电动机反接制动控制线路

三相笼型异步电动机反接制动是依靠改变定子绕组中的电源相序,使定子绕组旋转磁场反向,转子受到与旋转方向相反的制动力矩作用而迅速停车。因此它的控制要求是制动时使电源反相序,制动到接近零转速时,电动机电源自动切除。反接制动的优点是制动能力强、制动时间短;缺点是能量损耗大、制动时冲击力大、制动准确度差。但是采用以转速为变化参量,用速度继电器检测转速信号,能够准确地反映转速,不受外界因素干扰,有很好的制动效果,反接制动适用于生产机械的迅速停车与迅速反向。

在反接制动时,电动机定子绕组流过的电流相当于全电压直接起动时电流的两倍,为了限制制动电流对电动机转轴的机械冲击力,往往在制动过程中在定子电路中串入电阻。

一、单向反接制动控制线路

图 2.4.3 为三相笼型异步电动机单向运转、反接制动的控制线路。图中,KM1 为单向旋转接触器,KM2 为反接制动接触器,KV 为速度继电器,R 为反接制动电阻。

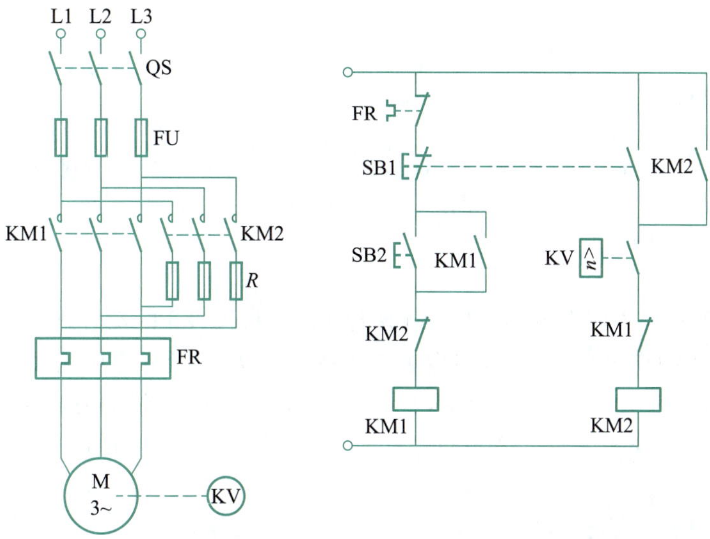

图 2.4.3 按速度原则控制的单向运行反接制动控制线路

线路的工作过程如下:

合上电源开关 QS,按下起动按钮 SB2,接触器 KM1 线圈通电并自锁,电动机在全压下起动运行,当转速升到某一值(通常为大于 120 r/min)以后,速度继电器 KV 的动合触点闭合,为制动接触器 KM2 的通电做准备。

停车时,按下停车按钮 SB1,KM1 断电释放,KM2 线圈通电动作并自锁,KM2 的动合主触点闭合,改变了电动机定子绕组中电源的相序,电动机在定子绕组串入电阻 R 的情况下反接制动,电动机转速迅速下降,当转速低于 100 r/min 时,速度继电器 KV 复位,KM2 线圈断电释放,制动过程结束。

二、电动机可逆运行反接制动控制线路

图 2.4.4 为笼型异步电动机降压起动可逆运行反接制动控制线路。图中,KM1、KM2 为正、

反转接触器，KM3 为短接电阻用接触器，K1 ~ K4 为中间继电器，电阻 R 既能限制反接制动电流，也能限制起动电流。

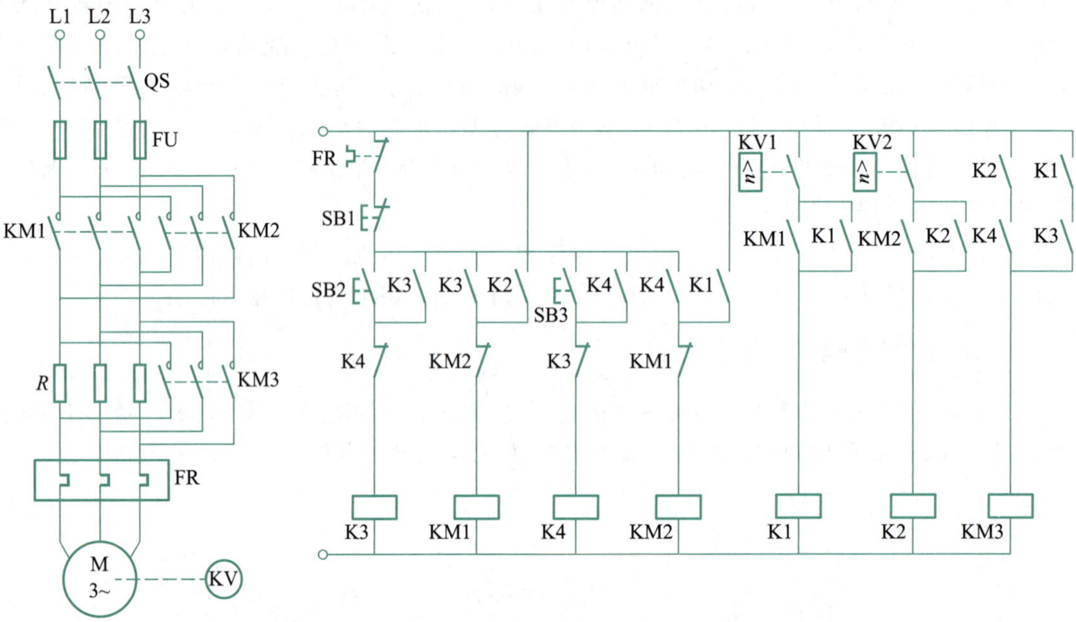

图 2.4.4 笼型异步电动机降压起动可逆运行反接制动控制线路

线路的工作过程如下：

1. 正向起动控制过程

按下起动按钮 SB2，中间继电器 K3 线圈通电动作并自锁，K3 的动合触点闭合使接触器 KM1 线圈通电，KM1 的主触点闭合，电动机在定子绕组串电阻 R 情况下降压起动。当转速上升到一定值时，速度继电器 KV 动作，动合触点 KV1 闭合，中间继电器 K1 线圈通电动作并自锁，K1 的动合触点闭合，KM3 线圈通电动作，KM3 的动合主触点闭合，切除电阻 R，电动机在全压下正转运行。

2. 停车控制过程

按停车按钮 SB1，K3 及 KM1 线圈相继断电，触点复位，电动机正向电源被断开，由于电动机转速还较高，速度继电器的动合触点 KV1 仍闭合，中间继电器 K1 线圈保持着通电状态。KM1 断电后，动断触点的闭合使反转接触器 KM2 线圈通电，接通电动机反向电源，进行反接制动。同时，由于中间继电器 K3 线圈断电，接触器 KM3 断电，电阻 R 被串入主电路，限制了反接制动电流。电动机转速迅速下降，当转速下降到小于 100 r/min 时，动合触点 KV1 断开复位，K1 线圈断电，KM2 线圈也断电，反接制动结束。

3. 反向起动控制过程

按反向起动按钮 SB3，其起动和制动停车过程与正转时相似，请读者自行分析。

2.4.3 三相绕线转子异步电动机制动控制线路

接电次数在每小时 700 次左右，对调速又无特殊要求的生产机械，可采用交流绕线转子异步电动机拖动。为了提高可靠性，用直流操作，并以时间为变化参量控制分级起动。单向运转并要求准确停车的，一般采用能耗制动；可逆运转并要求迅速反向的，一般采用反接制动，静阻转矩变化不大时，可以采用以时间为变化参量控制反接制动，否则采用以转速（电势）为变化参量控制反接制动。

一、以时间为变化参量控制起动和能耗制动的控制线路

图 2.4.5 所示为具有能耗制动的控制线路，为了工作可靠，采用直流操作，KT、KT1、KT2 均为断电延时型时间继电器。

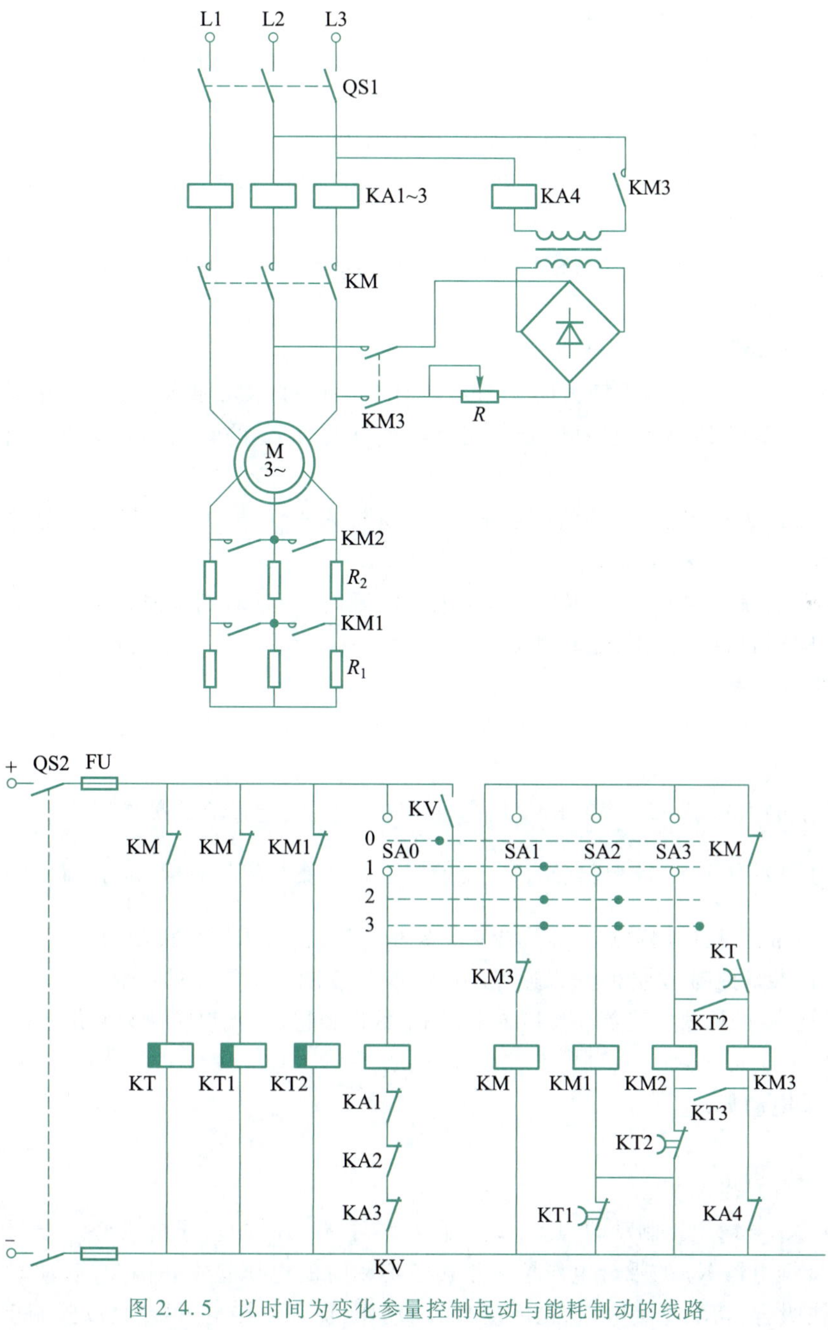

图 2.4.5 以时间为变化参量控制起动与能耗制动的线路

线路的工作过程如下：

1. 起动前的准备

先将主令控制器 SA 的手柄置到“0”位，再合电源开关 QS1、QS2，则

① 零位继电器 KV 线圈通电并自锁。

② KT1、KT2 线圈得电，其动断延时闭合的触点瞬时打开，确保 KM1、KM2 线圈断电。

2. 起动控制过程

将 SA 的手柄推向“3”位，SA 的触点 SA1、SA2、SA3 均接通，KM 线圈通电。则

① KM 的动合触点闭合，主触点将电动机接入交流电源，电动机在转子串两段电阻情况下起动。同时，KM 的动合辅助触点接通 KT 线圈，KT 的动合延时断开触点闭合。

② KM 的动断触点打开，KT1 线圈断电开始延时，当延时结束时，KT1 动断触点闭合，KM1 线圈通电，一方面，KM1 的动合触点闭合，切除一段电阻 R_1；另一方面，由于 KM1 的动断触点断开，KT2 线圈断电开始延时，当延时结束时，KT2 的动断触点闭合，KM2 线圈通电，其动合触点闭合，切除电阻 R_2，起动结束。

需要说明一点，在起动过程中，KM 线圈通电时，其动断触点先断开，动合触点后闭合，这样确保 KM3 线圈不通电。

3. 制动控制过程

制动时，将主令控制器的手柄扳回“0”位，此时 KM、KM1、KM2 线圈均断电，电动机切除交流电源。同时，KT1、KT2 线圈得电，动断延时闭合触点打开，KT2 的瞬动动合触点闭合。其制动过程如下：

① KM 的动断触点闭合，KM3 线圈通电，电动机接入直流电源进行能耗制动；同时，KM2 线圈通电，电动机在转子短接全部电阻情况下能耗制动。

② KM 的动合辅助触点断开，KT 线圈断电开始延时，当延时结束时，KT 的动合延时断开触点断开，KM2、KM3 线圈均断电，制动结束。

4. 调速控制过程

当需要电动机在低速下运行时，可将主令控制器手柄推向“2”位或“1”位，其工作过程请读者自行分析。

图 2.4.5 中的 KA1、KA2、KA3、KA4 均为过电流继电器，起过流保护作用。

二、 以时间为变化参量控制起动，以转速为变化参量控制反接制动的线路

对于需要经常正、反向起动的三相绕线转子异步电动机，常采用反接制动。图 2.4.6 所示为采用以时间为变化参量控制起动加速，以速度为变化参量控制反接制动的线路。速度信号来自转子电压，接在转子两相的桥式整流器向反接继电器 K_R 线圈供电，实现以转速为变化参量的控制。

根据公式

$$E_{2s}=sE_{20} \tag{2.4.1}$$

式中，E_{2s}为转子电动势；

s 为转差率；

E_{20}为转子开路电动势。

转子不动时，$s=1$；反接制动时，$1<s<2$。所以，转子不动时的转子电动势小于反接时的转子电动势，而反接继电器 K_R 的吸合电压按大于转子不动时的电压整定。因此，起动时 K_R 不动作，可使 KM1 很快吸合，切除反接电阻；在反接时 K_R 动作，保证反接电阻接入，以限制反接电流。为

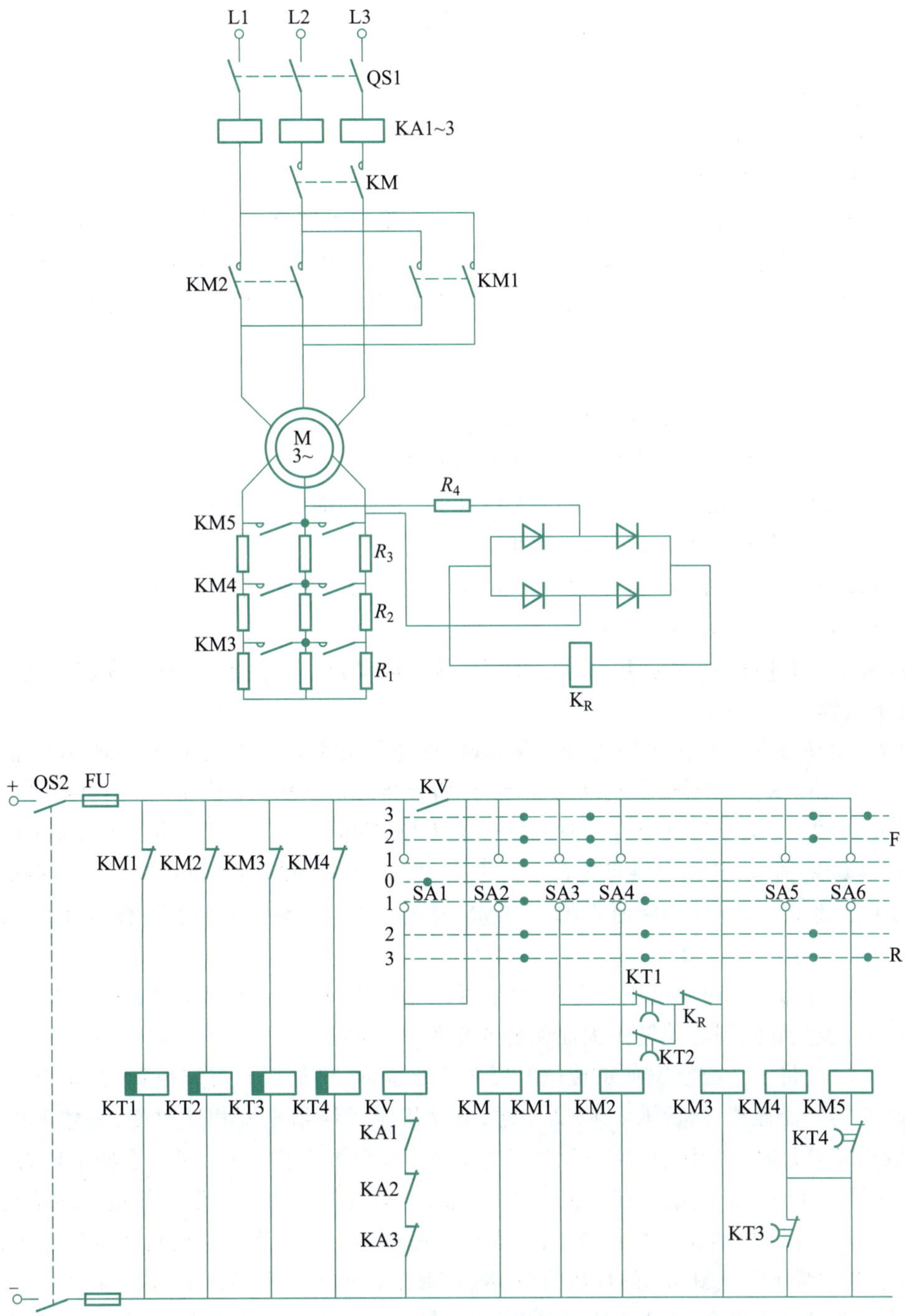

图 2.4.6　以时间为变化参量控制起动、以转速为变化参量控制反接制动的线路

实现在转速接近于零时才取消反接制动，K_R 的释放值一般按 $s=1.1$，即释放电压按 $1.1E_{20}$ 整定；同时，为了保证在低速运转时反向，也能先进行反接制动，再反向起动，要求 K_R 的吸合值应尽量接近释放值，即要选用高返回系数的继电器。回路中降压电阻 R_4 可按下式计算：

$$R_4 = \frac{0.9 \times 1.1 E_{20} - 2\Delta U - U_L}{I_L} \tag{2.4.2}$$

式中，U_L 为继电器 K_R 的释放电压；

I_L 为继电器 K_R 的释放电流；

ΔU 为整流管的管压降。

本线路通过主令控制器手柄置于不同位置，可获得三种速度。当手柄置于“3”位时，起动完毕全部电阻切除；当手柄置于“2”位时，转子中保留一段电阻；当手柄置于“1”位时，转子中保留全部起动电阻，即 R_2 与 R_3。图中的电阻 R_1 为反接电阻，用于限制反接电流。下面对本线路的工作过程进行分析。

(1) 起动前的准备：

将主令控制器的手柄置“0”位，合电源开关 QS1、QS2，则

① 零位继电器 KV 通电并自锁，为起动做好准备。

② 断电延时型时间继电器 KT1、KT2、KT3、KT4 线圈均通电，其动断触点均打开，确保起动开始 KM3、KM4、KM5 线圈均断电，减小起动冲击。

(2) 起动时，将主令控制器手柄从“0”位扳向正转“3”位置，主令控制器的触点 SA2、SA3、SA5、SA6 均接通，各电器动作情况如下：

① 接触器 KM、KM1 线圈通电，主触点闭合，接通电动机定子绕组，电动机在转子绕组串全部电阻情况下起动。

② KM1 动断触点断开，时间继电器 KT1 线圈断电开始延时。当延时结束时，KT1 的动断触点闭合。由于此时 K_R 未动作，其动断触点闭合，所以接触器 KM3 线圈通电，动合触点闭合，切除反接电阻 R_1，KM3 的动断触点断开使时间继电器 KT3 断电延时。当延时结束时，KT3 的动断触点闭合，KM4 线圈通电，其动合触点闭合切除电阻 R_2，KT4 的动断触点断开使 KT4 线圈断电开始延时，当延时结束时，KT4 的动断触点闭合，KM5 线圈通电，KM5 的主触点闭合，切除电阻 R_3，电动机进入正常运行。

在起动刚开始，由于时间继电器 KT1 的作用，反接电阻 R_1 接入转子电路一段时间，为起动做好准备，以免在起动时，因起动转矩大而使各连接件产生冲击。

(3) 反接时，将主令控制器从正转位置扳向反转位置(例如扳向反转位置“3”)，当手柄经过零位时，全部接触器释放，然后 KM、KM2 接通，电动机定子绕组电源相序改变，虽然 KT2 线圈断电，但其触点需经延时才能闭合，保证反接继电器 K_R 来得及动作，不会因为手柄扳动过快，而误将反接接触器 KM3 接通，造成反接电流过大。此时电动机将在转子电阻全部接入的情况下进行反接制动，并且 K_R 因达到吸合值而动作，电动机转速迅速下降。当电动机转速接近于零，也就是电动机转子电动势下降达到 K_R 的释放值时，K_R 释放，K_R 的动断触点闭合，由于此时 KT2 的延时已结束，其动断触点已闭合，所以 KM3 线圈通电，动合触点闭合，切除反接电阻 R_1，电动机进行反向起动，其控制过程与正向起动类似，这里就不再赘述了。

可见，电动机在由正转到反转时，先要经过反接制动，然后再起动。

(4) 本线路中，欲使电动机停车，则将主令控制器的手柄置于“0”位，进行自由停车。

(5) 线路图中的 KA1、KA2、KA3 用作过流保护，当电路出现过流时，其动断触点断开，KV 线圈断电，KV 的动合触点断开，全部接触器释放，切断电路。

由于本线路能够正确地反应转速变化，不受负载变化的影响，因此获得了广泛的应用。

2.5 三相调速异步电动机控制线路

由于电力电子、计算机控制以及矢量控制等技术的进步，使交流变频调速技术发展很快，成为将来调速的主要方向。但是，以前存在的一些三相异步电动机调速装置目前在工业现场仍然被广泛地使用，如三相笼型异步电动机的变极调速、三相绕线转子异步电动机改变转子电路电阻实现调速、电磁滑差离合器调速等。下面将对变极调速、电磁滑差离合器调速以及变频调速的控制线路进行介绍。

2.5.1 笼型多速异步电动机控制线路

当电网频率固定以后，三相异步电动机的同步转速与它的磁极对数成反比。因此，只要改变电动机定子绕组磁极对数，就能改变它的同步转速，从而改变转子转速。在改变定子极数时，转子极数也必须同时改变。为了避免在转子方面进行变极改接，变极电动机常用笼型转子，因为笼型转子本身没有固定的极数，它的极数由定子磁场极数确定，不用改接。

磁极对数的改变可用两种方法：一种是在定子上装置两个独立的绕组，各自具有不同的极数；第二种方法是在一个绕组上，通过改变绕组的连接来改变极数，或者说改变定子绕组每相的电流方向，由于构造的复杂，通常速度改变的比值为 2∶1。如果希望获得更多的速度等级，例如四速电动机，可同时采用上述两种方法，即在定子上装置两个绕组，每一个都能改变极数。

图 2.5.1 所示为 4/2 极双速异步电动机三相定子绕组接线示意图。电动机定子绕组有六个接线端，分别为 U1、V1、W1、U2、V2、W2。图(a) 是将电动机定子绕组的 U1、V1、W1 三个接线端接三相交流电源，而将电动机定子绕组的 U2、V2、W2 三个接线端悬空，三相定子绕组按三角形联结，此时每个绕组中的①、②线圈相互串联，电流方向如图 2.5.1(a) 中的箭头所示，电动机的极数为 4 极；如果将电动机定子绕组的 U2、V2、W2 三个接线端子接到三相电源上，而将 U1、V1、W1 三个接线端子短接，则原来三相定子绕组的三角形联结变成双星形联结，此时每相绕组中的①、②线圈相互并联，电流方向如图 2.5.1(b) 中箭头所示，于是电动机的极数变为 2 极。注意观察两种情况下各绕组的电流方向。

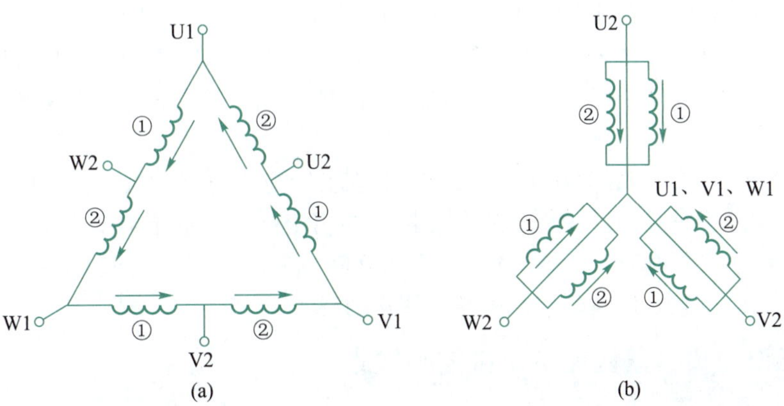

图 2.5.1 4/2 极双速异步电动机三相定子绕组接线示意图

必须注意,绕组改极后,其相序方向和原来相序相反。所以,在变极时,必须把电动机任意两个出线端对调,以保持高速和低速时的转向相同。例如,在图2.5.1中,当电动机绕组为三角形联结时,将U1、V1、W1分别接到三相电源U、V、W上;当电动机的定子绕组为双星形联结,即由4极变到2极时,为了保持电动机转向不变,应将V2、U2、W2分别接到三相电源U、V、W上。当然,也可以将其他任意两相对调。

图2.5.2所示为4/2极双速异步电动机自动控制线路。

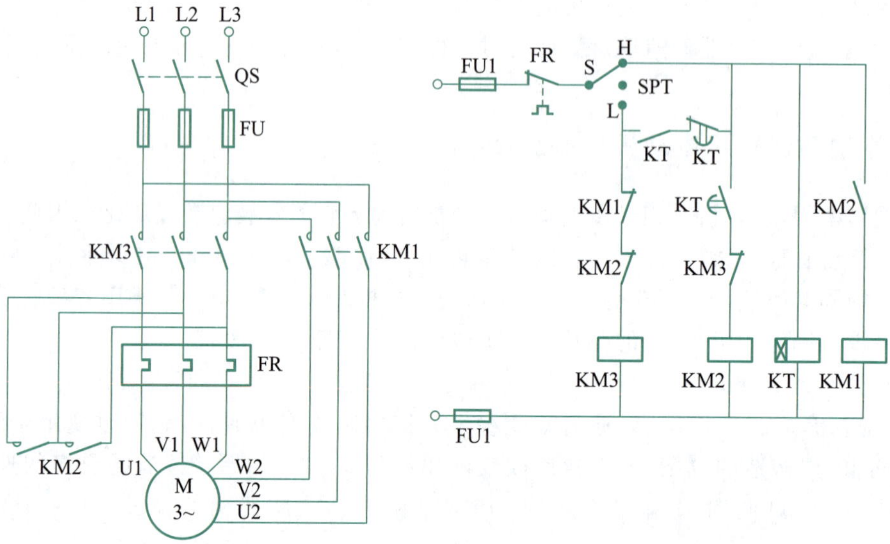

图2.5.2 4/2极双速异步电动机自动控制线路

该线路利用开关S进行高低速转换。当开关S处在低速L位置时,接触器KM3线圈通电,KM3的主触点闭合,将定子绕组的接线端U1、V1、W1接到三相电源上,而此时由于KM1、KM2动合触点不闭合,所以电动机定子绕组按三角形联结,电动机低速运行。在变极时,将电动机的两个出线端U2、W2对调。

当开关S处在高速位置H时,线路的工作情况如下:

① 时间继电器KT首先通电,其瞬动动合触点闭合,接触器KM3线圈通电,主触点闭合,将电动机接成三角形做低速起动。

② 经过一段时间延时后,KT的延时断开动断触点断开,KM3线圈断电,其触点复位。而KT的延时闭合动合触点闭合,使KM2的线圈通电,KM2的主触点闭合将U1、V1、W1连在一起,同时通过KM2的动合触点闭合使KM1线圈通电,KM1的主触点闭合使电动机以双星形联结高速运行。

通过本线路可以实现变极调速电动机的控制,在实际应用中,首先必须正确识别电动机的各接线端子,这一点是很重要的。变极多速电动机主要用于驱动某些不需要平滑调速的生产机械上,如冷拔拉管机、金属切削机床、通风机、水泵和升降机等。在某些机床上,采用变极调速与齿轮箱调速相配合,可以较好地满足生产机械对调速的要求。

2.5.2 电磁滑差离合器调速电动机控制线路

异步电动机利用电磁滑差离合器进行调速,可以获得均匀平滑的调速特性,即无级调速的特性。电磁滑差离合器调速是将异步电动机转轴和生产机械转轴做软性连接以传递功率的一种装置。

图 2.5.3 所示为电磁滑差离合器调速系统的结构示意图。离合器由电枢和磁极两个主要部分组成,电枢是用铸钢做成的圆筒形结构,用联轴节和电动机做硬性连接,由电动机带着它转动,称为主动部分。磁极部分由铁心和励磁绕组两部分组成,绕组可通过滑环和电刷接到一般直流电源或晶闸管整流电源上。磁极部分通过联轴节和生产机械做硬性连接,称为从动部分。

当电动机带着电枢旋转时,因切割磁极的磁感应线,在电枢内感应出涡流,涡流再与磁极相互作用产生转矩,推动着磁极跟随电枢而旋转,从而带着生产机械转动起来。显然,当励磁电流等于零时,磁极没有磁通,电枢不会产生涡流,不能产生转矩,磁极和生产机械也就不会转动;一旦加上励磁电流,磁极即刻转动起来,生产机械也转动起来。此外还可以看出,电磁离合器的工作原理与异步电动机类似,磁极和电枢的转速不能相同,如果相同,电枢也就不会切割磁感应线产生涡流,也就不会产生带动生产机械旋转的转矩。这就好像异步电动机的转子导体和定子旋转磁场的作用一样,依靠这个“转差”才能工作。当负载一定时,如果减小励磁电流,将使磁场的磁通减小,因此磁极与电枢“转差”被迫增大,这样才能产生比较大的涡流,以便获得同样大的转矩,使负载稳定在比较低的转速下运行。所以,通过调节励磁绕组的电流,就可以调节生产机械的转速。

图 2.5.4 所示为电磁滑差离合器的机械特性,它表示从动轴的转速 n 与转矩 T 的关系,它的理想空载转速 n_1 就是电动机的转速。改变励磁电流的大小,就改变了磁场的强弱,实质上和异步电动机改变定子电压相似。当从动部分的转轴带有一定的负载转矩时,励磁电流的大小便决定了转速的高低。励磁电流愈大,转速愈高;反之,励磁电流愈小,转速愈低。

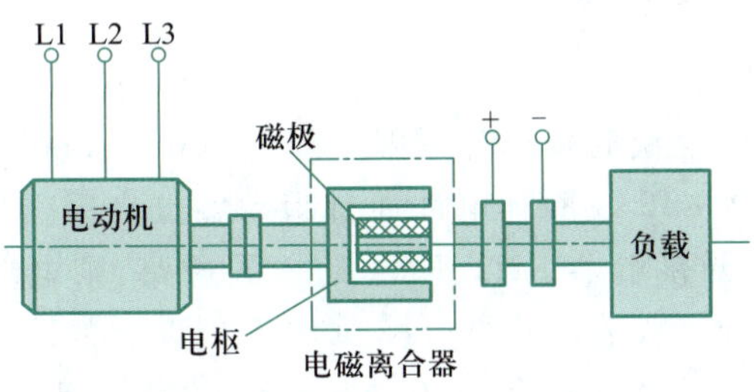

图 2.5.3 电磁滑差离合器调速系统的结构示意图

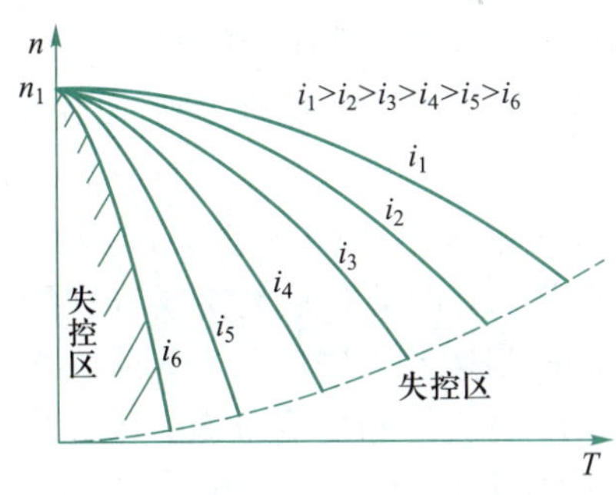

图 2.5.4 电磁滑差离合器的机械特性

如果励磁电流太小,磁通太弱,产生的转矩太小,从动轴转动不起来,就会失控;在一定的磁场下,如果负载过大,从动轴转速太低,也会形成从动部分跟不上主动部分而失控。因此,应避免工作在失控区。

从图 2.5.4 中可以看出,电磁离合器机械特性较软,稳定性差,因此在工程实践中,常常采用带转速负反馈的闭环调速系统提高机械特性的硬度。

图 2.5.5 所示为能够自动换极的电磁滑差离合器,可以调速 4/8 极异步电动机控制线路。在电动机定子绕组双星形联结运行时,如果电磁离合器从动部分的转速由于励磁电流减小而下降到 600 r/min 以下时,则该控制线路便能够使电动机定子绕组自动变换到三角

形联结运行,即由4极变换到8极转速,其目的主要是为了提高电磁滑差离合器低速运行时的效率。同样,如果电动机运行在定子绕组三角形联结时,从动部分的转速由于励磁电流的增大而上升到600 r/min以上时,为了使速度进一步提高,该控制线路能够使电动机的定子绕组自动变换到双星形联结。电磁滑差离合器的励磁电流是由单结晶体管触发的单相半控桥式整流电路提供的,调节电阻 R_P 可以改变励磁电流的大小,也就改变了生产机械的转速。为了使电动机在4/8极或者8/4极变换时,其转向维持不变,在具体接线时,将U2、V2对调,如图2.5.5所示。

线路的工作过程如下:

合上自动开关QF,按下起动按钮SB2,接触器KM1线圈通电并自锁,KM1的主触点闭合,将电动机定子绕组接成三角形,电动机从8极开始起动运行,电磁离合器的主动部分在它的拖动下一起运行,同时信号灯HL1亮。由于KM1的动断辅助触点断开,接触器KM2、KM3线圈不能接通,而KM1的动合辅助触点闭合,使晶闸管调压线路的触发部分和可控桥部分获得单相的交流电源。调节电阻 R_P 为某一适当值,励磁绕组流过一个直流电流,于是离合器从动部分开始跟随主动部分一起旋转。在此可以通过调节电阻 R_P 改变励磁线圈中的电流,使从动部分所带的负载稳定在所需要的转速上。在调节过程中,若转速升高到600 r/min以上时,安装在从动部分转轴上的速度继电器KV的动合触点闭合,时间继电器KT1线圈通电并用其瞬动动合触点自锁。当KT1的整定时间到达时,其延时打开的动断触点断开使KM1线圈断电,触点复位;KT1延时闭合的动合触点闭合,接触器KM2、KM3线圈通电并自锁,KT1线圈断电,为下次工作做好准备。KM2、KM3的动合触点闭合,它一方面使晶闸管调压线路继续获得单相交流电源;另一方面使电动机定子绕组接成双星形,电动机与离合器主动部分的转速升高到4极转速,从动部分的转速也随之升高。转速上升以后,转矩便相应增加,由电磁滑差离合器调速异步电动机机械特性可知,在一定的励磁电流条件下,转矩的上升会使转速自动下降,而随着转速的下降,转矩又会增加,最后转速稳定在机械特性曲线的某一点上。假如此时的转速还需要进一步提高,则可以通过继续增加励磁电流来提高负载的转速,但提高是有一定限度的。

如果工艺要求转速下降,则可以通过减小励磁电流来达到。如果电动机运行在定子绕组双星形接线的时候,当从动部分的转速由于励磁电流的减小等原因下降到600 r/min以下时,速度继电器KV的动断触点便复位,时间继电器KT2线圈通电并通过瞬动触点自锁。当KT2的整定时间到达时,其延时打开的动断触点断开接触器KM2、KM3的线圈通路,则电动机的U2、V2、W2失去三相交流电源,U1、V1、W1三个接线端也不再短接,KT2延时闭合的动合触点闭合使KM1线圈通电并自锁,KT2线圈断电,为下次工作做好准备。KM1的动合触点闭合,它一方面使晶闸管调压线路继续获得三相交流电源;另一方面使电动机定子绕组又在三角形联结下运行,电动机与离合器的主动部分的转速迅速下降,从动部分的转速也随之降低。但是由于转速突然下降后转矩相应减小,转速又会自动上升,最后稳定在机械特性曲线的某一点上。假如此时的转速仍需进一步减小,则可以通过继续减小励磁电流来降低负载转速,但这也是有一定限度的。

在速度继电器KV两对触点转换的过程中,即在电动机定子绕组极数变换,接触器KM1、KM2、KM3在瞬间存在同时处于释放状态的时候,此时电动机、电磁离合器的主动部分和从动部分均依靠惯性旋转。

当需要负载停止运行时,首先将励磁电流减为零,然后按下停止按钮SB1。

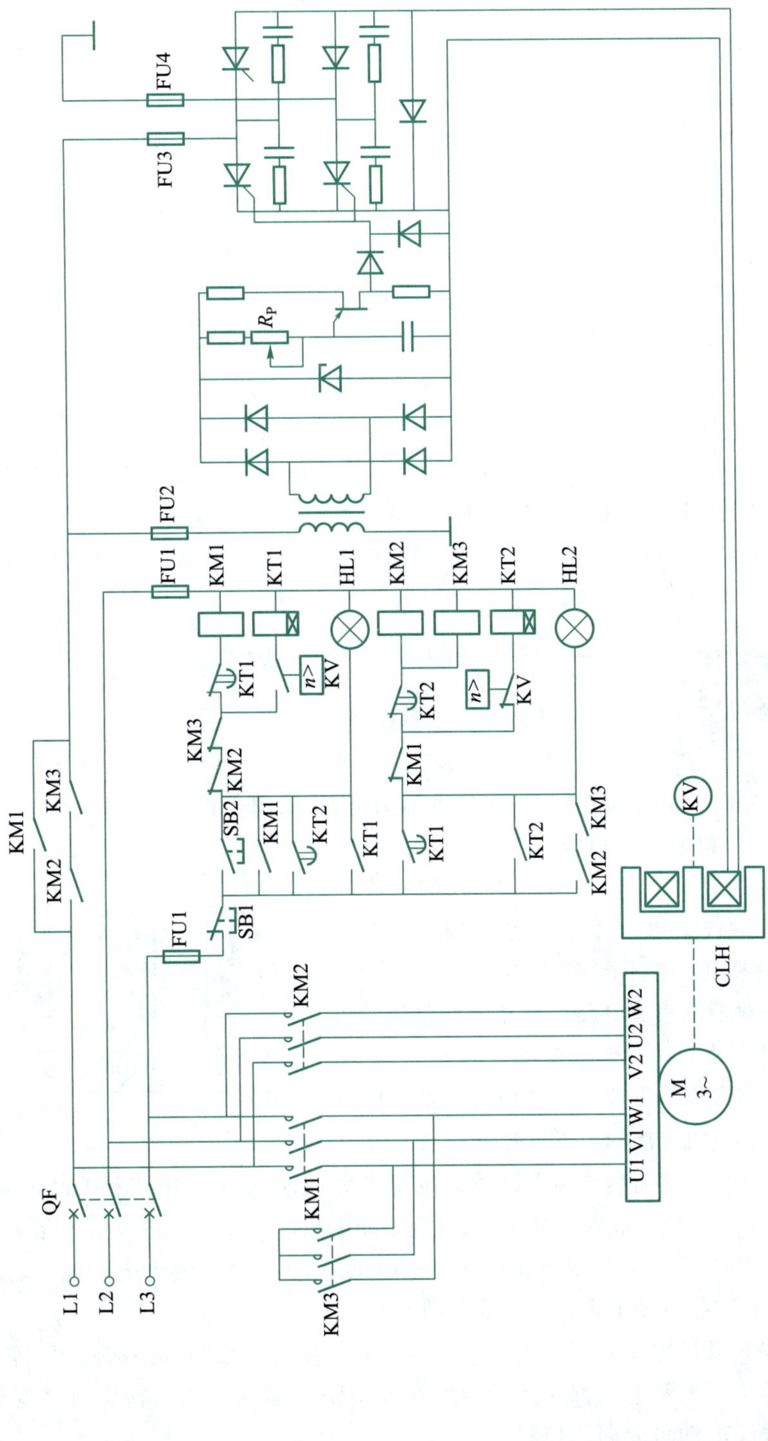

图 2.5.5 自动换极的电磁调速异步电动机控制线路

2.5.3　变频调速控制线路

变频调速的功能是将电网电压提供的恒压恒频交流电变换为变压变频的交流电，它是通过平滑改变异步电动机的供电频率f来调节异步电动机的同步转速n_0，从而实现异步电动机的无级调速。这种调速方法由于调节同步转速n_0，故可以由高速到低速保持有限的转差率，效率高、调速范围大、精度高，是交流电动机一种比较理想的调速方法。

由于电动机每极气隙主磁通要受到电源频率的影响，所以实际调速控制方式中要保持定子电压与其频率之比为常数这一基本原则。

由于变频调速技术日趋成熟，故把实现交流电动机调速的装置做成产品即交流变频调速器（VVVF，简称变频器），它是一种采用模块化结构，集数字技术、计算机技术和现代自动控制技术于一体的智能型交流电动机调速装置。变频器具有转矩大、精度高、噪声低、功能齐全、运行可靠、操作简单、维护方便、节约能源等特点，广泛应用于钢铁、石油、化工、机械、电子、纺织、印刷、食品、制药、橡胶、塑料等工业自动控制和家用电器等行业，实现自动控制和能源节约等。

按照变频器的用途，它分为通用变频器、高性能专用变频器、高频变频器、单相变频器和三相变频器等。“通用”一词在此包含两方面的含义：一是这种变频器可以驱动通用型交流电动机，而不一定要使用专用变频电动机；二是通用变频器具有各种可供选择的功能，能适应许多不同性质的负载机械。而专用变频器则是专为某些有特殊要求的负载机械设计制造的（如某些纺织专用变频器、电梯专用变频器等）。

动画
变频器的结构与拆装

一、变频器的基本构成和基本功能

1. 变频器的基本构成

变频器已经有几十年的发展历史，曾经出现过多种类型的变频器。但是，目前成为市场主流的变频器，其基本结构类似，如图 2.5.6 所示。

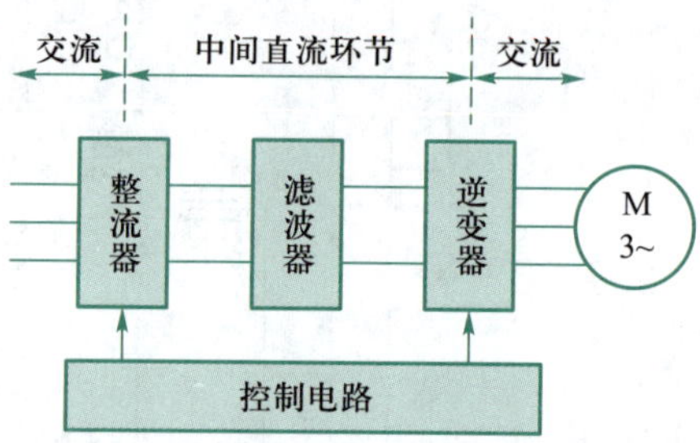

图 2.5.6　变频器基本构成

2. 变频器内部电路的基本功能

变频器的种类很多，其结构也有些不同，但大多数变频器都有类似的硬件结构，它们的区别主要是控制电路和检测电路以及控制算法不同而已。

一般的三相变频器的整流电路由三相全波整流桥组成。它的主要作用是对工频的外部电源进行整流，并给逆变电路和控制电路提供所需要的直流电源。整流电路按其控制方式可以是直流电压源也可以是直流电流源。

直流中间电路的作用是对整流电路的输出进行平滑，以保证逆变电路和控制电源能够得到质量较高的直流电源。当整流电路是电压源时，直流中间电路的主要元器件是大容量的电解电容，而当整流电路是电流源时，平滑电路则主要由大容量电感组成。此外，由于电动机制动的需要，在直流中间电路中有时还包括制动电阻以及其他辅助电路。

逆变电路是变频器最主要的部分之一。它的主要作用是在控制电路的控制下将平滑电路输出的直流电源转换为频率和电压都任意可调的交流电源。逆变电路的输出就是变频器的输出，它被用来实现对异步电动机的调速控制。

变频器的控制电路包括主控制电路、信号检测电路、门极（基极）驱动电路、外部接口电路以

及保护电路等几个部分，也是变频器的核心部分。控制电路的优劣决定了变频器性能的优劣。控制电路的主要作用是将检测电路得到的各种信号送至运算电路，使运算电路能够根据要求为变频器主电路提供必要的门极（基极）驱动信号，并对变频器以及异步电动机提供必要的保护。此外，控制电路还通过 A/D、D/A 等外部接口电路接收/发送多种形式的外部信号和给出系统内部工作状态，以便使变频器能够和外部设备配合进行各种高性能的控制。

二、 变频器的规格与接线

（一）通用变频器的标准规格

与可编程序控制器（简称 PLC）一样，变频器也没有一个统一的产品型号，世界上各个变频器生产厂家都自定型号，因此，要选用适合于交流电动机的变频器，就要了解变频器的产品型号及其含义。实际上，每个变频器生产厂家都会提供变频器型号说明、主要特点、技术性能和标准规格等内容，让用户选用。用户可根据实际需要，选择合适的交流变频调速器。

变频器的标准规格如下：

1. 变频器的容量

大多数变频器的容量均以所适用的电动机的功率、变频器的输出视在功率和变频器的输出电流来表征。其中，最重要的是额定电流，它是指变频器连续运行时，允许输出的电流。额定容量是指额定输出电流与额定输出电压下的三相视在功率。

至于变频器所适用的电动机的功率（kW），是以标准的 4 极电动机为对象，在变频器的额定输出电流限度内，可以拖动的电动机的功率。如果是 6 极以上的异步电动机，同样的功率下，主要是由于功率因数的降低，其额定电流较 4 极异步电动机大，所以，变频器的容量应该相应扩大，以使变频器的电流不超出其允许值。

由此可见，选择变频器容量时，变频器的额定输出电流是一个关键量。因此，采用 4 极以上电动机或者多电机并联时，必须以总电流不超过变频器的额定输出电流为原则。

2. 变频器输出电压

可以根据所用电动机的额定输出电压进行选择或适当调整。我国常用交流电动机的额定电压为 220 V 和 380 V，还有一些场合采用高压交流电动机。

3. 变频器输出频率

变频器的最高输出频率根据机种不同而有很大的差别，一般有 50 Hz、60 Hz、120 Hz、240 Hz 以及更高的输出频率。以在额定速度以下范围内进行调速运转为目的，大容量通用变频器几乎都具有 50 Hz 或 60 Hz 的输出频率。最高输出频率超过工频的变频器多为小容量，在 50 Hz 或 60 Hz 以上区域，由于输出电压不变，为恒功率特性，要注意在高速区转矩的减小。但是，车床等机床根据工件的直径和材料改变速度，在恒功率的范围内使用，当轻载时采用高速可以提高生产率。但要注意，不要超过电机和负载容许的最高速度。

4. 变频器保护结构

变频器内部产生的热量大，考虑到散热的经济性，除小容量变频器外，几乎都是开启式结构，采用风扇进行强制冷却。变频器设置场所在室外或周围环境恶劣时，最好装在独立盘上，采用具有冷却用热交换装置的全封闭式。对于小容量变频器，在粉尘多、油雾多、棉绒多的环境中，也要采用全封闭式结构。

5. 变频器不停机选用件

如果生产线要求不停机，可以选择变频器不停机选用件。例如：不使电动机停止就能从电网切换到变频器侧，即切换电网后，使自由运转中的电动机与变频器同步后，再使变频器输出功率；还有一种瞬停再起动功能控制器，电动机在瞬间停电中，变频器可以开始工作。

6. 瞬时过载能力

基于主电路半导体开关器件的过载能力，考虑到成本问题，通用变频器的电流瞬时过载能力常常设计为每分钟 150% 额定电流或每分钟 120% 额定电流。与标准异步电动机（过载能力通常为 200% 左右）相比较，变频器的过载能力较小。因此，在变频器传动的情况下，异步机的过载能力常常得不到充分的发挥。此外，如果考虑到通用电动机散热能力的变化，在不同转速下，电动机的转矩过载能力还要有所变化。

（二）变频器的接线

不同厂家生产的变频器，其输入输出端子以及接线方法都有所区别，在实际应用中应仔细查阅产品操作手册。下面以日本富士电机（FUJI ELECTRIC）公司 FRENIC5000G11S/P11S 系列变频器为例，介绍变频器的主要功能特点和接线方法。

1. 富士 FRENIC5000G11S/P11S 系列变频器的型号说明

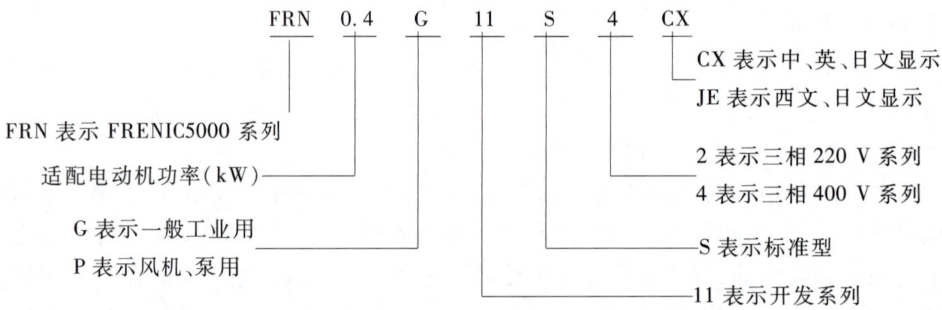

2. 富士 FRENIC5000G11S/P11S 系列变频器接线图

富士 FRENIC5000G11S/P11S 系列变频器接线图如图 2.5.7 所示，各接线端子的主要作用如下：

（1）主电路

L1、L2、L3 是电源输入，连接三相交流电源；U、V、W 是逆变器输出，连接三相电动机；P1、P(+)是 DC 电抗器连接端，连接改善功率因数的 DC 电抗器；P(+)、N(−)是制动单元连接端，连接制动单元；G 是接地端。

（2）频率设定

13、12、11 是外部电位器频率设定端子，调节电位器，输出的频率从零到最大值变化，如果不用电位器，由端子 12、11 输入电压信号 DC0～10V 或 DC0～5V 也可以设定频率；C1、11 为频率设定电流输入端子，输入 DC4～20mA，输出的频率从零到最大值变化。

（3）控制端子

① FWD、CM 接通，电动机正转；REV、CM 接通，电动机反转。

② X1～X9 作为控制输入端子，通过不同组合，可以进行多步速度选择、频率上升/下降控制、由商用电到逆变器切换运行、加/减速时间选择、电流输入信号选择、DC 制动命令、第二电动机选择、数据保护以及外部故障信号输入、报警复位等操作。详细情况请查阅有关变频器的使用说明书。

（4）运行状态信号

① 晶体管输出（4 点），即 Y1、Y2、Y3、Y4 与 CME，通过设定功能代码，选择各端子的功能，如逆变器正在运行信号、频率到达信号、频率值检测信号、过载预报信号、欠电压信号、转矩限制模式信号等。

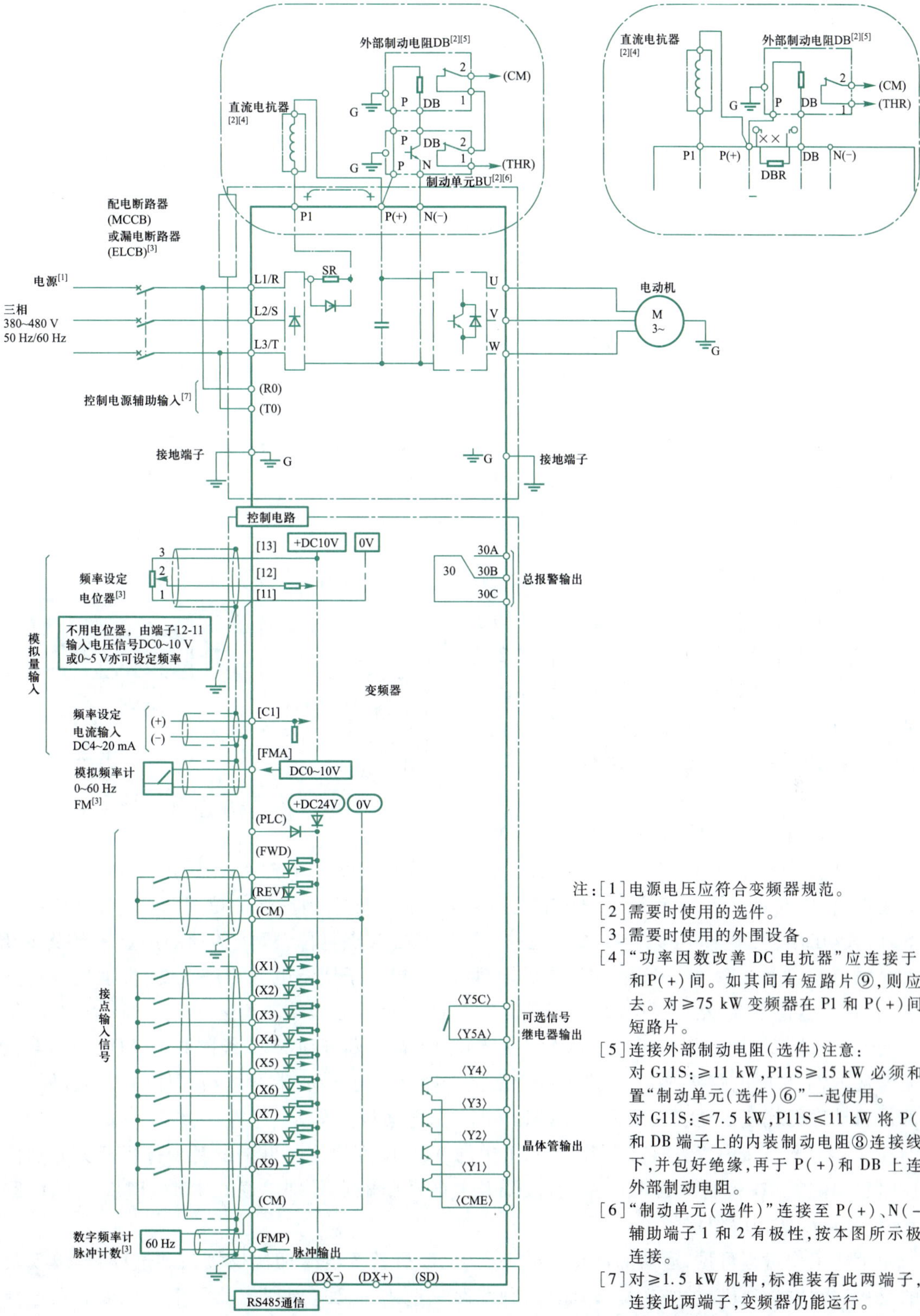

注：[1]电源电压应符合变频器规范。

[2]需要时使用的选件。

[3]需要时使用的外围设备。

[4]“功率因数改善 DC 电抗器”应连接于 P1 和P(+)间。如其间有短路片⑨，则应取去。对≥75 kW 变频器在 P1 和 P(+)间无短路片。

[5]连接外部制动电阻(选件)注意：
对 G11S：≥11 kW，P11S≥15 kW 必须和外置“制动单元(选件)⑥”一起使用。
对 G11S：≤7.5 kW，P11S≤11 kW 将 P(+)和 DB 端子上的内装制动电阻⑧连接线取下，并包好绝缘，再于 P(+)和 DB 上连接外部制动电阻。

[6]“制动单元(选件)”连接至 P(+)、N(−)，辅助端子 1 和 2 有极性，按本图所示极性连接。

[7]对≥1.5 kW 机种，标准装有此两端子，不连接此两端子，变频器仍能运行。

图 2.5.7 富士 FRENIC5000G11S/P11S 系列变频器接线图

② 继电器输出(2 点),即 30A、30B、30C,当保护功能动作时,输出接点信号。

③ 模拟输出、脉冲输出各 1 点,用于输出频率、输出电流、输出电压、输出转矩、负载载率、输出功率等。

(5) 通信功能

① 内装接口 RS485,由此可由个人计算机向变频器输入运行命令和设定功能码数据等。

② 设有 DI/DO 功能,变频器的输入/输出端子状态(接点信号的有无)能传送至上位机,并受其监控。

③ 可以连接现场总线,包括 Profibus-DP、Interbus-S、Device Net、Modbus Plus 等。

2.6 行程控制线路

在生产中,有些机械的工作需要自动往复运动,例如钻床的刀架、万能铣床的工作台等。为了实现对这些生产机械的自动控制,就要确定运动过程中的变化参量,一般情况下为行程和时间,最常用的是采用行程控制。

2.6.1 可逆行程控制线路

图 2.6.1 是最基本的自动往返运动工作示意图,它是利用行程开关来实现的。SQ1、SQ2 为行程开关,将 SQ1 安装在左端需要进行反向的位置 A 上,SQ2 安装在右端需要进行反向的位置 B 上,机械挡铁安装在工作台等运动部件上,运动部件由电动机拖动进行运动。

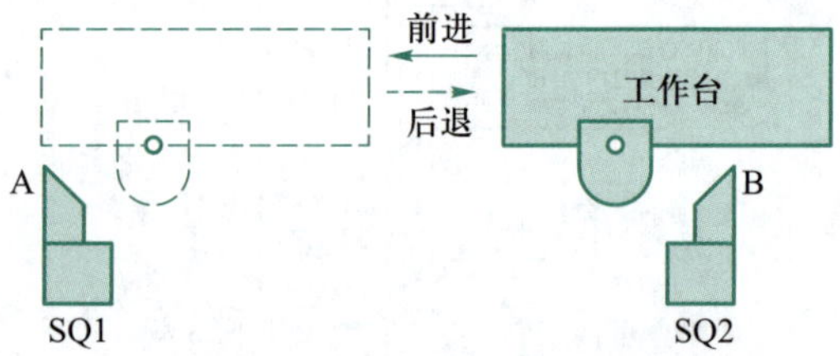

图 2.6.1　自动往返工作示意图

图 2.6.2 是自动往复循环控制线路,KM1、KM2 分别为电动机正、反转接触器。起动时,按下正转按钮 SB2,KM1 线圈通电并自锁,主触点接通主电路,电动机正转,带动运动部件前进。当运动部件运动到左端的位置 A 时,机械挡铁碰到 SQ1,其动断触点断开,切断 KM1 线圈电路,使其主、辅触点复位,KM1 的动断触点闭合及 SQ1 的动合触点闭合使接触器 KM2 线圈通电并自锁,电动机定子绕组电源相序改变,电动机进行反接制动,转速迅速下降,然后反向起动,带动运动部件反向后退运动。当运动部件运动到右端位置 B 时,其上的挡铁撞压行程开关 SQ2,SQ2 动作,动断触点断开使 KM2 线圈断电,SQ2 的动合触点闭合使 KM1 线圈电路接通,电动机先进行反接制动再反向起动,带动运动部件前进。这样,运动部件自动进行往复运动。当按下停止按钮 SB1 时,电动机停车。

在实际生产机械中,往往还需在图 2.6.1 中的 A、B 位置的外侧再装设两个行程开关分别作左、右极限保护。在控制线路中将左、右极限开关的动断触点分别串联在 KM1、KM2 线圈电路中,这样就可以实现限位保护了。

由上述工作过程可见,运动部件每往返一次,电动机就要经受两次反接制动过程,将出现较大的反接制动电流和机械冲击力。因此,这种线路只适用于循环周期较长的生产机械。在选择接触器容量时,应比一般情况下选择的容量大些。

接线后,要检查电动机的转向与限位开关是否协调。例如,电动机正转(即 KM1 吸合),运动

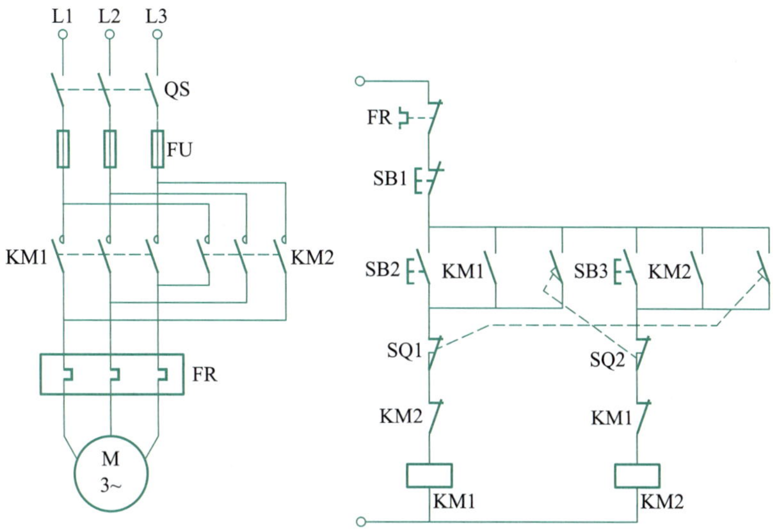

图 2.6.2 自动往复循环控制线路

部件运动到所需要反向的位置时,挡铁应该撞到限位开关 SQ1,而不应撞到 SQ2。否则,电动机不会反向,即运动部件不会反向。如果电动机转向与限位开关不协调,只要将三相异步电动机的三根电源线对调两根即可。

2.6.2 行程控制应用举例

一、钻孔加工过程自动控制

钻床的钻头与刀架分别由两台三相笼型异步电动机拖动。图 2.6.3 所示为钻削加工钻头的工作图,其工艺要求为:刀架能够由位置 A 移动到位置 B 停车,进行无进给切削,当孔的内表面精度达到要求后,自动返回位置 A 停车。

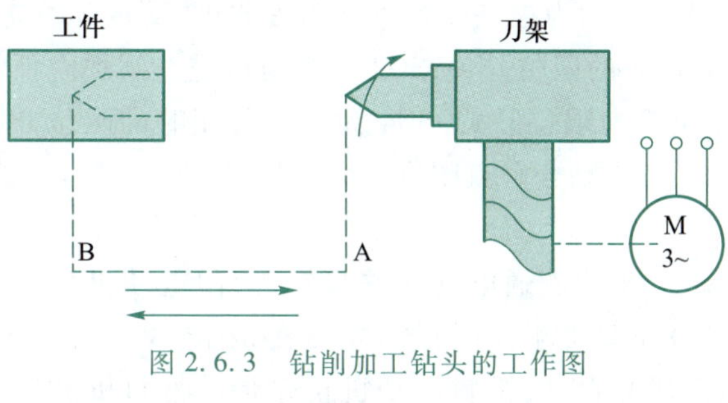

图 2.6.3 钻削加工钻头的工作图

图 2.6.4 所示为刀架自动循环无进给切削控制线路。图中,SQ1、SQ2 分别为安装于 A、B 位置的行程开关,KM1、KM2 为电动机正、反转接触器。为了提高加工精度,当刀架移动到位置 B 时,要求在无进给情况下进行磨光,磨光后刀架退回位置 A 停车。这个过程的变化参量有工件内圆的表面光洁度和时间,最理想的是根据切削表面情况进行控制,但切削表面的光洁度不易直接测量,因此不得不采用间接测量,即用切削时间来表征无进给切削过程,用时间继电器间接测量无进给切削时间。

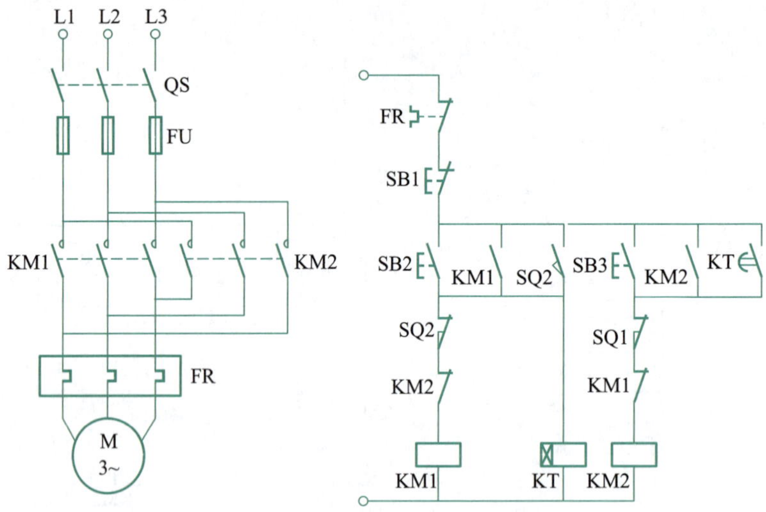

图 2.6.4 刀架自动循环无进给切削控制线路

线路的工作过程如下：

按下起动按钮 SB2，接触器 KM1 线圈通电并自锁，电动机正向运转，刀架前进。当刀架到达位置 B 时，撞压行程开关 SQ2，其动断触点断开，KM1 线圈断电，电动机停止工作，刀架停止进给。但钻头由另一台电动机拖动继续旋转，同时，SQ2 的动合触点接通时间继电器 KT 的线圈电路，开始无进给切削计时。到达预定时间后，时间继电器 KT 动作，其动合触点闭合，反向接触器 KM2 线圈通电并自锁，动合主触点闭合，电动机反相序接通，刀架开始返回，到达位置 A 时，撞压行程开关 SQ1，其动断触点断开，KM2 线圈断电，电动机停止，完成一个周期的工作。

本控制线路中所用的时间继电器其延时值应根据无进给切削所需要的时间进行整定。

二、加热炉自动上料的控制线路

图 2.6.5 所示为加热炉自动上料控制线路。图中，KM1、KM2 分别为控制炉门开、关电动机的正、反转接触器，KM3、KM4 分别为控制推料机电动机的正、反转接触器，SQ1、SQ2、SQ3、SQ4 为限位开关，SQ1 为炉门开到位时的限位开关，SQ2 为推料机进入到炉内预定位置的限位开关，SQ3 为推料机退出加热炉预定位置的限位开关，SQ4 为炉门关闭时的限位开关。推料机在原位及炉门关闭时，压下限位开关 SQ4，其动合触点闭合，动断触点断开。

线路的工作情况如下：

按下按钮 SB2，接触器 KM1 线圈通电动作并自锁，炉门电动机带动炉门打开。当炉门开到位时压下限位开关 SQ1，SQ1 的动断触点断开，KM1 线圈断电，炉门电动机停止转动，SQ1 的动合触点闭合，KM3 线圈通电动作并自锁，推料电动机正转带动推料机前进。当推料机到达预定位置时压下限位开关 SQ2，SQ2 动断触点断开，KM3 线圈断电，推料机停止。SQ2 的动合触点闭合，KM4 线圈通电动作并自锁，推料电动机反转带动推料机返回。当推料机退出到预定位置时压下 SQ3，SQ3 的动断触点断开，KM4 线圈断电，推料机停止，SQ3 的动合触点闭合，KM2 线圈通电动作并自锁，炉门电动机反转关门，到达预定位置后压 SQ4，SQ4 的动断触点断开，KM2 线圈断电，炉门电动机停转，完成一个周期的工作，然后依次循环，进入下一周期。

由以上分析可以看出，加热炉自动上料控制系统的工作顺序是

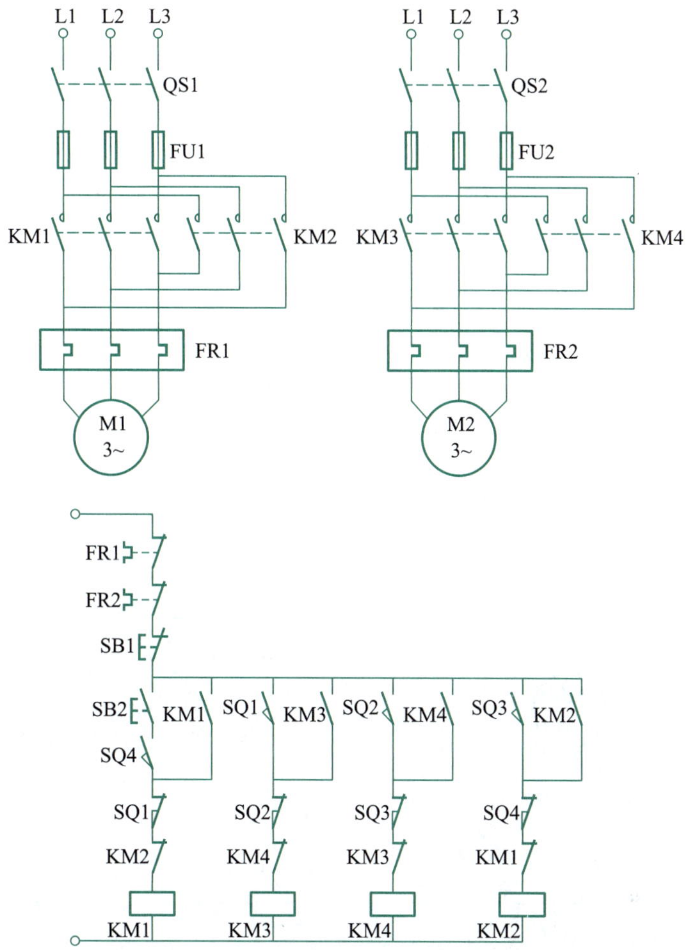

图 2.6.5　加热炉自动上料控制线路

开门⟶推料机前进进炉⟶推料机退回⟶关门（由关门返回开门）

其转换是依靠行程开关的动合、动断触点实现的。

三、 横梁自动升降控制线路

龙门刨床和立式车床等的横梁在正常情况下是夹紧在立柱上的，只有要移动横梁时才将横梁从立柱上松开，当移动到需要的位置后，再将横梁夹紧在立柱上。横梁放松、夹紧有采用电动机驱动的，也有采用液压及压缩空气等方式驱动的。如果用电动机驱动，需要两台电动机，一台用于配合夹紧装置实现横梁夹紧与放松，再由另一台电动机来完成横梁的上下移动。横梁移动对控制的要求如下：

① 横梁移动只有在工作台停止工作时才允许运行。可以通过在控制放松的接触器线圈电路中串联控制工作台的接触器动断触点来实现。

② 横梁上升或下降的操作应为点动控制，以保证调整的准确性。

③ 横梁上升或下降信号发出后，应自动完成横梁放松⟶移动⟶自动夹紧的过程。

④ 横梁升降应有上下极限保护。

图 2.6.6 所示为横梁自动升降控制线路。KM1、KM2 分别为上升、下降接触器，KM3、KM4 分别为夹紧与放松接触器，K 为中间继电器，KA2 为过电流继电器，SQ1、SQ2 分别为夹紧与放松限位开关，SQ3、SQ4 为横梁升降极限开关，KM5、KM6 的动断触点为工作台与横梁机构的联锁触点，当工作台运动时，KM5 或 KM6 动断触点断开，KM4 线圈不能通电，确保只有在工作台停止时才允许横梁移动。

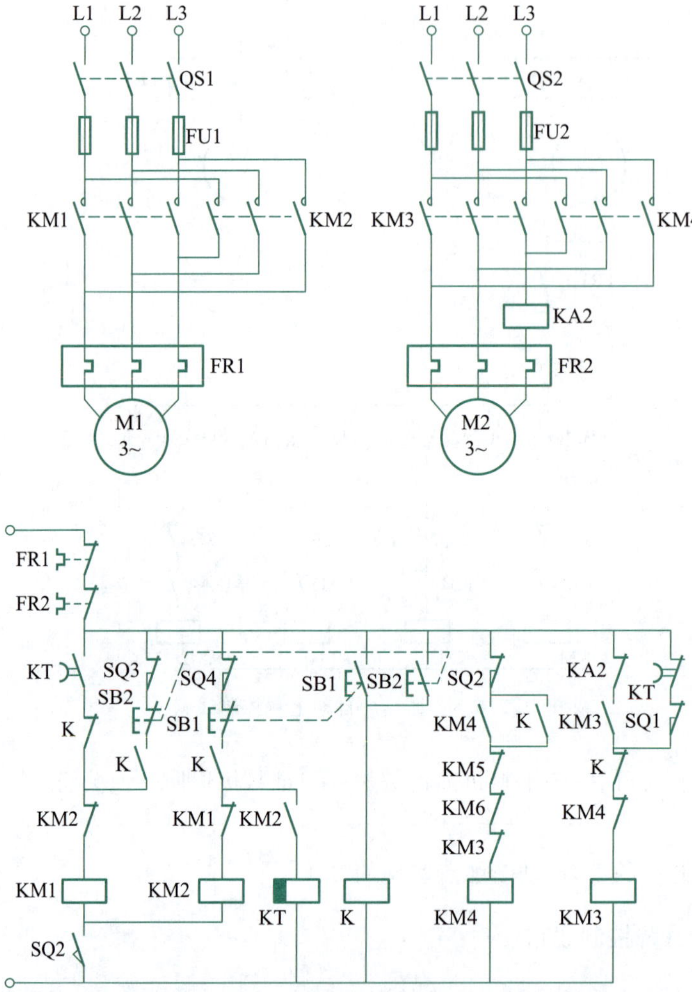

图 2.6.6 横梁自动升降控制线路

线路的工作过程如下：

横梁上升时，按下起动按钮 SB1，中间继电器 K 通电，其动合触点闭合使 KM4 线圈通电并自锁，KM4 的主触点闭合，使横梁夹紧电动机反转，横梁逐渐放松，当横梁放松到位时压下限位开关 SQ2，SQ2 的动断触点断开使 KM4 线圈断电，横梁夹紧电动机断电，放松动作完成。同时，SQ2 的动合触点闭合使 KM1 线圈通电动作，主触点闭合，横梁升降电动机起动正转，拖动横梁上升。

当横梁上升到位时，松开按钮 SB1，中间继电器 K 线圈断电，KM1 线圈断电，横梁升降电动机脱离电源停止运转。此时横梁虽然已不再运动了，但横梁仍处于放松状态，即限位开关 SQ2 仍处于被压下状态，其动合触点仍然闭合。由于 K 线圈断电使其动断触点闭合，KM3 线圈通电动作并自锁，对 KM3 线圈进行两路供电，横梁夹紧电动机正转，拖动夹紧机构将横梁夹紧，SQ2 复位，为下次横梁上升做好准备。当夹紧到一定程度时，压下限位开关 SQ1，其动断触点断开，但 KM3 通过另一路供电（即通过 KA2 的动断触点与 KM3 动合触点供电），电动机继续旋转，横梁继续夹紧。随着夹紧力的增大，夹紧电动机定子电流增大，当达到 KA2 的吸合值时，KA2 动作，动断触点断开，KM3 线圈断电，横梁夹紧电动机断开电源停止运转，横梁夹紧自动完成，横梁上升过程结束。

夹紧过程分两个阶段进行，第一阶段是行程控制，由行程开关 SQ1 进行位置检测；第二阶段是以电流为变化参量进行控制，调整过流继电器 KA2 的动作值，就间接地调整了夹紧力的大小。

横梁下降时，其动作次序与上升基本相同，只是在横梁下降到位时，为了消除丝杠与螺母的间隙，要求横梁稍微回升一下，在图 2.6.6 中采用断电延时型时间继电器 KT 作回升控制。按下按钮 SB2 时，工作过程为首先是横梁放松，然后是横梁下降，同时时间继电器 KT 线圈通电，其动合延时打开的触点瞬时闭合。当下降到预定位置时，松开 SB2，K 线圈断电，其动合触点断开使 KM2 线圈断电，一方面由于 KM2 的动断触点闭合使 KM1 线圈通电，电动机正转带动横梁回升；另一方面 KM2 的动合触点断开，KT 线圈断电开始延时，当到达预先整定的时间后，其动合延时打开的触点断开使 KM1 线圈断电，电动机停止上升，同时时间继电器的动断延时闭合触点 KT 闭合使 KM3 线圈通电带动夹紧机构进行夹紧，到达位置时，限位开关 SQ1 被压下，SQ1 的动断触点断开，达到电流继电器 KA2 的动作电流时，KA2 动断触点断开，KM3 线圈断电，夹紧电动机断电，停止转动，下降过程结束。

由以上的分析可以看出，找出反映过程的变化参量，并检测出来作为控制信号，就可以实现对生产过程的自动控制。

2.7　直流电动机起动、制动控制线路

2.7.1　直流电动机起动、制动及正、反转控制

动画
直流电动机的工作原理

一、直流电动机起动控制

对于工作比较紧张，接电次数在每小时 1 000 次左右的生产机械，采用直流电动机拖动。直流电动机起动控制的要求与交流电动机类似，即在保证足够大的起动转矩下，尽可能地减小起动电流，通常采用以时间为变化参量分级起动，起动级数不宜超过三级。他励、并励直流电动机在起动控制时必须在施加电枢电压前，先接上额定的励磁电压，至少是同时，其原因之一是为了保证起动过程中产生足够大的反电动势以减小起动电流；之二是为了保证产生足够大的起动转矩，加速起动过程；之三是为了避免由于励磁磁通为零而产生“飞车”事故。

二、正、反转控制

直流电动机的转向取决于电磁转矩的方向，因此改变直流电动机转向有两种方法：一是保持电动机励磁绕组端电压的极性不变，改变电枢绕组端电压的极性；二是保持电枢绕组端电压极性不变，改变电动机励磁绕组端电压的极性。上述两种方法都可以改变电动机的旋转方向，如果两者的电压极性同时改变，电动机的旋转方向维持不变。在采用改变电枢绕组端电压极性的方法

时，因主电路电流较大，故接触器的容量也较大，并要求采用灭弧能力强的直流接触器，这给使用带来了不方便。因此，对于大电流系统采用改变直流电动机励磁电流的极性改变转向更合理，因为电动机的励磁电流仅为电枢额定电流的2%～5%，故使用的接触器容量小得多。但为了避免在改变励磁电流方向过程中，因励磁电流为零而产生"飞车"现象，要求改变励磁的同时要切断电枢回路的电源。另外，考虑到励磁回路的电感量很大，触点断开时容易产生很高的自感电动势，故需加设吸收装置。在直流电动机正、反转控制电路中，通常要设有制动和联锁电路，以确保在电动机停转后，再反向起动，以免直接反向产生过大的电流冲击。

三、直流电动机的制动控制

直流电动机的电气制动方法有能耗制动、反接制动和再生发电制动等几种方式。

1. 能耗制动

在电动机具有较高转速时，切断其电枢电源而保持其励磁为额定状态不变，这时电动机因惯性而继续旋转，成为直流发电机。如果用一个电阻 R 使电枢回路成为闭合回路，则在此回路中产生电流和制动转矩，使拖动系统的动能转化为电能并在转子回路中以发热形式消耗掉，故此种制动方式称为能耗制动。由于能耗制动较为平稳，所以在要求准确停车的生产机械中应用较普遍。

2. 反接制动

保持励磁为额定状态不变，将反极性的电源接到电枢绕组上，从而产生制动转矩，迫使电动机迅速停止。在进行反接制动时要注意两点：一是要限制过大的制动电流，制动时在电枢电路中串入反接制动电阻；二是在电动机不要求反转的场合，防止电动机反向再起动，通常以转速（电动势）为变化参量进行控制。

3. 再生发电制动

该制动方法存在于重物下降的过程中，如吊车下放重物或电力机车下坡时发生。此时电枢及励磁电源处于某一定值，电动机转速超过了理想空载转速，电枢的反电动势也将大于电枢的供电电压，电枢电流反向，产生制动转矩，使电动机转速限制在一个高于理想空载转速的稳定转速上，而不会无限增加。

2.7.2 直流电动机起、制动控制线路

直流电动机虽有他励、并励、串励和复励之分，但在控制线路上差别不大。按时间原则控制分级起动应用最为广泛。其他原则应用较少，制动方式多采用以转速（电动势）为变化参量控制。

图2.7.1所示为直流并励电动机以时间为变化参量控制起动，以电动势为变化参量控制反接制动的控制线路，电路中设两级起动电阻和一级反接电阻，起动电阻分别由KM2、KM3的动合触点控制接入或切除，反接电阻由KM1的动合触点控制接入或切除，要求在起动时迅速切除反接电阻；反接时，将反接电阻接入电路中，以限制反接电流，直至转速接近于零时，切除反接电阻以便反向起动。

图中，KM_F、KM_R 分别为正、反转接触器；K_{RF}、K_{RR} 分别为反应正、反转时电枢电动势的反接继电器；KA1为过流继电器，用于过电流保护；KA2为用于弱磁保护的弱磁继电器，防止由于磁场减弱或消失时，引起电动机"飞车"，其吸合值一般整定为额定励磁电流的0.8倍；电阻 R 和二极管VD构成吸收回路。

线路的工作过程如下：

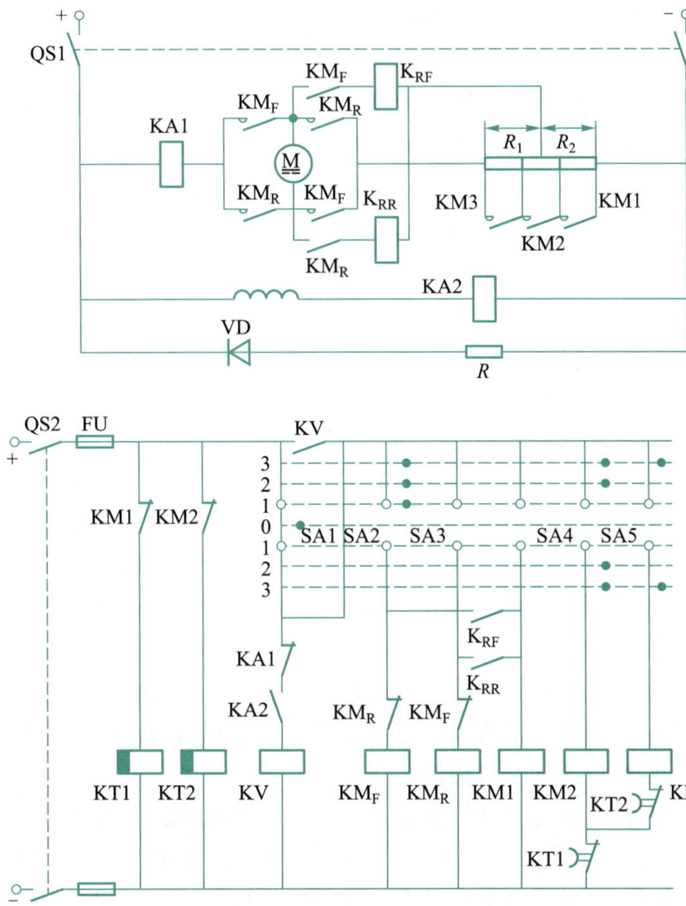

图 2.7.1　直流并励电动机起、制动控制线路

1. 起动前的准备

起动前将主令控制器 SA 的手柄置于“0”位，合电源开关 QS1、QS2，若电动机励磁绕组工作正常，KA2 达到吸合值而动作，其动合触点闭合使零位继电器 KV 线圈接通并自锁，同时断电延时型时间继电器 KT1、KT2 线圈均接通，动断触点瞬时打开，为电动机起动做好准备。

2. 起动过程

起动时将主令控制器的手柄扳向正转位置(例如位置“3”)，此时主令控制器的触点 SA2、SA4、SA5 接通，KM_F 线圈通电，动合触点闭合，一方面主触点将电动机接通正向电源；另一方面辅助触点将反接继电器 K_{RF} 接通，此时的等效电路如图 2.7.2(a) 所示，K_{RF} 线圈上的电压应是电枢反电动势 E 和电阻 R_1 上电压降的代数和(其中，电阻 R_1 是取反接电阻和起动电阻之和的一部分，另一部分为 R_2)，即

$$U_K=E+R_1I \tag{2.7.1}$$

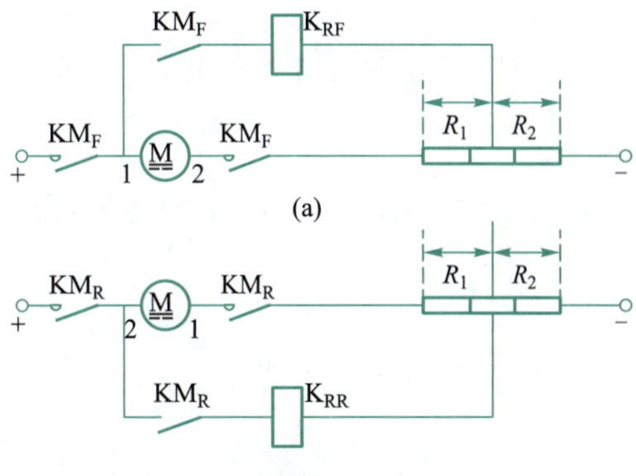

图 2.7.2　正、反转等效电路

在起动开始瞬间，电动机转速为零，即电动机电枢电动势 E 为零，此时

$$U_K = R_1 I \tag{2.7.2}$$

选择合适的 R_1，使 $R_1 I$ 大于 K_{RF} 的吸合电压，这样起动时它立即吸上，K_{RF} 的动合触点闭合，KM1 线圈通电，KM1 的动合触点闭合，将反接电阻切除。KM1 的动断触点断开使 KT1 线圈断电开始延时，延时结束时，KT1 的动断延时闭合触点闭合，KM2 线圈通电动作，动合触点闭合切除一段电阻，KM2 的动断触点断开使 KT2 线圈断电开始延时，当延时结束时，KT2 的动断延时闭合触点闭合使 KM3 线圈通电动作，其动合触点闭合又切除一段电阻，此时电枢电路中的电阻已全部切除，起动结束，电动机电枢在额定电压下运行。

3. 反接过程

反接时，将主令控制器的手柄从“正”位扳向“反”位（例如扳向反位“3”），在过“0”位的瞬间，KM_F、K_{RF}、KM1、KM2、KM3 线圈均断电，由于 KM1、KM2 的动断触点闭合使 KT1、KT2 线圈通电，KT1、KT2 的动断触点打开。当主令控制器的手柄扳到“反”位时，主令控制器的触点 SA3、SA4、SA5 均接通，接触器 KM_R 线圈通电动作，一方面将电动机接入反向电源；另一方面使反接继电器 K_{RR}线圈通电，其等效电路如图 2.7.2(b) 所示。由于电动机的惯性，转速 n 和电枢反电动势 E 的大小和方向都来不及变化，此时反电动势 E 的方向与电阻压降方向相反，反接继电器 K_{RR} 的线圈电压为

$$U_K = -E + R_1 I \tag{2.7.3}$$

可见，此时 U_K 很小，不足以使反接继电器 K_{RR}动作，它的动合触点不闭合，KM1 线圈不通电，保证了在制动过程中，电枢电路加全部电阻。

随着电动机转速的降低，反电动势逐渐减小，K_{RR}线圈电压 U_K 逐渐增加，当电动机转速接近于零时，U_K 接近于 $R_1 I$，继电器 K_{RR} 动作，K_{RR}的动合触点闭合，接通接触器 KM1 线圈，切除反接电阻，电动机反向起动，其中，各电器的动作情况与正转时类似，请读者自行分析。

反接继电器 K_{RF}和 K_{RR}线圈一端连接在电枢上，另一端连接在电枢电路外加电阻 R_1 与 R_2 之间，如图 2.7.2 所示。R_1 与 R_2 之和是外加电阻总数，它是根据限制起动电流和反接电流的要求决定的，其中 R_1 应为多少，可按下述方法计算。

在反接过程中，应使反接继电器不吸合，在反接瞬间，令反接继电器的线圈电压为零，即

$$U_K = -E + I_B R_1 = 0 \tag{2.7.4}$$

$$R_1 = \frac{E}{I_B} \tag{2.7.5}$$

式中，I_B 为反接制动电流。

$$I_B = \frac{U+E}{R_1+R_2} \tag{2.7.6}$$

U 为外加电压，在额定转速时，E 接近于外加电压，则式(2.7.6)为

$$I_B = \frac{2U}{R_1+R_2} = \frac{2U}{R} \tag{2.7.7}$$

由式(2.7.5)和式(2.7.7)可得

$$R_1 = \frac{R}{2} \tag{2.7.8}$$

即反接继电器线圈的另一端应接在电枢外加电阻 $R(R_1+R_2)$ 的 $\frac{1}{2}$ 处，这个关系对于串励和

复励电动机也是适用的。

在起动时，要求反接继电器立即吸合，则反接继电器的吸合值为

$$U_D = I_S R_1 \tag{2.7.9}$$

式中，I_S 为起动电流。

在起动瞬间起动电流主要由外加电阻决定，即

$$I_S = \frac{U}{R} \tag{2.7.10}$$

将式(2.7.10)代入式(2.7.9)中，得

$$U_D = \frac{U}{R} \times R_1 = \frac{U}{2} \tag{2.7.11}$$

为了使反接继电器在起动时可靠吸合，通常吸合电压取上述计算值的80%，作为反接继电器实际整定的吸合电压，即

$$U_D = 0.8 \times \frac{U}{2} = 0.4U \tag{2.7.12}$$

对于串励或复励电动机，可在0.4～0.45范围内选择。

4. 调速控制

如果将主令控制器的手柄置到“1”位或“2”位，电枢电路中的起动电阻在电动机起动完毕时将有两段或一段不被切除，电源电压将有一部分降落在电阻上，相当于电动机电枢电压降低，电动机转速降低，实现了电动机在不同转速下运行。

5. 保护环节

① 当电路中的电流达到预定值时，过电流继电器 KA1 动作，动断触点断开，零位继电器 KV 线圈断电，所有接触器均断电释放，电动机停止，实现了过电流保护。

② 当电动机出现弱磁或励磁消失时，继电器 KA2 动作，动合触点断开，零位继电器 KV 线圈断电，所有接触器均释放，实现弱磁保护。

③ 本线路的失压保护也由零位继电器 KV 实现。

本控制线路适用于要求迅速反转的场合，对于不要求反转或不经常反转(有些生产机械正常工作时不要求反转，只是在检修和处理事故或调整时才需要反转)，而要求准确停车的场合，可以采用能耗制动。

习题

2.1 判断题(用√和×表示)

(1) 三相笼型异步电动机的电气控制线路，如果使用热继电器作过载保护，就不必再装设熔断器作短路保护。(　　)

(2) 在反接制动的控制线路中，必须采用以时间为变化参量进行控制。(　　)

(3) 频敏变阻器的起动方式可以使起动平稳，克服不必要的机械冲击力。(　　)

(4) 频敏变阻器只能用于三相笼型异步电动机的起动控制中。(　　)

(5) 失压保护的目的是防止电压恢复时电动机自起动。(　　)

(6) 接触器不具有欠压保护的功能。(　　)

(7) 电动机采用制动措施的目的是为了停车平稳。(　　)

(8) 交流电动机的控制线路必须采用交流操作。( )

(9) 现有四个按钮,欲使它们都能控制接触器 KM 通电,则它们的动合触点应串联接到 KM 的线圈电路中。( )

(10) 自耦变压器降压起动的方法适用于频繁起动的场合。( )

2.2 选择题

(1) 甲乙两个接触器,欲实现互锁控制,则应( )。

(a) 在甲接触器的线圈电路中串入乙接触器的动断触点

(b) 在乙接触器的线圈电路中串入甲接触器的动断触点

(c) 在两接触器的线圈电路中互串对方的动断触点

(d) 在两接触器的线圈电路中互串对方的动合触点

(2) 甲乙两个接触器,若要求甲工作后方允许乙接触器工作,则应( )。

(a) 在乙接触器的线圈电路中串入甲接触器的动合触点

(b) 在乙接触器的线圈电路中串入甲接触器的动断触点

(c) 在甲接触器的线圈电路中串入乙接触器的动断触点

(d) 在甲接触器的线圈电路中串入乙接触器的动合触点

(3) 在星-三角降压起动控制线路中起动电流是正常工作电流的( )。

(a) 1/3　　(b) $1/\sqrt{3}$　　(c) 2/3　　(d) $2/\sqrt{3}$

(4) 4/2 极双速异步电动机的出线端分别为 U1、V1、W1 和 U2、V2、W2,它为 4 极时与电源的接线为 U1—L1、V1—L2、W1—L3。当它为 2 极时为了保持电动机的转向不变,则接线应为( )。

(a) U2—L1、V2—L2、W2—L3

(b) U2—L3、V2—L2、W2—L1

(c) U2—L2、V2—L3、W2—L1

(5) 下列电器中不能实现短路保护的是( )。

(a) 熔断器　　(b) 热继电器　　(c) 过电流继电器　　(d) 空气开关

(6) 同一电器的各个部件在图中可以不画在一起的图是( )。

(a) 电气原理图　　(b) 电器布置图

(c) 电气安装接线图　　(d) 电气系统图

2.3 问答题

(1) 电气控制系统的控制线路图有哪几种?各有什么用途?

(2) 电气原理图中,电器元件的技术数据应如何标注?

(3) 电气原理图中,QS、FU、KM、KA、SB、SQ 分别是什么电器元件的文字符号?

(4) 笼型异步电动机在什么条件下可以直接起动?

(5) 在电动机的主电路中,既然装有熔断器,为什么还要装热继电器?它们各起什么作用?

(6) 什么是交流异步电动机的软起动和软制动?其作用是什么?

(7) 什么是变频器?它具有哪些特点?

(8) 变频器主要由哪几部分构成?其主要作用是什么?

2.4 改错题

试分析题图 2.1 中各控制线路能否实现正常起动,并指出各控制线路存在的问题,然后加以改正。

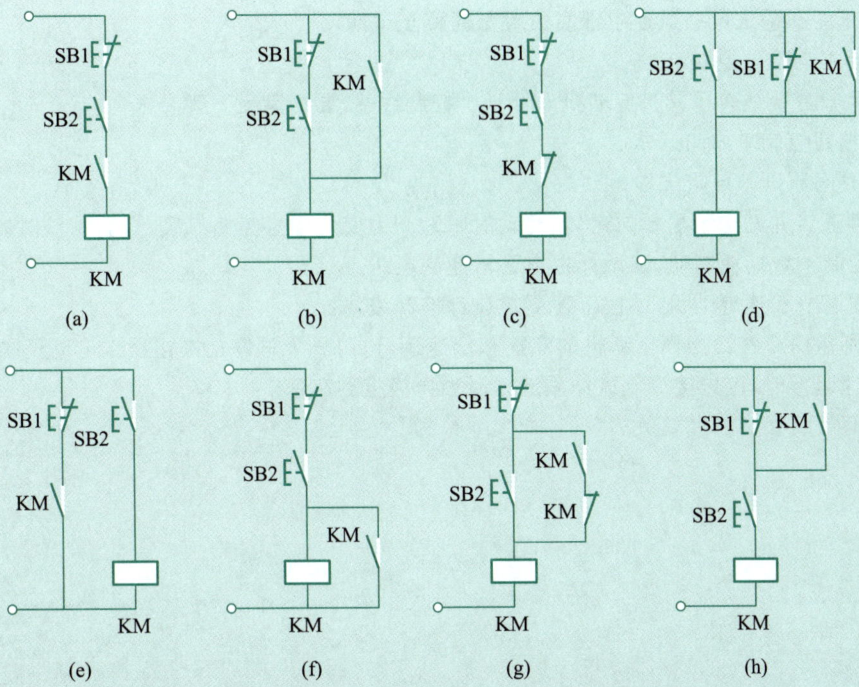

题图 2.1

2.5 分析题

(1) 图 2.4.6 中,KT1 和 KT2 继电器有何作用? 其延时时间应如何整定? 太长和太短对线路工作有何影响?

(2) 试分析在图 2.7.1 中,起动时反接电阻未切除,可能是什么原因? 反接时,反接电阻立即切除,可能是什么原因?

(3) 分析图 2.3.13 所示的 JDRQ 系列软起动器电气线路的工作过程。

2.6 设计题

(1) 某机床由一台笼型异步电动机拖动,润滑油泵由另一台笼型异步电动机拖动,均采用直接起动,工艺要求如下:

① 主轴必须在油泵开动后,才能起动。

② 主轴正常为正向运转,但为调试方便,要求能正反向点动。

③ 主轴停止后,才允许油泵停止。

④ 有短路、过载及失压保护。

试设计主电路及控制电路。

(2) 某升降台由一台笼型异步电动机拖动,直接起动,制动有电磁抱闸,控制要求为:按下起动按钮后先松闸,经 3s 后电动机正向起动,工作台升起,再经 5s 后,电动机自动反向,工作台下降,经 5s 后,电动机停转,电磁抱闸抱紧,试设计主电路与控制电路。

(3) 有一小车由笼型异步电动机拖动,其动作过程如下:

① 小车由原位开始前进,到终端后自动停止。

② 在终端停留 20s 后自动返回原位停止。

③ 要求能在前进或后退途中任意位置都能停止或起动。

试设计主电路与控制电路。

(4) 为一台绕线转子异步电动机设计一个控制线路,要求满足下列要求:

① 用按钮控制单方向运转。

② 按时间原则串电阻三级起动。

(5) 某直流并励电动机单向运转,起动时以时间为变化参量控制二级起动,制动时以电动势为变化参量控制一级能耗制动,试设计主电路与控制电路。

(6) 现有一双速电动机,试按下述要求设计控制线路:

① 分别用两个按钮操作电动机的高速和低速运行,用一个总停止按钮操作电动机的停转。

② 高速运行时,应先接成低速然后经延时后再换接到高速。

③ 应有短路保护和过载保护。

第3章 可编程序控制器原理及应用

内容提要

本章从应用的角度,介绍了可编程序控制器的技术发展特点、主要功能、系统组成、编程语言、工作原理等,以 OMRON 的 CPM2A 型 PLC 为例,介绍了可编程序控制器的指令系统及其应用技术。

可编程序控制器诞生于 1969 年。它是应美国通用汽车公司(GM)的要求,由美国数字设备公司(DEC)将计算机系统的功能与电气控制系统的特点相结合研制成的一种通用控制装置,并在汽车自动装配线上试用获得了成功。从此,可编程序控制器作为一种计算机控制技术得到了极为迅猛的发展。1980 年美国电气制造商协会(NEMA)将可编程序控制器命名为 Programmable Controller,简称 PC。国际电工委员会(IEC)也于 1982 年和 1985 年两次对可编程序控制器标准做出规定,指出可编程序控制器是一种专为在工业环境下应用的计算机控制装置,其设计原则是易于与工业控制系统形成一个整体,易于扩充其功能。

随着大规模集成电路技术、微机技术和通信技术的飞速发展,可编程序控制器的发展经历了以下阶段:20 世纪 70 年代大量应用在汽车工业中;20 世纪 80 年代全面采用微机和微电子技术奠定其在工业控制中不可动摇的地位;20 世纪 90 年代从一类专有性控制器向开放性方向发展,为实现 EIC(电气控制、仪表控制和计算机控制)一体化打开新局面。

为区别于个人计算机 PC (Personal Computer),并考虑到早期的可编程序控制器一般称为可编程序逻辑控制器(Programmable Logic Controller),以下将可编程序控制器简称为 PLC。

3.1 PLC 的技术特点和主要功能

在微机性能价格比越来越高的今天,PLC 之所以能获得巨大的发展,主要是因为它从诞生之日起就与工业控制紧密结合,第一代 PLC 是为满足工厂自动化取代继电器控制盘的要求而设计开发的,其特点是重视硬件,以单机为主;第二代 PLC 是为适应柔性制造系统(FMS)的发展而生产的,其特点是重视软件,重视通信;目前正源源不断推向市场的第三代 PLC,则是依计算机集成制造系统(CIMS)的趋向应运而生的,特点是高速、高功能和开放性。

3.1.1 PLC 的技术特点

① PLC 是以微处理器为核心的工业控制器,既擅长于大规模开关量控制,也可以此为主组成 DCS(集散控制系统),其控制的可靠性和重组态的方便性是传统的继电器控制等方法所无法比拟的。

② PLC 使用简单、易于理解的“梯形图”语言编程,消除了计算机技术和传统的电气技术之间的专业鸿沟。

③ PLC 控制功能强,抗干扰能力强。可在一般的工业区现场安装使用,允许的环境温度一般为 0~60 ℃。

④ PLC 产品系列化,结构模块化,系统配置灵活方便。

⑤ PLC 通信网络化。越来越多的 PLC 厂家把形成开放式的网络作为产品目标,例如 AB 公司和 OMRON 公司等都开发了以太网卡及有关产品,使 PLC 可以通过以太网同许多厂商提供的各种设备进行广泛的通信,因此几乎可以拥有无限制的组网能力。

⑥ PLC 专用 I/O 模块智能化使得 PLC 从继电器控制系统的替代物迅速转变为能够在制造测试、质量管理、过程控制和其他领域中应用的多用途控制器。例如 PID 模块、机械运动控制模块等使数字控制与模拟控制技术的差异进一步缩小;步进电动机和伺服电动机的单轴或多轴位置控制器比 CNC 技术更先进;此外,还有声控模块、条形码阅读和输出模块等。

⑦ PLC 运算速度不断提高,处理能力不断强化。

⑧ PLC 与现场总线技术结合,可组成开放的设备网络。例如 AB 公司和西门子公司的 PLC 都可以提供专用模块与具有 Profibus(过程现场总线)接口的设备进行通信,包括传感器、执行器、变送器、驱动器等。OMRON 公司的 C200HE 等 PLC 也可以同具有 Device Net(设备网)接口的设备直接通信。

⑨ PLC 微型化。随着 PLC 结构上的改善更新,连网功能的加强,以及大规模集成电路技术和表面贴装技术的发展,已经可以在增强处理能力的同时大大减少 PLC 整机所使用的元器件数量,从而不仅减小了 PLC 体积,提高可靠性,更重要的是降低了成本。

综上所述,PLC 技术不断创新完善,与其他各种工业计算机控制系统相比具有独特的优越性。

3.1.2 PLC 的主要功能

1. 顺序控制

这是 PLC 最基本、最广泛的应用领域,用来取代继电器控制系统,实现逻辑控制和顺序控制。PLC 根据操作按钮、限位开关以及其他现场给出的指令信号和传感器信号,控制机械运动部件进行相应的操作。

2. 运动控制

在机械加工行业,PLC 与计算机数控(CNC)集成在一起,用以完成机床的运动控制。

3. 定时控制

PLC 为用户提供了一定数量的定时器,并设置了定时器指令。

4. 计数控制

PLC 为用户提供的计数器分为普通计数器、可逆计数器、高速计数器等,用来完成不同用途的计数控制。

5. 步进控制

PLC 为用户提供了一定数量的移位寄存器,用移位寄存器可方便地完成步进控制功能,在一道工序完成之后,自动进行下一道工序。

6. 数据处理

大部分 PLC 都具有一定的数据处理功能,能完成加、减、乘、除、乘方、开方等数据运算以及**与**、**或**、**非**、**异或**、求反等逻辑运算和移位、数据比较、数据转换、数据传送等数据操作。

7. 模数和数模转换

目前,不但大中型 PLC 具有模拟量处理功能,而且很多小型 PLC 也具有模拟量处理功能。

8. 通信及连网

目前绝大多数 PLC 具有了通信能力,能够在 PLC 与 PLC 之间、PLC 与计算机之间进行同位链接和上位链接。

3.2 PLC 系统组成及结构

3.2.1 PLC 的分类

通常,PLC 产品可按结构形式、控制规模等进行分类。

1. 按结构形式分类

按结构形式不同,可以分为整体式和模块式两类。

① 整体式的 PLC 是将电源、CPU、存储器、输入/输出单元等各个功能部件集成在一个机壳内,从而具有结构紧凑、体积小、价格低等优点,许多小型 PLC 多采用这种结构。整体式单元结构(以 OMRON 的 CPM2A 为例)如图 3.2.1(a)所示。通过扩展 I/O 电缆连接一个或几个扩展单元以增加 I/O 点数,如图 3.2.1(b)所示。

② 模块式的 PLC 将各个功能部件做成独立模块,如电源模块、CPU 模块、I/O 模块等,然后进行组合。其特点是配置灵活、维护方便,一般大、中型 PLC 多采用这一形式。模块化结构(以

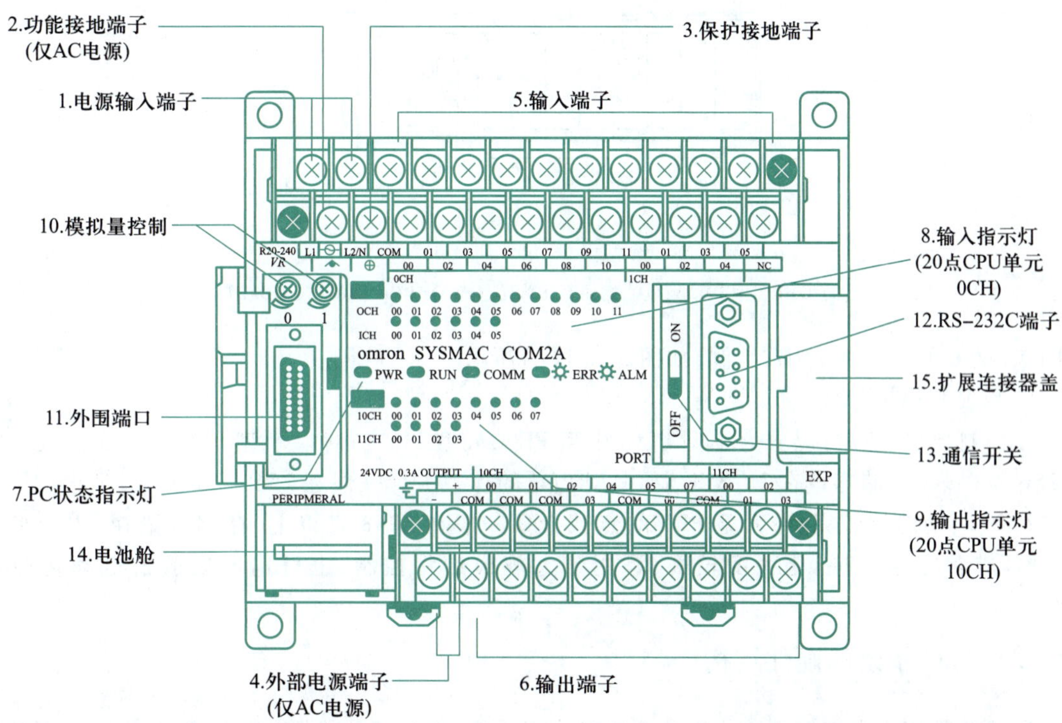

(a)

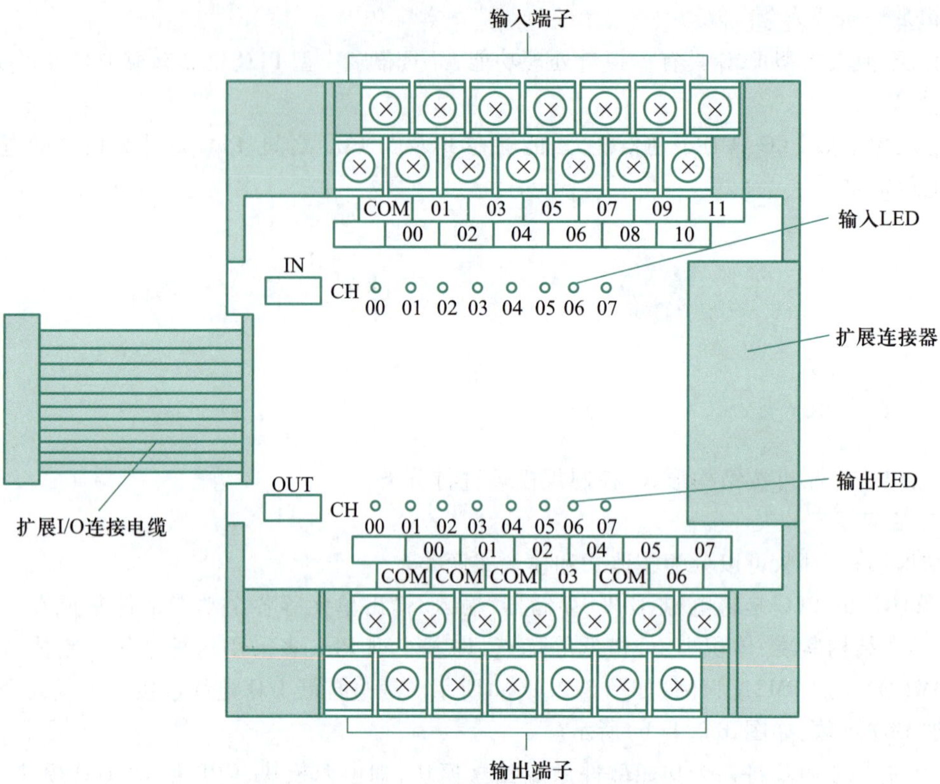

(b)

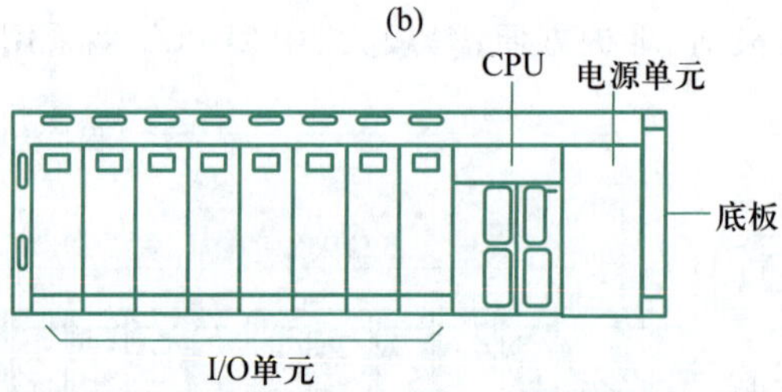

(c)

图 3.2.1 PLC 的结构

(a) OMRON CPM2A;(b) 扩展 I/O 单元;(c) OMRON C200HX/HG/HE

OMRON 的 C200HX/HG/HE 为例)如图 3.2.1(c)所示。

2. 按控制规模分类

按控制规模大小可以分为小型 PLC、中型 PLC、大型 PLC 三种。小型 PLC 的 I/O 点数一般在 256 点以内,存储容量在 2~8 K 步;中型 PLC 的点数 I/O 一般在 256~2048 点,存储容量在 8~32 K 步,功能比较完善;大型 PLC 的点数 I/O 一般在 2048 点以上,存储容量在 32 K 步以上,功能非常完善,智能化程度较高,可用于大规模过程控制,也可构成集散式自动化控制网络。

3.2.2 PLC 系统的硬件结构

为了实现 PLC 在工厂自动化中的控制与管理功能,作为一种能够与工业现场各种被控对象直接相连的计算机控制装置,PLC 必须具备由微处理器及其支持电路所构成的中央处理器、存储器、开关量输入输出通道、模拟量输入输出通道、用户编程及系统监控设备、与其他计算机系统的通信接口及与其他智能控制设备的接口等等。

PLC内部硬件逻辑结构框图如图3.2.2所示。由中央处理器单元、存储器、输入接口、输出接口、电源等几部分组成。

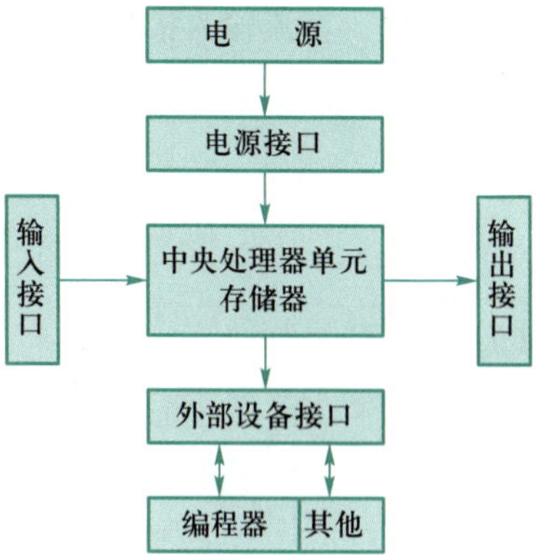

图3.2.2 PLC内部硬件逻辑结构框图

1. 中央处理器单元(CPU)

中央处理器单元(简称CPU单元)是PLC的核心,它通过地址总线、数据总线、控制总线与存储器、I/O接口相连,其主要作用是执行系统控制软件,从输入接口读取各开关状态,根据程序进行处理,并将处理结果输出到输出接口。

2. 存储器

PLC的存储器是用来存储数据或程序的,通常与CPU模块相连,容量从几千字到几百千字都有,采用RAM、EPROM或E^2PROM,可实现掉电保护。

3. 编程器

编程器为用户程序的编辑、调试及系统运行监控提供环境,通过串行口或并行口与CPU模块连接。编程器一般分为简易型和智能型两大类。

(1) 简易编程器

简易编程器带有触摸式小键盘和液晶显示窗,可通过插槽安装(安装式)或通过电缆(手持式)与CPU模块连接,为PLC专用,必须与CPU模块联机使用,一般只能用助记符指令编辑程序,可在线监控程序运行情况,便于现场使用。

(2) 智能编程器

智能编程器是一台适用于PLC的便携式个人计算机,通过串行通信接口与CPU模块连接,智能编程器既可以与PLC系统联机使用,用于编程及监控系统运行,又可以作为独立的个人计算机使用。

另外,用户可以选用通用的个人计算机,配备有关软件包,通过串行口与PLC的CPU模块连接或配置有关网卡与PLC系统集成,也可以实现智能编程器的全部功能。

4. 数字量(开关量)输入接口电路及外部接线方式

(1) 数字量(开关量)输入接口电路

输入接口接受被控设备的开关状态和传感器信号,通过接口电路转换成适合CPU处理的数字信号。为防止各种干扰信号和高电压信号串入PLC,输入接口一般要加光电耦合器进行隔离。常见的形式如图3.2.3所示。图3.2.3(a)为直流数字量(开关量)输入接口原理图,交流数字量(开关量)输入模块的电路与直流数字量输入模块相似,只是输入信号处理电路不同,如图3.2.3(b)所示。

(2) 数字量(开关量)输入模块的外部接线方式

数字量(开关量)输入模块与外部用户输入设备的接线方式可以分为汇点式输入和隔离式输入两种基本接线方式,如图3.2.4所示。

在汇点式输入接线方式中,各个输入回路有一个公共端(COM),可以是全部输入点为一组,共用一个电源和公共端,如图3.2.4(a)所示;也可以将全部输入点分为几组,每组有一个单独的电源和公共端(COM),如图3.2.4(b)所示。汇点式输入接线可用于直流输入模块,也可用于交流输入模块。直流输入模块的电源一般由 PLC 内部的 24 V 电源提供，交流输入模块的电源则应由用户提供。

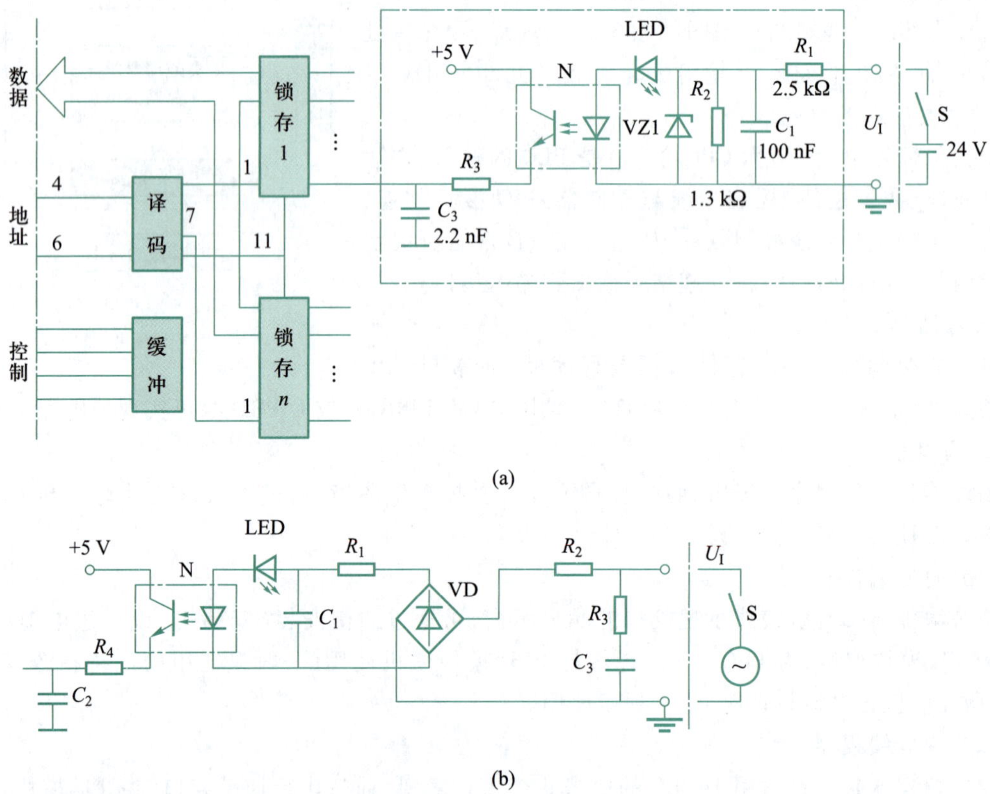

图 3.2.3 输入接口电路

(a) 直流数字量输入接口原理图；(b) 交流数字量输入模块的输入信号处理电路

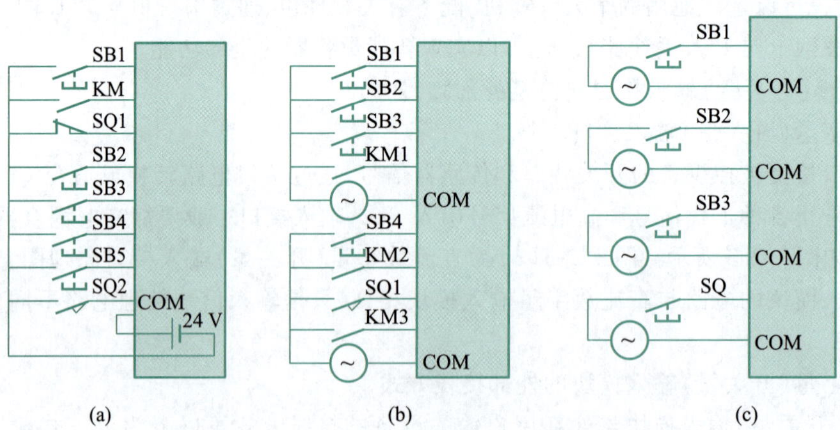

图 3.2.4 数字量输入模块的外部接线方式

隔离式输入接线方式见图 3.2.4(c)所示，每一个输入回路有两个接线端子，由单独的一个电源供电。相对于电源来说，各个输入点之间是独立的。

隔离式输入接线方式一般用于交流输入模块，其电源也应由用户提供。

5. 数字量（开关量）输出接口电路及外部接线方式

（1）数字量（开关量）输出接口电路

输出接口电路将内部电路输出的弱电信号转换为现场需要的强电信号输出，以驱动接触器、电磁阀、指示灯等执行元件。为保证 PLC 安全可靠的工作，输出电路也要采取电气隔离措施。输出电路分为继电器输出、晶体管输出和晶闸管输出三种形式。常见输出接口电路如图 3.2.5 所示，图 3.2.5(a)为直流数字量输出接口原理图，图 3.2.5(b)、图 3.2.5(c)分别为交流数字量输出接口驱动电路原理图和继电器输出接口驱动电路原理图，除了输出驱动电路外，接口的其余部分与直流输出接口模块相同。

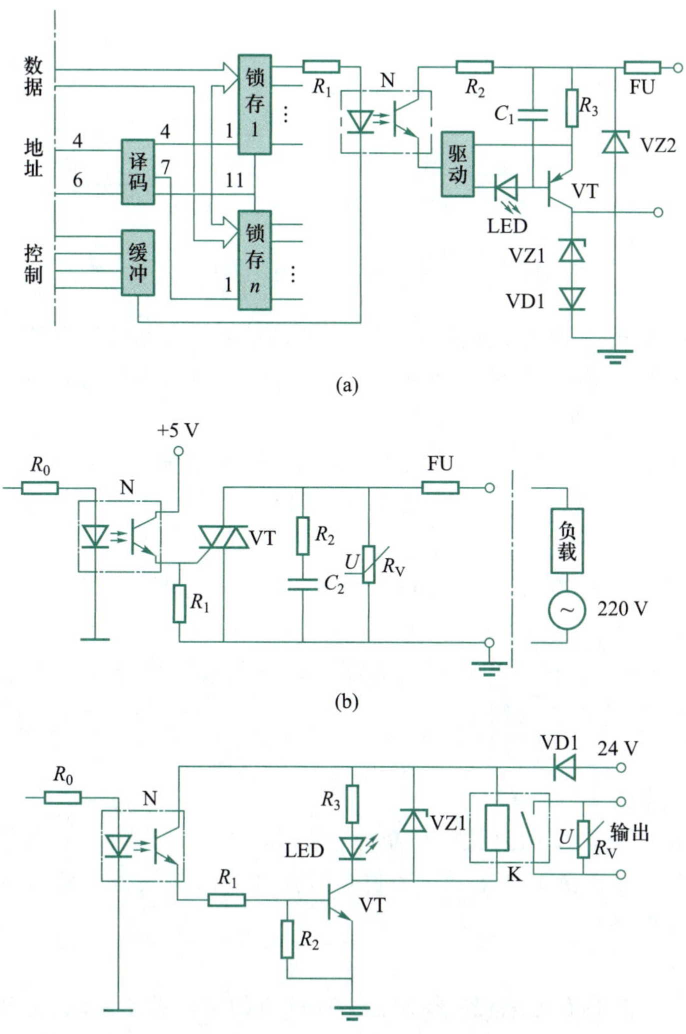

图 3.2.5 输出接口电路原理图

(a) 直流数字量输出接口原理图；(b) 交流数字量输出接口驱动电路原理图；
(c) 继电器输出接口驱动电路原理图

(2) 数字量(开关量)输出模块的外部接线方式

数字量(开关量)输出模块与外部用户输出设备的接线方式,可分为汇点式输出接线和隔离式输出接线两种,如图3.2.6所示。

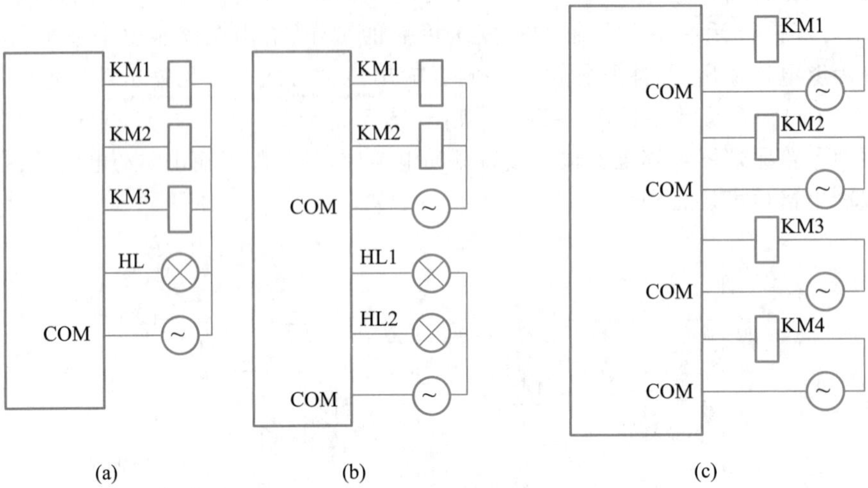

图3.2.6 数字量输出模块的接线方式

汇点式输出接线方式,各个输出回路有一个公共端(COM),可以是全部输出点为一组,共用一个公共端和一个电源,如图3.2.6(a)所示;也可以将全部输出点分为几组,每组有一个公共端和一个电源,如图3.2.6(b)所示。

隔离式输出模块中,每个输出回路有两个接线端子,由单独一个电源供电。相对于电源来说,每个输出点之间是相互隔离的,如图3.2.6(c)所示。

6. 电源

PLC一般都使用220 V、50 Hz的交流电源,通过电源电路将交流电变换成内部电路需要的直流电。为了提高抗干扰能力,拓宽电源电压范围,电源电路由输入滤波、整流滤波、开关式稳压、线性稳压等几部分组成。有些PLC还可为现场检测装置提供隔离的直流电源,有的提供多种电流输出范围,适合用户的不同需要。

7. 其他设备

(1) 模拟量I/O单元

模拟量I/O单元也是PLC的直接I/O单元,为PLC提供过程输入输出通道,实现对连续过程变量的检测与控制。模拟量I/O单元主要包括微处理器及其支持电路、信号变换、模数转换、数模转换、隔离、锁存电路等。

(2) 特殊I/O单元

特殊I/O单元其实是具有可编程序控制器I/O接口的微机控制系统,是PLC系统的子系统,是为扩展PLC的功能和适用领域而开发的。它可以在CPU单元的统一管理下独立完成某些特定功能,从而弥补直接I/O单元功能的不足,又可以大大减轻CPU的负担,提高PLC的处理速度。目前,各厂家开发出的不同种类、不同规格的特殊I/O模块种类很多,其中有实现某种特殊控制功能的,有完成某种数据采集和处理的,有用作特殊接口的。

(3) 网络通信接口单元

网络通信接口单元主要是为 PLC 之间、PLC 与各种其他计算机系统之间以及 PLC 与各种智能设备之间提供通信接口。上至以太网和 MAP 网,下至现场总线设备和智能 I/O 等都是 PLC 系统的连接对象,各厂家既有各自的专门通信协议,也相继开发出了符合国际标准协议的接口模块。

除此以外,根据 PLC 控制系统的功能和规模还可以选用带复杂或多功能操作面板(触摸显示屏)的可编程终端、各种智能 I/O 端子排、数据设定和显示器、网络通信接口适配器等,使系统功能更加灵活,操作更方便。

3.2.3 PLC 系统的软件

PLC 的软件包括系统软件和用户程序两部分。用户程序由用户根据 PLC 所承担的控制任务开发。系统软件包括运行在 CPU 单元中的实时操作系统和运行于监控终端上的各种支持软件包(包括编程软件、人机界面软件和通信支持软件等)。

实时操作系统完成对系统硬件设备的监控与诊断、管理存储器及各种功能模块、周期性刷新系统 I/O 状态、解释执行用户程序代码、统一协调系统中多处理器的工作以及管理外设等。

PLC 用户程序的编辑和在线监控可以在简易编程器上以梯形图和助记符的形式进行,但是随着系统规模的扩大和 PLC 与其他系统集成的要求的提高,各厂家相继推出了多种支持软件包作为编程和监控的支持工具。例如,OMRON 公司的 SYSMAC-CPT、CX-Programmer 是基于梯形图和助记符的编程工具,除丰富的编程功能外,还可对 PLC 的 I/O 存储器进行监视/编辑,具有调试监视功能和在线编辑功能,适用于 OMRON 各种机型。

3.3 PLC 编程语言

控制语言标准化是走向开放结构自动化系统的重要一步。目前,PLC 在硬件结构上很难统一,那么是否有开放性软件平台呢? 1992 年国际电工委员会(IEC)颁布了 IEC1131-3《可编程序控制器的编程软件标准》,为不同厂商的 PLC 编程语言标准化和可移植性提供可能性,但是各厂商在 I/O 地址赋值上还不能统一。

PLC 是面向实时控制的,因此,要求 PLC 使用的编程语言应该面向现场、面向问题、面向用户,应能直接而简明地表达被控对象的输入输出之间的关系及动作方式,有效地表达有关的控制和数据处理的要求。IEC1131-3 标准将 PLC 编程语言分为两大类:图形语言和文本语言。其中,图形语言分为梯形图 LD(Ladder Diagram)、功能块图 FBD(Function Block Diagram)、顺序功能图 SFC(Sequential Function Chart)三种;文本语言分为指令清单 IL(Instruction List)、结构化文本语言 ST(Structured Text)两种。以上几种语言允许混合使用并链接到一个可执行程序中,甚至向使用其他语言的应用开放,只要它们的接口严格符合 IEC1131-3 标准。所有厂家的 PLC 提供的语言必须符合 IEC1131-3 标准,但是并非都提供全部 5 种。本书将主要介绍梯形图和指令清单两种编程语言。

3.3.1 梯形图 LD

PLC 从诞生之日起就将用于描述电气控制系统原理的继电器梯形图加以改进和移植,使之成为 PLC 的形象化编程语言,并沿用了这一名称,而且对符号和编程原则做了新的规定,编程的功能也远远超出了原有继电器控制系统原理图所表示的范围,这是由 PLC 的工作原理和功能决定的。

1. 梯形图的基本形式

下面以钻孔加工过程自动控制系统为例,说明如何用梯形图描述控制系统。将图 2.6.4 的控制电路横向画出,如图 3.3.1(a)所示。PLC 梯形图程序(以 OMRON 公司产品为例)如图 3.3.1(b)所示。

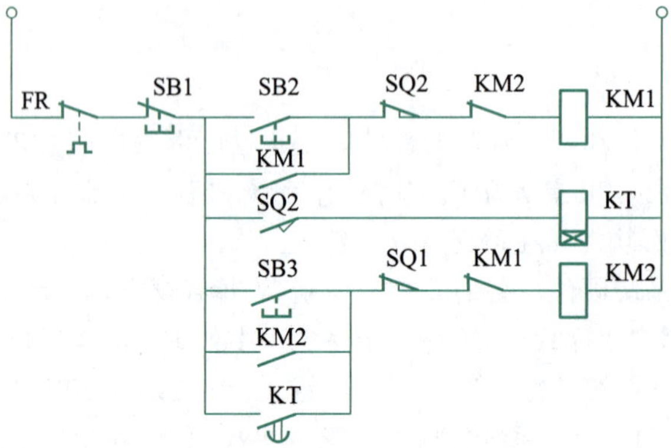

(a)

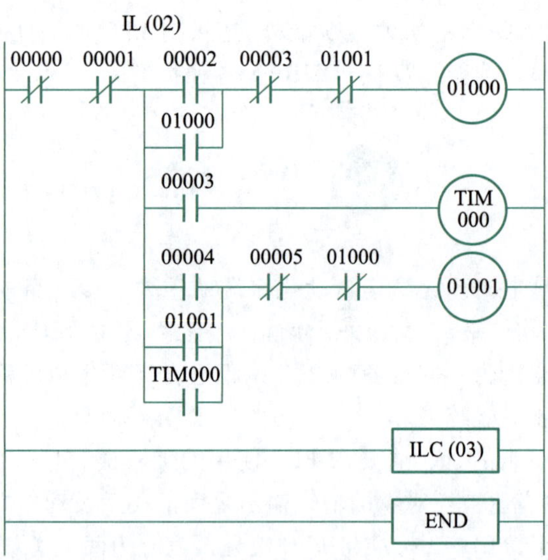

(b)

图 3.3.1 无进给切削电器控制与 PLC 梯形图

(a) 无进给切削控制电路;(b) 无进给切削梯形图

对比图 3.3.1(a)和(b),相同点在于:

① 触点和线圈在水平线上串联形成通路,所有触点靠近左侧垂直母线排列,所有线圈靠近右侧垂直母线排列。

② 触点在水平方向串联构成"逻辑与",在垂直方向并联构成"逻辑或"。

③ 每个输出线圈所在的水平支路称为一个梯级,每个梯级可以有多个并联支路。

图 3.3.1(a)的本质在于：它是电气控制系统的控制原理线路图，每个图形符号都是实际线路中的一个电器元件，符号之间的逻辑关系即为实际控制线路的硬件接线关系，一旦系统工艺改变了，原理图要改，接线也必须改。

2. PLC 梯形图基本概念

图 3.3.1(b)是用图形化语言书写的软件程序，表示为实现控制功能系统中各输入输出元素之间应具有的逻辑关系。而现场的输入信号和受控设备直接连接到 PLC 的 I/O 接线端子上，因此 PLC 只需将输入端子上的信号状态采集进来，根据用户编写的梯形图程序所表示的逻辑关系进行解算，再把与控制直接有关的解算结果输出到输出端子上，即可使被控对象动作，实现要求的控制功能。一旦控制功能改变了，不需要改变 I/O 端子与现场设备的接线关系，只改变梯形图程序即可，这是图 3.3.1(a)和(b)的本质不同。

PLC 梯形图中各元素的表示方法，如触点和线圈的图形符号、文字符号等，各厂家的 PLC 产品有各自的规定，但是梯形图的格式都相同，并且从以下几方面的基本概念来说也相同。

① PLC 中使用“继电器”这个术语，实际上这里的继电器是 PLC 中的内存单元，既无线圈，又无触点，把它称为继电器是为了在概念上与传统的控制电路衔接，便于理解。在性能上认为，使线圈(用符号“—○—”表示)得电，即用“1”写这个单元；使线圈失电，即用“0”写这个单元；用其动合触点(用触点符号“┤├”表示)是指直接读它的状态；用其动断触点(用符号“┤/├”表示)是指读它的状态再取反，这样的继电器称为“软”继电器。“软”继电器触点既可以对应于 PLC 输入模块的端子，直接反映现场输入信号的状态，也可以对应于处理器内部的标志位或状态位；“软”继电器线圈既可以对应于 PLC 输出模块的端子，直接控制现场设备动作，也可以对应于运算的中间记忆或暂存状态，还可以是某种数据处理操作的表达式。

此外，物理继电器的触点一般只有几对，在需要多点控制的场合必须采用中间继电器。PLC 梯形图中触点数量不受限制。

② 解算关系。对比图 3.3.1(a)和(b)，前者的左右侧竖母线就是电源的正负极(相线和地线)，线圈的通断决定于所在回路的电流通断；后者定义左右侧竖母线为每个梯级逻辑解算的开始和结束，梯级内部从左至右、梯级之间从上至下顺序解算，解算结果刷新每个梯级的“软”继电器线圈状态，上一个梯级的解算结果可以被下一个梯级使用。在电气原理图中可能会出现的竞争冒险现象不会出现在 PLC 梯形图中。

3. PLC 梯形图编程原则

使用梯形图编程时，必须注意以下几个问题：

① 同一个“软”继电器标识号作为触点使用可出现多次，作为线圈使用只能出现一次。

② 每个梯级必须由触点和线圈两种元素组成，仅有触点或线圈都不能构成梯级。

③ 一段梯形图程序的末尾要用结束符标识程序结束；对定时器、计数器和四则运算等特殊功能的梯形图符号与对线圈的处理相同，也当做“软”继电器看待，只是有的功能要求两个以上的支路作为输入条件。

3.3.2 指令清单 IL

指令清单 IL 是 PLC 梯形图的文字表达形式，是一系列指令的集合。梯形图虽然具有形象直观的特点，也被广大工程技术人员所熟悉，但是在某些不具备图形功能的终端上无法编程；而 IL 则易于书写，对于有计算机编程经验的人也易于理解。

1. 指令格式

IL类似于计算机的汇编语言,每条指令=助记符+操作数。助记符一般是表达指令功能的英文单词缩写。操作数也有称做继电器号的,其实就是梯形图中对"软"继电器的标识号,主要是用来说明CPU执行此指令的操作对象,如触点或线圈等。因为PLC编程中的所有"软"继电器都是内部存储器的位,所以指令中操作数的表示方法即内部存储器的寻址方法。操作数也由两部分组成:

操作数=标识符+寻址号

标识符用来说明"软"继电器的类别,也就是它在内部存储器中的区域,例如输入区(触点)、输出区(线圈)、系统内部状态和标志区、数据存储区等。标识符一般用一两个英文字母表示。

寻址号用来说明对哪一个"软"继电器操作,它是内部存储器中的位号或字号;一般来说,PLC用的寻址号都是相对地址号。

由于各厂家PLC的内部存储器组织结构不同,因此,对操作数的标识符和寻址号的具体表示方法不同,也没有统一的符号,但操作数都是由这两部分组成的,各部分功能和含义是相同的。

由于IEC1131-3标准未对助记符和操作数的表示方法做出具体规定,所以各厂家自行定义,用时应参照有关产品手册。

2. 指令功能分类

LD和IL是两种不同的表达方式,它们的编程功能是完全相同的,一般都分为基本编程功能和增强功能。

基本功能指令包括简单逻辑运算、基本I/O操作、基本定时器和计数器等。

增强指令包括各种数据处理、程序控制、故障诊断、中断控制、矩阵运算、高级定时器以及与某些复杂控制有关的专门指令等。

3.4 PLC基本工作原理

如前所述,从系统硬件环境来说,PLC与一般的微型计算机控制系统没有显著差别,所不同的是,PLC作为一种实时工业控制计算机系统,它的中央处理器的工作方式与众不同,对I/O的处理、对用户程序的处理以及内部存储器的组织都与一般的微型机控制系统不同,因而使PLC在应用范围和编程等方面具有独特之处。

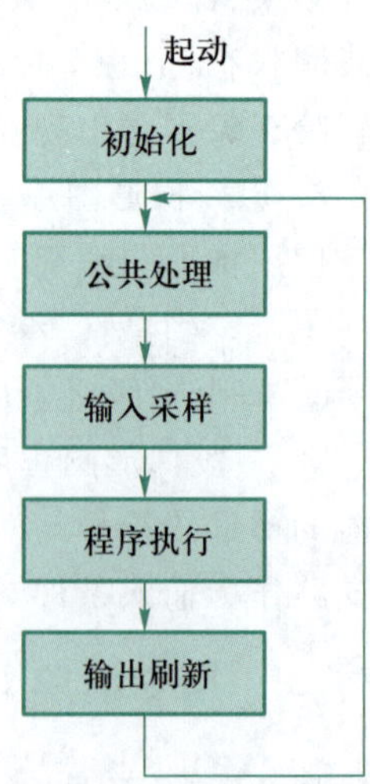

图3.4.1 PLC工作过程流程图

3.4.1 PLC巡回扫描工作方式

PLC起动后,首先进行初始化,包括对工作内存初始化,复位所有定时器,清I/O继电器区,检查I/O单元是否连接完好,如果有异常,则发出报警信号。初始化之后,就进入周期性扫描工作方式,如图3.4.1所示。每个扫描周期包括公共处理、输入采样、执行用户程序、输出刷新四个阶段。

3.4.2 PLC的周期扫描工作过程

1. 公共处理阶段

在公共处理阶段,PLC首先要复位系统监视定时器WDT(Watchdog

Timer)以便监视系统整个运行期间有无死循环、超时等情况。在周期扫描开始时 CPU 要进行系统硬件的自检,例如 CPU 内部有无故障、I/O 连线有无断开等,若发现故障则报警,由用户进行处理后重新起动系统,若无故障则转去与编程器交换信息,执行编程器命令,若编程器工作于编辑状态,则 CPU 将控制权交给编程器,待编程器工作于运行监控状态时,将控制权回送给 CPU,CPU 继续进行周期扫描。若系统中配有智能接口模块,则 CPU 与智能接口交换信息,否则将进入以下阶段。

2. 输入采样阶段

如何及时、准确地处理 I/O 信号状态的变化,是开关量系统中的关键问题,也是 PLC 要解决的重点问题。在巡回扫描的工作方式下,PLC 对 I/O 信号的处理原理是:对系统中全部输入输出信号进行集中统一操作,脱离用户程序的具体执行过程。这样尽可能缩短各信号之间状态采集的延时,也有利于用户程序的编制,具体做法是对 I/O 信号巡回采样,对输出信号周期刷新,并建立 I/O 映像区。

(1) 建立 I/O 映像区

I/O 映像区是 PLC 工作原理中一个重要概念。在 PLC 的内部存储器中有这样一个存储区,它的每一位都对应着系统中的一个 I/O 点,用来存储每个 I/O 点的状态,这个区就称做 I/O 映像区,其中用来存储输入点状态的部分区域称为输入映像区,用来存储输出点状态的部分区域称为输出映像区。一个 PLC 系统可配置的最大 I/O 点数,就是 I/O 映像区的总容量(按位计)。

I/O 映像区中输入映像区每位的状态变化来自 CPU 对输入信号的巡回采样,是由系统自动完成的,与用户程序是否访问该区无关,用户程序只能读取输入映像区的位状态,不能改变它的状态。输出映像区中每一位的状态变化来自 CPU 执行用户程序的解算结果,用户程序也可以读取输出映像区的位状态。

总之,I/O 映像区是用户程序与现场 I/O 信号之间联系的桥梁,现场输入信号的状态"映射"到输入映像区后才能被用户程序采用,用户程序要执行的控制功能也只有通过输出映像区才能"映射"到输出端子上。

(2) 输入信号巡回采样

PLC 的 CPU 是按巡回扫描方式工作,只有当扫描执行到图 3.4.1 所示的"输入采样"功能时,CPU 才对现场输入信号状态进行采集,具体实现方法是:CPU 对系统中配置的全部输入模块上的所有输入端子按其物理地址逐个寻址选通,读取信号状态,并将其送入输入映像区中暂存。由于 CPU 处理速度很高,寻址各个信号之间的延时可以忽略不计,则对全部输入信号状态的采集可以看做是在同一时刻进行的,这就满足了顺序控制中众多信号必须取同一时刻状态参与运算的条件。

在巡回扫描方式下,CPU 每隔一段时间就扫描到"输入采样"功能,每到此时都要对现场输入信号状态采集一次,并据此刷新输入映像区的内容。对输入信号巡回采样也是 PLC 的 CPU 工作原理中的重要概念。CPU 每一次对输入信号进行数字采样都是自动完成的,并且是按照输入端子的物理地址顺序进行的,完全脱离了用户程序的执行过程,在此期间,CPU 是在输入端子和输入映像区之间传送数据。输入映像区中位的状态一直保持到下一次 CPU 对输入信号采样后刷新。对输入信号巡回采样实际上是在 CPU 整个巡回扫描方式下对输入信号的小巡回扫描过程,因为 CPU 总是一个点一个点地采集状态,并将其一一映射到输入映像区中。

3. 执行用户程序

在巡回扫描方式下，PLC 对用户程序的执行是与 I/O 操作脱离而独立进行的，并且是周期性重复执行的，在每个扫描周期内都要执行一次用户程序，在每次执行程序时 CPU 总是从 0000 存储地址所存放的第一条用户程序开始，在无中断或跳转控制的情况下，按存储器地址号递增的方向顺序逐条扫描用户程序，直到用户程序的结束处或用户存储器的末尾地址为止。另外，在每次执行用户程序时，所有参加运算的输入输出信号状态均取自 I/O 映像区，所有与输出控制信号直接联系的运算结果也都是输出到 I/O 映像区中的输出映像区中，即一般说来 PLC 执行用户程序的过程中不直接访问 I/O 端子，而是只与 I/O 映像区和其他内部数据区打交道、交换数据。

以梯形图语言编程为例，用户程序的具体执行过程如下：CPU 按从上至下的顺序一个个梯级进行逻辑解算，在每个梯级内又按从左至右的顺序对一个个元素扫描，取数据，置状态，而不是按继电器输出线圈的编号大小的顺序进行扫描。扫描到输入元素时即从输入映像区中读取该信号的状态信息，当某个梯级的逻辑解算结果需要输出到某继电器线圈时，即将输出映像区中该信号的状态更新。因此，在 PLC 进入用户程序扫描执行期间，用户逻辑的解算和输出控制，是根据 I/O 映像区中存储的 I/O 状态，而不是系统中 I/O 点的实时状态。

4. 输出信号周期刷新

PLC 在巡回扫描方式下对输出信号的处理只有在 CPU 扫描执行到“输出刷新”功能时才进行，一般是在对输入信号巡回采样之后，CPU 转去执行输出操作，即对系统中配置的全部输出模块按照物理地址顺序寻址，并将输出映像区中与每个模块上各个端子相对应的位的状态输出到输出模块上的输出锁存器中，再经输出锁存器送到输出端子上。这样，在一次 I/O 操作期间，可将全部输出端子的状态刷新，忽略电路延迟，CPU 处理速度很快，对全部输出端子的刷新可以看做是同一时刻进行的，PLC 外部所连的执行机构在同一时刻开始动作。

在整个系统运行期间，CPU 不断地巡回扫描，每次扫描到“输出刷新”功能时，都对全部输出端子的状态进行一次刷新。这就形成了对输出信号的周期刷新。只要 CPU 的总扫描时间小于所有输出执行机构的最小动作时间，则可以保证在系统整个运行期间，对任一输出点都能做到连续控制，不存在失控问题。

CPU 对输出信号的周期刷新只是在输出映像区与输出端子之间传送数据，与用户程序的执行过程脱离，但是输出映像区的数据（位状态）则是由用户程序的执行结果决定的，输出映像区的位状态可随着用户程序的执行而改变，输出端子的状态一经刷新就一直保持到下一次 CPU 进行 I/O 操作对输出信号进行刷新时。对输出信号的周期刷新同输入信号巡回采样一样也是一个小巡回扫描过程。

输入采样阶段、程序执行阶段和输出刷新阶段的执行过程如图 3.4.2 所示。

综上所述，一个扫描周期应包括从公共处理阶段开始到 I/O 服务完成的整个过程，所用时间称为周期扫描时间，由系统监视定时器（WDT）监控。CPU 的扫描时间取决于扫描周期中各个过程所用时间，一旦系统配置确定后，CPU 用于系统自监测、编程器服务、智能接口服务以及 I/O 服务等过程的扫描时间就基本固定了，可以根据使用手册中给出的基准时间值进行计算。这样，最终决定 CPU 的周期扫描时间长短的因素就是用户程序扫描执行的时间。用户程序扫描时间主要由 CPU 的运算速度和程序的长短决定，具体应通过查阅使用手册进行计算。

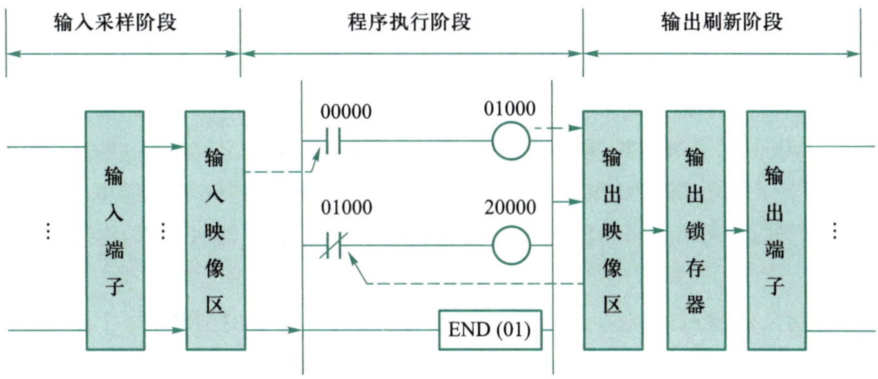

图 3.4.2　PLC 的执行过程图

3.5 PLC 的性能指标

PLC 的技术性能指标有很多，但从使用 PLC 的角度，主要考虑如下几项指标：

1. 输入输出点数(I/O 点数)

I/O 点数是指 PLC 外部输入、输出端子数的总和。这是可编程控制器最主要的一项指标，它标志着可以接多少个开关按钮和可以控制多少个负载。

2. 存储容量

存储容量是指 PLC 内部用于存放用户程序的存储器容量，通常以程序“步”为单位，多数指令为单步指令，也有一些指令由若干步组成，一步一般占用 2 B，所以一个程序容量为 1 K 步的 PLC 内存容量约为 2 KB。

3. 扫描速度

一般以执行 1000 步指令所需时间来衡量，单位为 ms/千步，也有以执行一步指令所需时间来计算的，单位用 ms/步。

4. 功能扩展能力

PLC 除了主模块之外，通常都可配备一些可扩展模块，以适应各种特殊应用的需要，如 A/D 模块、D/A 模块、温度控制模块、位置控制模块、通信模块等。可扩展模块越齐全，应用组合时就越方便灵活。

5. 指令系统

指令系统是指一台 PLC 指令的总和，它是衡量 PLC 功能强弱的主要指标。在选用 PLC 时，不仅希望指令丰富、功能齐全，而且要尽可能地简单易懂、方便编程和操作。

3.6 PLC 的存储器组织

PLC 中用户可用存储器一般分为数据存储区和用户程序存储区。用户程序存储区主要存放用户编制的程序，容量取决于 CPU 和存储器的型号。为了实现正确有效的控制，用户程序需要存取各种类型的变量，这些变量的存储区域称为数据存储区。为了便于管理与使用数据存储区，各厂家都对 PLC 数据存储区的组织结构和寻址方式做了专门设计，但是大同小异。下面介绍 OMRON CPM2A PLC 的存储器组织。

CPM2A 型 PLC 引用了电气控制系统中的术语，用继电器定义存储区中的位，将用户数据区按继电器的类型进行分类，即 I/O 继电器区、内部辅助继电器区、特殊辅助继电器区、暂存继电器区（TR）、保持继电器区（HR）、辅助记忆继电器区（AR）、链接继电器区（LR）、定时器/计数器区、数据存储区（DM）。

对各区的访问采用通道的概念，将各区域划分为若干个连续的通道，每个通道包含 16 个二进制位，相当于 16 个继电器，用标示符和 2 个或 3 个数字组成通道号来标示各区的各个通道。有些区可按继电器（位）寻址，要在通道号后面再加两位数字 00～15 组成继电器号（位号）来标示通道中的各位。CPM2A 型 PLC 数据区中继电器地址分配表如表 3.6.1 所示。

表 3.6.1 数据区中继电器地址分配表

<table>
<tr><th colspan="2">名称</th><th>点（位）数</th><th>通道号</th><th>继电器地址</th><th>功能</th></tr>
<tr><td colspan="2">输入继电器</td><td>160</td><td>000～009CH</td><td>00000～00915</td><td rowspan="2">继电器号与外部输入端子号相对应（没有使用的通道可用作内部继电器使用）</td></tr>
<tr><td colspan="2">输出继电器</td><td>160</td><td>010～019CH</td><td>01000～01915</td></tr>
<tr><td colspan="2">内部辅助继电器</td><td>928</td><td>020～049CH
200～227CH</td><td>02000～04915
20000～22715</td><td>在程序内可以自由使用的继电器</td></tr>
<tr><td colspan="2">SR（专用继电器）区</td><td>448</td><td>228～255CH</td><td>22800～25515</td><td>分配有特定功能的继电器</td></tr>
<tr><td colspan="2">TR（暂存继电器）区</td><td>8</td><td colspan="2">TR0～TR7</td><td>梯形图分支处，可用于临时存储和读取执行条件</td></tr>
<tr><td colspan="2">HR（保持继电器）区</td><td>320</td><td>HR00～19CH</td><td>HR0000～HR1915</td><td>在程序内可以自由使用，且断电时也能保持断电前的 ON/OFF 状态的继电器</td></tr>
<tr><td colspan="2">AR（辅助继电器）区</td><td>384</td><td>AR00～15CH</td><td>AR0000～AR1515</td><td>分配有特定功能的辅助继电器</td></tr>
<tr><td colspan="2">LR（链接继电器）区</td><td>256</td><td>LR00～15CH</td><td>LR0000～LR1515</td><td>1：1 链接的输入输出用的继电器（也能用作内部辅助继电器）</td></tr>
<tr><td colspan="2">定时器/计数器区</td><td>256</td><td colspan="2">TIM/CNT000～TIM/CNT256</td><td>定时器、计数器，它们的编程号合用</td></tr>
<tr><td rowspan="3">数据存储区（DM）</td><td>读写区</td><td>2048 字</td><td colspan="2">DM0000～DM2047</td><td rowspan="3">以字为单位（16 位）使用、断电也能保持数据。DM6144～6599、DM6600～6655 不能用程序写入，只能用外围设备设定</td></tr>
<tr><td>只读区</td><td>456 字</td><td colspan="2">DM6144～DM6599</td></tr>
<tr><td>系统设定区</td><td>56 字</td><td colspan="2">DM6600～DM6655</td></tr>
</table>

几点说明：

① 输入继电器是用来接收 PLC 外部开关（或模拟）信号的“窗口”，它只能由外部信号驱动，不能被程序指令驱动。

② 输出继电器是用来将信号传送到外部负载的器件，输出继电器有一个对外部输出的动合触点，它是按照程序的执行结果而被驱动的。

③ PLC 的内部继电器与输入输出继电器不同，它们既不能被外部信号所驱动，也不能直接驱动外部设备，但可以由 PLC 中各种触点来驱动。内部继电器包括内部辅助继电器、保持继电器、暂存继电器、链接继电器和数据存储区。

④ 特殊辅助继电器是用于 CPM2A 型 PLC 的动作状态标志、动作起动标志以及时钟脉冲的输出、模拟电位器、高速计数器、计数模式中断等各种功能的设定值/当前值的存储单元。

⑤ 辅助记忆继电器用于 CPM2A 型 PLC 的动作异常标志、高速计数、脉冲输出动作状态标志、扫描周期存入等功能。具有掉电保护功能。

限于篇幅，关于特殊辅助继电器和辅助记忆继电器的具体功能，请查阅产品的操作手册。

3.7 CPM2A 型 PLC 指令系统简介

CPM2A 型 PLC 指令系统包括 14 条基本指令和 105 条特殊功能指令。应用这些指令编程可以实现多种控制操作，包括梯形图基本 I/O 操作、位控制、定时/计数、数据比较、数据传送、数据移位、四则运算、数据变换、逻辑运算、子程序控制、网络及串行通信、中断控制、步进控制、平均值、PID 控制、FCS 计算、同步脉冲控制、显示和故障诊断等。

大多数指令都有普通型和微分型两种形式，微分型指令在助记符前加“@”表示。只要执行条件为 ON，普通型指令在每个扫描周期都执行；而微分型指令仅在执行条件由 OFF 变为 ON（或由 ON 变为 OFF）后才执行一次。

3.7.1 基本指令

基本指令是指以下的指令：

1. 基本输入输出指令

包括取（LD）、取**非**（LD NOT）、**与**（AND）、**与非**（AND NOT）、**或**（OR）、**或非**（OR NOT）、逻辑**块与**（AND LD）、逻辑**块或**（OR LD）、输出（OUT）和输出**非**（OUT NOT）指令。

2. 置位和复位指令

包括置位（SET）和复位（RESET）指令。SET 与 OUT 的区别在于：SET 在执行条件从 ON 变为 OFF 时，SET 指令维持其操作数的状态为 ON，而 OUT 指令的执行条件从 ON 变为 OFF 时，OUT 指令的操作数状态也将从 ON 变为 OFF。

3. 简单定时器和计数器指令

包括定时器（TIM）和计数器（CNT）指令，其梯形图符号为

其中，XXX 为定时器、计数器编号，#YYYY 为设定值。

定时器为接通延时定时器，设定值 0～999.9s（以 0.1s 为单位），当满足定时工作条件时，起

动定时器工作，定时器的当前值每隔0.1s减1，直到当前值减到0000时，定时器动作，产生输出，使其动合或动断触点动作。在定时器的当前值尚未减到0000，由于某种原因不满足工作条件时，则定时器复位，从当前值返回到设定值。

计数器为减法计数器，设定值为0～9999。在计数器中，有两个输入端，CP端为计数输入端，CP端每次由OFF到ON时，该计数器的当前值减1，当计数器的当前值减到0000时，计数器动作。R为复位输入端，当R端由OFF到ON时，计数器的计数值由当前值复位为设定值。若CP与R信号同时出现，复位优先。当电源停电时，计数值保持，电源恢复送电时，若满足计数条件，则在停电前的计数值基础上继续计数。

上述这些基本指令在编程器键盘上有对应的键，可以直接输入，执行时不影响标志。

基本指令的应用举例如图3.7.1、图3.7.2所示。

地址	指令	操作数
00000	LD NOT	00000
00001	AND	00001
00002	LD	00002
00003	AND NOT	00003
00004	LD NOT	00004
00005	AND	20000
00006	OR LD	
00007	AND LD	
00008	OUT	01000

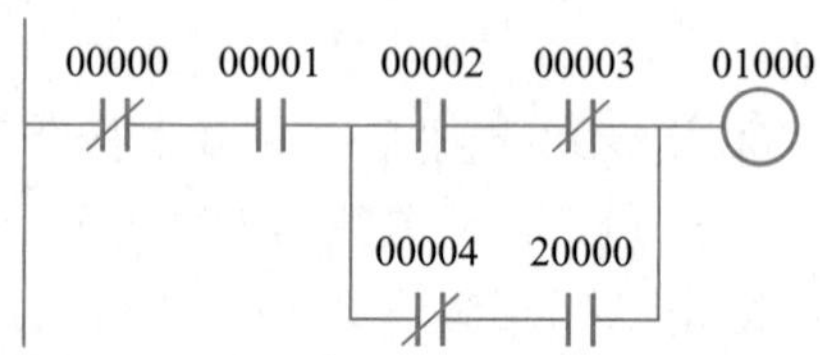

图3.7.1 基本I/O指令应用举例

地址	指令		操作数
00000	LD		00000
00001	AND	NOT	TIM001
00002	AND	NOT	CNT002
00003	TIM		001
			#0050
00004	LD		TIM001
00005	LD		00001
00006	CNT		002
			#0100
00007	LD		CNT002
00008	OUT		01000

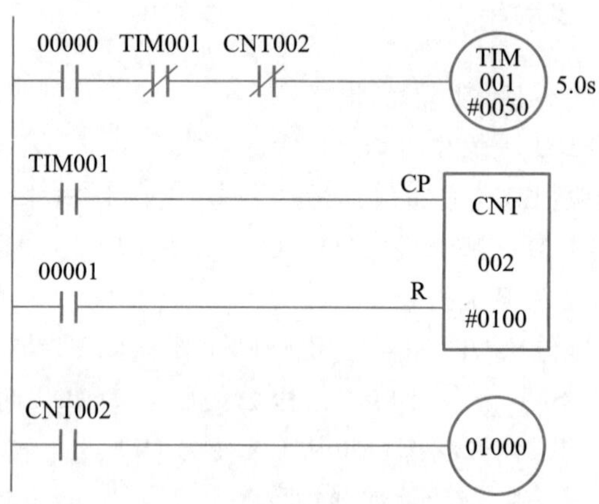

图3.7.2 定时器/计数器应用举例

图3.7.1中，将$\overline{00000}$与00001、00002与$\overline{00003}$、$\overline{00004}$与20000看成三个逻辑块，后两个逻辑块逻辑**或**运算后再和前一个逻辑块进行逻辑**与**运算。在编程时相当于在分支处(00001与00002之间)形成一个新的逻辑母线，因此从这个新逻辑母线开始的指令都要用LD或LD NOT指令。

图3.7.2中，利用TIM001与CNT002组成500s定时器。当00000为ON时，由于TIM001、

CNT002 的动断触点闭合，定时器 TIM001 开始定时，5.0s 时间到，TIM001 动合触点闭合，动断触点断开，它一方面产生一个计数脉冲，使 CNT002 的设定值减 1；另一方面使定时器 TIM001 复位，又重新开始定时。这样，TIM001 每 5s 产生一个脉冲，CNT002 计一次数，当 CNT002 计满 100 次时，CNT002 的动合触点为 ON，将 01000 置为 ON，期间共 500s。

3.7.2　特殊指令

在用编程器输入程序时，特殊指令没有对应的键直接输入，系统为特殊指令提供功能码，功能码标于指令助记符后面的括号中。

由于篇幅限制，本节只简单介绍几种常用的特殊指令，其他指令可参阅有关文献和产品手册。

1. END(01)

END 指令是结束程序指令，写于全部程序的最后一行。任何程序必须以 END(01) 指令作为结束，否则程序将不执行且显示错误信息。

END(01) 指令的梯形图符号为

2. **联锁和联锁解除指令** IL(02)/ILC(03)

两条指令必须成对使用，用于当联锁条件为 OFF 时，不执行 IL/ILC 之间的程序，且 IL/ILC 之间的程序段中各种输出的状态如下：

输出继电器、内部辅助继电器：OFF

定时器：复位

计数器、保持继电器、移位寄存器：状态不变，保持当前值

IL/ILC 应用举例如图 3.7.3 所示。

地址	指令	操作数
00000	LD	00000
00001	IL(02)	
00002	LD	00001
00003	AND	00002
00004	OUT	01000
00005	LD	20000
00006	OUT	01001
00007	LD NOT	00003
00008	OUT	01002
00009	ILC(03)	

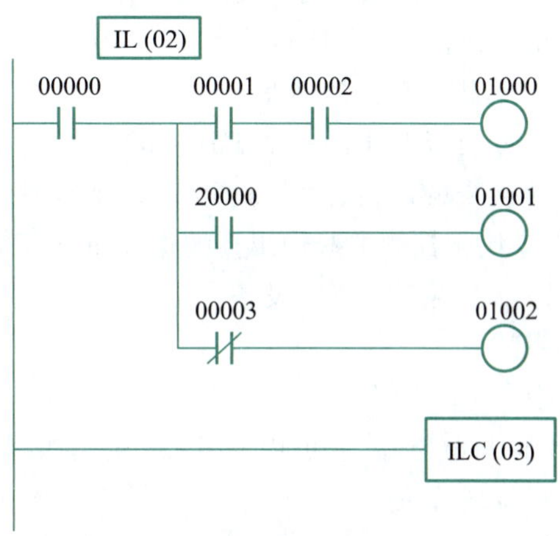

图 3.7.3　IL/ILC 应用举例

由图 3.7.3 可见，在 IL(02) 处形成一个新的逻辑母线，因此从这个新逻辑母线开始的指令都要用 LD 或 LD NOT 指令。

3. **跳转和跳转结束指令** JMP(04)/JME(05)

两条指令必须成对使用，用于当 JMP 条件为 OFF 时，程序转去执行 JME 之后的第一条指令。

梯形图符号为

其中,“号”的取值范围为 00 ~ 49。

当 JMP(04) 00 和 JME(05) 00 之间的指令被跳转时,这段程序仍然被扫描,但不执行,所以仍需扫描时间。带有多对 JMP 和 JME 指令时,除 00 外,其余的 JMP 和 JME 之间的指令被跳转时都不需扫描时间。00 的 JMP 和 JME 指令可以多次使用,而其他的 JMP 和 JME 指令只能使用一次。JMP/JME 应用举例如图 3.7.4 所示。

地址	指令	操作数
00000	LD	00000
00001	AND	00001
00002	JMP(04)	00
00003	LD	00002
00004	OUT	01000
00005	LD	00004
00006	OUT	01001
00007	LD	00003
00008	OUT	01002
00009	JME(05)	00

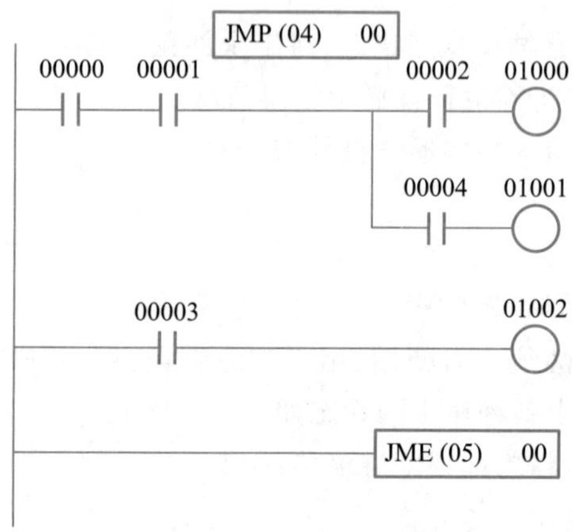

图 3.7.4 JMP/JME 应用举例

在图 3.7.4 所示的这段程序中,00000 和 00001 是 JMP 的条件,当它们均为 ON 时,JMP 和 JME 之间程序正常执行;一旦 JMP 的条件为 OFF 时,则 JMP 和 JME 之间的程序都不执行,所有位(包括定时器)的状态都保持不变。

多条 JMP 00 可以共用同一个 JME 00。

跳转与联锁指令相比,当发生 JMP/JME 跳转时,I/O 位、定时器等的状态均可以保持住,所以 JMP/JME 指令用于控制那些输出需要保持的设备(如气动装置和液压系统);而 IL/ILC 指令用于控制那些输出不需要保持的设备。

4. **位控制指令**

(1) 保持指令 KEEP(11)

KEEP 用于保持继电器,它可以使其操作的继电器保持为 ON 或 OFF 状态,直至它的两个输入端之一使之复位或置位。

梯形图符号:

复位具有优先级,当两个输入同时为 ON 时,复位优先。KEEP 应用举例如图 3.7.5 所示。

地址	指令	操作数
00000	LD	00002
00001	AND NOT	00003
00002	LD	00004
00003	OR	00005
00004	KEEP (11)	01000

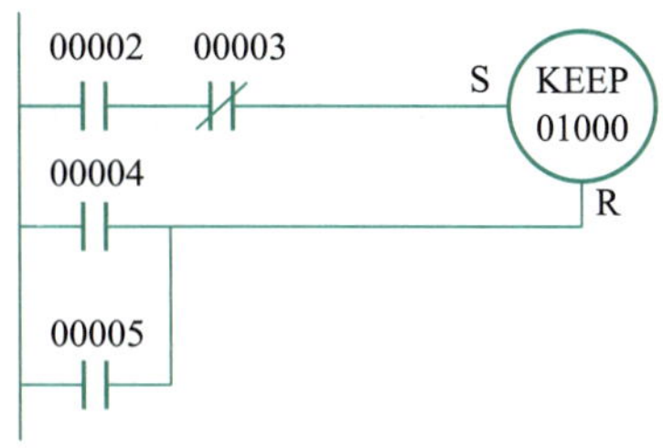

图 3.7.5 KEEP 应用举例

(2) 上升沿微分指令 DIFU(13)和下降沿微分指令 DIFD(14)

DIFU 指令在输入端检测到 1 个 OFF 到 ON 的跳变信号时,DIFU 输出为 ON,并持续一个扫描周期。DIFD 指令在输入端检测到 1 个 ON 到 OFF 的跳变信号时,DIFD 输出为 ON,并持续一个扫描周期。

梯形图符号:

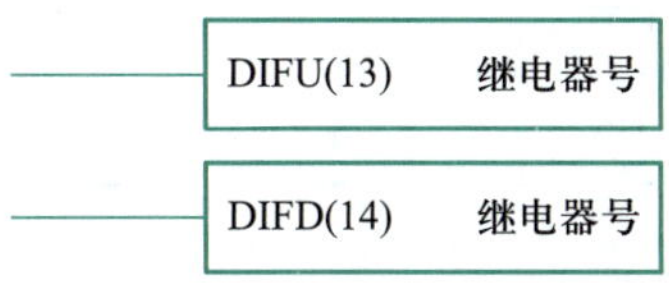

微分指令应用举例如图 3.7.6 所示。

地址	指令	操作数
00000	LD	00004
00001	DIFU (13)	20000
00002	DIFD (14)	20001
00003	LD	20000
00004	MOV (21)	——
		#FFFF
		DM0100
00005	LD	20001
00006	BSET (71)	——
		#0000
		DM0101
		DM0200

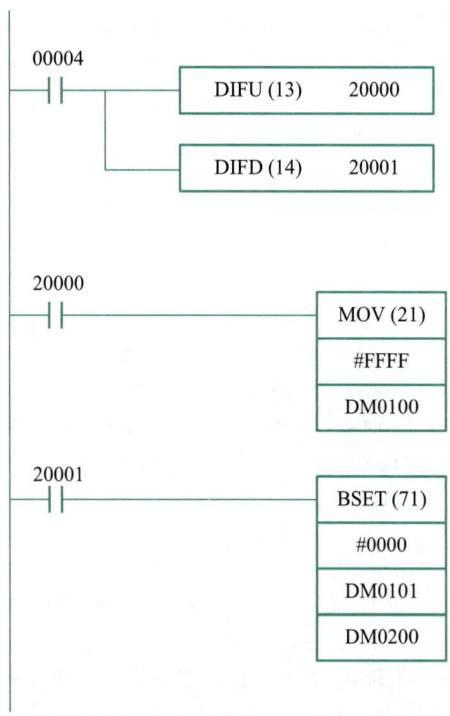

图 3.7.6 微分指令应用举例

5. 数据传送指令 MOV(21)

MOV(21)指令用于将一个指定字地址中的数据或一个 4 位十六进制常数传送至另一个指定字地址。应用举例及梯形图符号如图 3.7.6 所示。

6. 数据比较指令 CMP(20)

CMP(20)指令用于比较两组 4 位十六进制数。

梯形图符号：

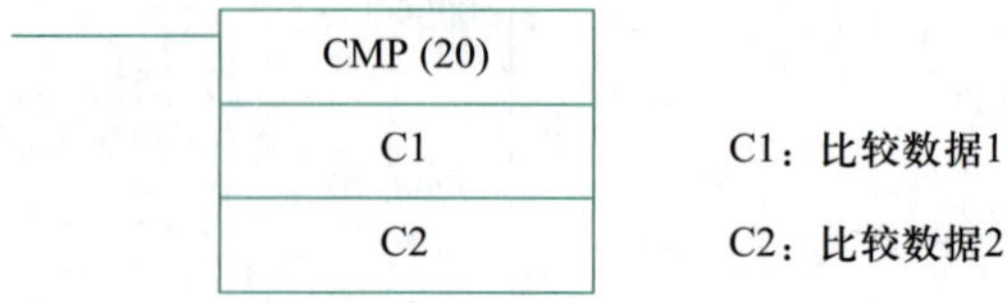

CMP 指令影响的标志位如表 3.7.1 所示。

表 3.7.1 CMP 指令影响的标志位

标志位	C1<C2	C1=C2	C1>C2
25505	OFF	OFF	ON
25506	OFF	ON	OFF
25507	ON	OFF	OFF

CMP 指令应用举例如图 3.7.7 所示。

地址	指令	操作数
00000	LD	00000
00001	OUT	TR0
00002	CMP (20)	——
		020
		HR09
00003	LD	TR0
00004	AND	25505
00005	OUT	01000
00006	LD	TR0
00007	AND	25506
00008	OUT	01001
00009	LD	TR0
00010	AND	25507
00011	OUT	01002

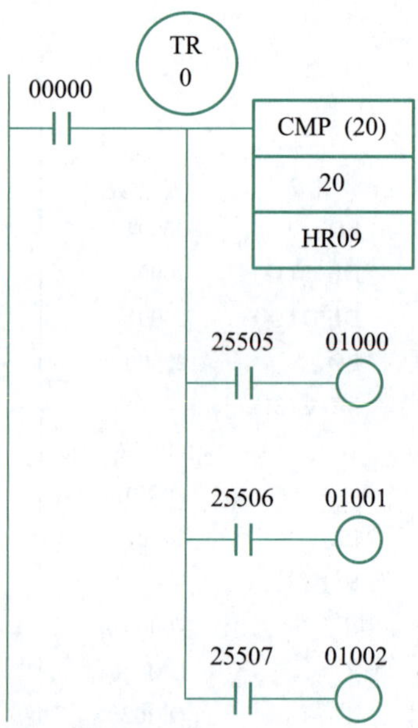

图 3.7.7 CMP 指令应用举例

图 3.7.7 中的 TR0 为暂存继电器，用于处理梯形图中的分支程序，在同一程序段中最多可用 8 个暂存寄存器 TR0 ~ TR7。本例是内部辅助继电器 20CH 的通道内容与保持继电器通道 HR09 内容进行比较，它们的内容均为十六进制数。当比较结果第一数大于第二数时，01000 置为 ON；当两数相等时，01001 置为 ON；当第一数小于第二数时，01002 置为 ON。

7. 移位指令 SFT(10)

SFT 指令梯形图符号：

SFT 指令由三个执行条件控制，IN 为输入，SP 为时钟，R 为复位。在 SP 时钟上升沿 D1、D2 中所有数据均向高位移动一位，最高位溢出，最低位由 IN 补入。当 R 为 ON 时，D1、D2 所有位复位。当 D1、D2 相同时，则有一个 16 位移位寄存器。SFT(10) 不影响标志位。

SFT 指令应用举例如图 3.7.8 所示。

地址	指令	操作数
00000	LD	00000
00001	LD	25502
00002	LD	00001
00003	SFT (10)	011
		011
00004	LD	01107
00005	OUT	01000

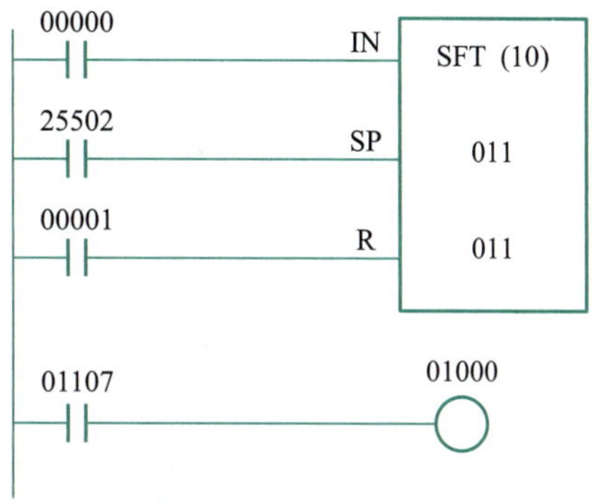

图 3.7.8　SFT 指令应用举例

25502 为 1s 时钟脉冲，当 00001 为 OFF 时，SP 每个上升沿即将其 00000 的状态移入 011 通道。当 01107 为 1 时，01000 为 ON。

3.7.3　PLC 应用举例

下面以笼型异步电动机星-三角降压起动控制为例，介绍 PLC 的应用技术。

1. 控制要求

星-三角降压起动是笼型异步电动机的降压起动方式之一，参见图 2.3.3，其控制要求如下：当主接触器 KM1 与星形接触器 KM3 同时接通时，电动机工作在星形起动状态；而当主接触器 KM1 与三角形接触器 KM2 同时接通时，电动机工作在三角形接法的正常运行状态。星形起动时间为 T1 秒。

由于 PLC 内部继电器切换时间很短，所以在 KM3 断到 KM2 通之间需延时以保证可靠切换，设延时时间为 T2 秒。

2. 输入输出分析

由控制要求分析，此系统为开关量顺序控制系统。

① 输入有 3 个开关量信号，即系统起动信号、停止信号、热继电器保护信号。

② 输出有 3 个开关量信号，即定子绕组主接触器 KM1、定子绕组星形接触器 KM3、定子绕组三角形接触器 KM2。

3. I/O 通道分配与 I/O 接线图

本系统选用 CPM2A 型 PLC 进行控制，其 I/O 通道分配表及 I/O 接线图分别如表 3.7.2 和图 3.7.9 所示。

表 3.7.2　I/O 通道分配表

输入信号				输出信号			
信号名称	端子号	功能说明	备注	信号名称	端子号	功能说明	备注
起动按钮 SB1	00000	起动系统运行	动合	主接触器 KM1	01100	定子绕组主接触器	通有效
停止按钮 SB2	00001	停止系统运行	动合	星形接触器 KM3	01101	定子绕组星形接触器	通有效
热继电器触点 FR	00002	电动机过载保护	动断	三角形接触器 KM2	01102	定子绕组星形接触器	通有效

4. **梯形图程序设计**

梯形图如图 3.7.10 所示。在设计梯形图时要注意如下几点：

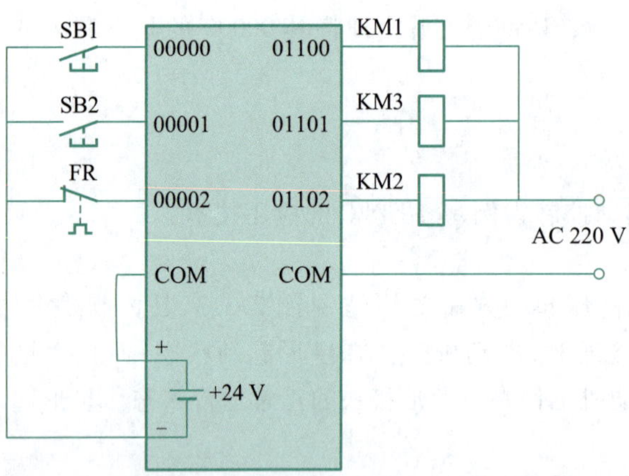

图 3.7.9　星-三角起动控制的 I/O 接线图

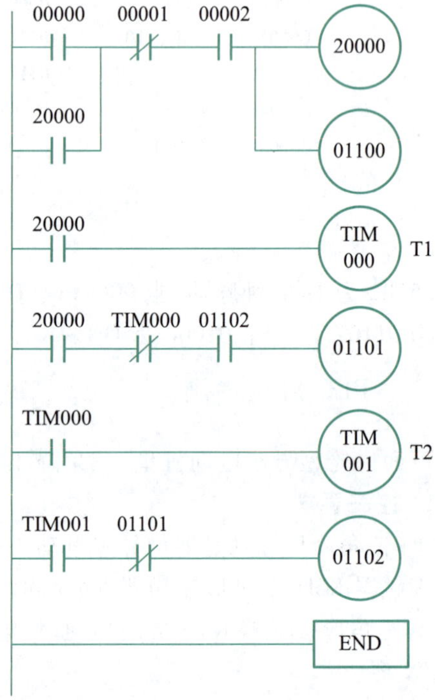

图 3.7.10　星-三角起动控制的梯形图

① 要分清输入信号是长信号还是短信号。不带自锁的按钮、行程开关等，当有外力作用时触点动作，当外力消失后触点就恢复到原来的状态，这类信号属于短信号。在大多数情况下都需要进行加长处理，即是采用类似于继电接触式控制线路的自锁电路。如本例中的 20000 需要自锁。

② 短信号在控制内部辅助继电器、输出继电器时采用自锁很容易实现，但是如果短信号控制的是定时器、计数器等的时候，依靠本身的触点无法自锁，此时必须考虑再用一个内部辅助继电器进行过渡。

③ 必须明确输入设备用的是动合触点还是动断触点。如果输入接线为动断触点（例如本例

中的热继电器触点 FR)，当它未动作前，输入继电器 00002 已经接通，此时在梯形图中应该用动合触点，这一点应与继电接触器控制原理图相反。

④ 在编制梯形图时，不仅要考虑继电器线圈的接通条件，而且要考虑各线圈的断开条件。对于定时器、计数器等还要注意其断开后的状态。

习题

3.1 问答题

(1) 可编程序控制器的主要功能是什么？具备哪些技术特点？

(2) 可编程序控制器的工作方式是什么？它的工作过程有什么显著特点？

(3) 什么是扫描周期？它主要受什么影响？

(4) 可编程序控制器对输入输出的处理规则是什么？

(5) 可编程序控制器的数字量输出有几种输出方式？各适用于什么场合？

(6) 继电接触式电气控制线路与 PLC 的梯形图有什么相同点和不同点？

(7) 什么是软继电器？

(8) PLC 的输入继电器能否用指令驱动？为什么？

3.2 根据指令语句表画出梯形图

(1) 指令语句表如下：

```
LD        00001
AND       01001
OUT       01000
LD        01000
AND NOT   00002
OUT       01001
AND       00003
OUT       01002
END
```

(2) 指令语句表如下：

```
LD        00000
AND       00001
LD        00002
AND       00003
LD NOT    00004
AND       00005
OR LD
OR LD
OUT       01001
END
```

3.3 根据梯形图写出指令语句表

(1) 梯形图如图 3.3.1(b) 所示。

(2) 梯形图如图 3.7.10 所示。

(3) 梯形图如题图 3.1 所示。

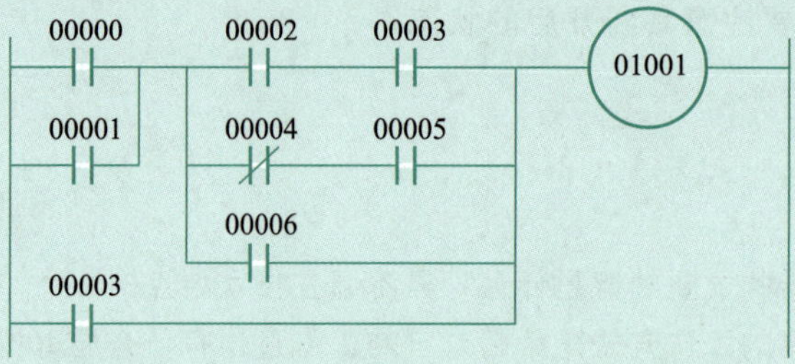

题图 3.1

3.4　画波形图

(1) 根据题图 3.2 中的梯形图和 00002 的波形图画出 01000 的波形图。

(2) 根据题图 3.3 中的梯形图和 00002 的波形图画出 01001 的波形图。

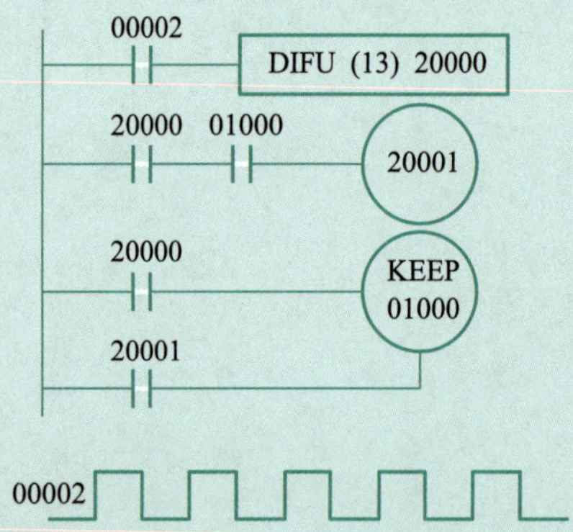

题图 3.2

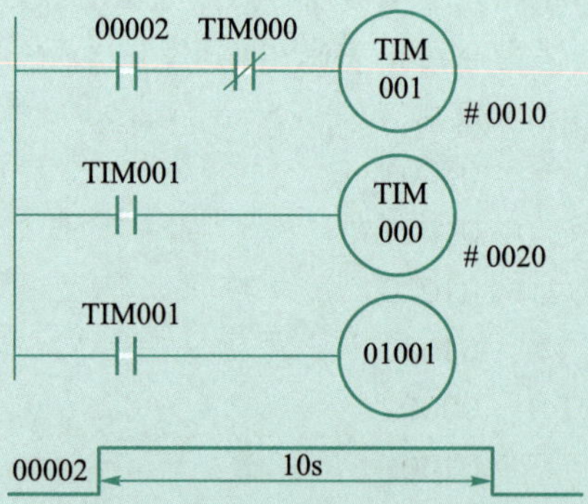

题图 3.3

3.5　根据波形图，设计出梯形图

波形图如题图 3.4 所示。

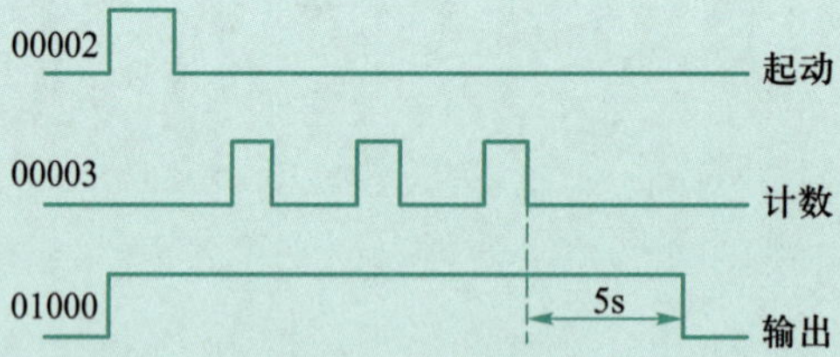

题图 3.4

第 4 章 典型生产机械的电气控制

内容提要

本章首先介绍了典型生产机械继电接触器控制线路和 PLC 控制系统的读图方法，并列举了实例，然后以桥式起重机、钻床和万能铣床的继电接触式控制以及小车装卸料的 PLC 控制为例，进一步介绍电气控制系统的分析方法和分析步骤、典型生产机械控制线路的原理以及机械、液压与电气控制配合的意义，为电气控制系统的设计、安装、调试、维护打下基础。

4.1 电气控制线路的读图方法

4.1.1 读图的一般方法与步骤

阅读分析电气控制原理图，主要包括主电路、控制电路和辅助电路等几部分。在阅读分析之前，必须了解设备的主要结构、运动形式、电力拖动形式、电动机和电器元件的分布状况及控制要求等内容，在此基础上，便可以阅读分析电气原理图了。

1. 分析主电路

从主电路入手，根据每台电动机和电磁阀等执行电器的控制要求去分析它们的控制内容。控制内容包括起动、方向控制、调速和制动等。

2. 分析控制电路

根据主电路中各电动机和电磁阀等执行电器的控制要求，逐一找出控制电路中的控制环节，利用前面学过的电气控制线路基本规律的知识，按功能不同划分成若干个局部控制线路来进行分析。分析控制电路的基本方法是查线读图法，其步骤如下：

① 从执行电器（电动机等）着手，在主电路上看有哪些控制元件的触点，根据其组合规律看控制方式。

② 在控制电路中由主电路控制元件的主触点的文字符号找到有关的控制环节及环节间的联系。

③ 从按动起动按钮开始，查对线路，观察元件的触点符号是如何控制其他控制元件动作的，再查看这些被带动的控制元件的触点是如何控制执行电器或其他元件动作的，并随时注意控制元件的触点使执行电器有何运动或动作，进而驱动被控机械有何运动。

在分析过程中，要一边分析一边记录，最终得出执行电器及被控机械的运动规律。

3. 分析辅助电路

辅助电路包括电源显示、工作状态显示、照明和故障报警等部分，它们大多由控制电路中的元件来控制，所以在分析时，还要回过头来对照控制电路进行分析。

4. 分析联锁与保护环节

生产机械对于安全性和可靠性有很高的要求,实现这些要求,除了合理地选择拖动和控制方案以外,在控制线路中还设置了一系列电气保护和必要的电气联锁。

5. 总体检查

经过“化整为零”,逐步分析了每一个局部电路的工作原理以及各部分之间的控制关系之后,还必须用“集零为整”的方法,检查整个控制线路,看是否有遗漏。特别要从整体角度去进一步检查和理解各控制环节之间的联系,理解电路中每个元件所起的作用。

4.1.2 读图举例

下面通过实例介绍生产机械电气控制线路的分析方法。

1. C620-1 型卧式车床电气控制线路分析

在金属切削机床中,车床所占的比重最大,而且应用也最广泛。它能够完成车削内圆、外圆、端面、螺纹和螺杆,能够车削定型表面,并可用钻头、铰刀等刀具进行钻孔、镗孔、倒角、割槽及切断等加工工作。

(1) 主要结构、运动形式、电力拖动形式及控制要求

C620-1 型卧式车床主要由床身、主轴变速箱、进给箱、溜板箱、溜板、丝杠和刀架等几部分组成。

车削加工的主运动是主轴通过卡盘或顶尖带动工件的旋转运动,且由主轴电动机通过带传动传到主轴变速箱再旋转的,机床的其他进给运动是由主轴传给的。

C620-1 型车床共有两台电动机,一台是主轴电动机,带动主轴旋转,采用普通笼型异步电动机,功率为 7 kW,配合齿轮变速箱实行机械调速,以满足车削负载的特点,该电动机属长期工作制运行;另一台是冷却泵电动机,为车削工件时输送冷却液,也采用笼型异步电动机,功率为 0.125 kW,属长期工作制运行。机床要求两台电动机单向运动,且采用全压直接起动。

C620-1 型卧式车床电气控制线路是由主电路、控制电路、照明电路等部分组成,如图 4.1.1 所示。由于向车床供电的电源开关要装熔断器,而电动机 M1 的电流要比电动机 M2 及控制电路的电流大得多,所以电动机 M1 没有再装熔断器。

(2) 主电路分析

从主电路看,C620-1 型卧式车床电动机电源采用 380 V 的交流电源,由组合开关 QS1 引入。主轴电动机 M1 的起停由 KM 的主触点控制,主轴通过摩擦离合器实现正反转;主轴电动机起动后,才能起动冷却泵电动机 M2,是否需要冷却,由组合开关 QS2 控制。熔断器 FU1 为电动机 M2 提供短路保护。热继电器 FR1 和 FR2 为电动机 M1 和 M2 提供过载保护,它们的动断触点串联后接在控制电路中。

(3) 控制电路分析

该车床的控制电路是一个单方向起、停的典型电路。

主轴电动机的控制过程为: 合上电源开关 QS1,按下起动按钮 SB1,接触器 KM 线圈通电使铁心吸合,电动机 M1 由 KM 的三个主触点吸合而通电起动运转,同时并联在 SB1 两端的 KM 辅助触点 3、4 吸合,实现自锁;按下停止按钮 SB2,接触器 KM 断电释放,主电路中 KM 的三个主触点断开,M1 停转。

冷却泵电动机的控制过程为: 当主轴电动机 M1 起动后(KM 主触点闭合),合上 QS2,电动

机 M2 得电起动；若要关掉冷却泵，断开 QS2 即可；当 M1 停转后，M2 也停转。

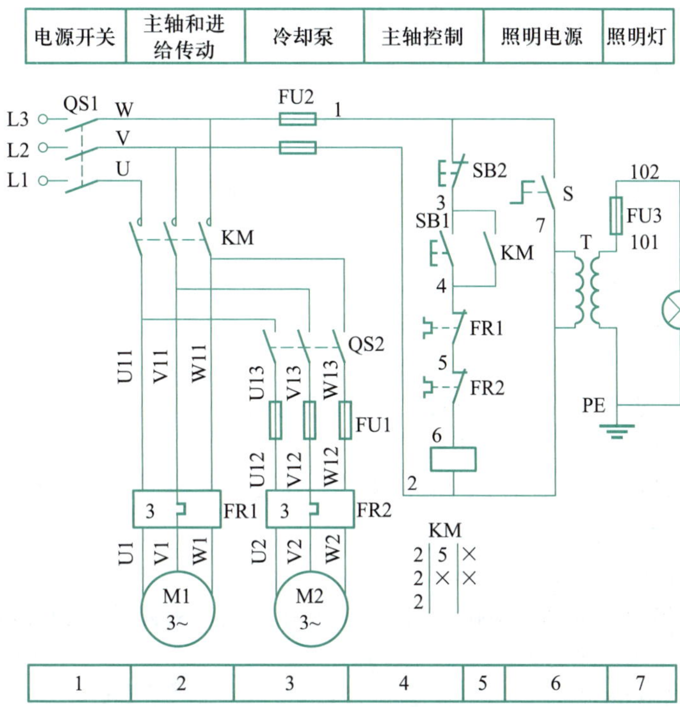

图 4.1:1 C620-1 型车床电气原理图

只要电动机 M1 和 M2 中任何一台过载，其相对应的热继电器的动断触点断开，从而使控制电路失电，接触器 KM 断电释放，所有电动机停转。FU2 为控制电路的短路保护。另外，控制电路还具有失压和欠压保护，同时由接触器 KM 来完成，因为当电源电压低于接触器 KM 线圈额定电压的 85% 时，KM 会自动释放，从而保护两台电动机。

（4）辅助电路分析

C620-1 型卧式车床的辅助电路主要是照明电路。照明由变压器 T 将交流 380 V 转变为 36 V 的安全电压供电，FU3 为短路保护，S 为照明电路的电源开关，合上开关 S，照明灯 EL 亮。照明电路必须接地，以确保人身安全。

2. 组合机床机械动力滑台的电气控制线路分析

（1）组合机床简介

组合机床是由一些通用部件及少量的专用部件组成的自动化程度较高的高效率专用机床，一般可多轴、多刀、多工序和多面同时进行钻、扩、铰、镗、车和磨等加工工作，适用于大批量产品的生产。

组合机床一般由床身、滑座、立柱、中间底座、动力部件和传送部件等部分组成。动力部件中，能同时完成刀具切削运动及进给运动的部件常称为动力头，而只能完成进给运动的部件则称为动力滑台。在动力头上只安装多轴箱，而滑台上还可安装由各种切削头组成的动力头。因此，动力滑台比动力头通用性更强。动力滑台配置不同的电气控制线路，可完成不同的工作过程，下面仅介绍机械动力滑台具有一次工作进给的电气控制线路。

(2) 机械动力滑台的电力拖动形式和控制要求

机械动力滑台由滑台、机械滑座及双电动机(快速电动机和进给电动机)传动装置等部件组成,有各种自动循环工艺来满足各种加工的需要。图 4.1.2 所示为机械滑台结构及一次工作进给工艺示意图。

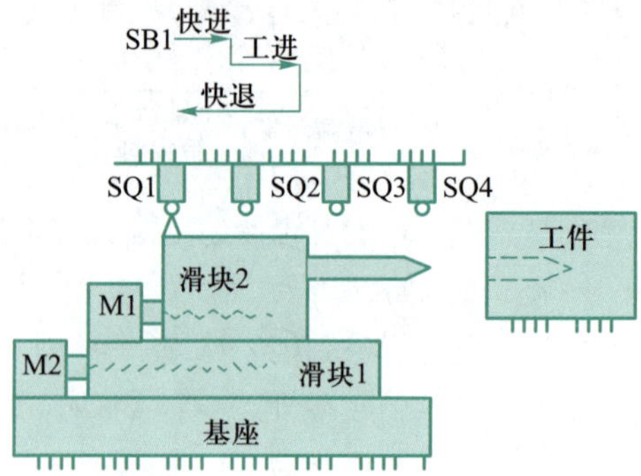

图 4.1.2 机械滑台结构及一次工作进给工艺示意图

在图 4.1.2 中,机械动力滑台对电力拖动控制有以下要求:

① 滑块 1 由快速进给电动机 M2 拖动,可在基座上滑动。由于还要快退,故对 M 要实现正、反转控制。

② 滑块 2 由慢速工进电动机 M1 拖动,可在滑块 1 上滑动。

③ 滑台在快进或快退过程中,工进电动机 M1 可以工作,也可以不工作。

④ 若两台电动机同时工作,则快进时的速度等于快进速度和工进速度之和,快退时的速度等于快进速度与工进速度之差。

⑤ 快速进给电动机停止时要进行制动。

图中的 SQ1、SQ2 和 SQ3 分别为原位、快进转工进和终点行程开关,SQ4 为超行程保护行程开关。

(3) 电气控制线路分析

图 4.1.3 所示为机械动力滑台具有一次工进的电气控制线路。图中的 KM 为滑台上切削头主轴电动机控制用接触器触点,图 4.1.3 中未画主轴电动机的主电路和控制电路。SA 为单独调整开关,置 1 位时闭合,置 0 位时断开。YB 为快速电动机 M2 断电制动型电磁制动器线圈。

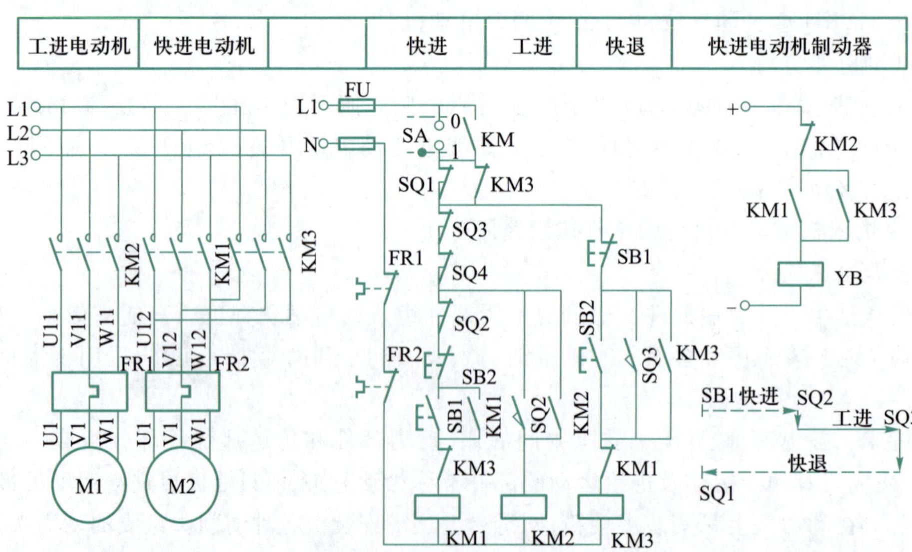

图 4.1.3 机械滑台具有一次工进的电气控制原理图

① 主电路分析。

由于机械滑台是整台组合机床的一部分，故在图 4.1.3 的主电路中看不到电源开关和短路保护。接触器 KM1 和 KM3 的主触点控制快进电动机 M2 的正、反转，采用电磁抱闸制动器进行机械制动，接触器 KM2 的主触点控制工进电动机 M1 的起停。热继电器 FR1 和 FR2 为电动机 M1 和 M2 的过载保护，它们的动断触点串联后接在控制电路中。

② 控制电路分析。

正常工作时，调整开关 SA 置于 0 位。当主轴起动后，KM 动合触点闭合，此时按动 SB1，KM1 通电动作并自锁，YB 随即通电使制动器松开，则 M2 正转，工作台快进。当工作台上的挡铁（撞块）压下 SQ2 时，SQ2 的动断触点断开，动合触点闭合，KM1 断电释放，YB 断电抱闸抱紧，使 M2 断电并迅速制动停车（抱闸制动），而 KM2 因 SQ2 受压而通电自锁，M1 起动运转，工作台由快进转向工进。当终点行程开关 SQ3 受压时，SQ3 的动断触点断开，动合触点闭合，KM2 断电释放，M1 停转，KM3 通电动作并自锁，YB 也通电，抱闸松开，M2 反转，工作台快退。当快退至原位时，SQ1 受压，因在快退时与 SQ1 动断触点并联的 KM3 动断触点已断开，故当 SQ1 受压后，KM3 就立即断开，YB 断电，抱闸抱紧，M2 被制动停转，一个自动循环完成。

③ 联锁和保护环节分析。

起动按钮 SB1 为复合按钮，用来防止正转接触器 KM1 和反转接触器 KM3 同时得电，造成电源短路。FU 起着保护控制电路的作用，而 FR1 和 FR2 起着过载保护的作用。

在工进时，若行程开关 SQ3 失灵，就会越位，至行程开关 SQ4 处时，由于 SQ4 受压，使得 M1 停车。故行程开关 SQ4 起着超行程保护的作用。此时要退至原位，按动 SB2 即可，故 SB2 称作手动调整快退按钮。当随机停电时，工作台停在中途，来电后可用 SB2 调至原位。

本节通过实例介绍了电气控制系统分析的基本内容和一般规律，从 4.2 节开始将通过桥式起重机、辊道、钻床等典型生产机械电器控制线路的分析，进一步说明电气控制系统分析的方法和具体步骤。

4.1.3 PLC 控制系统的分析方法

（1）了解生产机械的工艺流程，这将有利于对控制过程的分析。

（2）根据 PLC 的 I/O 接线图，了解输入输出设备及其作用，包括：

① 看输入设备中哪些为起、停控制，哪些为检测元件，其作用是什么。

② 清楚输入设备触点的接入方式（是以动合触点接入还是以动断触点接入）和初始状态（在未动作时触点的状态）。

③ 对于电动机拖动的系统，根据电动机主电路，确定出各输出设备的作用。对于其他控制系统，要根据工艺和控制要求，确定输出设备的作用。

④ 对照 PLC 的 I/O 接线图，列出 I/O 地址分配表，表中要包括输入设备名称、I/O 端子号（地址）等。

（3）结合工作过程，分析梯形图。

由于 PLC 的控制作用最终都是通过输出继电器线圈的通断去实现的，所以在分析时首先要查看各输出继电器的通断条件，即是看控制输出继电器线圈的触点有哪些，然后模拟实际操作，按下起动按钮看梯形图中哪些输出被接通（包括输出继电器、内部辅助继电器、定时器、计数器以及特殊的指令等），这些接通的输出又引发了哪些输出的动作等。一步一步地进行，边进行边记录，直到整个梯形图分析完毕。

在分析过程中，要注意PLC特有的巡回扫描工作方式，即在梯形图中按照从上到下、从左到右的方式巡回扫描工作。

应用举例参见4.4节。

4.2 桥式起重机的电气控制

4.2.1 桥式起重机概述

起重机是用来在短距离内提升和移动物件的机械，俗称天车。广泛应用于工矿企业、港口、车站、建筑工地等，对减轻工人体力劳动，提高劳动生产率起着重要作用，它的类型很多，常用的可分为两大类，即多用于厂房内移行的桥式起重机和主要用于户外的旋转式起重机。

起重机虽然种类很多，但从结构上看，都具有提升机构和移行机构。其中，桥式起重机具有一定的典型性和广泛性。尤其在冶金和机械制造企业中，各种桥式起重机获得广泛的应用。

桥式起重机由桥架（又称大车）、小车及提升机构三部分组成，如图4.2.1所示。桥架沿着车间起重机梁上的轨道纵向移动，小车沿着桥架上的轨道横向移动，提升机构安装在小车上，上下运动。根据工作需要，可安装不同的取物装置，例如吊钩、抓斗起重电磁铁、夹钳等。

根据不同的要求，有些起重机大车上安装两台小车，也有的在小车上安装两个提升机构，分为主提升（主钩）和辅助提升（副钩），小车机构传动系统如图4.2.2所示。

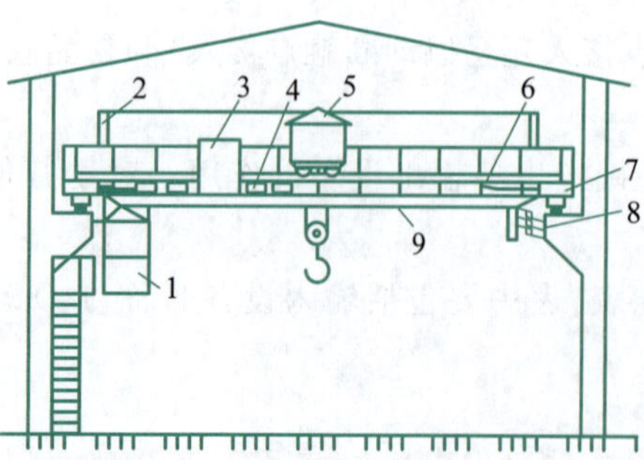

1—驾驶室；2—辅助滑线架；3—交流磁力控制器；
4—电阻箱；5—起重小车；6—大车拖动电动机；
7—端梁；8—主滑线；9—主梁

图4.2.1 桥式起重机示意图

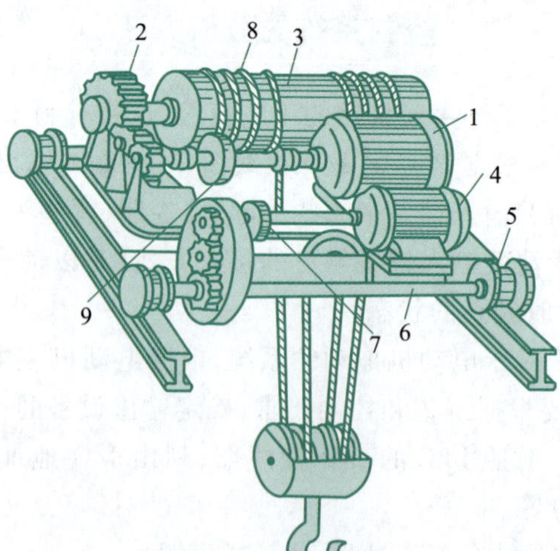

1—提升电动机；2—提升机构减速器；3—卷筒；
4—小车电动机；5—小车走轮；6—小车车轮轴；
7—小车制动轮；8—钢丝绳；9—提升机构制动轮

图4.2.2 小车机构传动系统图

4.2.2 桥式起重机的主要技术参数

1. 额定起重量

额定起重量是指起重机实际允许起吊的最大负荷量,以吨(t)为单位。我国生产的桥式起重机起重量有 5 t、10 t、15/3 t、20/5 t、30/5 t、50/10 t、75/20 t、100/20 t、125/20 t、150/30 t、200/30 t、250/30 t 等。其中,分子为主钩起重量,分母为副钩起重量。

2. 跨度

跨度是指大车轨道中心线间的距离,以米(m)为单位,一般常用的跨度为 10.5 m、13.5 m、16.5 m、19.5 m、22.5 m、25.5 m、28.5 m、31.5 m 等规格。

3. 提升高度

提升高度是指吊具的上极限位置与下极限位置之间的距离,以米(m)为单位。一般常见的提升高度为 12 m、16 m、12/14 m、12/18 m、16/18 m、19/21 m、20/22 m、21/23 m、22/26 m、24/26 m等。其中,分子为主钩提升高度,分母为副钩提升高度。

4. 移行速度

移行速度是指移行机构在拖动电动机额定转速下运行的速度,以米/分(m/min)为单位。小车移行速度一般为 40 ~ 60 m/min,大车移行速度一般为 100 ~ 135 m/min。

5. 提升速度

提升速度是指提升机构在电动机额定转速时,取物装置上升的速度,以米每分(m/min)为单位。一般提升的最大速度不超过 30 m/min,依货物性质、重量来决定。

6. 工作类型

起重机按其载重量可分为三级:小型 5 ~ 10 t,中型 10 ~ 50 t,重型 50 t 以上。

按其负载率和工作繁忙程度可分为:

① 轻级。工作速度较低,使用次数也不多,满载机会也较少,负载持续率约为 15% 。如主电室,修理车间用起重机。

② 中级。经常在不同负载条件下,以中等速度工作,使用不太频繁,负载持续率约为 25% 。如一般机械加工车间和装配车间用起重机。

③ 重级。经常处在额定负载下工作,使用较为频繁,负载持续率约为 40% 以上。如冶金和铸造车间用的起重机。

④ 特重级。基本上处于额定负载下工作,使用更为频繁,环境温度高。保证冶金车间工艺过程进行的起重机,属于特重级。

4.2.3 桥式起重机对电力拖动的要求

1. 起重用电动机的特点

起重机的工作环境比较恶劣,尤其是炼钢、铸造、热轧等车间的起重机,由于它处于车间上部,经常工作在高温多尘、烟雾大、温度高的场合下。

起重机的工作频繁,时开时停,每小时接电次数多,其负载性质为重复短时工作制。因此,所用电动机经常处于起动、调速、制动和正、反转工作状态,负载很不规律,时轻时重,经常要承受较大的过载和机械冲击。

起重机要求有一定的调速范围,所以,要求电动机能够变速,但对调速的平滑性一般要求不

高。为此,专门设计制造了冶金-起重用电动机,其特点如下:

① 按重复短时工作制制造,因此,其容量是按重复短时工作状态来选定的,用负载持续率来表示工作的繁重程度

$$ZC\% = \frac{t_g}{t_g + t_o} \tag{4.2.1}$$

式中,ZC% 为负载持续率;

t_g 为工作时间(min);

t_o 为休息时间(min)。

一个周期 $T = t_g + t_o \leqslant 10$ min,我国规定的标准负载持续率有 15%、25%、40%、60% 几种。

② 具有较大的起动转矩和较大的最大转矩,以适应频繁的重负载下起动、制动和反转与经常过载的要求。

③ 具有细长的转子,其长度与直径之比(L/D)较大,所以,电动机转子转动惯量 GD^2 较小,以得到较小的加速时间和较小的起动损耗。

④ 制造成封闭式,具有加强的机械结构,较大的气隙,以适应使用于多粉尘场合和较大的机械冲击。

⑤ 采用较高的耐热绝缘等级,允许温升高。

我国生产的冶金-起重用电动机,分交流和直流两大类。交流有 JZR 及 JZ2 两种型号,前者为绕线型,后者为笼型。由于机械强度大,过载能力强,定子与转子间隙大,所以,空载电流大,机械特性软。目前还生产新系列的电动机,有 YZR 和 YZ 系列,前者为绕线型,后者为笼型。直流电动机有 ZZK 及 ZZ 系列,都有并励、串励和复励三种励磁方式,全封闭式结构,额定电压有 220 V 和 440 V 两种,功率在 100 kW 以下,负载持续率定为 25%。

2. 提升机构对电力拖动的要求

① 空钩能快速升降,以减小辅助工时,轻载时的提升速度应大于额定负载时的提升速度。

② 应具有一定的调速范围,普通起重机调速范围一般为 3:1,要求较高的起重机,其调速范围可达(5~10):1。

③ 具有适当的低速区。当提升重物开始或下降重物到预定位置附近时,都要求低速。为此,往往在 30% 额定速度内分成若干挡,以便灵活选择。所以,由低速向高速过渡,或从高速向低速过渡,应逐渐变速,以保持稳定运行。

④ 提升的第一挡应作为预备挡,用以消除传动间隙,将钢绳张紧,避免过大的机械冲击。预备挡的起动转矩不能大,一般限制在额定转矩的一半以下。

⑤ 下降时,根据负载的大小,电动机可以是电动状态,也可以是倒拉反接制动状态或再生发电制动状态,以满足对不同下降速度的要求。

⑥ 为保证安全可靠地工作,应采用电气制动与机械抱闸制动同时应用,以减少抱闸的磨损,但无论有无电气制动,都要有机械抱闸,以免在电源故障时造成在无制动力矩作用下,重物自由下落。

3. 移行机构对电力拖动的要求

大车移行机构和小车移行机构对电力拖动的要求比较简单,只要求有一定的调速范围,分几挡控制即可。起动的第一挡也作为预备挡,以消除起动时的机械冲击,所以,起动转矩也限制在额定转矩的一半以下。为实现准确停车,增加电气制动,同样可以减轻机械抱闸的负担,减少机

械抱闸的磨损，提高制动的可靠性。

4.2.4 桥式起重机电动机的工作状态

1. 移行机构电动机的工作状态

移行机构电动机的负载转矩为飞轮滚动摩擦力矩与轮轴上的摩擦力矩之和，这种负载力矩始终是阻碍运动的，所以是阻力转矩，当大车或小车需要来回移行时，电动机工作于正、反向电动状态。

2. 提升机构电动机的工作状态

提升机构电动机的负载除一小部分由于摩擦产生的力矩外，主要是由重物和吊钩产生的重力矩，这种负载当提升时都是阻力负载，下降时多是动力负载，而在轻载或空钩下降时，是阻力负载或是动力负载，要视具体情况而定，所以，提升机构电动机工作时，由于负载情况不同，工作状态也不同。

（1）提升时电动机的工作状态

提升重物时，电动机承受两个阻力转矩，一个是重物的自重产生的重力转矩 T_g；另一个是在提升过程中传动系统存在的摩擦转矩 T_f，当电动机产生的电磁转矩克服阻力转矩时，重物将被提升，电动机处于电动状态，以提升方向为正向旋转方向，则电动机处于正转电动状态，如图 4.2.3 所示，工作在第一象限，当 $T_e=T_g+T_f$ 时，电动机稳定运行在 n_a 转速下。

电动机起动时，为获得较大的起动转矩并减小起动电流，采用直流电动机拖动的，则在电枢上串联电枢电阻；采用交流绕线转子异步电动机拖动的，则在转子串联转子电阻，然后依次切除，使电动机转速逐渐升高，达到要求的提升速度为止。

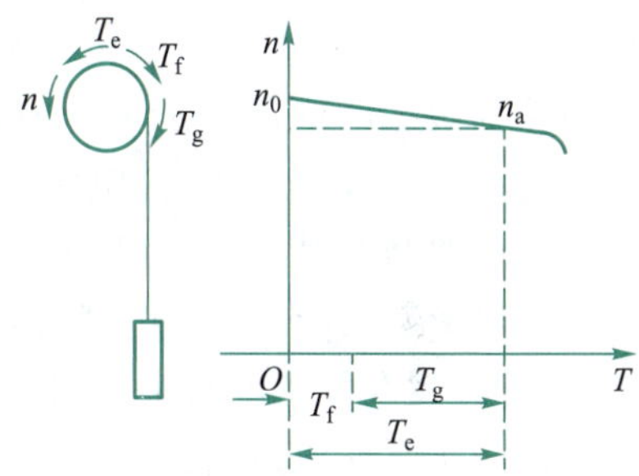

图 4.2.3 提升时电动机工作状态

（2）下降时电动机的工作状态

① 重物下降。当下放重物时，若负载较重，$T_g \gg T_f$ 时，为获得较低的下降速度，需将电动机按正转提升方向接线，则电动机的电磁转矩 T_e 与重力转矩 T_g 方向相反，电磁转矩成为阻碍下降的制动转矩，当 $T_g=T_f+T_e$ 时，电动机稳定运行在 $-n_a$ 转速下，电动机处于倒拉反接制动状态，如图 4.2.4(a) 所示，工作在第四象限。此时直流电动机电枢或交流绕线转子异步电动机的转子应串联较大的电阻。

② 轻载下降。轻载下降时，可能有两种情况，一种情况是 $T_g<T_f$；另一种情况是 T_g 很小，但仍大于 T_f。

当 $T_g<T_f$ 时，由于负载的重力转矩小于摩擦转矩，所以依靠负载自身重量不能下降，电动机产生的电磁转矩必须与重力转矩方向相同，以克服摩擦转矩，强迫负载（或空钩）下降，电动机处于反转电动状态，在 $T_e+T_g=T_f$ 时，电动机稳定运行在 $-n_b$ 转速下，如图 4.2.4(b) 所示，工作在第三象限，也称强力（或加力）下降。

当 $T_g>T_f$ 时，虽然负载很小，但重力转矩仍大于摩擦转矩，当电动机按反转接线时，则电动机的电磁转矩与重力转矩方向相同，在 T_e 与 T_g 的共同作用下，使电动机加速，当 $n=n_0$ 时，电磁转矩为零，但在重力转矩作用下，电动机仍加速，使 $n>n_0$，电动机处于反向再生发电制动状态，在 $T_f+T_e=T_g$ 时，电动机稳定在 $-n_c$ 转速下运行，如图 4.2.4(c) 所示，工作在第四象限，$|n_c|>|n_0|$，

此时，要求电动机的机械特性硬些，以免下降速度过高。因此，再生发电制动状态时，直流电动机电枢回路或交流绕线转子异步电动机转子回路不允许串电阻。

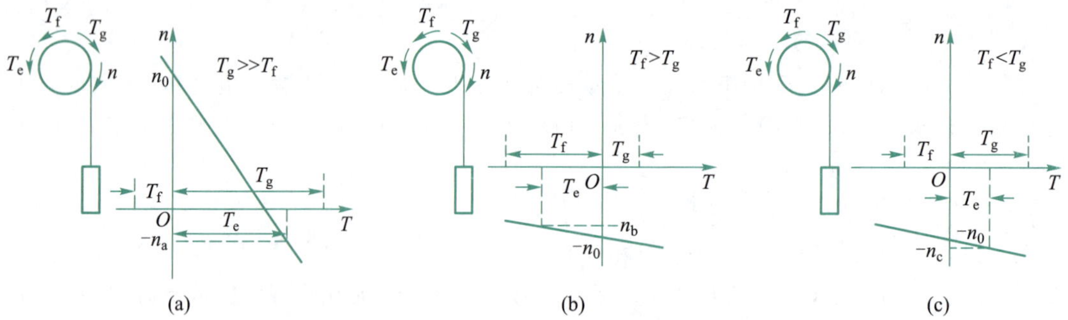

图 4.2.4 下降时电动机工作状态

(a)倒拉反接状态;(b)反转电动状态;(c)再生发电制动状态

4.2.5 凸轮控制器控制的小车移行机构控制线路

1. 凸轮控制器的结构、型号及主要性能

凸轮控制器是用来改变电动机起动、调速及换向的电器。与其他手动控制设备相比，其优点是轻便地转动控制器的手柄，便可以得到电动机的各种连接线路，以使各项操作按规定的程序进行。

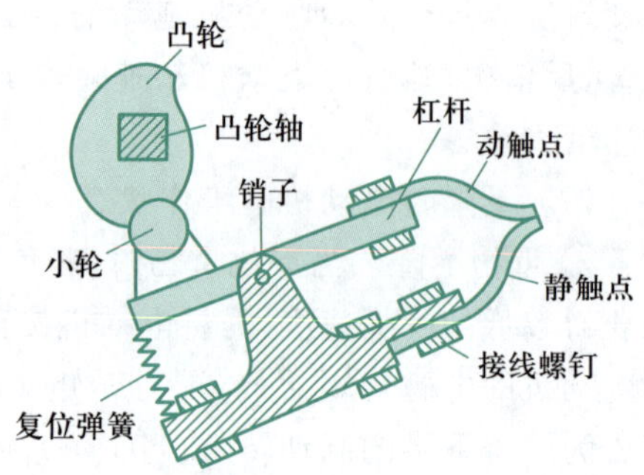

图 4.2.5 凸轮控制器触点元件动作原理图

凸轮控制器的内部构造由固定部分和转动部分组成。固定部分装有一排对接的滚动触点，借助于转动部分绝缘轴上的凸轮使它们接通或断开。转动部分的绝缘轴靠手轮带动旋转，它一部分触点接在电动机的主电路中，一部分接在控制电路中。图 4.2.5 是凸轮控制器触点元件动作原理图，触点元件由不动部分和可动部分组成。静触点为不动部分，可动部分是曲折的杠杆，杠杆的一端装有动触点，另一端装有小轮。当转轴转动时，凸轮随绝缘方轴转动，当凸轮的凸起部分压下小轮时，动触点与静触点分开，分断电路，而转轴带动凸轮转动到接近凹部时，小轮重新嵌入凸轮凹部，在复位弹簧作用下，触点恢复到接通位置。在方轴上叠装不同形状的凸轮和定位棘轮，可使一系列的动、静触点按预先规定的顺序接通或分断电路，达到控制电动机进行起动、运转、反转、制动、调速等目的。

当凸轮控制器切断电动机定子电路时，在动触点和静触点间要产生电弧，为了防止电弧从一个触点跳到另一个触点，在各接触元件间装有用耐火绝缘材料制成的灭弧罩，灭弧罩所形成的空间称为灭弧室，但控制电动机转子部分的触点元件没有灭弧罩。

凸轮控制器在每一个转动方向上，一般有 4 ~ 8 个确定位置，手轮的每一个位置对应于一定的连接线路。手轮附近装有指示控制器位置的针盘，各个位置由棘轮定位机构来固定。定位机构不仅保证触点能正确地停留在需要的工作位置，而且在触点分断时能帮助触点加速离开。

目前起重机常用的凸轮控制器有 KT10、KT12、KT14 和 KTJ1 系列，型号意义如下：

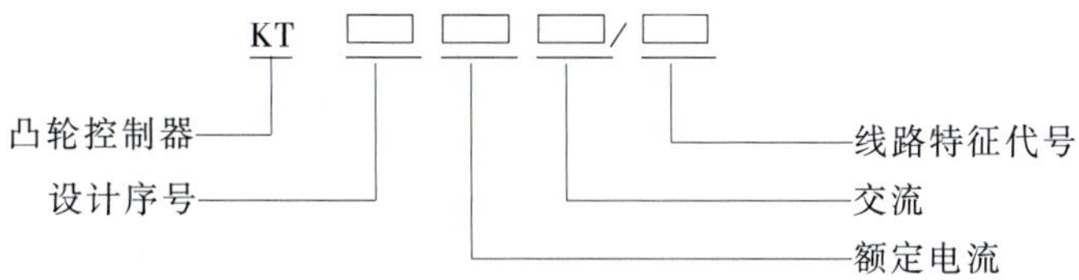

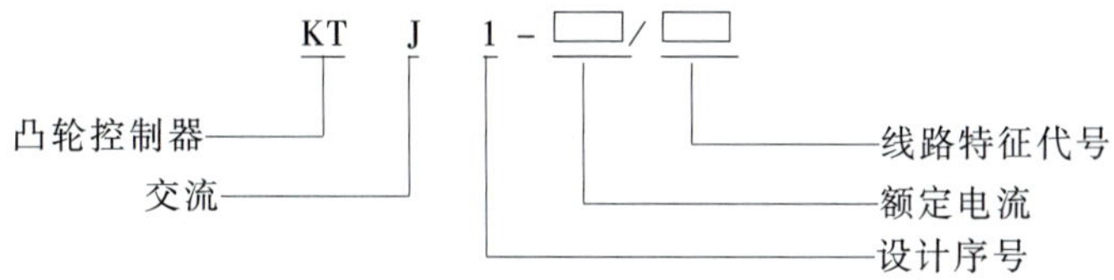

凸轮控制器按重复短时工作制设计，其负载持续率为25%，如果用于间断长期工作制时，其发热电流不应大于额定电流。凸轮控制器 KT10、KT14 的技术数据见表 4.2.1。其额定电压为 380 V。

表 4.2.1　凸轮控制器主要技术数据

型号	额定电流/A	工作位置数		触点数	所能控制的电动机功率		使用场合
		左	右		厂方规定	设计手册推荐	
KT10-25J/1	25	5	5	12	11	7.5	控制一台绕线转子异步电动机
KT10-25J/2	25	5	5	13	*	2×7.5	同时控制两台绕线转子异步电动机定子回路接触器控制
KT10-25J/3	25	1	1	9	5	3.5	控制一台笼型异步电动机
KT10-25J/5	25	5	5	17	2×5	2×3.5	同时控制两台绕线转子异步电动机
KT10-25J/7	25	1	1	7	5	3.5	控制一台转子串频敏变阻器的绕线转子异步电动机
KT10-60J/1	60	5	5	12	30	22	同 KT10-25J/1
KT10-60J/2	60	5	5	13	*	2×16	同 KT10-25J/2
KT10-60J/3	60	1	1	9	16	11	同 KT10-25J/3
KT10-60J/5	60	5	5	17	2×11	2×11	同 KT10-25J/5
KT10-60J/7	60	1	1	7	16	11	同 KT10-25J/7
KT14-25J/1	25	5	5	12	12.5	7.5	同 KT10-25J/1
KT14-25J/2	25	5	5	17	2×6.5	2×3.5	同 KT10-25J/5
KT14-25J/3	25	1	1	7	8	3.5	同 KT10-25J/7

注：* 者由定子回路接触器功率而定。

控制器在线路原理图上是以圆柱表面的展开图来表示的，其表示方法与主令控制器类似。竖虚线为工作位置，横虚线为触点位置，在横竖两条虚线的交点处若用黑圆点标注，则表明控制器在该位置这一触点是闭合接通的,若无黑圆点标注,则表明该触点在这一位置是断开的。见图4.2.6所示的凸轮控制器控制原理图,点画线框内为凸轮控制器SA。

2. 凸轮控制器的控制线路

图4.2.6为KT10-25J/1、KT14-25J/1型凸轮控制器控制的小车移行机构控制线路原理图。

(1) 线路特点

① 可逆对称线路。凸轮控制器左右各有5个位置,采用对称接法,即凸轮控制器的手柄处在正转和反转对应位置时,电动机的工作情况完全相同。

② 采用凸轮控制器控制绕线转子异步电动机转子电路电阻切换,为了减小控制转子电阻触点的数量,转子电路串接不对称电阻。

(2) 控制线路分析

由图4.2.6可见,凸轮控制器共有12对触点,凸轮控制器在零位时有3对触点,其中1对触点用来保证零位起动,另2对除保证零位起动外还配合两个运动方向的行程开关SQ1、SQ2来实现限位保护。在电动机定子和转子回路中共用了凸轮控制器的9对触点,其中4对触点用于定子电路中,控制电动机的正转与反转运行,5对触点用于切换转子电路电阻,限制电动机电流和调节电动机转速。

控制电路中设有三个过电流继电器KA1～KA3实现过电流保护,通过紧急事故开关QS1实现紧急事故保护,通过舱口开关SQ3实现大车顶上无人且舱口关好后才能开车的安全保护。此外还有三相电磁抱闸YB对电动机进行机械制动,实现准确停车,YB通电时,电磁铁吸动抱闸使之松开。

当凸轮控制器手柄置"0"位置时,合上电源开关QS,按下起动按钮SB后,接触器KM接通并自锁,做好起动准备。

当凸轮控制器手柄向右方各位置转动时,对应触点两端W与V3接通,V与W3接通,电动机正转运行。手柄向左方各位置转动时,对应触点两端V与V3接通,W与W3接通。可见接到电动机定子的两相电源对调,电动机反转运行,从而实现电动机正转与反转控制。

当凸轮控制器手柄转动在"1"位置时,转子电路外接电阻全部接入,电动机处于最低速运行。手柄转动在"2""3""4""5"位置时,依次短接(即切除)不对称电阻,如图4.2.7(a)、(b)、(c)、(d)所示,电动机转子转速逐步升高,因此通过控制凸轮控制器手柄在不同位置,可调节电动机转速,获得图4.2.8所示的机械特性。取第一挡起动的转矩为$0.75T_N$,作为切换转矩(满载起动时作为预备级,轻载起动时作为起动级)。凸轮控制器分别转动到"1""2""3""4""5"位置时,分别对应图4.2.8中的机械特性曲线1、2、3、4、5。手柄在"5"位置时,转子电路外接电阻全部切除,电动机运行在固有的机械特性曲线上。

在运行中若将限位开关SQ1或SQ2撞开,将切断线路接触器KM的控制电路,KM失电,电动机电源切除,同时电磁抱闸YB断电,制动器将电动机制动轮抱住,达到准确停车,防止越位而发生事故,从而起到限位保护作用。

在正常工作时,若发生停电事故,接触器KM断电,电动机停止转动。一旦重新恢复供电,电动机不会自行起动,而必须将凸轮控制器手柄返回到"0"位,再次按下起动按钮SB,再将手柄转动至所需位置,电动机才能再次起动工作。从而防止了电动机在转子电路外接电阻切除情况下自行起动,产生很大的冲击电流或发生事故,这就是零位触点(1—2)的零位保护作用。

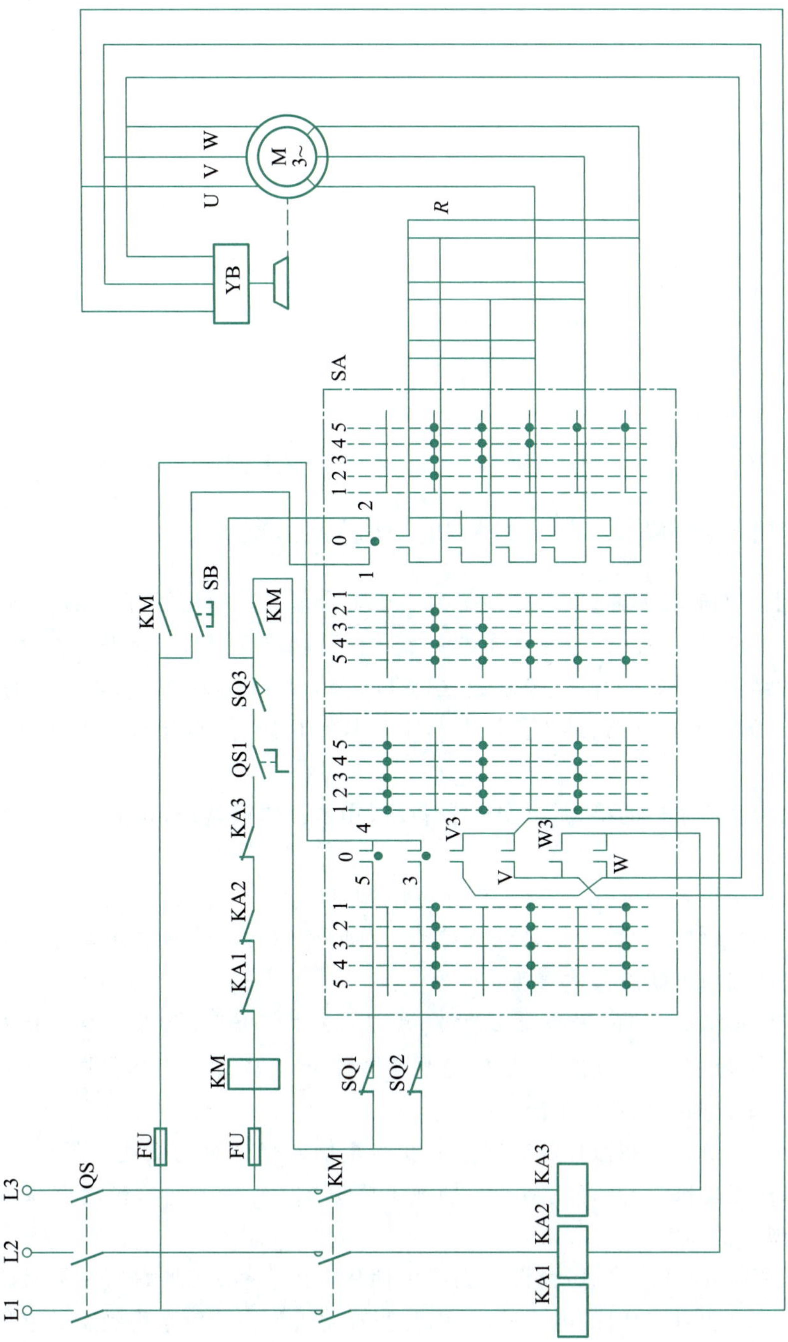

图 4.2.6 凸轮控制器控制原理图

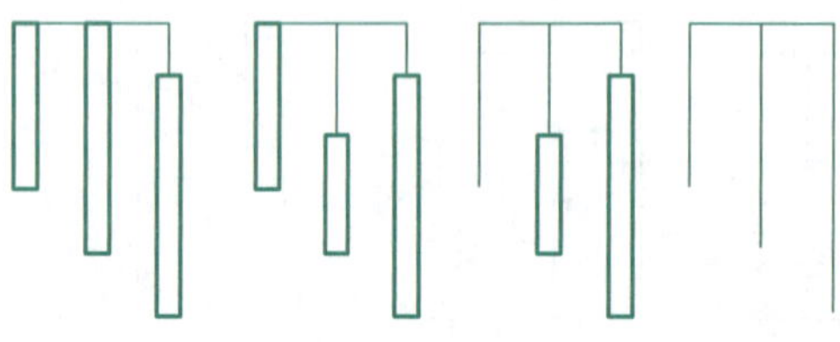

图 4.2.7 凸轮控制器转子电阻切换情况

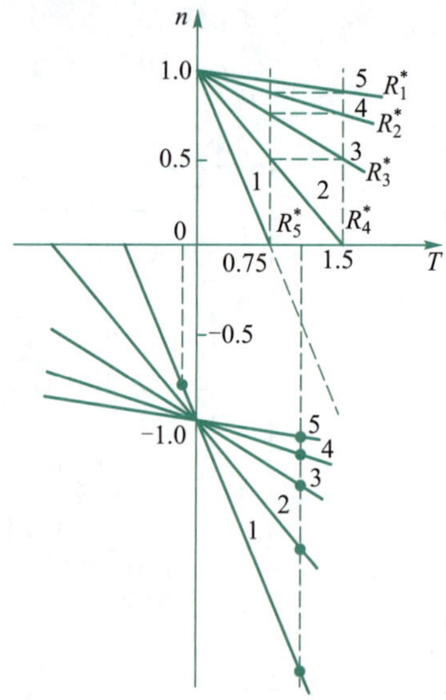

图 4.2.8 凸轮控制器控制的电动机机械特性

4.2.6 凸轮控制器控制大车移行机构和副钩控制情况

应用在大车上的凸轮控制器,其工作情况与小车工作情况基本相似,但被控制的电动机容量和电阻器的规格有所区别。此外,控制大车的一个凸轮控制器要同时控制两台电动机,因此选择比小车凸轮控制器多五对触点的凸轮控制器,如 KT14-60/2,以切除第二台电动机的转子电阻。

应用在副钩上的凸轮控制器,其工作情况与小车基本相似,但提升与下放重物,电动机处于不同的工作状态。

提升重物时,控制器手柄的第"1"位置为预备级,用于张紧钢丝绳,在第"2""3""4""5"位置时,提升速度逐渐升高。

下放重物时,由于负载较重,电动机工作在发电制动状态,为此操作重物下降时应将控制器手柄从零位迅速扳到第"5"位置,中间不允许停留。往回操作时也应从下降第"5"挡快速扳到零位,以免引起重物的高速下落而造成事故。

对于轻载提升,手柄第"1"位置变为起动级,第"2""3""4""5"位置提升速度逐渐升高,但提升速度变化不大。下降时吊物太轻而不足以克服摩擦转矩时,电动机工作在强力下降状态,即电磁转矩与重物重力矩方向一致帮助下降。

由以上分析可知,凸轮控制器控制电路不能获得重物或轻载时的低速下降。为了获得下降时的准确定位,采用点动操作,即将控制器手柄在下降第"1"位置时与零位之间来回操作,并配合电磁抱闸来实现。

在操作凸轮控制器时还应注意:当将控制器手柄从左向右扳,或从右向左扳时,中间经过零位时,应略停一下,以减小反向时的电流冲击,同时使转动机构得到较平稳的反向过程。

4.2.7 保护箱电气原理图分析

采用凸轮控制器、凸轮或主令控制器控制的交流桥式起重机,广泛使用保护箱来实现过载、短路、失压、零位、终端、紧急、舱口栏杆安全等保护。该保护箱是为凸轮控制器操作的控制系统进行保护而设置的。保护箱由刀开关、接触器、过电流继电器、熔断器等组成。

1. 保护箱类型

桥式起重机上用的标准型保护箱是 XQB1 系列，其型号及所代表的意义如下：

1 2 3 4-5 6/7

① 结构形式：X 表示箱。

② 工业用代号：Q 表示起重机。

③ 控制对象或作用：B 表示保护。

④ 设计序号：以阿拉伯数字表示。

⑤ 基本规格代号：以接触器额定电流安培数来表示。

⑥ 主要特征代号：以控制绕线转子异步电动机和传动方式来区分，加 F 表示大车运行机构为分别驱动。

⑦ 辅助规格代号：1～50 为瞬时动作过电流继电器，51～100 为反时限动作过电流继电器。

XQB1 系列起重机保护箱的分类和使用范围见表 4.2.2。

表 4.2.2 XQB1 系列起重机保护箱的分类和使用范围

型　号	所保护电动机台数	备　注
XQB1-150-2/□	二台绕线转子异步电动机和一台笼型异步电动机	
XQB1-150-3/□	三台绕线转子异步电动机	
XQB1-150-4/□	四台绕线转子异步电动机	
XQB1-150-4F/□	四台绕线转子异步电动机	大车分别驱动
XQB1-150-5F/□	五台绕线转子异步电动机	大车分别驱动
XQB1-250-3/□	三台绕线转子异步电动机	
XQB1-250-3F/□	三台绕线转子异步电动机	大车分别驱动
XQB1-250-4/□	四台绕线转子异步电动机	
XQB1-250-4F/□	四台绕线转子异步电动机	大车分别驱动
XQB1-600-3/□	三台绕线转子异步电动机	
XQB1-600-3F/□	三台绕线转子异步电动机	大车分别驱动
XQB1-600-4F/□	四台绕线转子异步电动机	大车分别驱动

2. XQB1 系列保护箱电气原理图分析

(1) 主电路原理图

图 4.2.9 为 XQB1 保护箱的主电路原理图，由它来实现用凸轮控制器控制的大车、小车和副钩电动机的保护。

图中，QS 为总电源刀开关，用来在无负荷的情况下接通或者切断电源。KM 为线路接触器，用来接通或分断电源，兼作失压保护。KA0 为凸轮控制器操作的各机构拖动电动机的总过流继电器，用来保护电动机和动力线路的一相过载和短路。KA3、KA4 分别为小车和副钩电动机过电流继电器，KA1、KA2 为大车电动机的过电流继电器，过电流继电器的电源端接至大车凸轮控制器触点下端，而大车凸轮控制器的电源端接至线路接触器 KM 下面的 U2、W2 端。KA1～KA4 过电流继电器是双线圈式的，分别作为大车、小车、副钩电动机两相过电流保护，其中任何一线圈电流超过允许值都能使继电器动作并断开它的动断触点，使线路接触器 KM 断电，切断总电源，起到过电流保护作用。主钩电动机使用 PQR10A 系列控制屏，控制屏电源由 U2、W2 端获得，主钩电动机 V 相接至 V3 端。

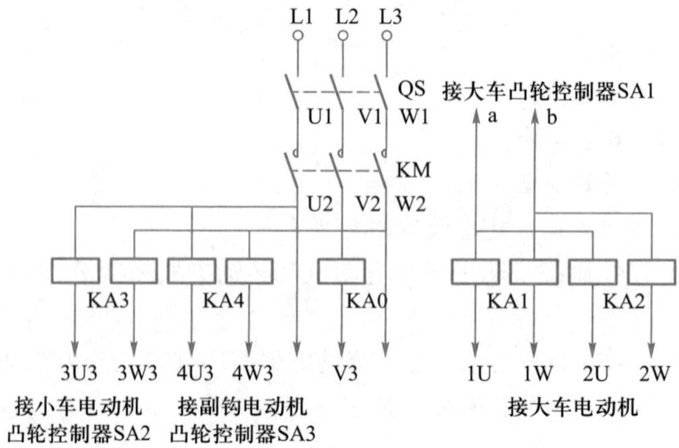

图 4.2.9 XQB1 保护箱的主电路原理图

在实际应用中，当某个机构（小车、大车、副钩等）的电动机使用控制屏控制时，控制屏电源自 U2、V3、W2 获得。XQB1 保护箱主回路的接线情况如下：

① 大车由两台电动机拖动，将图 4.2.9 中的 1U、V3、1W 和 2U、V3、2W 分别接到两台电动机的定子绕组上。U2、W2 经大车凸轮控制器（接线请参考图 4.2.6）接至图中的 a、b 端。

② 将图 4.2.9 中的 3U3、3W3 经小车凸轮控制器 SA2 接至小车电动机定子绕组的两相上，V3 直接接至另一相上（接线情况请参考图 4.2.6）。

③ 将图 4.2.9 中的 4U3、4W3 经副钩凸轮控制器 SA3 接至副钩电动机定子绕组的两相上，V3 直接至另一相上（接线情况请参考图 4.2.6）。

④ 主钩升降机构的电动机是采用主令控制器和接触器进行控制的。接线时将图 4.2.9 中的 U2、W2 经过电流继电器、两个接触器（按电动机正、反转接线）接至电动机的两相绕组上，V3 直接接至另一相绕组上（接线情况请参阅图 4.2.16）。

另外，各绕线转子异步电动机转子回路的接线分别与图 4.2.6 和图 4.2.16 类似。

关于接线的详细情况请参阅图 4.2.18 中的 15/3 t 桥式起重机电气控制原理图。

（2）控制回路原理图

图 4.2.10 为 XQB1 保护箱控制电路原理图。

图中，HL 为电源信号灯，指示电源通断。QS1 为紧急事故开关，在出现紧急情况下切断电源。SQ6 ~ SQ8 为舱口门、横梁门安全开关，任何一个门打开时起重机都不能工作。KA0 ~ KA4 为过电流继电器的触点，实现过载和短路保护。SA1、SA2、SA3 分别为大车、小车、副钩凸轮控制器零位闭合触点，每个凸轮控制器采用了三个零位闭合触点，只在零位闭合的触点与按钮 SB 串联；用于自锁回路的两个触点，其中一个为零位和正向位置均闭合，另一个为零位和反向位置均闭合，它们和对应方向的限位开关串联后并联在一起，实现零位保护和自锁功能。SQ1、SQ2 为大车移行机构的行程限位开关，装在桥梁架上，挡铁装在轨道的两端；SQ3、SQ4 为小车移行机构行程开关，装在桥架上小车轨道的两端，挡铁装在小车上；SQ5 为副钩提升限位开关。这些行程开关实现各自的终端保护作用。KM 为线路接触器，KM 的闭合控制着主钩、副钩、大车、小车的供电。

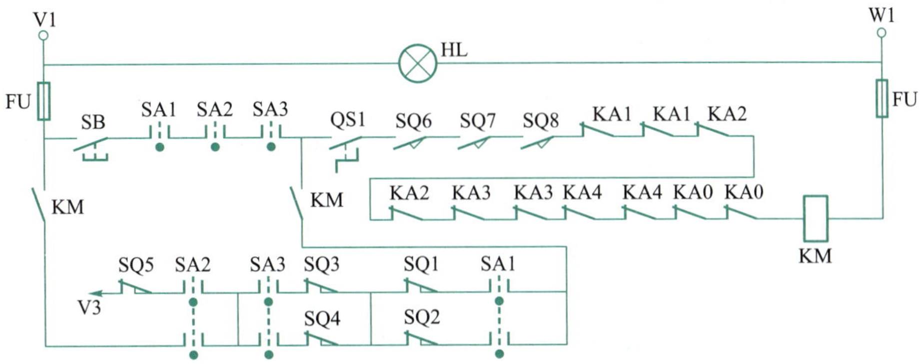

图 4.2.10　XQB1 保护箱控制电路原理图

当三个凸轮控制器都在零位；舱门口、横梁门均关上，SQ6 ~ SQ8 均闭合；紧急开关 QS1 闭合；无过电流，KA0、KA1 ~ KA4 均闭合时按下起动按钮，线路接触器 KM 通电吸合且自锁，其主触点接通主电路，给主、副钩及大车、小车供电。

当起重机工作时，线路接触器 KM 的自锁回路中，并联的两条支路只有一条是通的，例如小车向前时，控制器 SA2 与 SQ4 串联的触点断开，向后限位开关 SQ4 不起作用；而 SA2 与 SQ3 串联的触点仍是闭合的，向前限位开关 SQ3 起限位作用等。

当线路接触器 KM 断电切断总电源时，整机停止工作。若要重新工作，必须将全部凸轮控制器手柄置于零位，电源才能接通。

（3）照明及信号回路原理图

图 4.2.11 为保护箱照明及信号回路原理图。

图中，QS1 为操纵室照明开关，S3 为大车向下照明开关，S2 为操纵室照明灯 EL1 开关，SB 为音响设备 HA 的按钮。EL2、EL3、EL4 为大车向下照明灯，XS1、XS2、XS3 为手提检修灯，电风扇插座。除大车向下照明为 220 V 外，其余均由安全电压 36 V 供电。

3. 过电流继电器

由于过电流继电器是一种自动控制电器，即电流动作之后能自动恢复到原来的工作状态；而熔断器烧毁之后必须更换熔体，所以对工作频繁的起重机各机构多采用过电流继电器作为短路保护电器。

在起重机上常用的过电流继电器有瞬时动作和反时限动作（延时动作）两种类型。瞬时动作的过电流继电器有 JL5、JL15 系列，作为起重机电动机的短路保护，反时限动作的过电流继电器有 JL12 系列，可作为起重机电动机的过载和短路保护。

图 4.2.12 为 JL12 系列过电流继电器示意图，它由螺管式电磁系统、阻尼系统和触点系统三部分组成。螺管式电磁系统包括线圈、磁轭及封口塞；阻尼系统包括装有阻尼剂（硅油）的导管（油杯）、动铁心及动铁心中的钢珠；触点系统用微动开关。

JL12 系列过电流继电器有两个线圈，串入电动机定子的两根相线中，线圈中各有可吸上的衔铁，当流过线圈的电流超过一定值时，动铁心吸上，顶住顶杆打开微动开关，实现保护作用。由于该衔铁置于阻尼剂（硅油）中，当动铁心在电磁力作用下向上运动时，必须克服阻尼剂的阻力，所以只能缓缓向上移动,直至推动微动开关动作。由于有硅油的阻尼作用,继电器具有了反时限保护,即动作时间随过流量的大小而变化,因此除用作短路保护外,还可兼用过载保护。JL12 系列过电流继电器的反时限特性列于表 4.2.3 中。

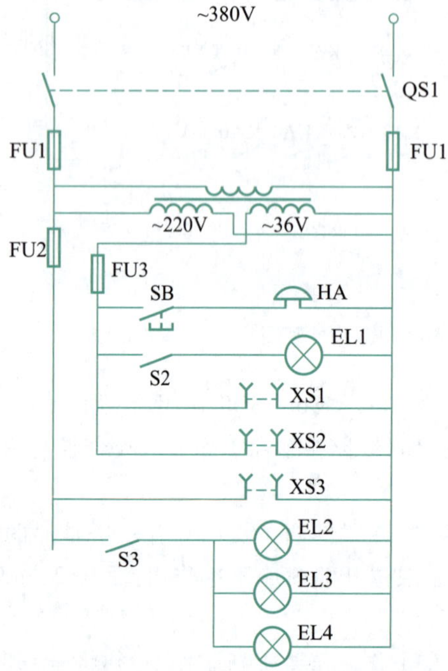

图 4.2.11 保护箱照明及信号回路原理图

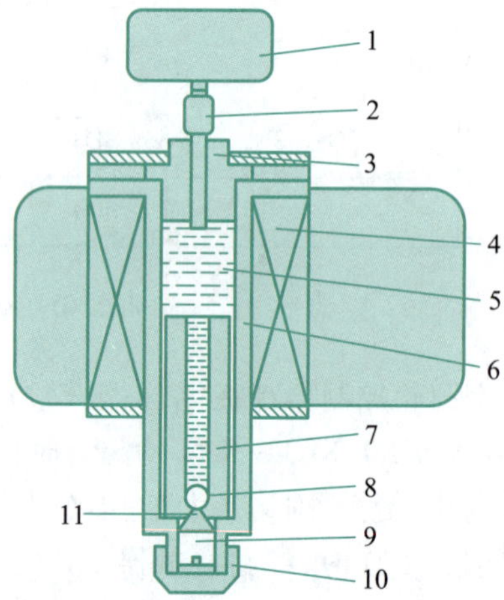

1—微动开关;2—顶杆;3—封口塞;4—线圈;5—硅油;6—导管(油杯);7—动铁心;8—钢珠;9—调节螺钉;10—封帽;11—油孔

图 4.2.12 JL12 系列过电流继电器示意图

表 4.2.3 JL12 系列过电流继电器的反时限特性

电流/A	动作时间
I_N	不动作(持续通电 1 h 不动作为合格)
$1.5I_N$	小于 3 min(热态)
$2.5I_N$	10±6 s(热态)
$6I_N$	环境温度大于 0℃,动作时间小于 1 s;环境温度小于 0℃,动作时间小于 3 s

当过电流继电器动作后,电动机故障一旦解除,动铁心因自重而返回原位。

阻尼剂(硅油)的黏度受周围环境的温度影响,温度升高或降低时,将影响动作的时间。使用时应根据环境温度通过继电器下端的调节螺钉来调整铁心的上下位置,以达到反时限特性的要求。

过电流继电器的整定值应调整合适,如整定电流过大,不能保护电动机;整定值过小,会经常误动作。各个电动机的过电流继电器 KA 的整定值为额定电流的 2.25～2.5 倍。总过电流继电器(瞬时动作)的整定值为:2.5 倍的最大一台电动机的额定电流加上其余电动机的额定电流之和。瞬时动作过电流继电器的额定电流及保护范围如表 4.2.4 所示,JL12 系列过电流继电器的额定电流及保护范围如表 4.2.5 所示。

表 4.2.4 瞬时动作过电流继电器的额定电流及保护范围

过电流继电器的额定电流/A		被保护电动机功率范围/kW
JL5	JL15	
6	10	1.0～2.2
15	20	3.5～7.5(6 极)
40	40	7.5(8 极)～16
80	80	20～30

表 4.2.5 JL12 系列过电流继电器的额定电流及保护范围

过电流继电器的额定电流/A	被保护电动机功率/kW	过电流继电器的额定电流/A	被保护电动机功率/kW
5	2.2	30	11
10	3.5	40	16
15	5.0	60	22
20	7.5	75	30

4. 行程开关

在起重机上,行程开关按其用途不同可分为限位开关(终点开关)和安全开关(保护开关)两种。限位开关用来限制工作机构在一定允许范围内运行,安装在工作机构行程的终点,如大车、小车、主钩和副钩所用的行程开关。安全开关用来保护人身安全,如桥式起重机在操纵室通往上部大车走台舱口处安装的舱口开关、横梁门开关等。

桥式起重机上应用最多的限位开关为 LX7、LX10、LX22 系列;安全开关为 LX8、LX19 系列。其中,LX7 系列行程开关是专门用于起升机构的限位保护开关,主要由触点系统、传动装置和外壳组成。传动装置由蜗轮、蜗杆、凸轮片、动触臂等组成。蜗杆的传动由起升卷筒带动,通过蜗轮、蜗杆在吊钩升到允许高度时,将 LX7 触点断开。而 LX10 系列行程开关由于外形构造不同,可适用于起升、运行等机构的限位保护。LX10-11 和 LX10-12 行程开关的外形图见图 4.2.13。当撞块推压操动臂时,操动臂带动转轴旋转,使动断触点打开而断电;当撞块松开,操动臂借助于弹簧的作用恢复到原来位置。

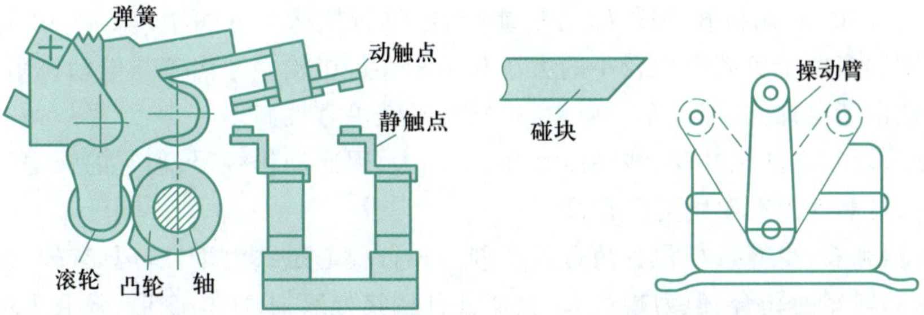

图 4.2.13 LX10-11 和 LX10-12 系列行程开关外形图

图 4.2.14 为 LX10-31 和 LX10-32 行程开关的外形图。它具有带平衡重块的杠杆操动臂。重块由于本身的重量将行程开关的右操动臂压向挡板，使触点处于闭合状态。此重块的位置用套环来固定，套环套住挂有吊钩的钢丝绳，当吊钩升到最高点时，角钢碰上重块，并将它提起，而在另一对重块的作用下，使转轴旋转，触点断开。

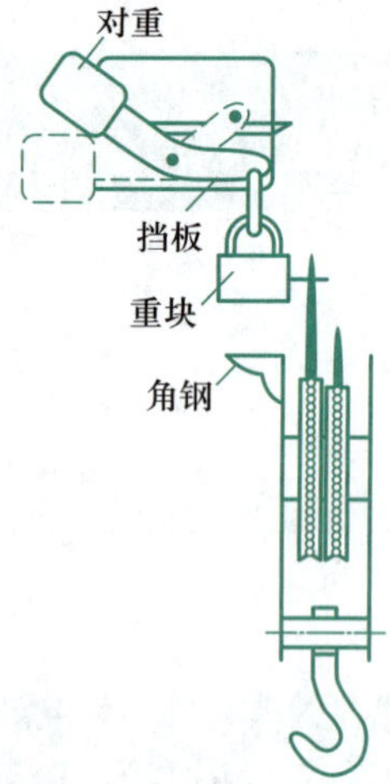

图 4.2.14 LX10-31 和 LX10-32 行程开关外形图

LX22 系列行程开关也是适用于起升、运行等机构的限位保护开关，其特点为动作速度与操作臂的动作速度无关，其触点分断速度快，有利于电弧的熄灭。其中，LX22-1、LX22-2、LX22-3、LX22-4 常用于平移机构；LX22-5 常用于提升机构。

4.2.8 制动器与制动电磁铁

桥式起重机是一种间歇工作的设备，经常处在起动和制动状态；另外，为了提高生产率，缩短非生产的停车时间，以及准确停车和保证安全，常采用电磁抱闸。电磁抱闸是由制动器和制动电磁铁组成，它既是工作装置又是安全装置，是桥式起重机的重要部件之一。平时制动器抱紧制动轮，当起重机工作电动机通电时才松开，因此在任何时候停电都会使制动器闸瓦抱紧制动轮，实现机械制动。

1. 制动器按结构分类

可以分为：

① 块式制动器。按其作用原理有重物式和弹簧式两种。

② 带式制动器。

2. 制动电磁铁按励磁电流种类分类

可以分为：

(1) 交流制动电磁铁

单相有 MZD1 系列；三相有 MZS1 系列，可以接成星形或三角形与电动机并联。

从结构上看，可分为长行程和短行程两种，交流电磁铁的接通次数与它的行程长短有关，当电磁铁开始通电时，气隙大，冲击电流可达额定电流的 10～20 倍，因而要增加接电次数，就必须调小最大行程，以降低线圈的冲击电流。

(2) 直流制动电磁铁

有 MZZ1、MZZ2 系列，按励磁方式分为：

串励电磁铁。与电动机串联，线圈电感小，动作快，但它的吸力受电动机负载电流的影响，很不稳定，所以，在选择电磁铁时，其吸力应有足够的余量，以便在小负载时，仍有足够的吸引力。例如，在提升机构中，应保持在 40% I_N 时仍能吸合，移行机构为 60% I_N（其中，I_N 为额定电流）。因此，串联电磁铁多用于负载变化较小的大车和小车移行机构中。由于与电动机串联，在电动机断电时，电磁铁也断电，能立即刹车。所以，串励电磁铁可靠性高。

并励电磁铁。与电动机并联，线圈匝数多，电感大，因而动作缓慢，但它的吸力不受负载变化的影响。所以，可靠性没有串励电磁铁高。

从衔铁行程来看，也有长行程和短行程两种。长行程电磁铁由于杠杆具有较大的力臂，宜用于需要较大制动转矩的场合，但力矩过大，会使杠杆铰接处磨损，机构变形，降低了可靠性，同时，制动器尺寸比较大，松闸与放闸缓慢，工作准确性较差，适用于要求较大制动力矩的提升机构上。

短行程制动电磁铁的特性与长行程正好相反，适用于要求制动转矩较小的移行机构上。

3. 制动器与制动电磁铁配合应用

（1）交流 MZS1 系列制动电磁铁

本系列电磁铁，衔铁的运动方式为抽吸式直线运动，E 形铁心上绕有三相励磁线圈，这类电磁铁的特点是吸力大，行程长，动作时间长，接电瞬间电流较大，可达 $15I_N$，故接电次数不能多，多与重物式制动器配合使用，用于要求制动力矩大的提升机构上。

（2）交流 MZD1 系列制动电磁铁

本系列电磁铁，衔铁运动方式为转动式，单相励磁线圈与短路环套在∏形铁心上，行程短。这类电磁铁的特点是吸力较小，动作迅速，接电瞬间电流小，宜于与小型弹簧式制动器配合使用，多用于起重较小的大车和小车移行机构上。

（3）直流长行程 MZZ2 系列电磁铁

由于交流电磁铁的接电次数受限制，而且工作可靠性较差，不宜用在工作频繁的场合，因此，需采用直流电磁铁，其衔铁的运行方式为抽吸式直线运动，其运动速度可用螺栓改变套筒的气孔大小来调整。这种电磁铁的吸力大，接电次数多，但行程长，动作慢，多与大型重物式制动器配合使用，用于起重量大，接电次数多，要求较高的提升机构。

（4）直流短行程 MZZ1A 系列电磁铁

本系列制动电磁铁在冶金企业中得到了广泛应用，它与带式制动器配合使用，其动作原理如图 4.2.15 所示，线圈 1 装在磁轭内的铁心 2 上，衔铁 3 的右端与 T 形杠杆 4 的左端固定在一起，并套在固定轴 5 上，T 形杠杆 4 的右端与上闸带的左端铰链，下端则与三角形杠杆 6 在杠杆铰链轴 7 处相铰链。三角形杠杆 6 的另外两角分别与固定轴 8、下闸带的左端铰链。T 形杠杆、三角形杠杆和主弹簧 9 套在枢杆 10 上，上、下闸带的右端则在轴 11 处相铰链。轴 11 在弹簧 12 的作用下推向右方。图中所示为衔铁未吸上时制动轮闸位状态。如线圈通电，则衔铁闭合，轴心 7 将向右移，T 形杠杆 4 以轴 5 为心，逆时针转动少许，上闸带上行，而三角形杠杆则以轴 8 为心，顺时针方向转动少许，使弹簧 9 压缩，下闸带下行而放松，轴 11 在弹簧 12 的作用下向右移动，使得整个闸带离开制动轮，因而松闸，当线圈再断电时，衔铁 3 释放，在主弹簧 9 的作用下，使得 T 形杠杆和三角形杠杆的右端向一起靠拢。因此，上下闸带紧压在制动轮上进行刹车，转动枢杆 10 上的螺帽可以调整制动力矩的大小。

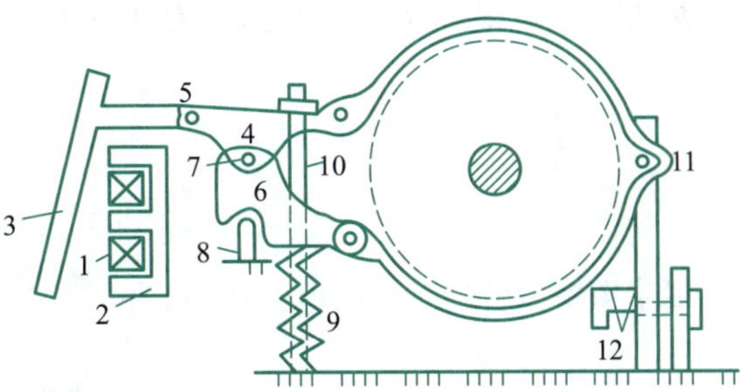

1—线圈；2—铁心；3—衔铁；4—T 形杠杆；5—固定轴；6—三角形杠杆；7—杠杆铰链轴；8—固定轴；9—主弹簧；10—枢杆；11—上、下闸铰链轴；12—弹簧

图 4.2.15 MZZ1A 系列电磁铁

4. 制动电磁铁的选择

根据用途和要求（如可靠性、制动时间、接电次数、制动转矩），可以确定电磁铁的种类，另外还要确定电磁铁的等级、线圈电压和负载持续率，最后才能选出电磁铁的型号和规格。

选择方法和步骤如下：

① 确定制动转矩。制动器主要是根据制动转矩来选择的，而制动转矩的大小决定于所需的制动时间、允许最大减速度、允许制动行程和安全等。

② 根据制动转矩在制动器产品目录中选取制动器，并查出制动器的制动直径 D，宽度 B 和闸瓦行程 ε 等，再根据这些数据，求出制动器在制动时所做的功，然后选配与之相应的电磁铁。

③ 求制动器在抱闸时所做的功。有的制动器目录中给出闸瓦对制动轮的压力 F_N，如果缺乏此数据，可以用下述方法概略求出：

$$T_B = F_f \cdot D = \mu F_N \cdot D(\text{N} \cdot \text{m}) \tag{4.2.2}$$

则

$$F_N = \frac{T_B}{\mu D}(\text{N}) \tag{4.2.3}$$

式中，T_B 为制动器的制动转矩（N · m）；

D 为制动轮直径（m）；

F_f 为闸瓦与制动轮间的摩擦力（N）；

F_N 为闸瓦对制动轮的压力（N）；

μ 为闸瓦与制动轮间的摩擦系数，与闸瓦和制动的材料有关，一般 μ 在 0.15～0.9 之间。因此，抱闸所做的功为 $2F_N\varepsilon$，如考虑杠杆机构的损耗，则所需的功应为

$$P = \frac{2F_N\varepsilon}{\eta} \tag{4.2.4}$$

④ 选出制动电磁铁。抱闸时制动器所做的功，显然等于松闸时电磁铁所做的功。

对于衔铁做直线运动的电磁铁，有如下关系

$$F_1 h K_1 \geqslant \frac{2F_N\varepsilon}{\eta}$$

即

$$F_1 h \geqslant \frac{2F_N\varepsilon}{K_1\eta} \tag{4.2.5}$$

对于衔铁做转动运动的电磁铁，则为

$$T_1 \varphi K_1 \geqslant \frac{2F_N\varepsilon}{\eta}$$

即

$$T_1 \varphi \geqslant \frac{2F_N\varepsilon}{K_1\eta} \tag{4.2.6}$$

式中，F_1 为电磁铁的吸力（N）；

h 为电磁铁衔铁的行程（m）；

T_1 为电磁铁转矩（N · m）；

φ 为电磁铁转角（rad）；

K_1 为衔铁行程的运用系数，通常取 0.8～0.85，是为闸瓦磨损及杠杆系统变形而储备的；

η 为制动器杠杆系统的效率，对于铰链连接的结构，通常取 0.9～0.95。

求出 F_1h 或 $T_1\varphi$ 后，可以从产品目录中选出相应功的电磁铁，还应考虑接电次数和 ZC% 值。表 4.2.6、表 4.2.7、表 4.2.8 分别为重物－弹簧式制动器、MZD1 系列单相制动电磁铁、MZS1 系列三相电磁铁的技术数据。

表 4.2.6 重物－弹簧式制动器的技术数据

制动转矩 T_B/(N · m)	230	420	720	1 350	2 800	4 100
制动轮直径 D/mm	150	225	300	400	500	600
制动轮宽 B/mm	80	100	125	140	150	160
闸瓦间隙 ε/mm	0.7	0.8	1.0	1.25	1.5	1.5
飞轮力矩 GD^2/(N · m^2)	0.12	1.2	3.2	11.2	25	—

表 4.2.7 MZD1 系列单相制动电磁铁的技术数据

型号	电磁铁转矩/(N·m)		衔铁重力转矩/(N·m)	回转角度/°	吸引时电流值/A
	ZC%=25%	ZC%=40%			
MZD1-100	5.5	3	0.5	7.5	0.8
MZD1-200	40	20	3.5	5.5	3
MZD1-300	100	40	9.2	5.5	8

[**例 4.2.1**] 某桥式起重机提升机构的电动机为交流绕线转子异步电动机,$P_N=60$ kW,$n_N=720$ r/min,$U_N=380$ V,$I_{2N}=160$ A,负载持续率 ZC%=25%,最大负载转矩等于电动机额定转矩,试选择制动器与制动电磁铁。

[**解**] 电动机的额定转矩 $T_N=9\ 550\cdot\dfrac{P_N}{n_N}=9\ 550\cdot\dfrac{60}{720}\text{N}\cdot\text{m}$

$=795\ \text{N}\cdot\text{m}$

表 4.2.8 MZS1 系列三相电磁铁的技术数据

型式	最大吸力/N	衔铁重/kg	最大行程/mm	小时接电次数为 150、300、600 次允许行程/mm						视在功率/(V·A)		铁心合上时有效功率/W
				ZC%=25%			ZC%=40%			接电时	吸合时	
				150	300	600	150	300	600			
MZS1-6	80	2	20	20			20			2 700	230	70
MZS1-7	100	2.8	40	40	30	20	40	25	20	7 700	500	90
MZS1-15	200	4.5	50	50	35	25	50	35	25	14 000	600	125
MZS1-25	350	9.7	50	50	35	25	50	35	25	23 000	750	200
MZS1-45	700	19.8	50	50	35	25	50	35	25	44 000	2 500	600
MZS1-100	1 400	42	80	80	55	40	80	50	35	120 000	5 500	1 000

如忽略传动机构的摩擦阻力,则负载在电动机轴上产生的转矩仍为 T_N。提升机构的制动转矩应考虑制动安全系数,所以 $T_B=KT_N$,按起重设备规定:

轻级工作制 $K=1.75$。

中级工作制 $K=2$。

重级工作制 $K=2.5$。

按此起重机为中级工作制,则 $T_B=2T_N=1\ 591\text{N}\cdot\text{m}$,根据制动转矩从表 4.2.6 中选制动器,应选制动转矩为 2 800N·m,其 $D=0.5$ m,$\varepsilon=0.001\ 5$ m。

$$F_N=\frac{T_B}{\mu D}=\frac{1\ 591}{0.45\times0.5}\ \text{N}=7\ 074\ \text{N}$$

取 $K_1=0.85$、$\eta=0.95$,则抱闸所做的功为

$$\frac{2F_N\varepsilon}{K_1\eta}=\frac{2\times7\ 074\times0.001\ 5}{0.85\times0.95}\ \text{N}\cdot\text{m}=26.28\ \text{N}\cdot\text{m}$$

一般交流电动机选交流电磁铁,从产品目录查 MZS1-45 电磁铁,吸引力为 700 N,在 ZC%=25%时,最大行程为 0.05 m,故在衔铁最大行程时,电磁铁所做的功为:$F\times h=700\times0.05\ \text{N}\cdot\text{m}=35\ \text{N}\cdot\text{m}>26.28\ \text{N}\cdot\text{m}$。显然,此电磁铁是合适的。

至于 MZZ1A 系列电磁驱动的带式制动器,因为制动电磁铁与制动器组合在一起成套供应,

选择是比较简单的，直接从产品目录按 T_B和 ZC% 选择即可。

我国生产的起重机大多数采用电磁铁制动器，此外，还有液压推杆式电磁铁制动器，液压电磁铁实质上是一个直流长行程电磁铁，其特点是动作平稳、无噪声、寿命长、接通次数高，但结构复杂、价格贵，是一种较好的制动装置。常用液压推动器为 YT1 系列，配用制动器为 YWZ 系列，驱动电动机功率有 60 W、120 W、250 W、400 W 几种。

4.2.9 主钩升降机构的控制线路分析

由于拖动主钩升降机构的电动机容量较大，不适用于转子三相电阻不对称调速，因此采用主令控制器 LK1-12/90 型和 PQR10A 系列控制屏组成的磁力控制器来控制主钩升降，并将尺寸较小的主令控制器安装在驾驶室，控制屏安装在大车顶部。采用磁力控制器控制后，由于是用主令控制器的触点来控制接触器，再由接触器的触点控制电动机，要比用凸轮控制器直接接通主电路更为可靠，维护方便，减轻了操作强度。同时，由于用了接触器触点来控制绕线转子异步电动机转子电阻的切换，不受控制器触点数量和容量限制，转子可以串入对称电阻，对称性切换，可获得较好的调速性能，更好地满足起重机的要求，因此适用于繁重工作状态。但磁力控制器控制系统的电气设备比凸轮控制器投资大，且复杂得多，因此多用于主钩升降机构上。

图 4.2.16 为 LK1-12/90 型主令控制器与 PQR10A 系列控制屏组成的磁力控制器控制原理图。图中，主令控制器 SA 有 12 对触点，提升与下降各有 6 个位置。通过主令控制器这 12 对触点的闭合与分断来控制电动机定子电路和转子电路的接触器，并通过这些接触器来控制电动机的各种工作状态，拖动主钩按不同速度提升和下降，由于主令控制器为手动操作，所以电动机工作状态的变化由操作者掌握。

图 4.2.16 中 KM1、KM2 为控制电动机正转与反转运行的接触器；KM3 为控制三相制动电磁铁 YB 的接触器，称为制动接触器；KM4、KM5 为反接制动接触器，控制反接制动电阻 1*R* 和 2*R*；KM6～KM9 为起动加速接触器，用来控制电动机转子外加电阻的切除和串入，电动机转子电路串有 7 段三相对称电阻，其两段 1*R*、2*R* 为反接制动限流电阻，3*R*～6*R* 为起动加速电阻，7*R* 为常接电阻，用来软化机械特性。SQ1、SQ2 为上升与下降的极限限位开关。

1. 线路工作情况

当合上电源开关 QS1 和 QS2，主令控制器手柄置于“0”位时，零压继电器 KV 线圈通电并自锁，为电动机起动做好准备。

(1) 提升重物线路工作情况

提升时主令控制器的手柄有 6 个位置。

当主令控制器 SA 的手柄扳到“上 1”位置时，触点 SA3、SA4、SA6、SA7 闭合。

SA3 闭合，将提升限位开关 SQ1 串联于提升控制电路中，实现提升极限限位保护。

SA4 闭合，制动接触器 KM3 通电吸合，接触制动电磁铁 YB，松开电磁抱闸。

SA6 闭合，正转接触器 KM1 通电吸合，电动机定子接上正向电源，正转提升，线路串入 KM2 动断触点为互锁触点，与自锁触点 KM1 并联的动断联锁触点 KM9 用来防止接触器 KM1 在转子中完全切除起动电阻时通电。KM9 动断辅助触点的作用是互锁，防止当 KM9 通电，转子中起动电阻全部切除时，KM1 通电，电动机直接起动。

SA7 闭合，反接制动接触器 KM4 通电吸合，切除转子电阻 1*R*。此时，电动机运行在图 4.2.17 机械特性曲线 1 上，由于这条特性对应的起动转矩较小，一般吊不起重物，只作为张紧钢丝绳，消除吊钩传动系统齿轮间隙的预备起动级。

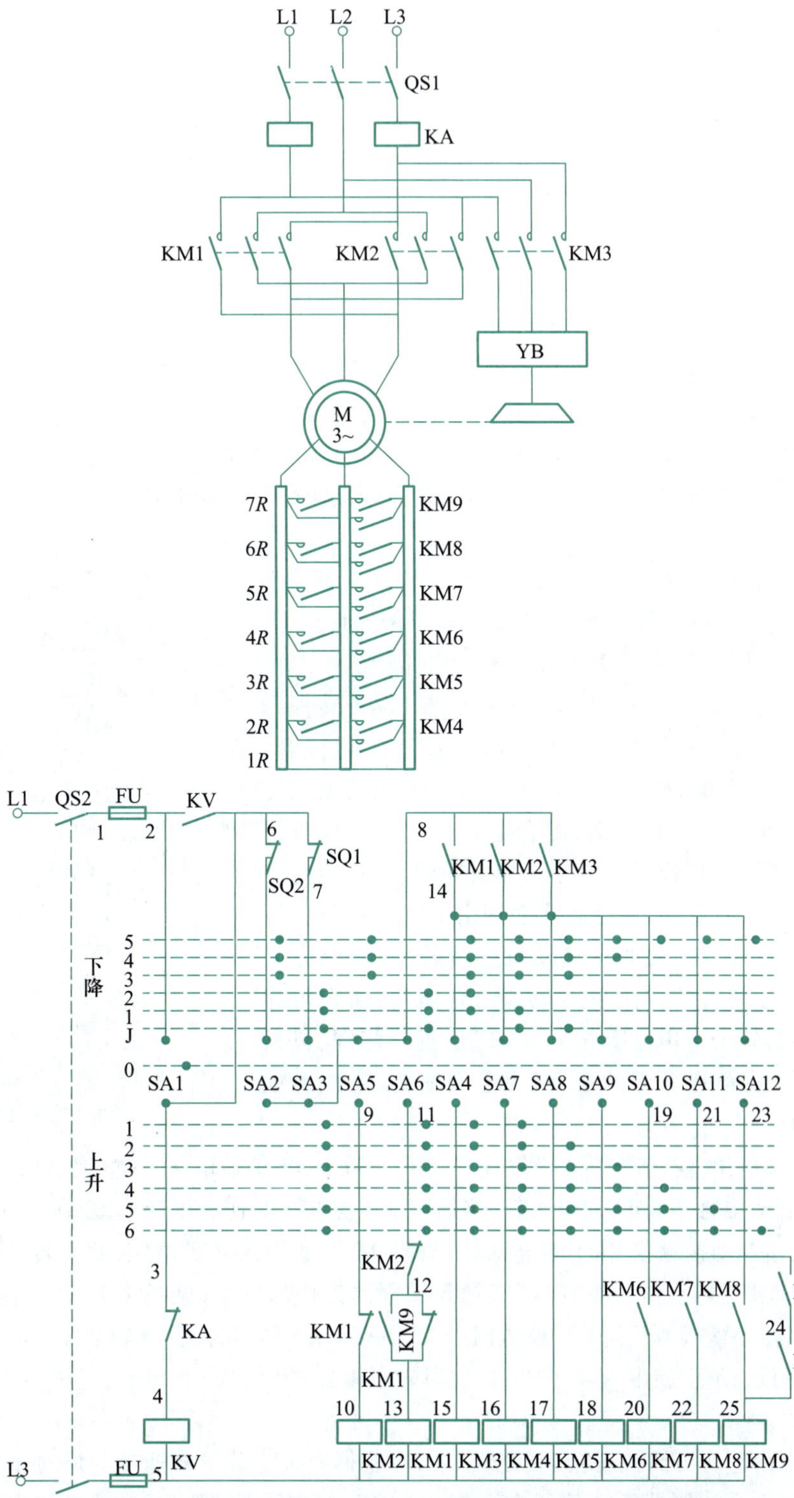

图 4.2.16 磁力控制器控制原理图

当主令控制器手柄扳到“上 2”位置时，除“1”位置已闭合的触点仍然闭合外，SA8 闭合，反接制动接触器 KM5 通电吸合，切除转子电阻 $2R$，转矩略有增加，电动机加速，运行在图 4.2.17 机械特性曲线 2 上。

同样，将主令控制器手柄从提升“2”位依次扳到 3、4、5、6 位置时，接触器 KM6、KM7、KM8、KM9 依次通电吸合，逐级短接转子电阻，其通电顺序由上述各接触器线圈电路中的动合触点 KM6、KM7、KM8 得以保证，相对应的机械特性曲线为图 4.2.17 中的 3、4、5、6。由此可知，提升时电动机均工作在电动状态，得到 5 种提升速度。

（2）下降重物时线路工作情况

下降重物时，主令控制器也有 6 个位置，但根据重物的重量，可使电动机工作在不同的状态。若重物下降，要求低速，电动机定子为正转提升方向接电，同时在转子电路串接大电阻，构成电动机倒拉反接制动状态。这一过程可用图 4.2.16 中“J”“1”“2”位置来实现，称为制动下降位置。若为空钩或轻载下降，当重力矩不足以克服传动机构的摩擦力矩时，可以使电动机定子反向接电，运行在反向电动状态，使电磁转矩和重力矩共同作用克服摩擦力矩，强迫下降。这一过程可用“3”“4”“5”位置来实现，称为强迫下降位置，具体线路工作情况如下：

1）制动下降

① 当主令控制器手柄扳向“J”位置时，触点 SA4 断开，KM3 断电释放，YB 断电释放，电磁抱闸将主钩电动机闸住。同时触点 SA3、SA6、SA7、SA8 闭合。

SA3 闭合，提升限位开关 SQ1 串接在控制电路中。

SA6 闭合，正向接触器 KM1 通电吸合，电动机按正转提升相序接通电源，又由于 SA7、SA8 闭合使 KM4、KM5 通电吸合，短接转子中的电阻 $1R$ 和 $2R$，由此产生一个提升方向的电磁转矩，与向下方向的重力转矩相平衡，配合电磁抱闸牢牢地将吊钩及重物闸住。所以，“J”位置一般用于提升重物后，稳定地停在空中或移行；同时，当重载时，控制器手柄由下降其他位置扳回“0”位时，在通过“J”位时，即有电动机的倒拉反接制动，又有机械抱闸制动，在两者的作用下有效地防止溜钩，实现可靠停车。“J”位置时，转子所串电阻与提升“2”位置时相同，机械特性为提升曲线 2 在第Ⅳ象限的延伸，由于转速为零，故为虚线；见图 4.2.17。

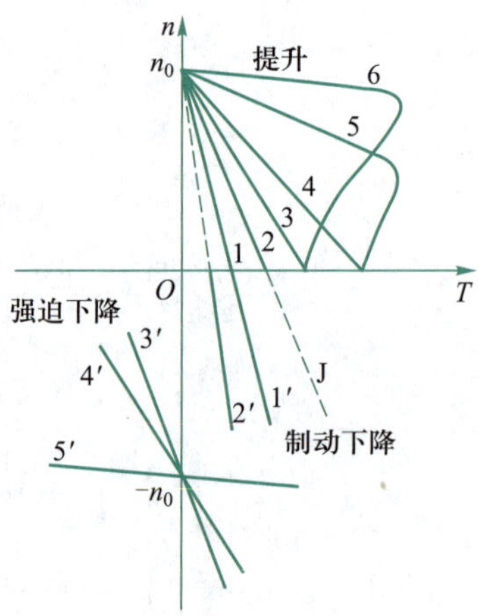

图 4.2.17 磁力控制器控制的电动机机械特性

② 主令控制器的手柄扳到下降“1”位置时，SA3、SA6、SA7 仍通电吸合，同时 SA4 闭合，SA8 断开。SA4 闭合使制动接触器 KM3 通电吸合，接通制动电磁铁 YB，使之松开电磁抱闸，电动机可以运转。SA8 断开，反接制动接触器 KM5 断电释放，电阻 $2R$ 重新串入转子电路，此时转子电阻与提升“1”位置相同，电动机运行在提升曲线“1”在第Ⅳ象限的延伸部分上；见图 4.2.17 特性 1′。

③ 主令控制器手柄扳到下降“2”位置时，SA3、SA4、SA6 仍闭合，而 SA7 断开，使反接制动接触器 KM4 断电释放，$1R$ 重新串入转子电路，此时转子电路的电阻全部串入，机械特性更软，获得图 4.2.17 特性 2′。

由分析可知，在电动机倒拉反接制动状态下，可获得两级重载下放速度。但对于空钩或轻载下放时，切不可将主令控制器手柄停留在下降“1”或“2”位置，因为这时电动机产生的电磁转矩将大于负载重力转矩，使电动机不是处于倒拉反接下放状态而变成为电动机提升状态。为此，应将手柄迅速推过下降的“1”“2”位置。为了防止误操作，产生上述现象甚至上升超过上极限位置，控制器处于下降“J”“1”“2”三个位置时，触点 SA3 闭合，串入上升极限开关 SQ1，实现上升限位保护。

2）强迫下降

① 主令控制器手柄扳向下降“3”位置时，触点 SA2、SA4、SA5、SA7、SA8 闭合，SA2 闭合的同时 SA3 断开，将提升限位开关 SQ1 从电路切除，接入下降限位开关 SQ2。SA4 闭合，KM3 通电吸合，松开电磁抱闸，允许电动机转动。SA5 闭合，反向接触器 KM2 通电吸合，电动机定子接入反相序电源，产生下降方向的电磁转矩。SA7、SA8 闭合，反接接触器 KM4、KM5 通电吸合，切除转子电阻 $1R$ 和 $2R$。此时，电动机所串转子电阻情况和提升“2”位置时相同，电动机运行在图 4.2.17 中机械特性 3′上，为反转下降电动状态。若重物较重，则下降速度将超过电动机同步转速，而进入发电制动状态，电动机将运行于图 4.2.17 中机械特性 3′在第Ⅳ象限的延长线上，形成高速下降，这时应立即将手柄转到下一位置。

② 主令控制器手柄扳到下降“4”位置时，在“3”位置闭合的所有触点仍闭合，另外 SA9 触点闭合，接触器 KM6 通电吸合，切除转子电阻 $3R$，此时转子电阻情况与提升“3”位置时相同。电动机运行在图 4.2.17 中机械特性 4′上，为反转电动状态，若重物较重时，则下降速度将超过电动机的同步转速，而进入再生发电制动状态。电动机将运行在图 4.2.17 中机械特性 4′在第Ⅳ象限的延长线上，形成高速下降，这时应立即将手柄扳到下一位置。

③ 主令控制器手柄扳到下降“5”位置时，在“4”位置闭合的所有触点仍闭合，另外，SA10、SA11、SA12 触点闭合，接触器 KM7、KM8、KM9 按顺序相继通电吸合，转子电阻 $4R$、$5R$、$6R$ 依次被切除，从而避免了过大的冲击电流，最后转子各相电路中仅保留一段常接电阻 $7R$。电动机运行在图 4.2.17 中机械特性曲线 5′上，为反转电动状态。若重物较重时，电动机变为再生发电制动，工作在特性曲线 5′在第Ⅳ象限的延长线上，下降速度超过同步转速，但比在“3”“4”位时下降速度要小得多。

由上述分析可知：主令控制器手柄位于下降“J”位置时为提起重物后稳定地停在空中或吊着移行，或用于重载时准确停车；下降“1”位与“2”位为重载时做低速下降用；下降“3”位与“4”位、“5”位为轻载或空钩低速强迫下降用。

2. 电路的保护与联锁

① 下放较重重物时，为避免高速下降而造成事故，应将主令控制器的手柄放在下降的“1”位和“2”位上。但由于司机对货物的重量估计失误，下放较重重物时，手柄扳到了下降的第“5”位上，重物下降速度将超过同步转速进入再生发电制动状态。这时要取得较低的下降速度，手柄应从下降“5”位置换成下降“2”“1”位置。在手柄换位过程中必须经过下降“4”“3”位置，由以上分析可知，对应下降“4”“3”位置的下降速度比“5”位置还要快得多。为了避免经过“4”“3”位置时造成更危险的超高速，线路中采用了接触器 KM9 的动合触点（24—25）和接触器 KM2 的动合触点（17—24）串接后接于 SA8 与 KM9 线圈之间，这时手柄置于下降“5”位置时，KM2、KM5 通电吸合，利用这两个触点自锁。当主令控制器的手柄从“5”位置扳动，经过“4”位和“3”位时，由于 SA8、SA5 始终是闭合的，KM2 始终通电，从而保证了 KM9 始终通电，转子电路只接入电阻 $7R$，电动机始终运行在下降机械特性曲线 5′上，而不会使转速再升高，实现了由强迫下降过渡到制动下降时出现高速下降的保护。在 KM9 自锁电路中串入 KM2 动合触点（17—24）的目的是为了在电动机正转运行时，KM2 是断电的，此电路不起作用，从而不会影响提升时的调速。

② 保证反接制动电阻串入的条件下才进入制动下降的联锁。主令控制器的手柄由下降“3”位置转到下降“2”位置时，触点 SA5 断开、SA6 闭合，反向接触器 KM2 断电释放，正向接触器 KM1 通电吸合，电动机处于反接制动状态。为防止制动过程中产生过大的冲击电流，在 KM2 断电后应使 KM9 立即断电释放，电动机转子电路串入全部电阻后，KM1 再通电吸合。为此，一方面在主令控制器触点闭合顺序上保证了 SA8 断开后 SA6 才闭合；另一方面还设计了用 KM2(11—12)和 KM9(12—13)与 KM1(9—10)构成互锁环节。这就保证了只有在 KM9 断电释放后，KM1 才能接通并自锁工作。此环节还可防止因 KM9 主触点熔焊，转子在只剩下常串电阻 7*R* 下电动机正向直接起动的事故发生。

③ 当主令控制器的手柄在下降的“2”位置与“3”位置之间转换，控制正向接触器 KM1 与 KM2 进行换接时，由于二者之间采用了电气和机械联锁，必然存在有一瞬间一个已经释放，另一个尚未吸合的现象，电路中触点 KM1(8—14)、KM2(8—14)均断开，此时容易造成 KM3 断电，造成电动机在高速下进行机械制动，引起不允许的强烈震动。为此引入 KM3 自锁触点(8—14)与 KM1(8—14)、KM2(8—14)并联，以确保在 KM1 与 KM2 换接瞬间 KM3 始终通电。

④ 加速接触器 KM6 ~ KM8 的动合触点串接下一级加速接触器 KM7 ~ KM9 电路中，实现短接转子电阻的顺序联锁作用。

⑤ 该线路的零位保护是通过电压继电器 KV 与主令控制器 SA 实现的；该线路的过电流保护是通过电流继电器 KA 实现的；重物上升、下降的限位保护是通过限位开关 SQ1、SQ2 实现的。

4.2.10　起重机的供电

桥式起重机的大车与厂房之间、小车与大车之间都存在着相对运动，因此其电源不能像一般固定的电气设备那样采用固定连接，而必须适应其工作经常移动的特点。对于小型起重机供电方式采用软电缆供电，随着大车和小车的移动，供电电缆随之伸长和叠卷；对于大中型起重机常用滑线和电刷供电。三相交流电源接到沿车间长度架设的三根主滑线上，再通过大车上的电刷引入操纵室中保护箱的总电源刀开关 QS 上，由保护箱再经穿管导线送至大车电动机，大车电磁抱闸及交流控制站，送至大车一侧的辅助滑线，对于主钩、副钩、小车上的电动机、电磁抱闸、提升限位的供电和转子电阻的连接，则是由架设在大车侧的辅助滑线与电刷来实现的。

4.2.11　桥式起重机总体控制线路

本节以 15/3 t(重级)桥式起重机为例，介绍桥式起重机的总体控制线路。

图 4.2.18 所示为 15/3 t 桥式起重机电气控制原理图。它有两个吊钩，主钩 15 t、副钩 3 t。大车运行机构由两台 $JZR_2$31-6 型电动机联合拖动，用 KT14-60J/2 型凸轮控制器控制；小车运行机构由一台 $JZR_2$16-6 型电动机拖动，用 KT14-25J/1 型凸轮控制器控制；副钩升降机构由一台 $JZR_2$41-8 型电动机拖动，用 KT14-25J/1 型凸轮控制器控制；这四台电动机由 XQB1-150-4F 交流保护柜进行保护。主钩升降机构由一台 $JZR_2$62-10 型电动机拖动，用 PQR10B-150 型交流控制屏与 LK1-12/90 型主令控制器组成的磁力控制器控制。上述控制原理在前面均已讨论过，在此不再重复。

图中，M5 为主钩电动机，M4 为副钩电动机，M3 为小车电动机，M1、M2 为大车电动机，它们分别由主令控制器 SA5 和凸轮控制器 SA1、SA2、SA3 控制。SQ 为主钩提升限位开关，SQ5 为副钩提升限位开关，SQ3、SQ4 为小车两个方向的限位开关，SQ1、SQ2 为大车两个方向的限位开关。

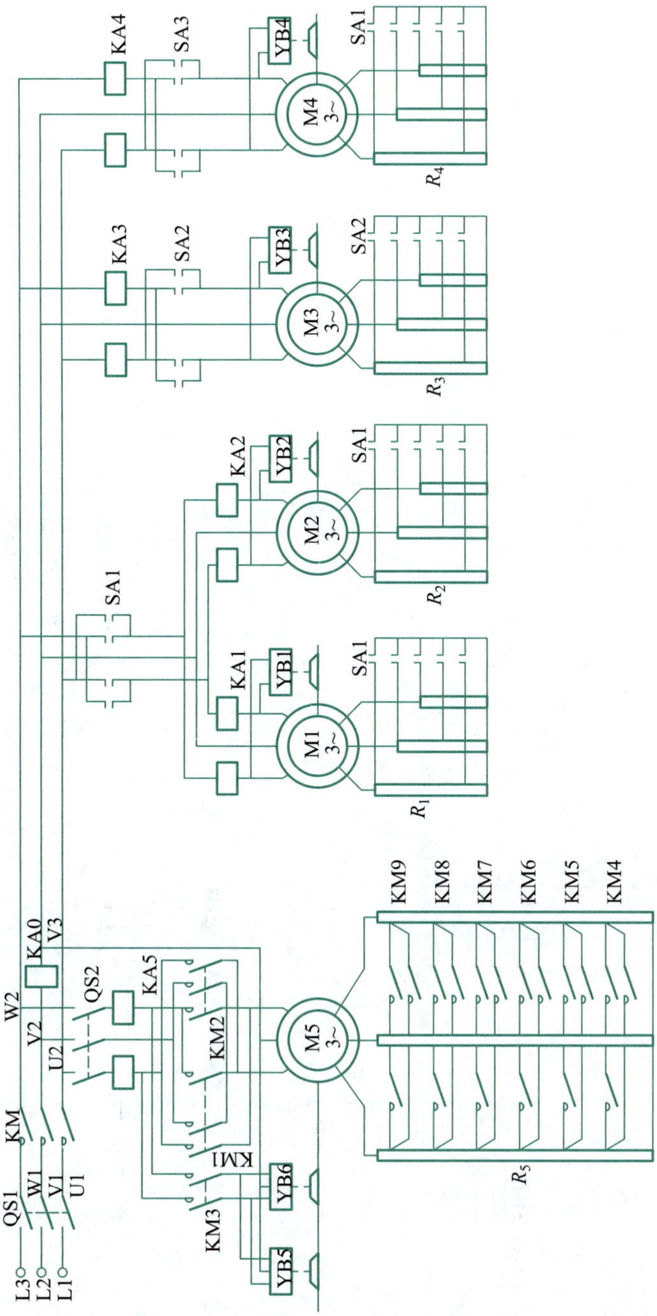
L3
L2
L1
QS1
W1
V1
U1
KM
W2
V2
U2
QS2
KA0
V3
KA5
KM2
KM1
KM3
YB5
YB6
M5
3~
KM9
KM8
KM7
KM6
KM5
KM4
R5
SA1
KA1
YB1
M1
3~
R1
KA2
YB2
M2
3~
R2
KA3
SA2
YB3
M3
3~
R3
KA4
SA3
YB4
M4
3~
R4

(a)

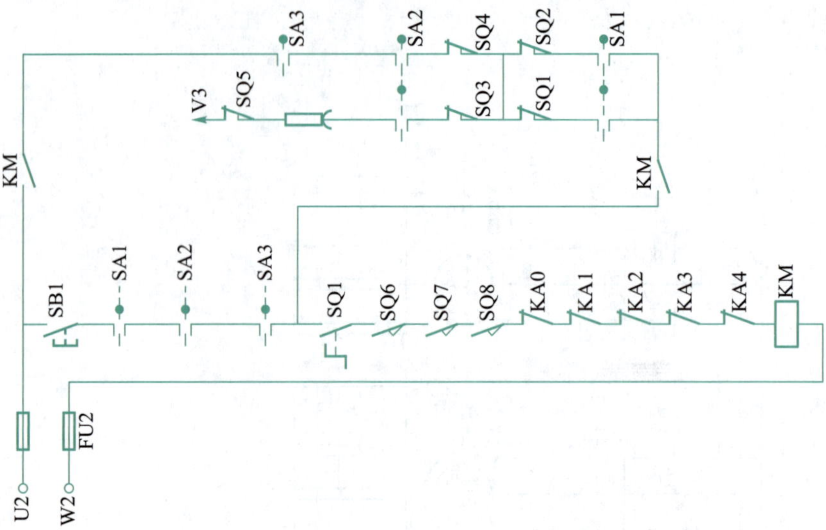
U2
W2
FU2
KM
SB1
SA1
SA2
SA3
SQ1
SQ6
SQ7
SQ8
KA0
KA1
KA2
KA3
KA4
KM
V3
SQ5
SA3
SA2
SQ3
SQ4
SQ1
SQ2
SA1
KM

(c)

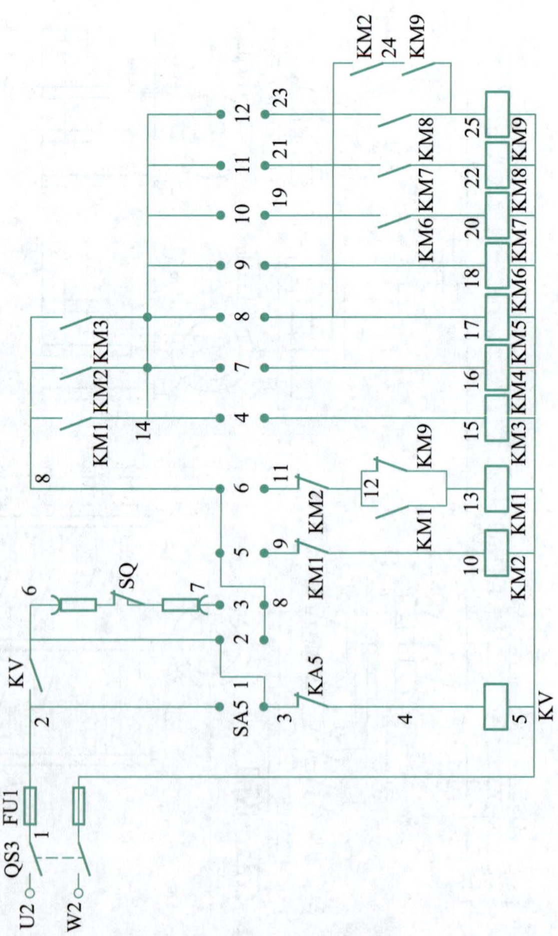
U2
W2
QS3
FU1
KV
SA5
KA5
KV
SQ
KM1
KM2
KM3
KM1
KM2
KM9
KM6
KM7
KM8
KM2
KM9
KM2
KM1
KM3
KM4
KM5
KM6
KM7
KM8
KM9

(b)

大车凸轮控制器SA1闭合表

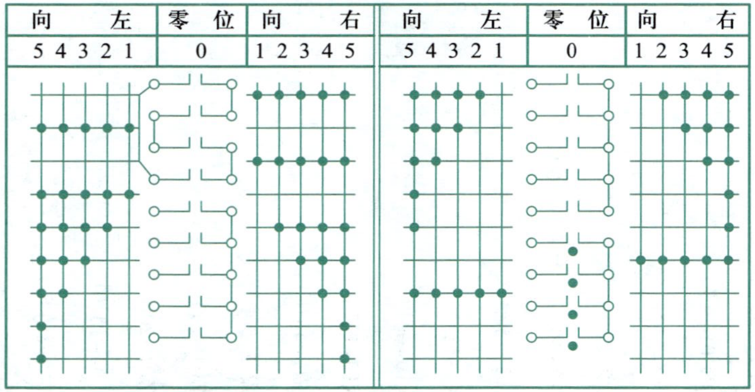

副卷扬、小车凸轮控制器SA2、SA3闭合表

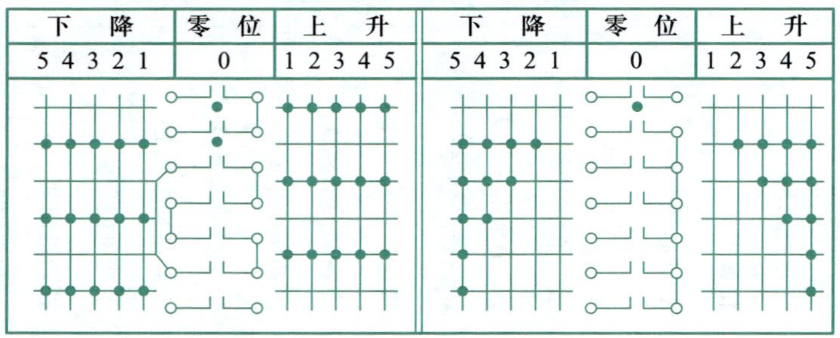

主令控制器触点闭合表

触点	符号	下降						零位	上升					
		强力			制动									
		5	4	3	2	1	J	0	1	2	3	4	5	6
SA1								×						
SA2		×	×	×										
SA3					×	×	×		×	×	×	×	×	×
SA4	KM3	×	×	×	×	×			×	×	×	×	×	×
SA5	KM2	×	×	×										
SA6	KM1				×	×	×		×	×	×	×	×	×
SA7	KM4	×	×	×		×	×		×	×	×	×	×	×
SA8	KM5	×	×	×			×			×	×	×	×	×
SA9	KM6	×	×								×	×	×	×
SA10	KM7	×										×	×	×
SA11	KM8	×											×	×
SA12	KM9	×												×

(d)

图 4.2.18 15/3t 桥式起重机电气控制原理图

三个凸轮控制器 SA1、SA2、SA3 和主令控制器 SA5，交流保护柜 XQB，紧急开关等安装在操纵室中。电动机各转子电阻 $R_1 \sim R_5$，大车电动机 M1、M2，大车制动器 YB1、YB2，大车限位开关 SQ1、SQ2，交流控制屏放在大车的一侧。在大车的另一侧，装设了 21 根辅助滑线以及小车限位开关 SQ3、SQ4。小车上装设有小车电动机 M3，主钩电动机 M5，副钩电动机 M4 及其各自的制动器 YB3 ~ YB6，主钩提升限位开关 SQ 与副钩提升限位开关 SQ5。

图 4.2.18(d)中给出了主令控制器和各凸轮控制器触点闭合表，据此请读者自行分析控制原理。

表 4.2.9 中列出了该起重机主要电器元件。

表 4.2.9　15/3 t 桥式起重机电器元件表

符号	名称	型号及规格	数量
M5	主钩电动机	$JZR_2$62-10　45 kW、577 r/min	1
M4	副钩电动机	$JZR_2$41-8　13.2 kW、703 r/min	1
M1、M2	大车电动机	$JZR_2$31-6　11 kW、953 r/min	2
M3	小车电动机	$JZR_2$16-6　4.2 kW、855 r/min	1
SA5	主令控制器	LK1-12/90	1
SA3	副钩凸轮控制器	KT14-25J/1	1
SA1	大车凸轮控制器	KT14-60J/2	1
SA2	小车凸轮控制器	KT14-25J/1	1
XQB	交流保护柜	XQB1-150-4F	1
PQR	交流控制屏	PQR10B-150	1
KM	接触器	CJ12-250	1
KA0	总过流继电器	JL12-150A	1
KA1 ~ KA4	过电流继电器	JL12-60A、15A、30A、30A	8
KA5	过电流继电器	JL12-150A	1
SQ1 ~ SQ4	大、小车限位开关	LX1-11	4
SQ6	舱口安全开关	LX19-001	1
SQ7、SQ8	横梁栏杆安全开关	LX19-111	2
YB5、YB6	主钩制动电磁铁	MSZ1-15H	2
YB4	副钩制动电磁铁	MZD1-300	1
YB3	小车制动电磁铁	MZD1-100	1
YB1、YB2	大车制动电磁铁	MZD1-200	2
R_5	主钩电阻器	$2P_5$62-10/9D	1
R_4	副钩电阻器	RT41-8/1B	1
R_1、R_2	大车电阻器	RT31-6/1B	2
R_3	小车电阻器	RT12-6/1B	1

4.3 钻床的电气控制

钻床是一种用途广泛的万能机床，从机床的结构形式来分，有立式钻床、卧式钻床、深孔钻床及多头钻床；而立式钻床中摇臂钻床用途较为广泛，在钻床中具有一定的典型性。现以 Z3040 型摇臂钻床为例，说明其电气控制线路特点。

Z3040 型摇臂钻床，最大钻孔直径为 40 mm，适用于加工中小零件，可以进行钻孔、扩孔、铰孔、刮平面及改螺纹等多种形式的加工。增加适当的工艺装备还可以进行镗孔。

4.3.1 摇臂钻床的结构

摇臂钻床主要由底座、内立柱、外立柱、摇臂、主轴箱、工作台等组成，如图 4.3.1 所示。内立柱固定在底座上，在它外面套着空心的外立柱，外立柱可绕着不动的内立柱回转一周。摇臂一端的套筒部分与外立柱滑动配合，借助于丝杠摇臂可沿着外立柱上下移动，但两者不能做相对转动，因此，摇臂将与外立柱一起相对内立柱回转。主轴箱具有主轴旋转运动部分和主轴进给运动部分的全部传动机构和操作机构，包括主电动机在内，主轴箱可沿着摇臂上的水平导轨做径向移动。当进行加工时，可利用夹紧机构将主轴箱紧固在摇臂上，外立柱紧固在内立柱上，摇臂紧固在外立柱上，然后进行钻削加工。

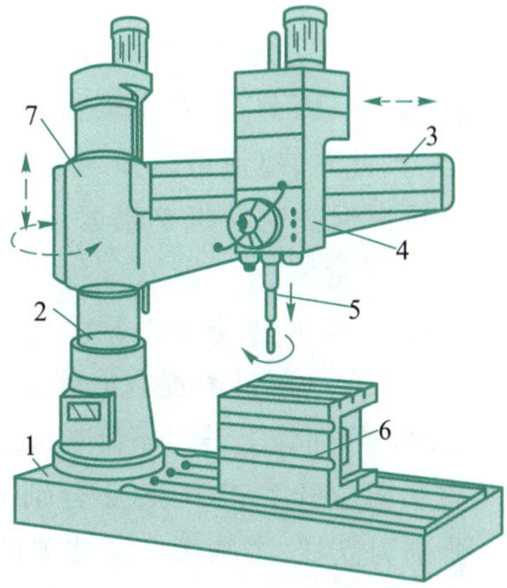

1—底座；2—内立柱；3—摇臂；4—主轴箱；5—主轴；6—工作台；7—外立柱

图 4.3.1 摇臂钻床

4.3.2 摇臂钻床的电力拖动特点

由于摇臂钻床的运动部件较多，故采用多电动机拖动，这样可以简化传动装置的结构。整个机床由四台笼型异步电动机拖动，它们分别是：

1. 主拖动电动机

钻头（主轴）的旋转与钻头的进给，是由一台电动机拖动的，由于多种加工方式的要求，所以对摇臂钻床的主轴与进给都提出较大的调速范围要求。该机床的主轴调速范围为 80，正转最低速度为 25 r/min，最高速度为 2 000 r/min，分 16 级变速，进给运动的调速范围为 80，最低进给量是 0.04 mm/r，最高进给量是 3.2 mm/r，也分为 16 级变速。用变速箱改变主轴的转速和进刀量，不需要电气调速。在加工螺纹时，要求主轴能正反转，且是由机械方法变换的，所以，电动机不需要反转，主电动机的容量为 3 kW。

2. 摇臂升降电动机

当工件与钻头相对高度不合适时，可将摇臂升高或降低，是由一台 1.1 kW 笼型异步电动机拖动摇臂升降装置。

3. 液压泵电动机

摇臂、立柱、主轴箱的夹紧放松，均采用液压传动菱形块夹紧机构，夹紧用的高压油是由一台

0.6 kW 的电动机带动高压油泵送出的。由于摇臂的夹紧装置与主柱的夹紧装置、主轴的夹紧装置不是同时动作，所以，采用一台电动机拖动高压油泵，由电磁阀控制油路。

4. 冷却液泵电动机

切削时，刀具及工件的冷却由冷却液泵供给所需的冷却液，由一台 0.125 kW 笼型异步电动机带动，冷却液流量大小由专用阀门调节，与电动机转速无关。

4.3.3　Z3040 型摇臂钻床的电气控制线路

图 4.3.2 是 Z3040 型摇臂钻床电气控制原理图。

1. 主电路

钻床的总电源由三相断路器 QF1 控制，并配有用作短路保护的熔断器 FU1。主电动机 M1、摇臂升降电动机 M2 及液压泵电动机 M3 由接触器通过按钮控制。冷却泵电动机 M4 根据工作需要，由三相断路器 QF2 控制。摇臂升降电动机与液压泵电动机采用熔断器 FU2 保护。长期工作制运行的主电动机及液压泵电动机，采用热继电器作过载保护。

熔断器 FU2 是第二级保护熔断器，需要根据所保护的摇臂升降电动机及液压泵电动机的具体容量选择。因此，在发生短路事故时，FU2 熔断，事故不致扩大。若 FU2 中有一只熔断，电动机单相运行，此时，电流可以使其他两相上的熔断器 FU2 熔断，但不能使总熔断器 FU1 熔断，所以，FU2 又可以保护电动机单相运行，其设置是必要的。

2. 控制电路

控制电路、照明电路及指示灯均由一台电源变压器 T 降压供电。有 127 V、36 V、6.3 V 三种电压。127 V 电压供给控制电路，36 V 电压作为局部照明电源，6.3 V 作为信号指示电源。图中，KM2、KM3 分别为上升与下降接触器，KM4、KM5 分别为松开与夹紧接触器，SQ3、SQ4 分别为松开与夹紧限位开关，SQ1、SQ2 分别为摇臂升降极限开关，SB3、SB4 分别为上升与下降按钮，SB5、SB6 分别为立柱、主轴箱夹紧装置的松开与夹紧按钮。

(1) 主电动机控制

按起动按钮 SB2，接触器 KM1 线圈通电吸合并自锁，其主触点接通主拖动电动机的电源，主电动机 M1 旋转。需要使主电动机停止工作时，按停止按钮 SB1，接触器 KM1 断电释放，主电动机 M1 被切断电源而停止工作。主电动机采用热继电器 FR1 作过载保护，采用熔断器 FU1 作短路保护。

主电动机的工作指示由 KM1 的辅助动合触点控制指示灯 HL1 来实现，当主电动机在工作时，指示灯 HL1 亮。

(2) 摇臂的升降控制

摇臂的升降对控制要求如下：

① 摇臂的升降必须在摇臂放松的状态下进行。

② 摇臂的夹紧必须在摇臂停止时进行。

③ 按下上升(或下降)按钮，首先使摇臂的夹紧机构放松，放松后，摇臂自动上升(或下降)，上升到位后，放开按钮，夹紧装置自动夹紧，夹紧后液压泵电动机停止。

横梁的上升或下降操作应为点动控制，以保证调整的准确性。

④ 横梁升降应有极限保护。

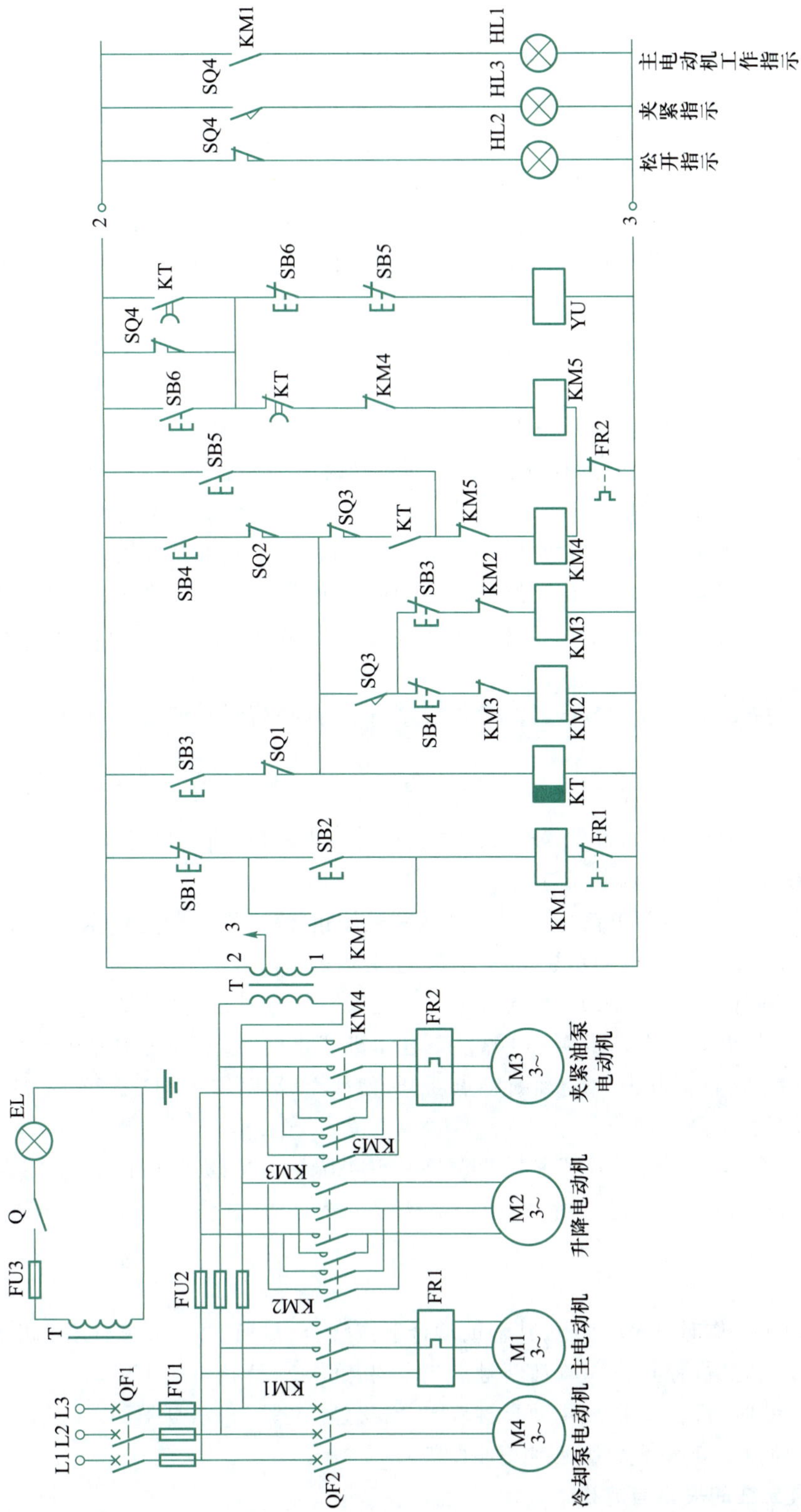

图 4.3.2 Z3040 型摇臂钻床电气控制原理图

线路的工作过程如下：

首先由摇臂的初始位置决定按动哪个按钮，若希望摇臂上升，则按动 SB3，否则应按动 SB4。当摇臂处于夹紧状态时，限位开关 SQ4 是处于被压状态的，即其动合触点闭合，动断触点断开。

摇臂上升时，按下起动按钮 SB3，断电延时型时间继电器 KT 线圈通电，尽管此时 SQ4 的动断触点断开，但由于 KT 的延时打开的动合触点瞬时闭合，电磁阀 YU 线圈通电，同时 KM4 线圈通电，其动合触点闭合，接通液压泵电动机 M3 的正向电源，M3 起动正向旋转，供给的高压油进入摇臂松开油腔，推动活塞和菱形块，使摇臂夹紧装置松开。当松开到一定位置时，活塞杆通过弹簧片压动限位开关 SQ3，其动断触点断开，接触器 KM4 线圈断电释放，油泵电动机停止，同时 SQ3 的动合触点闭合，接触器 KM2 线圈通电，主触点闭合接通升降电动机 M2，带动摇臂上升。由于此时摇臂已松开，SQ4 被复位。

当摇臂上升到预定位置时，松开按钮 SB3，接触器 KM2、时间继电器 KT 的线圈同时断电，摇臂升降电动机停止，断电延时型时间继电器开始断电延时（一般为 1 ~ 3 s），当延时结束，即升降电动机完全停止时，KT 的延时闭合动断触点闭合，接触器 KM5 线圈通电，液压泵电动机反相序接通电源而反转，压力油经另一条油路进入摇臂夹紧油腔，反方向推动活塞与菱形块，使摇臂夹紧。当夹紧到一定位置时，活塞杆通过弹簧片压动限位开关 SQ4，其动断触点动作断开接触器 KM5 及电磁阀 YU 的电源，电磁阀 YU 复位，液压泵电动机 M3 断电停止工作。至此，摇臂升降调节全部完成。

摇臂下降时，按下按钮 SB4，各电器的动作次序与上升时类似，在此就不再重复了，请读者自行分析。

3. 联锁保护环节

① 用限位开关 SQ3 保证摇臂先松开然后才允许升降电动机工作，以免在夹紧状态下起动摇臂升降电动机，造成升降电动机电流过大。

② 用时间继电器 KT 保证升降电动机断电后完全停止旋转，即摇臂完全停止升降时，夹紧机构才能夹紧摇臂，以免在升降电动机旋转时夹紧，造成夹紧机构磨损。

③ 摇臂的升降都设有限位保护，当摇臂上升到上极限位置时，行程开关 SQ1 动合触点断开，接触器 KM2 断电，断开升降电动机 M2 电源，M2 电动机停止旋转，上升运动停止。反之，当摇臂下降到下极限位置时，行程开关 SQ2 动断触点断开，使接触器 KM3 断电，断开 M2 的反向电源，M2 电动机停止旋转，下降运动停止。

④ 液压泵电动机的过载保护，若夹紧行程开关 SQ4 调整不当，夹紧后仍不动作，则会使液压泵电动机长期过载而损坏电动机。所以，这个电动机虽然是短时运行，也采用热继电器 FR2 作过载保护。

4. 指示环节

① 当主电动机工作时，KM1 通电，其辅助动合触点闭合，接通“主电动机工作”指示灯 HL1。

② 当摇臂放松时，行程开关 SQ4 动断触点闭合，接通“松开”指示灯 HL2。

③ 当摇臂夹紧时，行程开关 SQ4 动合触点闭合，接通“夹紧”指示灯 HL3。

④ 当需要照明时，接通开关 Q，照明灯 EL 亮。

5. 主轴箱与立柱的夹紧与放松

立柱与主轴箱均采用液压操纵夹紧与放松，二者同时进行工作，工作时要求电磁阀 YU 不通电。

若需要使立柱和主轴箱放松(或夹紧),则按下松开按钮 SB5(或夹紧按钮 SB6),接触器 KM4(或 KM5)吸合,控制液压泵电动机正转(或反转),压力油从一条油路(或另一条油路)推动活塞与菱形块,使立柱与主轴箱分别松开(或夹紧)。

4.4 X62W 型卧式万能铣床电气控制

铣床的种类很多,应用也极为广泛,有立铣、卧铣、龙门铣和仿形铣等,各类铣床的加工性能和使用范围不尽相同。铣床可用来加工平面、斜面和沟槽等,若装上分度头后,还可以铣切直齿齿轮和螺旋面,如果装上圆工作台还可以铣切凸轮和弧形槽。X62W 型卧式万能铣床具有主轴转速高、调节范围宽、操作方便和加工范围广等特点。

4.4.1 X62W 型卧式万能铣床的结构

X62W 型卧式万能铣床主要由底座、床身、悬梁、刀杆支架、工作台、溜板箱和升降台等部分组成,其外形结构如图 4.4.1 所示。

床身内装有主轴的传动机构和变速操纵机构。主轴带动铣刀的旋转运动称为主运动,进给运动是工件相对于铣刀的移动。主运动与进给运动之间无速度比例协调的要求,所以主轴的拖动由一台主电动机承担,通过齿轮进行调速。为了完成顺铣和逆铣,要求主轴电动机能正、反转。为了减小负载波动对铣刀转速的影响,使铣削平稳,主轴上装有飞轮,使得主轴传动系统的惯性较大,因此,为了缩短停车时间,要求主轴电动机有停车制动控制,以提高工作效率。为保证变速时齿轮易于啮合,要求变速时有主电动机冲动控制,即变速时电动机通过点动控制再转动一下。

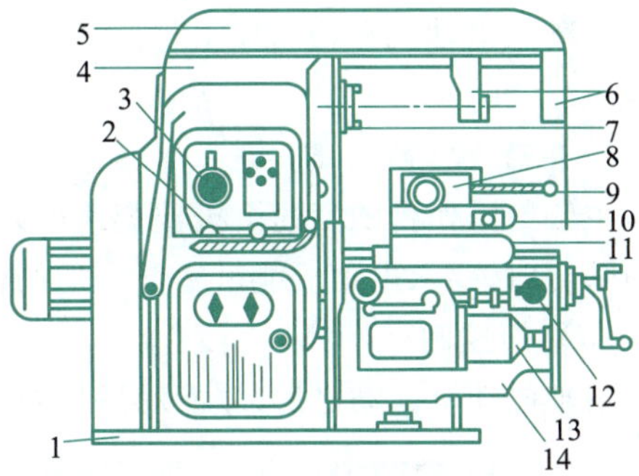

1—底座;2—主轴变速手柄;3—主轴变速数字盘;4—床身;5—悬梁;6—刀杆支架;7—主轴;8—工作台;9—工作台纵向操纵手柄;10—回转台;11—床鞍;12—工作台升降及横向操纵手柄;13—进给变速手轮及数字盘;14—升降台

图 4.4.1 X62W 型卧式万能铣床外形图

床身的前侧面装有垂直导轨升降台,可沿导轨上下移动。在升降台上面的水平导轨上,装有可沿平行于主轴轴线方向移动(水平移动或称前后移动)的溜板,溜板上部装有可以转动的工作台。工作台装在回转台的导轨上,可作垂直于轴线方向的移动,也就是纵向运动或称左右运动。工作台上有固定工件的燕尾槽。这样固定在工作台上的工件可作上下、前后及左右 3 个方向的移动。各运动部件在 3 个方向上的运动由同一台进给电动机拖动并带有正反转控制,但是,在同一时间内,只允许一个方向上的运动,通过机械和电气方式来联锁。进给变速时,也需要变速冲动控制,并有各方向的快速移动。

此外,溜板还可以绕垂直轴线左右旋转 45°,因此工作台还能在倾斜方向进给,以加工螺旋槽。工作台上还可以安装圆工作台,使用圆工作台可铣削圆弧、凸轮。这时,其他 3 个方向的移动必须停止,要求通过机械和电气方式进行联锁。

综上所述,卧式铣床有 3 种运动,即主运动、进给运动和辅助运动。主运动是指主轴带动铣刀的旋转运动;进给运动是指工件随工作台在 3 个相互垂直方向上的直线运动或圆工作台的旋转运动；辅助运动是指工作台在进给方向上的快速运动。

4.4.2 X62W 型卧式万能铣床电力拖动特点及控制要求

1. 主轴电动机 M1

主轴采用三相笼型异步电动机进行拖动。为了完成顺铣和逆铣，主轴电动机要求能够正、反转，其正、反转由换向组合开关控制；由于传动系统装有惯性轮，自由停车时间长，为此，主轴设有反接制动；从安全和操作方便考虑，主轴电动机起动和停止采用两地控制，一处装在升降台上，一处装在床身上。

2. 工作台进给电动机 M2

工作台进给运动采用三相笼型异步电动机进行拖动。工作台的左右、前后和上下进给运动以及圆工作台的运动，均有进给电动机作正反向旋转来拖动；为了提高生产效率，要求空行程时能快速移动，由快速移动电磁铁来完成；从设备使用安全考虑，各进给运动之间必须进行联锁控制，由手柄操作机械离合器选择进给运动的方向。

3. 冷却泵电动机 M3

冷却泵电动机在切削加工时提供切削液（冷却液）。采用三相笼型异步电动机，要求直接起动，连续运转。

4. 主轴与工作台的变速

主轴与工作台的变速由机械变速系统来完成。变速过程中，当选定啮合的齿轮没能进入正常的啮合时，要求电动机能电动至合适的位置，因此，主轴与工作台电动机设有变速点动控制。

5. 联锁控制

主轴电动机起动之后，才能对另外两台电动机进行操作。

4.4.3 X62W 型卧式万能铣床的电气控制线路

图 4.4.2 是 X62W 型卧式万能铣床电气控制原理图。

1. 主电路

M1 为主轴电动机，其正、反转由换向组合开关 SA5 控制；正常运行由接触器 KM3 控制；反接制动由接触器 KM2 主触点串联两相电阻与速度继电器配合控制。

M2 为工作台电动机，由正、反转接触器 KM4、KM5 主触点控制。

M3 为冷却泵电动机，由接触器 KM1 控制。

YA 为快速移动电磁铁，由接触器 KM6 控制。

2. 控制电路

（1）主轴电动机的起停控制

SB1、SB2 是分别装在机床两侧的起动按钮，SB3、SB4 是分别装在机床两侧的停止按钮，可进行两地操作；SA5 是电源换相开关，用于改变主轴电动机的转向；KM3 是主轴电动机起动接触器，KM2 是反接制动接触器；SQ7 是与主轴变速手柄联动的冲动行程开关。

① 首先将 SA5 扳到主轴电动机所需要的旋转方向，然后再按起动按钮 SB1 或 SB2，起动主轴电动机 M1。在主轴电动机起动的控制电路中串联了热继电器 FR1 的动断触点，当电动机 M1 过载时，热继电器的动断触点断开，接触器 KM2、KM3 的线圈均断电，电动机 M1 停止。

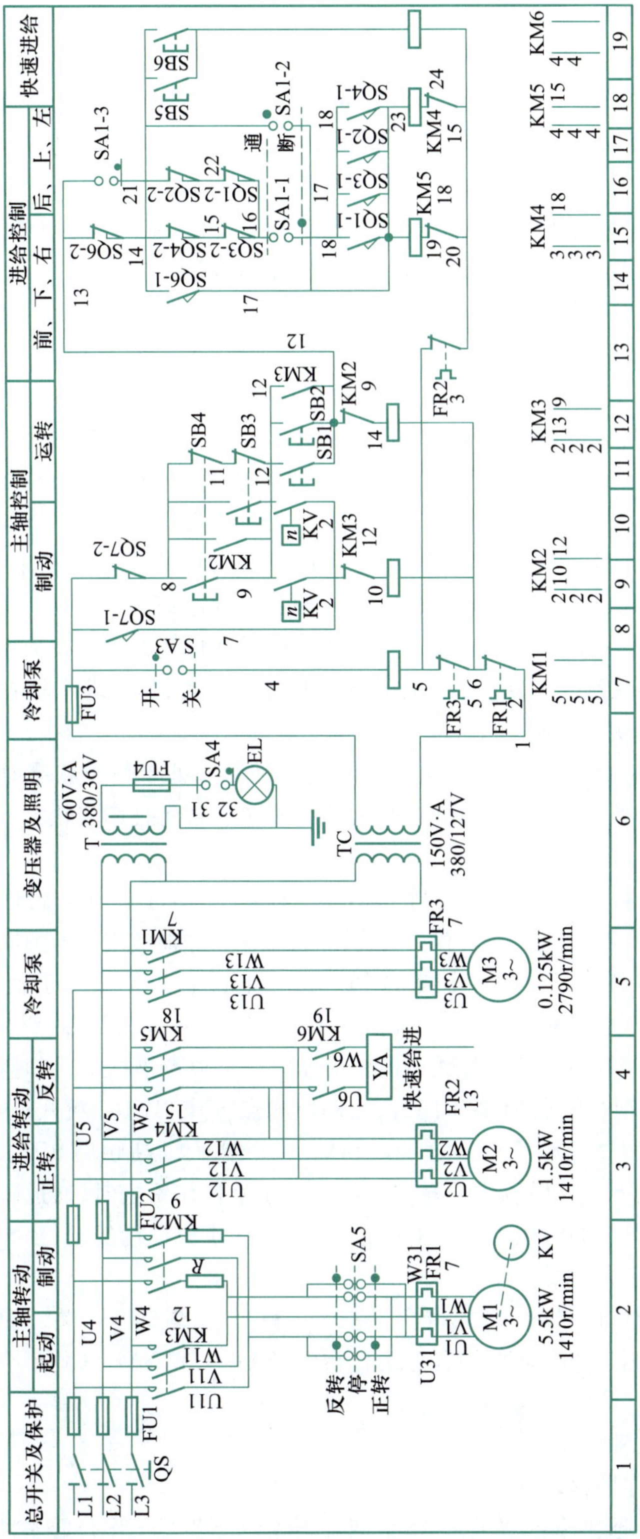

图 4.4.2 X62W 型卧式万能铣床电气控制原理图

② 主轴电动机起动后，速度继电器 KV 的动合触点闭合，为电动机反接制动做准备。停止时，按下停止复合按钮 SB3 或 SB4，其动断触点断开，KM3 线圈断电释放，主轴电动机 M1 断电，但因惯性继续旋转；SB3、SB4 动合触点闭合，接通接触器 KM2 线圈，KM2 主触点闭合，改变电动机 M1 的电源相序进行反接制动。当电动机的转速接近于零时，KV 自动断开，切断 KM2 电源，反接制动结束。

③ 主轴电动机变速时的冲动控制是利用变速手柄与冲动行程开关 SQ7 通过机械上的联动机构进行控制的。变速操作可在开车时进行，也可在停车时进行。

开车进行变速：首先将主轴变速手柄微微压下，使它从第一道槽内拨出，然后将变速手柄拉向第二道槽，当快要落入第二道槽内时，将变速盘转到所需的转速，然后将变速手柄从第二道槽迅速退回原位。就在手柄拉向第二道槽时，有一个与手柄相连的凸轮通过弹簧杆瞬时压了一下行程开关 SQ7，其动断触点先断开，切断 KM3 线圈电路，M1 断电；SQ7 的动合触点后闭合，KM2 线圈得电动作，M1 开始反接制动。当手柄拉到第二道槽内时，SQ7 不受凸轮控制而复位，电动机停转。接着把手柄从第二道槽推回原来位置过程中，凸轮又压下 SQ7，动合触点接通，动断触点断开，KM2 线圈得电，M1 反向转动一下，以利于变速后的齿轮啮合。当变速手柄以较快速度推到原来位置时，SQ7 复位，KM2 线圈断电，M1 停转，操作过程结束。

停车进行变速：若原来处于停车状态，在主轴变速操作中，SQ7 第一次动作时，M1 反转一次；SQ7 第二次动作时，M1 又反转一次，所以也可停车变速。当然，若要求主轴在新的速度下运行，就需重新起动主轴电动机。

需要注意的是，无论是在主轴不停车变速，还是主轴原来处于停车状态时的变速，都应以较快的速度把手柄推回原始位置，以免通电时间长，M1 转速过高而打坏齿轮。

(2) 工作台移动控制

进给电动机由接触器 KM4 和 KM5 控制，实现正、反转。由图可见，工作台移动控制电路中串入了接触器 KM3 的自锁触点，用以保证只有主轴旋转后，工作台才能实现进给的联锁控制要求。

工作台移动方向由各自的操作手柄来选择。机床上设有两个操作手柄。一个为左右(纵向)操作手柄，另一个为前后(横向)和上下(升降)十字操作手柄。左右(纵向)操作手柄有左、中、右 3 个位置，当扳向右边时，通过其联动机构将纵向进给离合器挂上，同时将向右进给的限位开关 SQ1 压下，则 SQ1 动合触点 SQ1-1 闭合，而动断触点 SQ1-2(16)断开；当扳向左边时，将向左进给的限位开关 SQ2 压下，则 SQ2 动合触点 SQ2-1 闭合，而动断触点 SQ2-2 断开。十字操作手柄有 5 个位置，即上、下、前、后和中间零位。当扳动十字操作手柄时，通过联动机构，将控制运动方向的机械离合器合上，同时压下相应的限位开关，若向下或向前扳动，则 SQ3 受压动作；若向上或向后扳动，则 SQ4 受压动作。

图 4.4.2 中，SA1 为圆工作台转换开关，它是一种二位式选择开关，当使用圆工作台时，SA1-2 闭合，当不使用圆工作台而使用普通工作台时，SA1-1 和 SA1-3 均闭合；SQ6 为进给变速冲动开关。

进给运动分下列几种情况：

① 工作台左右(纵向)移动。

将 SA1 置于使用普通工作台位置，十字手柄置于零位。若要工作台向右进给，则将纵向手柄扳向右，使 SQ1 受压，SQ1 动合触点闭合，动断触点断开，KM4 通电，M2 正转，工作台向右进给。KM4 线圈通电的电流通路为：

13 号进线→SQ6-2→SQ4-2→SQ3-2→SA1-1→SQ1-1→KM4 线圈→KM5 动断触点→20 号出线

工作台向左移动时,电路的工作原理和工作过程与向右运动时类似。若此时要快速移动,则要按动 SB5 或 SB6,使得 KM6 以“点动方式”通电,快速电磁铁线圈 YA 通电,接上快速离合器,工作台向左或向右快速移动。当按钮松手后,又恢复为正常进给状态。

操作手柄机械位置的单一性保证了工作台左右、前后及上下移动之间的互锁。当十字手柄处于向左或向右位置时,就不可能置于上下或前后位置。即使同时置于相同位置,SQ4-2 和 SQ3-2 中必有一个断开,KM4 线圈不能得电,通过这种方式实现电气互锁。

X62W 型铣床在工作台的左右终端安装了撞块。当不慎向右进给至终端时,左右操作手柄就被右端撞块撞到中间停车位置,用机械方法使 SQ1 复位,KM4 断电,实现限位保护。

② 工作台前后(横向)和上下(升降)移动。

若要工作台向上进给,则将十字手柄扳向上,使得 SQ4 受压,KM5 通电,M2 反转,工作台向上进给。KM5 线圈通电的电流通路为:

13 号进线→SA1-3→SQ2-2→SQ1-2→SA1-1→SQ4-1→KM5 线圈→KM4 动断互锁触点→20 号出线

同时,若要快速上升,按下 SB5 或 SB6 即可。另外,设置了上下限位保护用终端撞块。

工作台的向下移动控制原理与向上移动控制类似。

若要工作台向前进给,则只需将十字手柄扳向前,使得 SQ3 受压,KM4 通电,M2 正转,工作台向前进给。工作台向后进给,可将十字手柄向后扳动实现。

③ 工作台在主轴停车时的快速移动。

工作台也可以在主轴不转动时进行快速移动,这时可将主电动机 M1 的换向开关 SA5 扳在停止位置,然后扳动所选方向的进给手柄,按下主轴起动按钮和快速移动按钮,KM4 或 KM5 及 KM6 通电,工作台便可以沿选定的方向快速移动。

④ 工作台进给变速冲动控制。

工作台进给变速时同主轴变速类似,为了使齿轮的变速易于啮合,控制电路中也设置了瞬时冲动控制环节。变速应在工作台停止移动时进行,操作过程如下:先起动电动机 M1,拉出蘑菇形变速手轮,同时转动至所需要的进给速度,再把手轮用力向外一拉,并立即推回原位。在手轮拉到极限位时,其连杆机构推动冲动开关 SQ6,使得 SQ6-2 断开,SQ6-1 闭合。由于手轮被很快推回原位,故 SQ6 短时动作,KM4 短时通电,M2 短时冲动。KM4 线圈通电的电流通路为:

13 号进线→SA1-3→SQ2-2→SQ1-2→SQ3-2→SQ4-2→SQ6-1→KM4 线圈→KM5 动断互锁触点→20 号出线。

由以上可见,若左右操作手柄和十字手柄中只要有一个不在中间停止位置,此电流通路便被切断。但是,在这种工作台朝某一方向运动的情况下进行变速操作,由于没有使进给电动机 M2 停转的电气措施,因而在转动手轮改变齿轮传动比时,可能会损坏齿轮,故这种误操作必须严格禁止。

⑤ 圆工作台控制。

若要使用圆工作台,需将圆工作台转换开关 SA1 置于圆工作台“接通”位置,而且必须将左右操作手柄和十字手柄置于中间停止位置。接下去按动主轴起动按钮 SB1 或 SB2,主电动机 M1 便起动,而进给电动机 M2 也因 KM4 的通电而旋转。由于圆工作台的机械传动链已经接上,所以在 M2 的拖动下,圆工作台开始旋转。KM4 的通电电流通路是:

13 号进线→SQ6-2→SQ4-2→SQ3-2→SQ1-2→SQ2-2→SA1-2→KM4 线圈→KM5 动断互

锁触点→20号出线

其中，通路中的SQ1～SQ4动断触点为互锁触点，起着圆工作台与工作台的左右、前后、上下3种运动的联锁保护作用。圆工作台也可以通过蘑菇形变速手轮变速。另外，当圆工作台转换开关SA1置于“断开”位置，而左右及十字手柄置于中间“零位”时，也可以用手动机械方式使它旋转。

（3）冷却泵电动机的控制

冷却泵电动机M3的起停由转换开关SA3直接控制。当SA3置于“开”位置时，接触器KM1线圈得电，KM1的主触点接通冷却泵电动机，开始工作。

3. 照明电路及保护环节

变压器T将380V的交流电压降到36V安全电压，供照明用。照明电路由转换开关SA4控制，灯泡一端接地。FU4作为照明电路的短路保护。

M1、M2和M3为连续工作制，由FR1、FR2和FR3实现过载保护。当主电动机M1过载时，FR1动作，其动断触点断开切除整个控制电路电源；当冷却泵电动机M3过载时，FR3动作，其动断触点断开切除M2、M3的控制电源；当进给电动机M2过载时，FR2动作，其动断触点断开切除M2的控制电源。

由FU1、FU2实现主电路的短路保护，FU3实现控制电路的短路保护，FU4实现照明电路的短路保护。

4.5 小车装卸料运行PLC控制系统

在一些自动化生产线上，为了实现多地点随机卸料或者多地点随机搜集成品（或废品），经常会用到一台装卸料小车。图4.5.1所示的装卸料小车可以根据请求在5个位置停车，进行装卸料，SQ1～SQ5为5个停车位置的行程开关，小车压上时为ON，小车离开时为OFF，SB1～SB5为互锁的琴键开关，用于选择小车的位置。

4.5.1 控制要求

小车在电动机的拖动下运行，电动机正转时小车右行，电动机反转时小车左行，具体控制要求如下：

① 当选择按钮号与小车位置压下的行程开关号相同时，按下起动按钮，小车停止不动。

② 当选择按钮号大于小车位置压下的行程开关号时，按下起动按钮，小车向右运行直至两者相等时，小车停止。

③ 当选择按钮号小于小车位置压下的行程开关号时，按下起动按钮，小车向左运行直至两者相等时，小车停止。

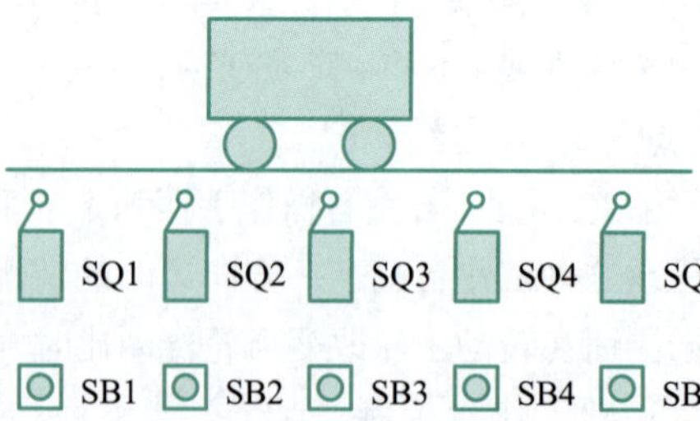

图4.5.1 装卸料小车示意图

4.5.2 I/O通道分配与I/O接线图

本系统选用的是CPM2A型PLC进行控制，其I/O通道分配及I/O接线图分别如表4.5.1和

图 4.5.2 所示。由图可见，所有的按钮和行程开关均采用动合触点接入 PLC，接触器 KM1、KM2 分别控制小车右行和左行。

表 4.5.1 I/O 通道分配表

输入信号				输出信号			
信号名称	端子号	功能说明	备注	信号名称	端子号	功能说明	备注
起动按钮 SB6	00000	起动系统运行	动合	接触器 KM1	01100	小车右行	通有效
行程开关 SQ1	00001	停车位置 1	动合	接触器 KM2	01101	小车左行	通有效
行程开关 SQ2	00002	停车位置 2	动合				
行程开关 SQ3	00003	停车位置 3	动合				
行程开关 SQ4	00004	停车位置 4	动合				
行程开关 SQ5	00005	停车位置 5	动合				
选择按钮 SB1	00006	选择位置 1	动合				
选择按钮 SB2	00007	选择位置 2	动合				
选择按钮 SB3	00008	选择位置 3	动合				
选择按钮 SB4	00009	选择位置 4	动合				
选择按钮 SB5	00010	选择位置 5	动合				

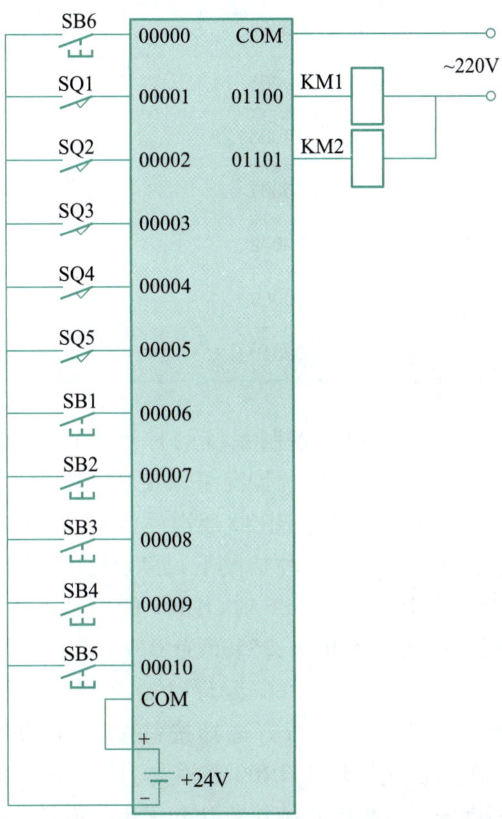

图 4.5.2 装卸料小车的 I/O 接线图

4.5.3 PLC梯形图程序分析

本系统主要是采用PLC的MOV指令、CMP指令进行程序设计的。为了能够通过比较确定小车的位置，进而确定小车的走向，首先，必须按顺序给每一停车位置的选择按钮以及每一停车位置的行程开关指定一个编号，由梯形图可见，其编号如表4.5.2所示。其次，通过传送指令MOV将编号传送到指定通道，本例中将选择按钮的编号送到HR01通道，行程开关的编号送到HR00通道。最后，执行比较指令CMP，如果HR00通道存的数比HR01通道存的数大，说明行程开关的编号比按钮的编号大，小车应该左行；在小车的运行过程中，HR00通道的内容将随着行程开关的动作而发生变化，直到HR00通道的内容与HR01通道的内容相等时，即到达所要求的停车位置；如果HR00通道存的数比HR01通道存的数小，说明行程开关的编号比按钮的编号小，小车应该右行到达所要求的停车位置。

表4.5.2 选择按钮和行程开关编号表

信号名称	端子号(输入点)	编号
行程开关SQ1	00001	#0001
行程开关SQ2	00002	#0002
行程开关SQ3	00003	#0003
行程开关SQ4	00004	#0004
行程开关SQ5	00005	#0005
选择按钮SB1	00006	#0001
选择按钮SB2	00007	#0002
选择按钮SB3	00008	#0003
选择按钮SB4	00009	#0004
选择按钮SB5	00010	#0005

根据图4.5.3所示的装卸料小车PLC控制系统的梯形图可以看出，起动信号由起动按钮SB6(00000)发出，停车信号来自25506，有两种情况可以使25506为ON：一是HR01通道的内容为零，此时表示没有按下任何选择按钮；二是HR00通道的内容与HR01通道的内容相等，此时表示小车已经到达所要求的停车位置。在这两种情况下，都应该使小车停止。

若不是上述两种情况，当按下起动按钮SB6时，HR01的内容不为零，在未到达停车位置时，HR00通道的内容与HR01通道的内容不相等，25506为OFF，20000为ON。

25313为常ON继电器，其动合触点在PLC运行时始终接通。每个扫描周期都要将常数0000与HR01通道的内容进行比较，检查是否有选择按钮按下，若没有选择按钮按下，则25506为ON，20001为ON，其动断触点将停止比较HR00通道与HR01通道内容的操作；如果按下某个选择按钮，则25506为OFF，20001为OFF，开始执行比较HR00通道与HR01通道内容的操作，具体情况如下：

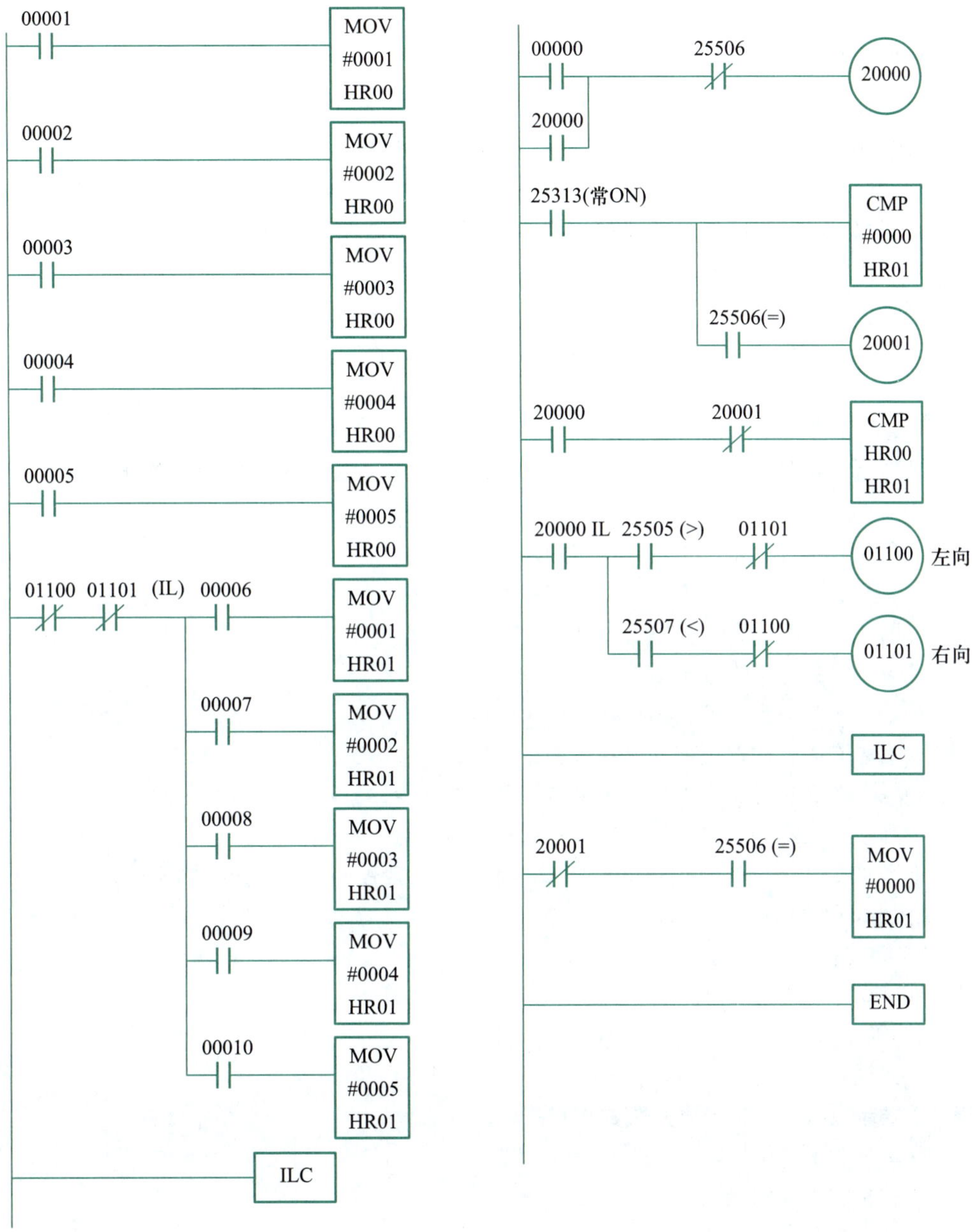

图 4.5.3 装卸料小车 PLC 控制系统的梯形图

若 HR00 通道的内容大于 HR01 通道的内容，则 25505 为 ON，小车左行。

若 HR00 通道的内容小于 HR01 通道的内容，则 25507 为 ON，小车右行。

若 HR00 通道的内容等于 HR01 通道的内容，则 25506 为 ON，小车停止，并且将常数 0000 送到 HR01 通道，回到初始状态。

01100 和 01101 的动断触点串联后串入选择按钮的数据传送电路，其作用是一旦小车起动后，01100 和 01101 的动断触点必有一个断开，这样将不执行按钮编号数据传送的操作，即不再接受选择按钮送来的命令。只有在小车停车后，才能接受新的命令。

习题

4.1 判断题(用√和×表示)

(1) 起重机用的三相交流电动机与一般生产机械传动用的交流电动机不同。( )

(2) 桥式起重机上由于采用了各种电气制动,因此可以不采用电磁抱闸进行机械制动。( )

(3) 起重机上与电动机配套使用的变阻器仅仅是为了限制起动电流。( )

(4) 起重机上的小车平移传动电动机,可以使用频敏变阻器。( )

(5) 任何一台桥式起重机都可以采用凸轮控制器进行控制。( )

(6) Z3040 型摇臂钻床主电动机采用热继电器作短路保护。( )

(7) Z3040 型摇臂钻床摇臂的夹紧必须在摇臂停止时进行。( )

(8) X62W 型卧式万能铣床的主运动是指主轴带动铣刀的旋转运动。( )

(9) 从安全和操作方便考虑,X62W 型卧式万能铣床主轴电动机起动和停止不采用两地控制。( )

(10) X62W 型卧式万能铣床主轴电动机设有反接制动。( )

4.2 选择题

(1) 在图 4.5.3 所示的装卸料小车 PLC 控制系统梯形图中,将 01100、01101 的动断触点串联后串入选择按钮的数据传送电路中,其作用是( )。

(a) 确保小车在停止时接受选择按钮送来的命令

(b) 确保小车在停止时不接受选择按钮送来的命令

(c) 确保小车在左行过程中接受选择按钮送来的命令

(d) 确保小车在右行过程中接受选择按钮送来的命令

(2) 在图 4.5.3 所示的装卸料小车 PLC 控制系统梯形图中,若经过比较,HR00 与 HR01 的内容相同,在按下 SB6 时,则( )。

(a) 20000 的状态为 ON

(b) 20000 的状态为 OFF

(c) 20000 的状态与比较结果无关

(d) 上述说法都不对

(3) 桥式起重机上主钩行程开关的作用是( )。

(a) 保护主钩上升的极限

(b) 保护主钩下降的极限

(c) 保护主钩升降的极限

(d) 上述说法都不对

(4) 起重机上的小车平移传动电动机,通常配用频敏变阻器,其作用是( )。

(a) 保证货物平稳提升

(b) 有利于物件在空中的平稳移动

(c) 保证货物的平稳下降

(d) 上述说法都不对

(5) 桥式起重机中电动机的短路保护,通常采用( )。

(a) 过电流继电器 (b) 熔断器 (c) 欠电流继电器 (d) 热继电器

(6) PQR10A 控制屏组成的控制器中,当主令控制器的手柄置于"J"位时(　　)。

(a) 提升货物　　(b) 下放货物

(c) 电动机可靠稳定地闸住　　(d) 电动机进行回馈制动

(7) PQR10A 控制屏组成的控制器中,当主令控制器的手柄置于"J""1""2"位时(　　)。

(a) 电动机处于正转电动状态　　(b) 电动机处于回馈制动状态

(c) 电动机处于倒拉反接制动状态　　(d) 电动机处于反转电动状态

(8) 桥式起重机中所用的电磁制动器,其工作情况为(　　)。

(a) 通电时电磁抱闸将电动机抱住　　(b) 断电时电磁抱闸将电动机抱住

(c) 上述两种情况都不是

(9) Z3040 型摇臂钻床中使用了一个时间继电器,它的作用是(　　)。

(a) 升降机构上升定时　　(b) 升降机构下降定时

(c) 夹紧时间控制　　(d) 保证升降电动机完全停止的延时

(10) Z3040 型摇臂钻床中,如果行程开关 SQ4 调整不当,夹紧后仍然不动作,则会造成(　　)。

(a) 升降电动机过载　　(b) 液压泵电动机过载

(c) 主电动机过载　　(d) 冷却泵电动机过载

(11) X62W 型卧式万能铣床主轴电动机的正、反转控制是由(　　)实现的。

(a) 接触器 KM2、KM3 的主触点　　(b) 接触器 KM4、KM5 的主触点

(c) 组合开关 SA5　　(d) 组合开关 SA4

(12) X62W 型卧式万能铣床工作中,当主电动机 M1 过载时,FR1 动作,其动断触点断开切除(　　)。

(a) 主电动机 M1 控制电源　　(b) 进给电动机 M2 控制电源

(c) 冷却泵电动机 M3 控制电源　　(d) 切除整个控制电路电源

4.3 问答题

(1) 简述电气原理图分析的一般步骤。在读图分析中采用最多的是哪种方法?

(2) 桥式起重机由哪几部分组成? 它们的主要作用是什么?

(3) 桥式起重机对电力拖动的要求有哪些?

(4) 起重机上为何不采用熔断器和热继电器作短路和过载保护?

(5) 凸轮控制器的触点有哪些作用? 各用在什么回路中?

(6) 凸轮控制器和主令控制器有何区别,各有什么用途?

(7) 凸轮控制器控制线路中有哪些保护环节?

(8) 桥式起重机中,主钩升降机构的电动机转子有一段常串电阻,有何作用?

(9) 起重机上采用了各种电气制动,为什么还要采用电磁抱闸进行机械制动?

(10) X62W 型卧式万能铣床工作台移动控制电路中串入了接触器 KM3 的自锁触点,其目的是什么?

(11) X62W 型卧式万能铣床工作台左右、前后及上下移动之间的互锁是如何实现的?

(12) 若实现 X62W 型卧式万能铣床工作台在主轴停车时的快速移动,应如何操作?

4.4 设计题

某起重机提升机构,采用绕线转子异步电动机拖动,采用 PQR-12 系列磁力控制屏控制,其拖动电动机的技术数据为:P_N=30 kW,U_{1N}=380 V,E_{2N}=257 V,I_{2N}=74.3 A,n_N=725 r/min,最大起、制动转矩为 $2T_N$,试选择全部的接触器、继电器及制动电磁铁。

第5章 电气控制系统的设计与调试

内容提要

本章首先介绍电气控制系统设计的主要内容、一般程序和基本原则，然后介绍继电接触式电气原理线路的设计步骤和方法、PLC应用系统的设计步骤与方法、电器布置图和电气安装接线图的设计原则与设计方法以及电气控制系统的安装、调试和故障诊断的方法等，并列举了实例。

5.1 电气控制系统设计的主要内容、一般程序及基本原则

5.1.1 电气控制系统设计的主要内容

电气控制系统设计的基本任务是根据要求，设计和编制出设备制造和使用维修过程中所必需的图纸、资料，包括电气原理线路图、电器布置图、电气安装接线图、电气箱图及控制面板等，编制外购成件目录、单台消耗清单、设备说明书等资料。

由此可见，电气控制系统的设计包括原理设计和工艺设计两部分，现以电力拖动控制系统为例说明两部分的设计内容。

一、原理设计内容

① 拟订电气设计任务书(技术条件)。

② 确定电力拖动方案(电气传动形式)以及控制方案。

③ 选择电动机，包括电动机的类型、电压等级、容量及转速，并选择出具体型号。

④ 设计电气控制的原理框图，包括主电路、控制电路和辅助控制电路，确定各部分之间的关系，拟订各部分的技术要求。

⑤ 设计并绘制电气原理图，计算主要技术参数。

⑥ 选择电器元件，制订电动机和电器元件明细表，以及装置易损件及备用件的清单。

⑦ 编写设计说明书。

二、工艺设计内容

工艺设计的主要目的是便于组织电气控制装置的制造，实现电气原理设计所要求的各项技术指标，为设备在今后的使用、维修提供必要的图纸资料。

工艺设计的主要内容包括：

① 根据已设计完成的电气原理图及选定的电器元件，设计电气设备的总体配置，绘制电气控制系统的总装配图及总接线图。总图应反映出电动机、执行电器、电气箱各组件、操作台布置、

电源以及检测元件的分布状况和各部分之间的接线关系与连接方式，这一部分的设计资料供总体装配调试以及日常维护使用。

② 按照电气原理框图或划分的组件，对总原理图进行编号，绘制各组件原理电路图，列出各组件的元件目录表，并根据总图编号标出各组件的进出线号。

③ 根据各组件的原理电路及选定的元件目录表，设计各组件的装配图（包括电器元件的布置图和安装图）、接线图，图中主要反映各电器元件的安装方式和接线方式，这部分资料是各组件电路的装配和生产管理的依据。

④ 根据组件的安装要求，绘制零件图纸，并标明技术要求，这部分资料是机械加工和对外协作加工所必需的技术资料。

⑤ 设计电气箱，根据组件的尺寸及安装要求，确定电气箱结构与外形尺寸，设置安装支架，标明安装尺寸、安装方式、各组件的连接方式、通风散热及开门方式，在这一部分的设计中，应注意操作维护的方便与造型的美观。

⑥ 根据总原理图、总装配图及各组件原理图等资料进行汇总，分别列出外构件清单、标准件清单以及主要材料消耗定额，这部分是生产管理和成本核算所必须具备的技术资料。

⑦ 编写使用说明书。

在实际设计过程中，根据生产机械设备的总体技术要求和电气系统的复杂程度，可对上述步骤做适当的调整及修正。

5.1.2 电气控制系统设计的一般程序

电气控制系统的设计一般按如下程序进行。

一、拟订设计任务书

电气控制系统设计的技术条件，通常是以电气设计任务书的形式加以表达的，电气设计任务书是整个系统设计的依据，拟订电气设计任务书，应聚集电气、机械工艺、机械结构三方面的设计人员，根据所设计的机械设备的总体技术要求，共同商讨，拟订认可。

在电气设计任务书中，应简要说明所设计的机械设备的型号、用途、工艺过程、技术性能、传动要求、工作条件、使用环境等。除此之外，还应说明以下技术指标及要求：

① 控制精度，生产效率要求。

② 有关电力拖动的基本特性，如电动机的数量、用途、负载特性、调速范围以及对反向、起动和制动的要求等。

③ 用户供电系统的电源种类、电压等级、频率及容量等要求。

④ 有关电气控制的特性，如自动控制的电气保护、联锁条件、动作程序等。

⑤ 其他要求，如主要电气设备的布置草图、照明、信号指示、报警方式等。

⑥ 目标成本及经费限额。

⑦ 验收标准及方式。

二、电力拖动方案与控制方式的选择

电力拖动方案的选择是以后各部分设计内容的基础和先决条件。

电力拖动方案是指根据生产工艺要求，生产机械的结构，运动部件的数量、运动要求、负载特

性、调速要求以及投资额等条件，去确定电动机的类型、数量、拖动方式，并拟订电动机的起动、运行、调速、转向、制动等控制要求。作为电气控制原理图设计及电器元件选择的依据。

三、 电动机的选择

根据已选择的拖动方案，就可以进一步选择电动机的类型、数量、结构形式以及容量、额定电压、额定转速等。

电动机选择的基本原则是：

① 电动机的机械特性应满足生产机械提出的要求，要与负载特性相适应，以保证生产过程中的运行稳定性并具有一定的调速范围与良好的起、制动性能。

② 电动机的结构形式应满足机械设计提出的安装要求，并适应周围环境的工作条件。

③ 根据电动机的负载和工作方式，正确选择电动机的容量。

正确合理地选择电动机的容量具有重要的意义。选择电动机的容量时可以按以下四种类型进行：

- 对于恒定负载长期工作制的电动机，其容量的选择应保证电动机的额定功率大于等于负载所需要的功率。
- 对于变动负载长期工作制的电动机，其容量的选择应保证当负载变到最大时，电动机仍能给出所需要的功率，同时电动机的温升不超过允许值。
- 对于短时工作制的电动机，其容量的选择应按照电动机的过载能力来选择。
- 对于重复短时工作制的电动机，其容量的选择原则上可按照电动机在一个工作循环内的平均功耗来选择。

④ 电动机电压的选择应根据使用地点的电源电压来决定，常用为 380 V、220 V。

⑤ 在没有特殊要求的场合，一般均采用交流电动机。

四、 电气控制方案的确定

在几种电路结构及控制形式均可以达到同样的控制技术指标的情况下，到底选择哪一种控制方案，往往要综合考虑各个控制方案的性能、设备投资、使用周期、维护检修、发展等因素。

选择电气控制方案的主要原则：

1. 自动化程度与国情相适应

根据现代科学技术的发展，电气控制方案尽可能选用最新科学技术，同时又要与企业自身的经济实力、各方面的人才素质相适应。

2. 控制方式应与设备的通用及专用化相适应

对于工作程序固定的专用机械设备，使用中并不需要改变原有程序，可采用继电接触式控制系统，控制线路在结构上接成“固定”式；对于要求较复杂的控制对象或者要求经常变换工作程序和加工对象的机械设备，可以采用可编程序控制器控制系统。

3. 控制方式随控制过程的复杂程度而变化

在生产机械控制自动化中，随控制要求及控制过程的复杂程度不同，可以采用分散控制或集中控制的方案，但是各台单机的控制方式和基本控制环节则应尽量一致，以便简化设计和制造过程。

4. 控制系统的工作方式，应在经济、安全的前提下，最大限度地满足工艺要求

此外，控制方案的选择，还应考虑采用自动半自动循环、工序变更、联锁、安全保护、故障诊

断、信号指示、照明等。

五、设计电气控制原理线路图并合理选择元器件，编制元器件目录清单

详细内容见 5.2、5.6 节。

六、设计电气设备制造、安装、调试所必需的各种施工图纸并以此为根据编制各种材料定额清单

详细内容见 5.4、5.5、5.6 节。

七、编写说明书

5.1.3 电气控制系统设计的基本原则

一般说来，当生产机械的电力拖动方案和控制方案已经确定以后，即可以着手进行电气控制线路的具体设计工作。对于不同的设计人员，由于其自身知识的广度、深度不同，导致所设计的电气控制线路的形式灵活多变。因此，若要设计出满足生产工艺要求的最合理的设计方案，就要求电气设计人员必须不断地扩展自己的知识面、开阔思路、总结经验。电气控制系统的设计一般应遵循以下原则。

一、最大限度实现生产机械和工艺对电气控制系统的要求

电气控制系统是为整个生产机械设备及其工艺过程服务的。因此，在设计之前，首先要弄清楚生产机械设备需满足的生产工艺要求，对生产机械设备的整个工作情况做一全面细致的了解。同时深入现场调查研究，收集资料，并结合技术人员及现场操作人员的经验，以此作为设计电气控制线路的基础。

二、在满足生产工艺要求的前提下，力求使控制线路简单、经济

① 尽量选用标准电器元件，尽量减少电器元件的数量，尽量选用相同型号的电器元件以减少备用品的数量。

② 尽量选用标准的、常用的或经过实践考验的典型环节或基本电气控制线路。

③ 尽量减少不必要的触点，以简化电气控制线路。

在满足生产工艺要求的前提下，使用的电器元件越少，电气控制线路中所涉及的触点的数量也越少，因而控制线路就越简单。同时还可以提高控制线路的工作可靠性，降低故障率。

常用的减少触点数目的方法为：

• 合并同类触点。在图 5.1.1 中，(a)、(b)实现的控制功能一致，但(a)比(b)少了一对触点。合并同类触点时应注意所用的触点的容量应大于两个线圈电流之和。

• 利用转换触点的方式。利用具有转换触点的中间继电器将两对触点合并成一对转换触点，如图 5.1.2 所示。

• 利用半导体二极管的单向导电性减少触点的数目。如图 5.1.3 所示，利用二极管的单向导电性可减少一个触点。这种方法只适用于控制电路所用电源为直流电源的场合，在使用中还要注意电源的极性。

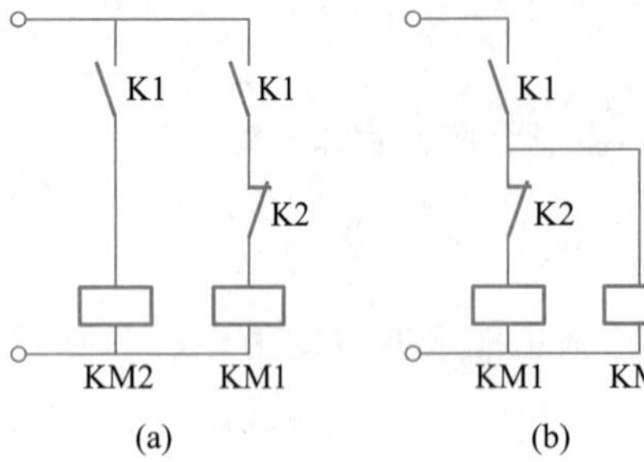

图 5.1.1 同类触点合并

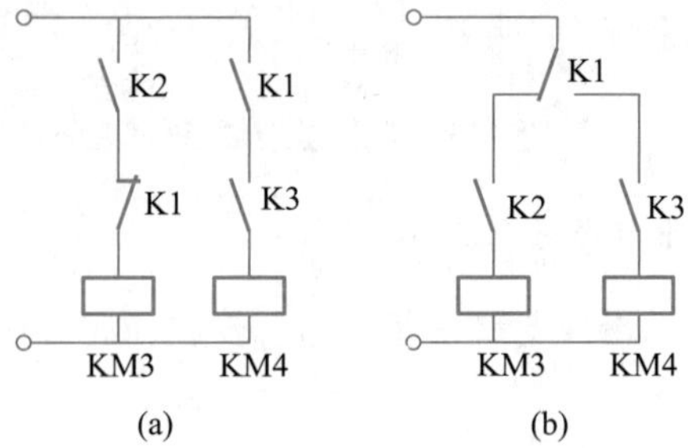

图 5.1.2 具有转换接点的中间继电器的应用

• 利用逻辑代数的方法来减少触点的数目。如图 5.1.4(a)所示,图中含有的触点数目为 5 个,其逻辑表达式为

$$K=A\overline{B}+A\overline{B}C$$

经逻辑化简后,$K=A\overline{B}$。这样就可以将原图简化为只含有两个触点的电路,如图 5.1.4(b)所示。

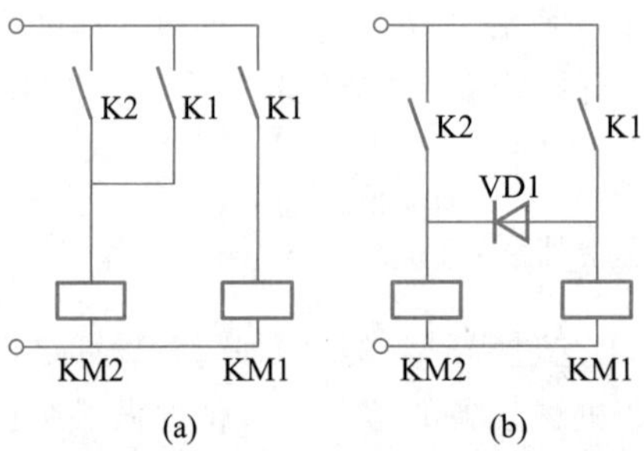

图 5.1.3 利用二极管简化控制电路

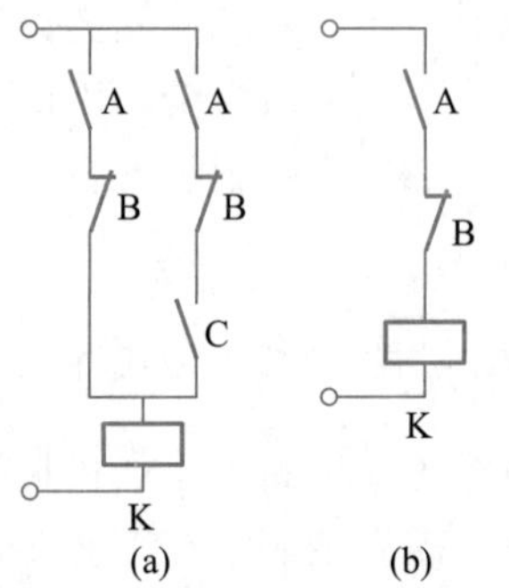

图 5.1.4 利用逻辑代数减少触点

④ 尽量缩短连接导线的数量和长度。在设计电气控制线路时,应根据实际环境情况,合理考虑并安排各种电气设备和电器元件的位置及实际连线,以保证各种电气设备和电器元件之间的连接导线的数量最少,导线的长度最短。

如图 5.1.5 所示,仅从控制线路上分析,没有什么不同,但若考虑实际接线,图(a)中的接线就不合理。因为按钮装在操作台上,接触器装在电气柜内,按图(a)的接法从电气柜到操作台需引四根导线。(b)中的接线合理,因为它将起动按钮和停止按钮直接相连,从而保证了两个按钮之间的距离最短,导线连接最短,此时,从电气柜到操作台只需引出三根导线。所以,一般都将起动按钮和停止按钮直接连接。

特别要注意,同一电器的不同触点在电气线路中尽可能具有更多的公共连接线,这样,可减少导线段数和缩短导线长度,如图 5.1.6 所示。行程开关装在生产机械上,继电器装在电气柜内。(a)图中用四根长导线连接,而(b)图中用三根长连接导线。

⑤ 控制线路在工作时,除必要的电器元件必须通电外,其余的尽量不通电以节约电能。如图 5.1.7(a)所示,在接触器 KM2 得电后,接触器 KM1 和时间继电器 KT 就失去了作用,不必继续通电。若改成图 5.1.7(b),KM2 得电后,切断了 KM1 和 KT 的电源,节约了电能,延长了该电器元件的寿命。

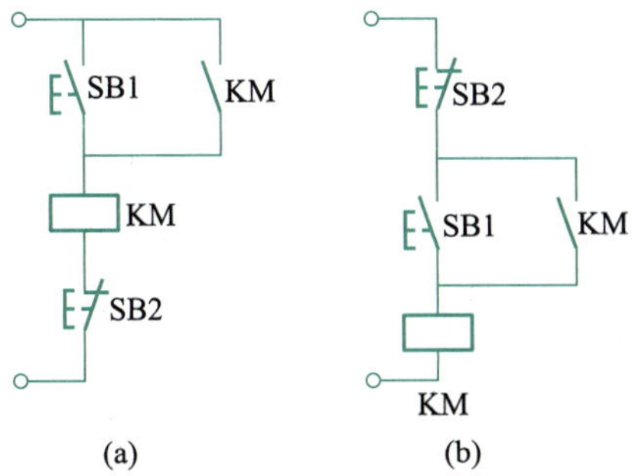

图 5.1.5 电气连接图的合理与不合理

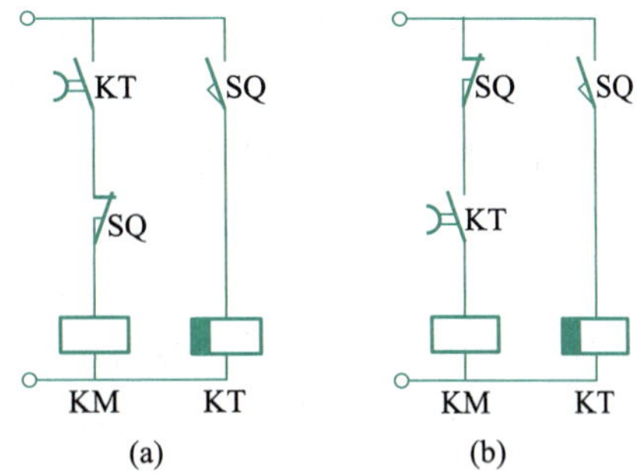

图 5.1.6 节省连接导线的方法

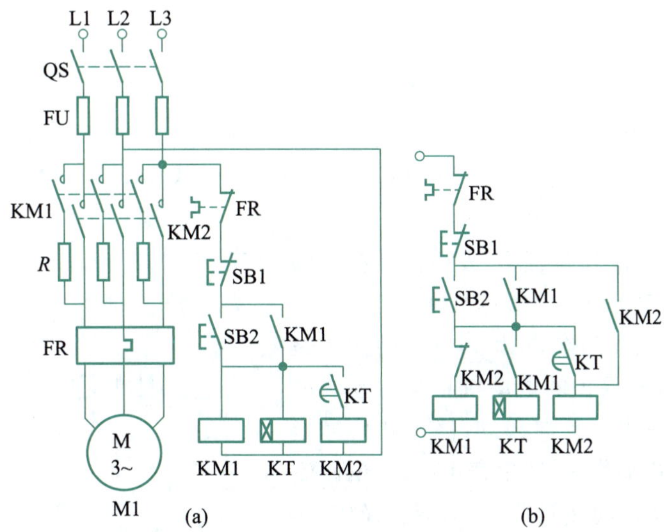

图 5.1.7 减少通电电器线路

三、 保证电气控制线路工作的可靠性

保证电气控制线路工作的可靠性，最主要的是选择可靠的电器元件。同时，在具体的电气控制线路设计上要注意以下几点：

1. 正确连接电器元件的触点

同一电器元件的动合和动断触点靠得很近，如果分别接在电源的不同相上，如图 5.1.8(a)所示的限位开关 SQ 的动合和动断触点，动合触点接在电源的一相，动断触点接在电源的另一相上，当触点断开产生电弧时，可能在两触点间形成飞弧造成电源短路。如果改成图 5.1.8(b)的形式，由于两触点间的电位相同，则不会造成电源短路。因此，在控制线路设计时，应使分布在线路不同位置的同一电器触点尽量接到同一个极或尽量共接同一等位点，以避免在电器触点上引起短路。

2. 正确连接电器的线圈

① 在交流控制线路中不允许串联接入两个电器元件的线圈，即使外加电压是两个线圈额定电压之和，如图 5.1.9 所示。这是因为每个线圈上所分配到的电压与线圈的阻抗成正比，而两个电器元件的动作总是有先有后，不可能同时动作。若接触器 KM1 先吸合，则线圈的电感显著增加，其阻抗比未吸合的接触器 KM2 的阻抗大，因而在该线圈上的电压降增大，使 KM2 的线圈电压达不到动作电压，此时，KM2 线圈电流增大，有可能将线圈烧毁。因此，若需要两个电器元件

同时工作,其线圈应并联连接,如图 5.1.9(b)所示。

② 两电感量相差悬殊的直流电压线圈不能直接并联。如图 5.1.10(a)所示,YA 为电感量较大的电磁铁线圈,K 为电感量较小的继电器线圈,当 KM 触点断开时,由于电磁铁 YA 线圈电感量较大,产生的感应电动势加在电压继电器 K 的线圈上,流经 K 线圈上的电流有可能达到其动作值,从而使继电器 K 重新吸合,过一段时间 K 又释放,这种情况显然是不允许的。为此,应在 K 的线圈电路中单独加一 KM 的动合触点,如图 5.1.10(b)所示。

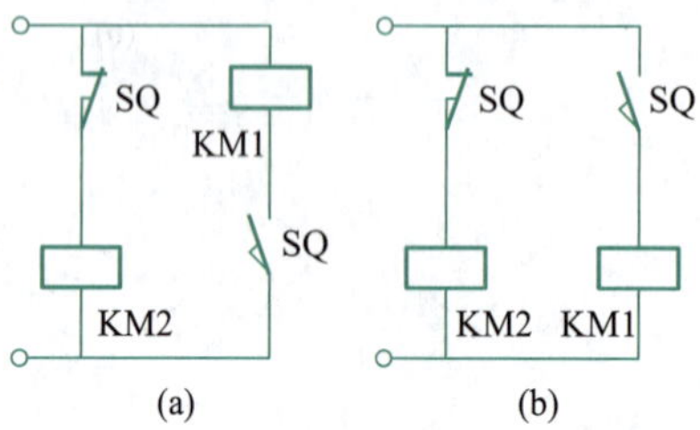

图 5.1.8 触点的正确与不正确连接

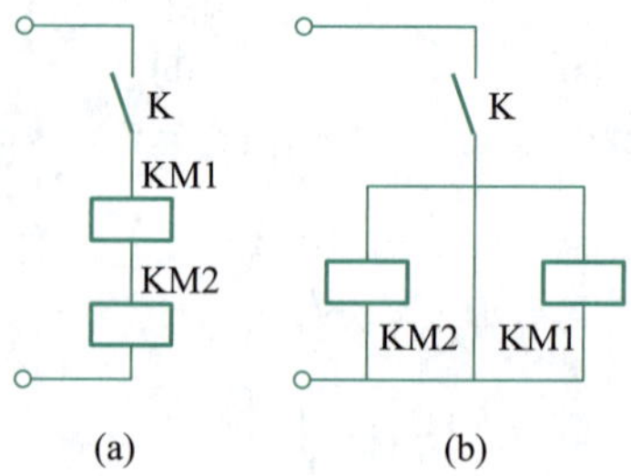

图 5.1.9 线圈的正确与不正确连接

3. 避免出现寄生电路

在电气控制线路的动作过程中,发生意外接通的电路称为寄生电路。寄生电路将破坏电器元件和控制线路的工作顺序或造成误动作。图 5.1.11(a)所示是一个具有指示灯和过载保护的电动机正反向控制电路。正常工作时,能完成正反向起动、停止和信号指示。但当热继电路 FR 动作时,产生寄生电路,电流流向如图中虚线所示,使正向接触器 KM1 不能释放,起不了保护作用。如果将指示灯与其相应接触器线圈并联,则可防止寄生电路,如图 5.1.11(b)所示。

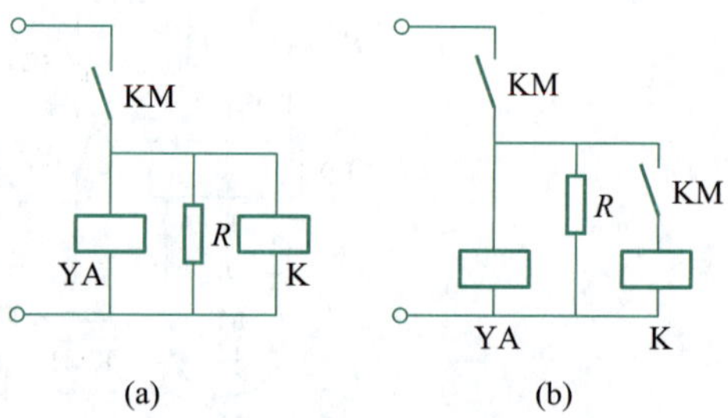

图 5.1.10 电磁铁与继电器线圈的正确与不正确连接

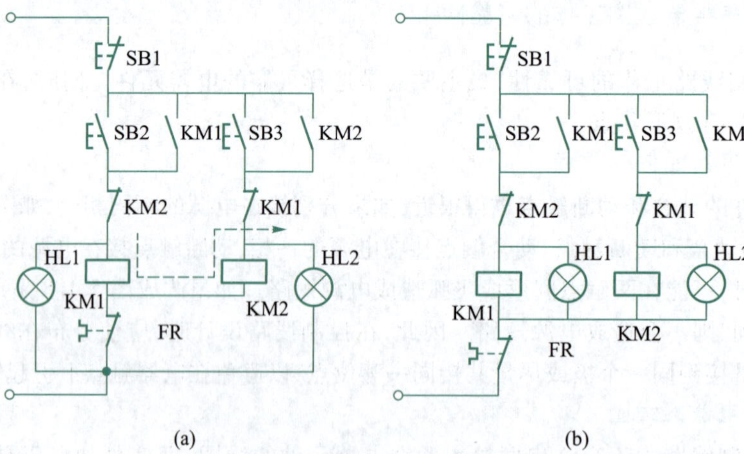

图 5.1.11 防止寄生电路

4. 其他注意事项

① 在电气控制线路中应尽量避免许多电器元件依次动作才能接通另一个电器元件的控制线路。

② 在频繁操作的可逆线路中,正反向接触器之间要有电气联锁和机械联锁。

③ 设计的电气控制线路应能适应所在电网的情况。并据此来决定电动机的起动方式是直接起动还是间接起动。

④ 在设计电气控制线路时,应充分考虑继电器触点的接通和分断能力。若要增加接通能力,可用多触点并联;若要增加分断能力,可用多触点串联。

四、 保证电气控制线路工作的安全性

电气控制线路应具有完善的保护环节,来保证整个生产机械的安全运行,消除在其工作不正常或误操作时所带来的不利影响,避免事故的发生。在电气控制线路中常设的保护环节有短路、过电流、过载、失压、弱磁、超速、极限等。

1. 短路保护

众所周知,在电路发生短路时,强大的短路电流容易引起各种电气设备和电器元件的绝缘损坏及机械损坏。因此,当电路发生短路时,应迅速而可靠地切断电源,图 5.1.12 所示为采用熔断器作短路保护的电路。当主电机容量较小,控制电路不需另设熔断器 FU2,主电路中的熔断器也可用作控制电路的短路保护。当主电动机容量较大时,在控制电路中必须单独设置短路保护,如熔断器 FU2。也可以采用自动空气开关作短路保护,它既可以作为短路保护,又可以作为过载保护。当线路出现故障时,自动开关动作,事故处理完重新合上开关,线路则重新运行工作。

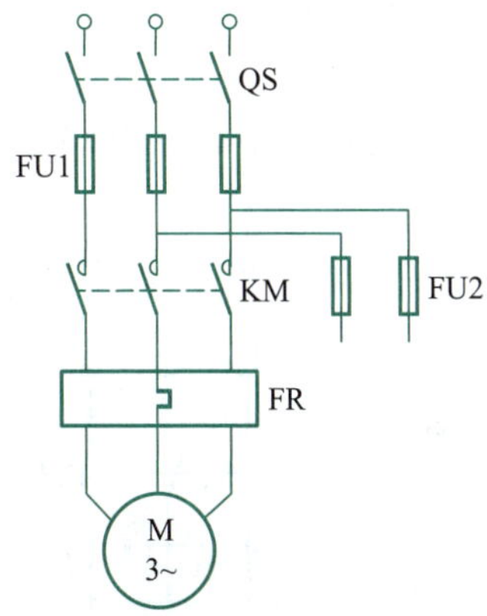

图 5.1.12 熔断器短路保护

2. 过电流保护

在电动机运行过程中,有各种各样的现象,会引起电动机产生很大的电流,从而造成电动机或生产机械设备的损坏。例如不正确的起动和过大的负载会引起电动机很大的过电流;过大的冲击负载会引起电动机过大的冲击电流,损坏电动机的换向器;过大的电动机转矩会使生产机械的机械转动部分受到损坏。因此,为保护电动机的安全运行,在这种条件下,有必要设置过电流保护。如图 5.1.13 所示,图(a)为采用过电流继电器保护电动机过流的电路,通常用在限流起动的直流电动机和绕线转子异步电动机的过流保护,其继电器的动作值一般整定在 1.2 倍的电动机起动电流。图(b)为用在笼型异步电动机直接起动时的过流保护。其工作过程为,当电动机

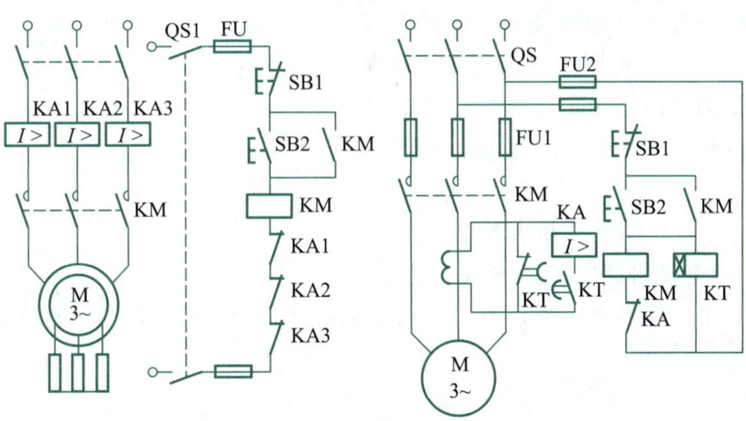

图 5.1.13 过电流保护

起动时,时间继电器 KT 延时断开的动断触点未断开,过电流继电器的线圈不能接入电路,这时,虽起动电流很大,但过电流继电器不起作用。当起动结束后,KT 的动断触点经延时已断开,过电流继电器开始起保护作用。

3. 过载保护

如果电动机长期超载运行,其绕组的温升将超过允许值,从而损坏电动机。此时应设置过载保护环节。这种保护多采用具有反时限特性的热继电器作保护环节,同时装有熔断器或过流继电器配合使用。在图 5.1.14 所示的电路中,图(a)适用于保护电动机出现三相均衡过载。图(b)适用于保护电动机出现任一相断线或三相均衡过载,但当三相电源发生严重不均衡或电动机内部短路、绝缘不良等,有可能使某一相电流高于其他两相,则上述两电路就不可能可靠地进行保护。图(c)为三相保护,它可以可靠地保护电动机的各种过载情况。在图(b)和图(c)中,当电动机定子绕组为三角形联结时,应采用差动式热继电器。

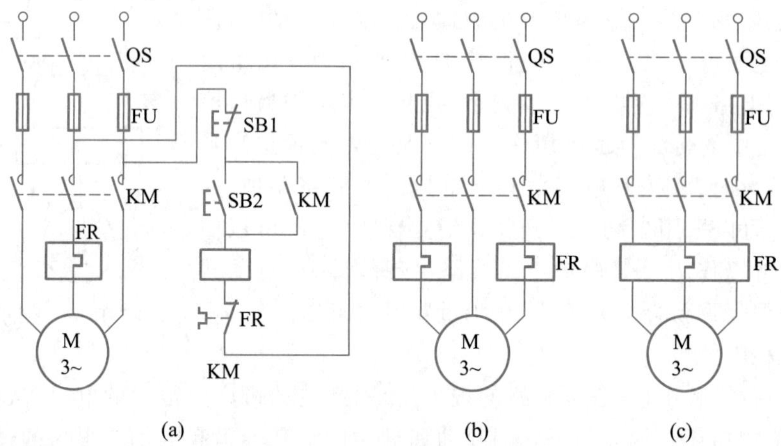

图 5.1.14 过载保护

4. 失电压保护

在电动机正常工作时,由于电源电压消失而使电动机停转,当电源电压恢复后,有时,电动机就会自行起动,从而造成人身伤亡和设备毁坏的事故。防止电压恢复时电动机自起动的保护称为失电压保护。一般通过并联在起动按钮上的接触器的动合触点[如图 5.1.15(a)所示],或通过并联在主令控制器的零位动合触点上的零位继电器的动合触点[如图 5.1.15(b)所示],来实现失电压保护。

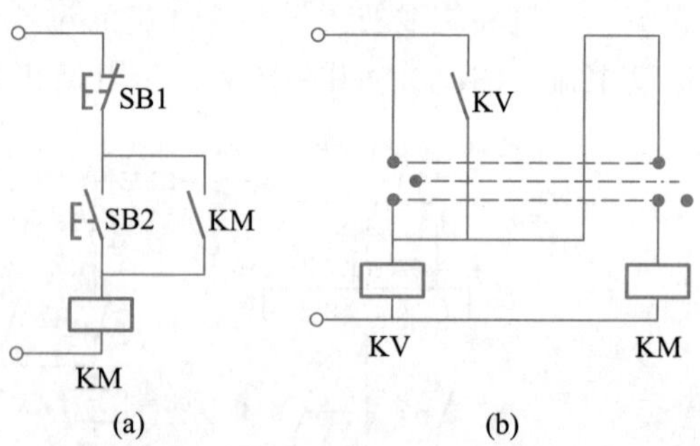

图 5.1.15 失电压保护

5. 弱磁保护

直流并励电动机、复励电动机在励磁磁场减弱或消失时,会引起电动机的“飞车”现象。此时,有必要在控制线路中采用弱磁保护环节。一般用弱磁继电器,其吸上值一般整定为额定励磁电流的 0.8 倍。

6. 极限保护

对于做直线运动的生产机械常设有极限保护环节。如上、下极限保护,前、后极限保护等。一般用行程开关的动断触点来实现。

7. 其他保护

除以上保护之外，可按生产机械在其运行过程中的不同工艺要求和可能出现的各种现象，根据实际情况来设置如温度、水位、欠压等保护环节。

五、应力求操作、维护、检修方便

电气控制线路对电气控制设备而言应力求维修方便，使用简单。为此，在具体进行电气控制线路的安装与配线时，电器元件应留有备用触点，必要时留有备用元件；为检修方便，应设置电气隔离，避免带电检修工作；为调试方便，控制方式应操作简单，能迅速实现从一种控制方式到另一种控制方式的转变，如从自动控制转换到手动控制等；设置多点控制，便于在生产机械旁进行调试；操作回路较多时，如要求正反向运转并调速，应采用主令控制器，而不能采用许多按钮。

5.2 电气原理线路设计的步骤和方法

电气原理线路的设计有两种方法：其一是经验设计法；其二是逻辑设计法。下面对两种方法分别加以阐述。

5.2.1 经验设计法

所谓经验设计法，顾名思义，它一般要求设计人员必须熟悉和掌握大量的基本环节和典型电路，具有丰富的实际设计经验。

经验设计法又称为一般设计法、分析设计法，是根据生产机械的工艺要求和生产过程，选择适当的基本环节（单元电路）或典型电路综合而成的电气控制线路。

一般不太复杂的（继电接触式）电气控制线路都可以按照这种方法进行设计。这种方法易于掌握，便于推广。但在设计的过程中需要反复修改设计草图以得到最佳设计方案，因此设计速度慢，且必要时还要对整个电气控制线路进行模拟实验。

一、经验设计法的基本步骤

一般的生产机械电气控制线路设计包含有主电路、控制电路和辅助电路等的设计。

① 主电路设计：主要考虑电动机的起动、点动、正反转、制动和调速。

② 控制电路设计：包括基本控制线路和控制线路特殊部分的设计以及选择控制参量和确定控制原则。主要考虑如何满足电动机的各种运转功能和生产工艺要求。

③ 联锁保护环节设计：主要考虑如何完善整个控制线路的设计，包含各种联锁环节以及短路、过载、过电流、失压等保护环节。

④ 线路的综合审查：反复审查所设计的控制线路是否满足设计原则和生产工艺要求。在条件允许的情况下，进行模拟实验，逐步完善整个电气控制线路的设计，直至满足生产工艺要求。

二、经验设计法的基本设计方法

① 根据生产机械的工艺要求和工作过程，适当选用已有的典型基本环节，将它们有机地组合起来加以适当的补充和修改，综合成所需要的电气控制线路。

② 若选择不到适当的典型基本环节，则根据生产机械的工艺要求和生产过程自行设计，边

分析边画图，将输入的主令信号经过适当的转换，得到执行元件所需的工作信号。随时增减电器元件和触点，以满足所给定的工作条件。

三、 经验设计法举例

下面以皮带运输机的电气控制线路为例来说明经验设计法的设计过程。

皮带运输机是一种连续平移运输机械，常用于粮食、矿山等的生产流水线上，将粮食、矿石等从一个地方运到另一个地方。一般由多条皮带组成，以改变运输的方向和斜度。

皮带运输机属长期工作制，不需调速，没有特殊要求也不需反转。因此，其拖动电动机多采用笼型异步电动机。若考虑事故情况下，可能有重载起动，需要的起动转矩大，所以，可以由双笼型异步电动机或绕线转子异步电动机拖动，也有的是二者配合使用。

本例以三条皮带运输机为例。

1. 皮带运输机的工艺要求

① 起动时，顺序为3#、2#、1#，并要有一定的时间间隔，以免货物在皮带上堆积，造成后面皮带重载起动。

② 停车时，顺序为1#、2#、3#，以保证停车后皮带上不残存货物。

③ 不论2#或3#哪一个出故障，1#必须停车，以免继续进料，造成货物堆积。

④ 必要的保护。

2. 主电路设计

三条皮带运输机由三台电动机拖动，均采用笼型异步电动机。由于电网容量相对于电动机容量来讲足够大，而且三台电动机又不同时起动，所以不会对电网产生较大的冲击。因此，采用直接起动。由于皮带运输机不经常起动、制动，对于制动时间和停车准确度也没有特殊要求，制动时则采用自由停车。三台电动机都用熔断器来作短路保护，用热继电器来作过载保护。由此，设计出主电路如图5.2.1所示。

3. 基本控制电路的设计

三台电动机由三个接触器控制其起、停。起动时，顺序为3#、2#、1#，可用3#的接触器动合触点去控制2#的接触器线圈，用2#的接触器动合触点去控制1#的接触器线圈。制动时，顺序为1#、2#、3#，用1#的接触器动合触点与控制2#的接触器动断按钮并联，用2#的接触器动合触点与控制3#的接触器动断按钮并联，其基本控制线路如图5.2.2所示。由图可见，只有KM3动作后，按下SB3，KM2线圈才能通电动作，然后按下SB1，KM1线圈通电动作，这样就实现了电动机的顺序起动。同理，只有KM1断电释放，按下SB4，KM2线圈才能断电，然后按下SB6，KM3线圈断电，这样实现了电动机的顺序停车。

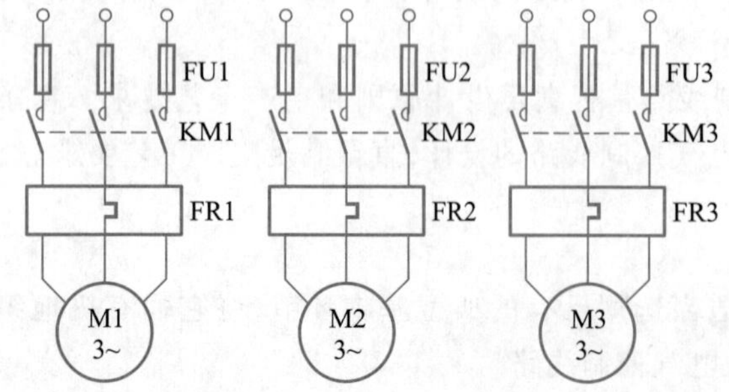

图5.2.1 皮带运输机主电路图

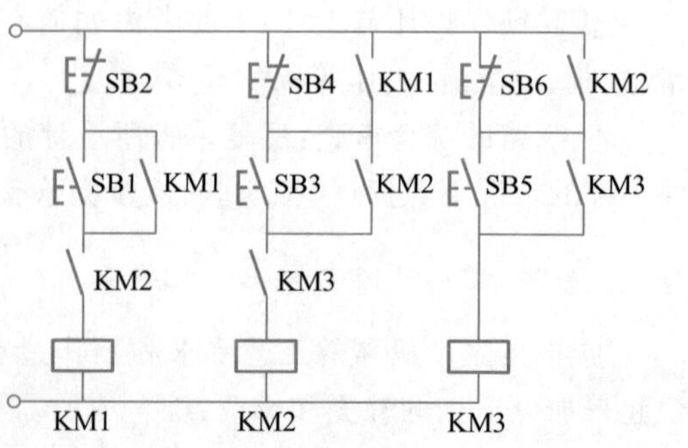

图5.2.2 控制电路的基本部分

4. 设计控制线路的特殊部分

图 5.2.2 所示的控制线路显然是手动控制,为了实现自动控制,皮带运输机的起动和停车过程可以用行程参量和时间参量加以控制。由于皮带是回转运动,检测行程比较困难,而用时间参量比较方便,所以,我们采用以时间为变化参量,利用时间继电器作为输出器件的控制信号。以通电延时的动合触点作为起动信号,以断电延时的动合触点作为停车信号。为使三条皮带自动地按顺序进行工作,采用中间继电器 K,其线路如图 5.2.3 所示。

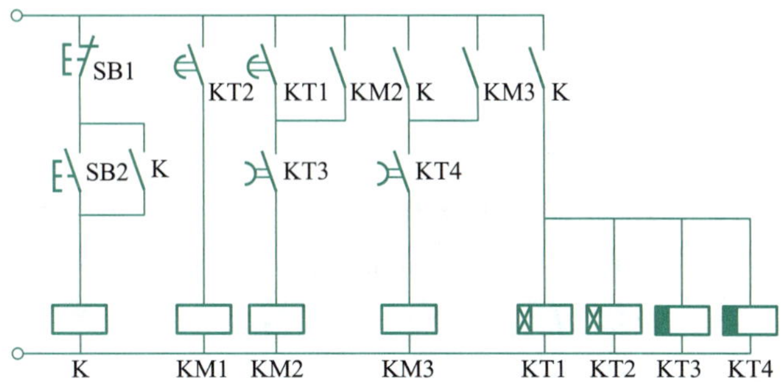

图 5.2.3 控制电路的联锁部分

5. 设计联锁保护环节

按下 SB1 发出停车指令时,KT1、KT2、K 同时断电,其动合触点瞬时断开,接触器 KM2、KM3 若不加自锁,则 KT3、KT4 的延时将不起作用,KM2、KM3 线圈将瞬时断电,电动机不能按顺序停车,所以需加自锁环节。三台热继电器的保护触头均串联在 K 的线圈电路中,这样,无论哪一号皮带发生过载,都能按 1#、2#、3#顺序停车。线路的失压保护由继电器 K 实现。

6. 线路的综合审查

完整的控制线路如图 5.2.4 所示。

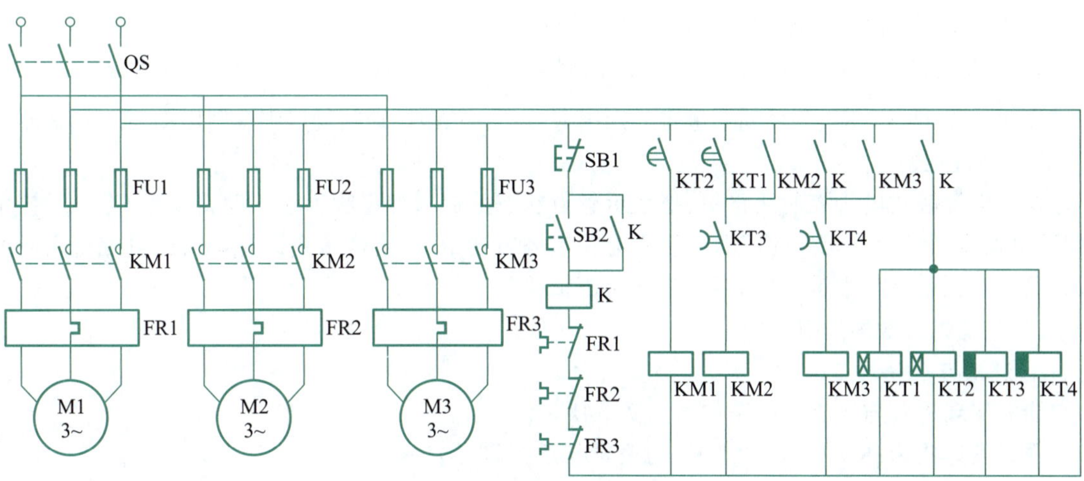

图 5.2.4 完整的电路图

按下起动按钮 SB2,继电器 K 通电吸合并自锁,K 的一个动合触点闭合,接通时间继电器 KT1 ~ KT4,其中 KT1、KT2 为通电延时型时间继电器,KT3、KT4 为断电延时型时间继电器,所以,KT3、KT4 的动合触点立即闭合,即为接触器 KM2 和 KM3 的线圈通电准备条件。K 的另一个动合触点闭合，与 KT4 一起接通接触器 KM3，使电动机 M3 首先起动，经一段时间，达到 KT1 的整定时间，则时间继电器 KT1 的动合触点闭合，使 KM2 通电吸合，电动机 M2 起动，再经一段时间，达到 KT2 的整定时间，则时间继电器 KT2 的动合触点闭合，使 KM1 通电吸合，电动机 M1 起动。

按下停止按钮 SB1，继电器 K 断电释放，四个时间继电器同时断电，KT1、KT2 的动合触点立即断开，KM1 失电，电动机 M1 停车。由于 KM2 自锁，所以，只有达到 KT3 的整定时间，KT3 断开，使 KM2 断电，电动机 M2 停车，最后，达到 KT4 的整定时间，KT4 的动合触点断开，使 KM3 线圈断电，电动机 M3 停车。

5.2.2　逻辑设计法

所谓逻辑设计法是利用了逻辑代数这一数学工具来设计电气控制线路。即从机械设备的生产工艺要求出发，将控制线路中的接触器、继电器等电器元件线圈的通电与断电，触点的闭合与断开，以及主令元件的接通与断开等均看成逻辑变量，配合生产工艺过程，考虑控制线路中各逻辑变量之间所要满足的逻辑关系，按照一定的方法和步骤设计出符合生产工艺要求的电气控制线路。

一、逻辑代数基础

（一）逻辑代数中的逻辑变量和逻辑函数

逻辑代数又称布尔代数或开关代数。

1. 逻辑变量

在逻辑代数中，将具有两种互为对立的工作状态的物理量称为逻辑变量。如作为电气控制的继电器、接触器等电器元件线圈的通电与失电，触点的断开与闭合等，这里线圈和触点都相当于一个逻辑变量，其对立的两种工作状态可采用逻辑“0”和逻辑“1”表示。而且逻辑代数规定，应明确逻辑“0”和逻辑“1”所代表的物理意义。因此，在继电接触式电气控制线路中明确规定：

① 电器元件的线圈通电为“1”状态，线圈失电为“0”状态。

② 触点闭合为“1”状态，触点断开为“0”状态。

③ 主令元件如行程开关、主令控制器等，触点闭合为“1”状态，触点断开为“0”状态。

④ 电器元件 K1，K2，…的动合触点分别用 K1，K2，…表示；动断触点则分别用$\overline{K1}$，$\overline{K2}$，…表示。

2. 逻辑函数

在继电接触式电气控制线路中，把表示触点状态的逻辑变量称为输入逻辑变量；把表示接触器、继电器线圈等受控元件的逻辑变量称为输出逻辑变量；输出逻辑变量与输入逻辑变量之间所满足的相互关系称为逻辑函数关系，简称为逻辑关系。

（二）逻辑代数的运算法则

1. 逻辑与——触点串联

能够实现逻辑**与**运算的电路如图 5.2.5 所示。

逻辑表达式为：$K=A \cdot B$　（“·”为逻辑与运算符号）。

其表达的含义为：只有当触点 A 与 B 都闭合时，线圈 K 才得电。

2. 逻辑或——触点并联

能够实现逻辑**或**运算的电路如图 5.2.6 所示。

逻辑表达式为：$K=A+B$　（“+”为逻辑或运算符号）。

其表达的含义为：触点 A 与 B 只要有一个闭合时，线圈 K 就可以得电。

3. 逻辑非——动断触点

能够实现逻辑**非**运算的电路如图 5.2.7 所示。

逻辑表达式为：$K=\overline{A}$ （“−”为逻辑**非**运算符号）。

其表达的含义为：触点 A 断开，则线圈 K 通电。

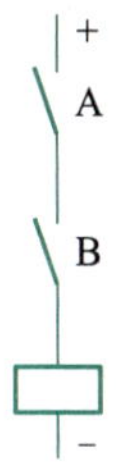

图 5.2.5 逻辑**与**运算电路

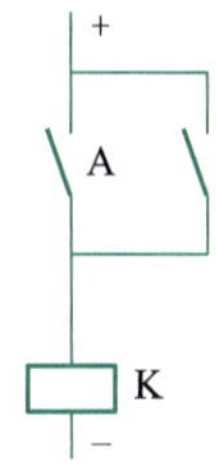

图 5.2.6 逻辑**或**运算电路

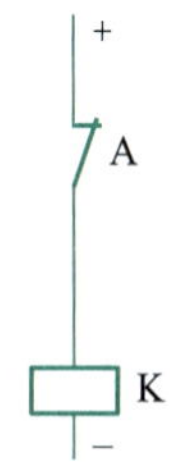

图 5.2.7 逻辑**非**运算电路

（三）逻辑代数的基本定理

1. 交换律 $A \cdot B=B \cdot A, A+B=B+A$
2. 结合律 $A \cdot (B \cdot C)=(A \cdot B) \cdot C, A+(B+C)=(A+B)+C$
3. 分配律 $A \cdot (B+C)=A \cdot B+A \cdot C, A+(B \cdot C)=(A+B) \cdot (A+C)$
4. 重叠律 $A \cdot A=A, A+A=A$
5. 吸收律 $A+AB=A, A \cdot (A+B)=A$
   $A+\overline{A}B=A+B, \overline{A}+AB=\overline{A}+B$
6. 非非律 $\overline{\overline{A}}=A$
7. 反演律 $\overline{A+B}=\overline{A} \cdot \overline{B}, \overline{A \cdot B}=\overline{A}+\overline{B}$

以上定理的证明请参考逻辑代数有关章节，读者可自行证明。

（四）逻辑代数的化简

一般说来，从满足机械设备的工艺要求出发而列出的原始逻辑表达式都较为繁琐，涉及的变量较多，据此做出的电气控制线路图也较为繁琐。因此，在保证逻辑功能（生产工艺要求）不变的前提下，可以用逻辑代数的定理和法则将原始的逻辑表达式进行化简，以得到较为简化的电气控制线路图。

化简时经常用到的常量和变量的关系为

$A+0=A \quad A \cdot 0=0$

$A+1=1 \quad A \cdot 1=A$

$A+\overline{A}=1 \quad A \cdot \overline{A}=0$

化简时经常用到的方法有

1. 合并项法 利用 $AB+A\overline{B}=A$，将两项合为一项。
   例：$AB\overline{C}+ABC=AB$
2. 吸收法 利用 $A+AB=A$ 消去多余的因子。
   例：$B+ABDF=B$
3. 消去法 利用 $A+\overline{A}B=A+B$ 消去多余的因子。
   例：$\overline{A}+AB+DEF=\overline{A}+B+DEF$
4. 配项法 利用逻辑表达式乘以一个“1”和加上一个“0”其逻辑功能不变来进行化简，即利用 $A+\overline{A}=1$ 和 $A\overline{A}=0$。

（五）继电接触器开关的逻辑函数

继电接触器开关的逻辑电路，是以检测信号、主令信号、中间单元及输出逻辑变量的反馈触点作为输入变量，以执行元件作为输出变量而构成的电路。以下通过两个简单的线路说明组成继电接触器开关的逻辑函数的规律，图 5.2.8(a)、(b)为起、停自锁电路。

对于图 5.2.8(a)，其逻辑函数为：$F_K = SB1 + \overline{SB2} \cdot K$

$$F_K = X_{开} + X_{关} \cdot K \quad (5.2.1)$$

其一般形式为上式。

对于图 5.2.8(b)，其逻辑函数为：$F_K = \overline{SB2} \cdot (SB1 + K)$

其一般形式为：

$$F_K = X_{关}(X_{开} + K) \quad (5.2.2)$$

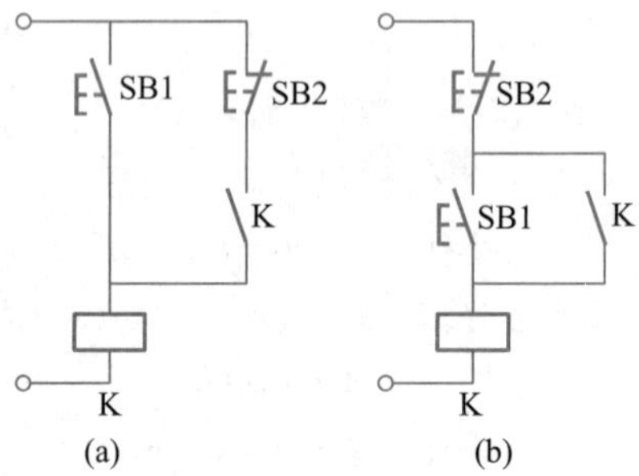

图 5.2.8 起、停自锁电路

式(5.2.1)和式(5.2.2)中的 $X_{开}$ 代表开启信号，$X_{关}$ 代表关闭信号。

实际起动、停止、自锁的线路，一般都有许多联锁条件，即控制一个线圈通、断电的条件往往都不止一个。对开启信号，当开启信号不只有一个主令信号，还必须具有其他条件才能开启时，则开启主令信号用 $X_{开主}$ 表示，其他条件称为开启约束信号，用 $X_{开约}$ 表示。可见，只有当条件都具备时，开启信号才能开启，则 $X_{开主}$ 与 $X_{开约}$ 是逻辑**与**的关系，用 $X_{开主} \cdot X_{开约}$ 去代替式(5.2.1)、(5.2.2)中的 $X_{开}$。

当关断信号不只有一个主令信号，还必须具有其他条件才能关断时，则关断主令信号用 $X_{关主}$ 表示，其他条件称关断约束信号，用 $X_{关约}$ 表示。可见，只有当信号全为“0”时，信号才能关断，则 $X_{关主}$ 与 $X_{关约}$ 是逻辑**或**的关系，用 $X_{关主} + X_{关约}$ 去代替式(5.2.1)、(5.2.2)中的 $X_{关}$。因此，起动、停止、自锁线路的扩展公式为

$$F_K = X_{开主} X_{开约} + (X_{关主} + X_{关约}) K \quad (5.2.3)$$

$$F_K = (X_{关主} + X_{关约})(X_{开主} X_{开约} + K) \quad (5.2.4)$$

二、逻辑设计法的基本步骤

电气控制线路的组成一般有输入电路、输出电路和执行元件等。输入电路主要由主令元件、检测元件组成。主令元件包含手动按钮、开关、主令控制器等。其功能是实现开机、停机及发生紧急情况下的停机等控制。这里，主令元件发出的信号称为主令信号。检测元件包含行程开关、压力继电器、速度继电器等各种继电器元件，其功能是检测物理量，作为程序自动切换时的控制信号，即检测信号。主令信号、检测信号、中间元件发出的信号、输出变量反馈的信号组成控制线路的输入信号。输出电路由中间记忆元件和执行元件组成。中间记忆元件即继电器，其基本功能是记忆输入信号的变化，使得按顺序变化的状态（以下称为程序）两两相区分。

执行元件分为有记忆功能的和无记忆功能的两种。有记忆功能的执行元件有接触器、继电器。无记忆功能的执行元件有电磁阀、电磁铁等。执行元件的基本功能是驱动生产机械的运动部件满足生产工艺要求。

逻辑设计法的基本步骤如下：

① 根据生产工艺要求，做出工作循环示意图。

② 确定执行元件和检测元件，并根据工作循环示意图做出执行元件的动作节拍表和检测元

件状态表。

执行元件的动作节拍表由生产工艺要求决定，是预先提供的。执行元件动作节拍表实际上表明接触器、继电器等电器线圈在各程序中的通电、断电情况。

检测元件状态表根据各程序中检测元件状态变化编写。

③ 根据主令元件和检测元件状态表写出各程序的特征数，确定待相区分组，增设必要的中间记忆元件，使待相区分组的所有程序区分开。

程序特征数，即由对应程序中所有主令元件和检测元件的状态构成的二进制数码的组合数。例如，当一个程序有两个检测元件时，根据状态取值的不同，则该程序可能有四个不同的特征数。

当两个程序中不存在相同的特征数时，这两个程序是相区分的；否则，是不相区分的。将具有相同特征数的程序归为一组，称为待相区分组。

根据待相区分组可设置必要的中间记忆元件，通过中间记忆元件的不同状态将各待相区分组区分开。

④ 列出中间记忆元件的开关逻辑函数和执行元件的逻辑函数。

⑤ 根据逻辑函数式建立电气控制线路图。

⑥ 进一步检查、化简、完善电路，增加必要的保护和联锁环节。

三、逻辑设计法举例

下面用逻辑设计法对皮带运输机的电气控制电路进行设计。

1. 皮带运输机的工作循环示意图

如图 5.2.9 所示，按生产工艺要求，当起动信号给出后，3#皮带机立即起动，经一定间隔，由控制元件——时间继电器 KT1 发出起动 2#皮带机的信号，2#皮带机起动；再经一定间隔，由控制元件——时间继电器 KT2 发出起动 1#皮带机的信号，1#皮带机起动。当发出停止信号时，1#皮带机立即停车，经一定间隔，由控制元件——时间继电器 KT3 发出停止2#皮带机的信号，2#皮带机停车；再经一定间隔，由控制元件——时间继电器 KT4 发出停止3#皮带机的信号，3#皮带机停车。

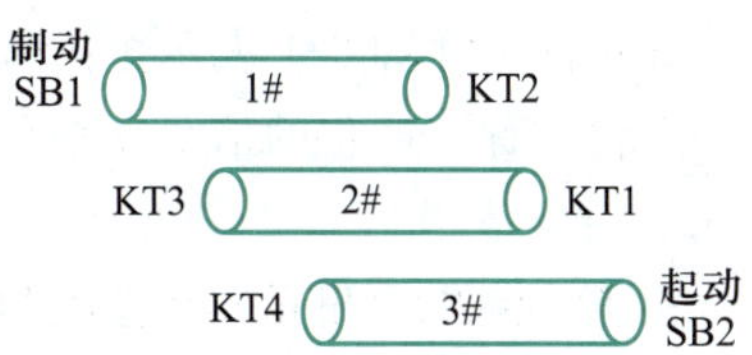

图 5.2.9 皮带运输机工作示意图

2. 执行元件的动作节拍表和检测元件的状态表

确定执行元件为接触器 KM1、KM2、KM3；检测元件为时间继电器 KT1、KT2、KT3、KT4；其中 KT1、KT2 为起动用时间继电器，用于通电延时；KT3、KT4 为制动用时间继电器，用于断电延时。

主令元件为起动按钮 SB2 和停车按钮 SB1。接触器和时间继电器线圈状态表见表 5.2.1，时间继电器及按钮触点状态表见表 5.2.2。表中的"1"代表线圈通电或触点闭合，"0"代表线圈断电或触点断开。

表 5.2.1 接触器和时间继电器线圈状态表

程序	状态	元件线圈状态						
		KM1	KM2	KM3	KT1	KT2	KT3	KT4
0	原位	0	0	0	0	0	0	0
1	3#起动	0	0	1	1	1	1	1

续表

程序	状态	元件线圈状态						
		KM1	KM2	KM3	KT1	KT2	KT3	KT4
2	2#起动	0	1	1	1	1	1	1
3	1#起动	1	1	1	1	1	1	1
4	1#停车	0	1	1	0	0	0	0
5	2#停车	0	0	1	0	0	0	0
6	3#停车	0	0	0	0	0	0	0

表 5.2.2　时间继电器及按钮触点状态表

程序	状态	检测或控制元件触点状态						转换主令信号
		KT1	KT2	KT3	KT4	SB1	SB2	
0	原位	0	0	0	0	1	0	
1	3#起动	0	0	1	1	1	1/0	SB2、KT3、KT4
2	2#起动	1	0	1	1	1	0	KT1
3	1#起动	1	1	1	1	1	0	KT2
4	1#停车	0	0	1	1	0/1	0	SB1、KT1、KT2
5	2#停车	0	0	0	1	1	0	KT3
6	3#停车	0	0	0	0	1	0	KT4

表中的1/0和0/1表示短信号。例如,按钮SB2,当按下时,动合触点闭合,手一松开触点即断开,所以,称其产生的信号为短信号,在表中用1/0表示。

3. 决定待相区分组,设置中间记忆元件

根据控制或检测元件状态表得程序特征数如下:

0程序特征数	000010	4程序特征数	001100、001110
1程序特征数	001111、001110	5程序特征数	000110
2程序特征数	101110	6程序特征数	000010
3程序特征数	111110		

只有"1"程序和"4"程序有相同特征数001110,但SB2为短信号,需加自锁。因此,"1"程序和"4"程序就属于可区分组了。因为没有待相区分组,所以就不需要设置中间记忆元件。

4. 列输出元件的逻辑函数式

KM3的工作区间是程序1~5,程序0、1间转换主令信号是SB2,由0→1取$X_{开主}$为SB2,程序5、6间转换主令信号是KT4,由1→0,所以,取$X_{关主}$为KT4,且SB2为短信号,需自锁。故

$$KM3=(SB2+KM3)KT4$$

KM2的工作区间是程序2~4,程序1、2间转换主令信号是KT1,由0→1取$X_{开主}$为KT1,程序4、5间转换主令信号是KT3,由1→0,取$X_{关主}$为KT3,但在开关边界内$X_{开主}\cdot X_{关主}$不全为1(由于KT1、KT3分别为通电延时型和断电延时型,所以在线路通电或断电时,二者不能同时闭合),

需自锁。故

$$KM2=(KT1+KM2)KT3$$

KM1 的工作程序是程序 3，程序 2、3 间转换主令信号是 KT2，由 0→1 取 $X_{开主}$ 为 KT2，程序 3、4 间转换主令信号是 SB1，由 1→0→1，取 $X_{关主}$ 为 $\overline{SB1}$，故

$$KM1=\overline{SB1}\cdot KT2$$

KT1～KT4 的工作区间是程序 1～3，程序 0、1 间转换主令信号是 SB2，由 0→1，且 SB2 是短信号，需加自锁，取 $X_{开主}$ 为 SB2。程序 3、4 间转换主令信号是 SB1，由 1→0→1，取 $X_{关主}$ 为 $\overline{SB1}$，故

$$KT1=(SB2+KT1)\overline{SB1} \qquad KT2=(SB2+KT2)\overline{SB1}$$

$$KT3=(SB2+KT3)\overline{SB1} \qquad KT4=(SB2+KT4)\overline{SB1}$$

以上四个公式可以用一个公式代替，由于 KT1～KT4 线圈的通、断电信号相同，所以自锁信号用 KT1 的瞬动触点来代替，则 $KT1\sim KT4=(SB2+KT1)\overline{SB1}$。

5. 按逻辑函数式画出电气控制线路图

按以上的逻辑函数式画出电气控制线路图如图 5.2.10 所示，考虑 $\overline{SB1}$、SB2 需两动合、两动断，数量太多，对按钮来说难以满足要求，改用，$K=(SB2+K)\overline{SB1}$ 和 KT1～KT4＝K，即是利用 SB2 和 SB1 控制中间继电器 K 的线圈，再由 K 的动合触点控制 KT1～KT4 的线圈，由此可画出图 5.2.11 所示的电路。

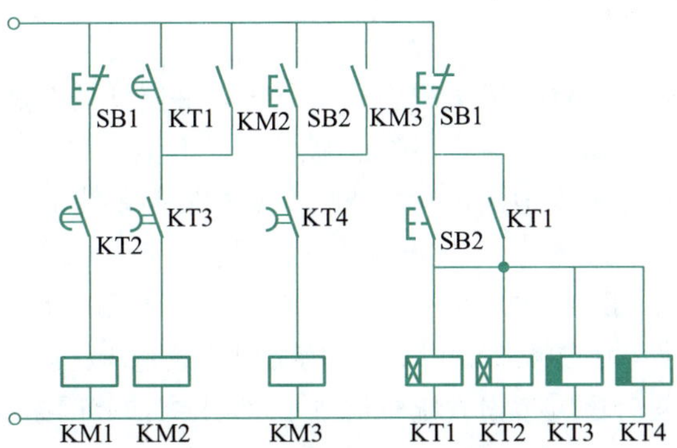

图 5.2.10 按逻辑函数画出的控制线路

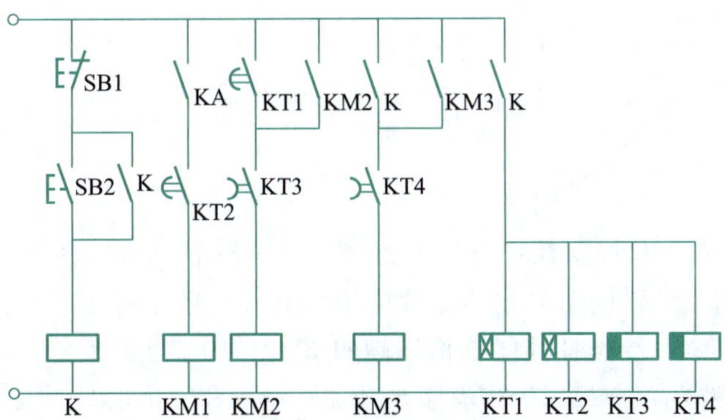

图 5.2.11 完善的控制线路

6. 进一步完善电路,增加必要的联锁和保护环节

经过进一步检查和完善,最后可画出与图5.2.4相同的电路。

综合以上两种设计方法可以看出,其基本设计思路是一样的。对于一般不太复杂的电气控制线路可按照经验设计法进行设计。而且如果设计人员具有丰富的设计经验和设计技巧,掌握较多的典型基本环节,则对所进行的设计大有益处。对于较为复杂的电气控制线路,则宜采用逻辑设计法进行设计,既可以使设计的电气控制线路更加简单化,又可以充分利用电器元件,得到更加简化、更为合理的电气控制线路。

5.3 PLC应用系统的设计

以可编程序控制器为核心设计控制系统一般应按以下步骤进行:

① 控制方案确定。

② 工艺分析。

③ PLC系统配置。

④ 系统I/O分配。

⑤ 程序设计。

⑥ 可靠性设计与安装调试。

在设计时,要注意各步骤间的联系。

1. 控制方案确定

在系统设计时,首先要考虑选用可编程序控制器作为主控机是否是最佳方案。因此,必须确定系统的功能要求,提出控制系统的目标,然后,针对PLC和其他微机系统的技术特点进行比较分析,看哪种控制系统能最大限度地满足功能要求。对被控制系统可以进行以下几方面分析:

① 当系统中输入输出以数字量为主,没有或有少量模拟量时宜采用PLC。

② 系统流程比较复杂,用传统的顺序控制系统难以实现控制时宜选用PLC。

③ 控制的安全性和可靠性要求高,并以控制为主时应选用PLC。

此外,在确定控制方案时还应考虑系统整体成本、使用维护等因素。

2. 工艺分析

将生产过程详细分解,画出工艺流程图,并根据功能要求将系统分解为若干个子系统,由此确定是否需要采用多机分控或联控。

3. PLC系统配置

当控制方案确定为采用PLC系统时,下一步工作就是选择PLC机型及进行系统硬件配置。

(1) PLC选型

选择合适的机型是PLC控制系统设计中相当重要的环节,虽然国际上PLC种类繁多,各种PLC的主要功能都相似,但不同型号在功能及应用场合方面还是有所区别。所以用户应综合考虑系统要求和财力等因素,要选择性能价格比高的PLC。在选择机型前先要对被控系统进行详细分析,需要明确的内容有:被控系统中有多少开关量输入和输出信号,规格如何;有多少模拟量输入输出信号,是否还有其他特殊功能,如高速计数等,机房离现场距离最远为多少;现场对控制

器响应速度有什么要求。

选择机型时，重点考虑以下几方面：

① PLC 的扫描速率及 CPU 性能。

对于以开关量为主的工程项目，其控制速度要求不是很高，一般 PLC 的扫描速率足以满足要求，但是如果有模拟量或有要求快速响应的设备，则必须选配扫描速率高的 PLC，这主要取决于 PLC 的中央处理器模块，也可针对状态快速变化的设备选择具有快速响应专用模块的 PLC。有时同一型号的 PLC 选用不同的 CPU 模块也会达到不同的控制目标，其区别主要取决于 CPU 模块的具体设计以及选用的微处理器芯片的性能，可查阅产品说明或向经销商详细调研各种 PLC 的性能。

② I/O 容量及 I/O 模块选择。

以被控制系统中数字量(开关量)输入输出点数的总和为基数，再加上 10% ~15% 备用量，作为 I/O 容量的选择依据。

I/O 容量满足要求后，还必须考虑是否能选配到合适的 I/O 模块，具体说明如下：

• 输入模块　来自被控系统的输入信号有交、直流之分，电压大小不一样，距离远近也不同，选择输入模块时要注意的问题有：根据现场设备与模块之间的距离选择电压的大小，对于 24 V 以下低电压信号不宜传输太远，如 5 V 信号的传输最远不能超过 10 m，距离较远的设备选用电压较高的模块比较可靠；高密度的模块如 32 点或 64 点，同时接通点数取决于输入电压和环境温度，一般来讲，同时接通点数不得超过 60%；为了提高控制系统的可靠性，必须考虑门槛电平的大小，门槛电平值越大，抗干扰能力越强，传输距离也就越远。

• 输出模块　选择输出模块主要考虑驱动能力和负载特性。具体说明如下：第一，对于开闭频繁、电感性、低功率因数的负载，建议采用晶闸管元件输出模块。因为继电器输出模块使用寿命短，驱动感性负载时，最大开闭频率不得超过 1 Hz。第二，输出模块同时接通点数的电流累计值必须小于公共端允许通过的电流值。第三，输出模块的电流额定值必须大于负载电流额定值，输出模块驱动灯负载时，负载电流不得大于额定值的 40%，因为有起动冲击电流。

关于输入输出模块的规格，在具体应用时必须根据选用的 PLC，认真查阅产品手册。

• I/O 配置　考虑是否需要扩展机架或远程 I/O 机架等。

③ 内存容量。

内存容量是否能满足用户程序容量的要求，要根据控制流程的复杂程度和系统中 I/O 总数进行估计，当然还要考虑编程的水平。

所需内存容量的估计没有固定的公式，许多文献资料中给出了不同公式，大体上都是按 I/O 总点数的 10 ~15 倍，加上模拟量回路数的 100 倍，以此数为内存的总字数(16 位为一个字)，另外，再按此数的 25% 考虑裕量。

④ 其他。

其他需要考虑的主要是编程语言多样性，联网功能强弱，可配备的专用功能模块等，这些也都是 PLC 选型中的重要因素。

(2) 其他硬件配置

PLC 选型确定以后还要考虑系统中的其他部分，主要有：

① 电源。

有的 PLC 机具有独立的电源模块，选择电源模块时要使电源模块的额定输出电流大于或等于主机、I/O 模块、专用模块等总的消耗电流之和。为 I/O 模块选择直流电源时必须查阅产品手册，按其给出的模块技术参数正确选配。

② 中大型系统配置。

对中大型的控制系统，可能还需要配置总监控制台和监控模拟屏、PLC 输入输出二次隔离重动继电器柜以及系统专用 UPS 电源等。

4. 系统 I/O 分配

在完成 PLC 选型和系统配置后，还不能马上编写控制程序，必须先进行系统 I/O 分配，即对系统中的全部 I/O 点逐一确定名称、编号，分配 I/O 模块的端子，并一一列表。合理地进行 I/O 分配，清晰地列出 I/O 分配表是进行程序设计、系统调试的前提。

5. 程序设计

关于程序设计参阅 3.3 小节中 PLC 编程语言以及 5.2.1 小节的经验设计法、5.2.2 小节的逻辑设计法和 5.6.2 小节中介绍的状态流程图法等，此处不再详述。

6. 可靠性设计与安装调试

正确地进行设备的安装，也是保证系统可靠的必要条件。PLC 系统安装时，应注意进出 PLC 的一般电缆选用屏蔽电缆，并将输入输出走线分开；电源线、动力线与信号线应分开走线，避免平行。在小型系统中，PLC 可以和强电系统一起装在机旁控制柜中，中大型系统中，PLC 及其配套设备一般安装在中央控制室内，与现场设备距离不要超过 150～200 m。如果超过此距离，推荐采用远程输入输出接口，PLC 的中央处理器在控制室内，输入输出模块机柜可安装在现场设备附近的操作室内或操作台旁。

为了防止电源引入的干扰，建议在 PLC 电源模块的进线侧安装一个 1∶1 的隔离变压器，变压器二次侧不接地，使得整个 PLC 系统与大地之间的噪声大幅度减少，提高系统运行的可靠性。

PLC 要有良好的接地系统，欧洲联盟 EU 的 ENC(电磁兼容性)建议 PLC 的保护接地与其他设备的保护互连，以保持共同的接地基准电平。为避免电气冲击，接地端子连一根接地(大地)线 AWG14(线芯截面积至少 2 mm^2)，接地电阻不得大于 100 Ω，线的长度不超过 20 m。由于接地电阻受到环境条件的影响，例如土壤成分、含水量、年份和接线埋入地下时间的长短等，必须予以注意。

此外，如果系统中选用了继电器输出单元，要注意继电器的寿命除了与接点电流和环境温度有关外，还和负载电感有关。当 PLC 带上感性负载时，在输出继电器断开瞬间，电感上会感应出几千伏的高压反电动势，引起触点产生电火花，这样既容易损坏 PLC 的输出继电器，又会产生 PLC 内部干扰，所以需增加浪涌吸收电路。

5.4 电器布置图及电气安装接线图的设计

电器布置图及电气安装接线图设计的目的是为了满足电气控制设备的调试、使用和维修等要求。在完成电气原理图的设计及电器元件的选择之后，即可以进行电器布置图及电气安装接线图设计。

5.4.1 电器布置图的设计

一、电器布置图的绘制原则

① 在一个完整的自动控制系统中，由于各种电器元件所起的作用不同，各自安装的位置也不同。因此，在进行电器布置图绘制之前应根据电器元件各自安装的位置划分各组件(根据生产

机械的工作原理和控制要求,将控制系统划分为几个组成部分称为部件;根据电气设备的复杂程度,每一部分又可划分为若干组件)。同一组件内,电器元件的布置应满足以下原则:

- 体积大和较重的元件应安装在电器板的下面,发热元件应安装在电器板的上面。
- 强电与弱电分开应注意弱电屏蔽,防止外界干扰。
- 需要经常维护、检修、调整的电器元件安装位置不宜过高或过低。
- 电器元件的布置应考虑整齐、美观、对称。结构和外形尺寸较类似的电器元件应安装在一起,以利于加工、安装、配线。
- 各种电器元件的布置不宜过密,要有一定的间距。

② 各种电器元件的位置确定之后,即可以进行电器布置图的绘制。电器布置图根据电器元件的外形进行绘制,并要求标出各电器元件之间的间距尺寸。其中,每个电器元件的安装尺寸(即外形大小)及其公差范围应严格按其产品手册标准进行标注,以作为安装底板加工依据,保证各电器元件的顺利安装。

③ 在电器布置图中,还要根据本部件进出线的数量和采用导线的规格,选择进出线方式及适当的接线端子板或接插件,按一定顺序在电器布置图中标出进出线的接线号。为便于施工,在电器布置图中往往还留有10%以上的备用面积及线槽位置。

二、 电器布置图设计举例

下面以图4.1.1所示的C620-1型车床电气原理图为例,设计它的电器布置图。

① 根据各电器的安装位置不同进行划分。本例中的按钮SB1、SB2、照明灯EL及电动机M1、M2等安装在电气箱外,其余各电器均安装在电气箱内。

② 根据各电器的实际外形尺寸进行电器布置。如果采用线槽布线,还应画出线槽的位置。

③ 选择进出线方式,标出接线端子。

由此,设计出电器布置图如图5.4.1所示。

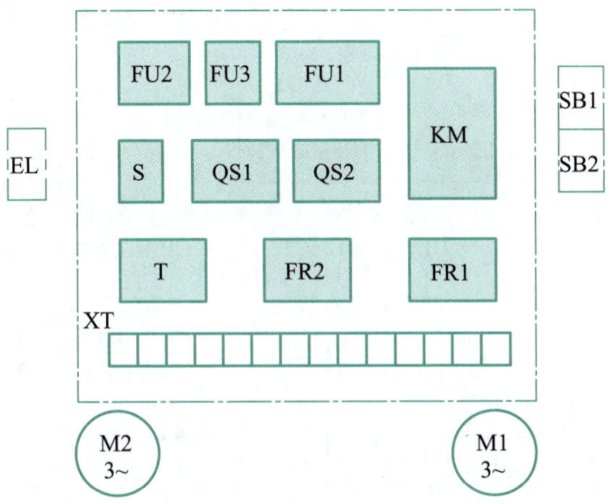

图5.4.1 C620-1型车床电器布置图

5.4.2 电气安装接线图的设计

电气安装接线图是根据电气原理图和电器布置图进行绘制的。按照电器元件布置最合理、连接导线最经济等原则来安排。为安装电气设备、电器元件间的配线及电气故障的检修等提供依据。

一、电气安装接线图的绘制原则

① 在接线图中,各电器元件的相对位置应与实际安装的相对位置一致。各电器元件按其实际外形尺寸以统一比例绘制。

② 一个元件的所有部件画在一起,并用点画线框起来。

③ 各电器元件上凡需接线的端子均应予以编号,且与电气原理图中的导线编号必须一致。

④ 在接线图中,所有电器元件的图形符号、各接线端子的编号和文字符号必须与原理图中的一致,且符合国家的有关规定。

⑤ 电气安装接线图一律采用细实线。成束的接线可用一条实线表示。接线很少时,可直接画出电器元件间的接线方式;接线很多时,接线方式用符号标注在电器元件的接线端,标明接线的线号和走向,可以不画出两个元件间的接线。

⑥ 在接线图中应当标明配线用的电线型号、规格、标称截面。穿管或成束的接线还应标明穿管的种类、内径、长度等及接线根数、接线编号。

⑦ 安装底板内外的电器元件之间的连线需通过接线端子板进行。

⑧ 注明有关接线安装的技术条件。

二、电气安装接线图举例

同样以 C620-1 型车床为例,根据电器布置图,绘制电气安装接线图,如图 5.4.2 所示。

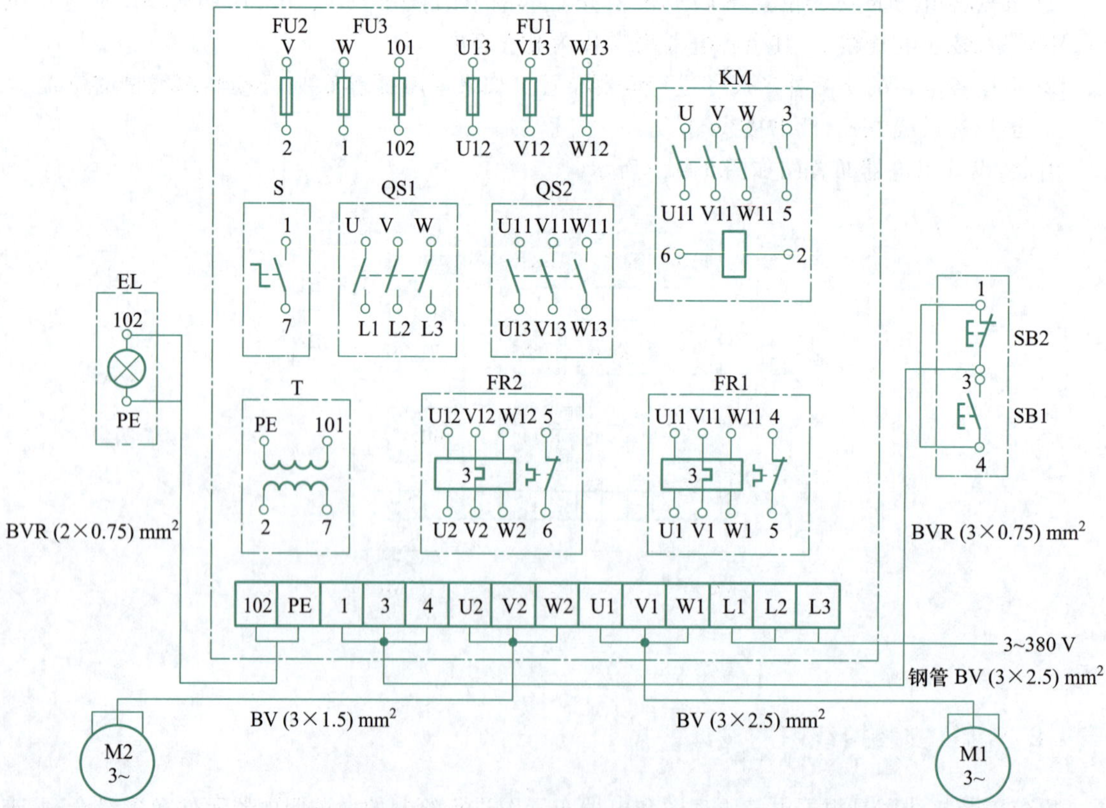

图 5.4.2 C620-1 型车床电气安装接线图

5.5 电气控制系统的安装与调试

5.5.1 安装与调试的基本要求

一、生产机械设备对电气线路的基本要求

① 所设计的电气线路必须满足生产机械的生产工艺要求。

② 电气控制线路的动作应准确,动作顺序和安装位置要合理。对电气控制线路既要求其电器元件的动作准确,又要求当个别电器元件或导线损坏时,不应破坏整个电气线路的工作顺序。安装时,安装位置既要紧凑又要留有余地。

③ 为防止电气控制线路发生故障时对设备和人身造成伤害,电气控制线路各环节之间应具有必要的联锁和各种保护措施。

④ 电气控制线路要简单经济。在保证电气控制线路工作安全、可靠的前提下,应尽量使控制线路简单,选用的电器元件要合理,容量要适当,尽可能减少电器元件的数量和型号,采用标准的电器元件;导线的截面积选择要合理,截面不宜过大等;布线要经济合理。

⑤ 维护和检修方便。

二、生产机械电气线路的安装步骤及要求

根据生产机械的结构特点、操作要求和电气线路的复杂程度决定生产机械电气线路的安装方式和方法。对控制线路简单的生产机械,可把生产机械的床身作为电气控制柜(箱或板),对控制线路复杂的生产机械,常将控制线路安装在独立的电气控制柜内。

(一)安装的准备工作

① 充分了解生产机械的电气原理图及生产机械的主要结构和运动形式。对电气原理图的了解程度是保证顺利安装接线、检查调试和故障检修的前提,因此,在熟悉电气原理图时必须了解下面几个方面:

- 生产机械的主要结构和运动形式。
- 电气原理图由几部分构成,各部分又有哪几个控制环节,各部分之间的相互关系如何。
- 各种电器元件之间的控制及连接关系。
- 电气控制线路的动作顺序。
- 电器元件的种类和数量、规格等。

为安装接线以及维护检修方便,一般对电气原理图要标注线号。标注时,将主电路和控制线路分开,各自从电源端开始,各相线分开,顺次标注到负荷端,做到每段导线均有线号,一线一号,不能重复。

② 检查电器元件,在安装前,对使用的所有电气设备和电器元件逐个检查,这一环节是保证安装质量的前提,检查包含以下几个方面:

- 根据电器元件明细表,检查各电器元件和电气设备是否短缺,规格是否符合设计要求,例如:电动机的功率和转速,电器的电压等级和电流容量,时间继电器的类型,热继电器的额定电流等。若不符合要求,应更换或调整。

- 检查各电器元件的外观是否损坏,各接线端子及紧固件有无短缺、生锈等。尤其是电器元件中触点的质量,如触点是否光滑,接触面是否良好等。
- 检查有延时作用的电器元件的功能能否保证,如时间继电器的延时动作、延时范围及整定机构等。
- 用兆欧表检查电器元件及电气设备的绝缘电阻是否符合要求,用万用表或电桥检查一些电器或电气设备(接触器、继电器、电动机)线圈的通断情况,以及各操作机构和复位机构是否灵活。

③ 导线的选择根据电动机的额定功率、控制电路的电流容量、控制回路的子回路数及配线方式选择导线。包含导线的类型、导线的绝缘、导线的截面积和导线的颜色。

④ 绘制电气安装接线图。根据电气原理图,对电器元件在电气控制柜或配电板或其他安装底板上进行布局,其布局总的原则是:连接导线最短,导线交叉最少。为便于接线和维修,控制柜所有的进出线要经过接线端子板连接,接线端子板安装在柜内的最下面或侧面,接线端子的节数和规格应根据进出线的根数及流过的电流进行选配组装,且根据连接导线的线号进行编号。

⑤ 准备好安装工具和检查仪表。如十字旋具、一字旋具、剥线钳、电工刀、万用表等。

(二)电气控制柜(箱或板)的安装

1. 安装电器元件

按产品说明书和电气安装接线图进行电器元件的安装,做到安全可靠,排列整齐。电器元件可按下列步骤进行安装:

① 底板选料。可选择2.5~5 mm厚的钢板或5 mm的层压板等。

② 底板剪裁。按电器元件的数量和大小、位置和安装接线图确定板面的尺寸。

③ 电器元件的定位。按电器产品说明书的安装尺寸,在底板上确定元件安装孔的位置并固定钻孔中心。

④ 钻孔。选择合适的钻头对准钻孔中心进行冲眼。此过程中,钻孔中心应保持不变。

⑤ 电器元件的固定。用螺栓加以适当的垫圈,将电器元件按各自的位置在底板上进行固定。

2. 电器元件之间的导线连接

接线时应按照电气安装接线图的要求,并结合电气原理图中的导线编号及配线要求进行。

(1) 接线方法

所有导线的连接必须牢固,不得松劲。在任何情况下,连接器件必须与连接的导线截面和材料性质相适应,导线与端子的接线,一般一个端子只连接一根导线。有些端子不适合连接软导线时,可在导线端头上采用针形、叉形等冷压接线头。如果采用专门设计的端子,可以连接两根或多根导线,但导线的连接方式必须是工艺上成熟的各种方式,如夹紧、压接、焊接、绕接等。导线的接头除必须采用焊接方法外,所有的导线应当采用冷压接线头。若电气设备在运行时承受的振动很大,则不许采用焊接的方式。

(2) 导线的标志

① 导线的颜色标志:保护导线采用黄绿双色;动力电路的中性线和中间线采用浅蓝色;交、直流动力线路采用黑色;交流控制电路采用红色;直流控制电路采用蓝色等。

② 导线的线号标志:导线的线号标志必须与电气原理图和电气安装接线图相符合,且在每

一根连接导线的接近端子处需套有标明该导线线号的套管。

（3）控制柜的内部配线方法

控制柜的内部配线方法有板前配线、板后配线和线槽配线等。板前配线和线槽配线综合的方法较广泛采用，如板前线槽配线等。较少采用板后配线。采用线槽配线时，线槽装线不要超过线槽容积的70%，以便安装和维修。线槽外部的配线，对装在可拆卸门上的电气接线必须采用互连端子板或连接器，它们必须牢固固定在框架、控制箱或门上。从外部控制电路、信号电路进入控制箱内的导线超过10根时，必须接到端子板或连接器件过渡，但动力电路和测量电路的导线可以直接接到电器的端子上。

（4）控制箱的外部配线方法

由于控制箱一般处于工业环境中，为防止铁屑、灰尘和液体的进入，除必要的保护电缆外，控制箱所有的外部配线一律装入导线通道内，且导线通道应留有余地，供备用导线和今后增加导线之用。导线采用钢管，壁厚应不小于1 mm，如用其他材料，壁厚必须有等效于壁厚为1 mm钢管的强度。如用金属软管时，必须有适当的保护。当用设备底座作导线通道时，无需再加预防措施，但必须能防止液体、铁屑和灰尘的侵入。移动部件或可调整部件上的导线必须用软线；运动的导线必须支撑牢固，使得在接线上不致产生机械拉力，又不出现急剧的弯曲。不同电路的导线可以穿在同一管内或处于同一电缆之中，如果它们的工作电压不同，则所用导线的绝缘等级必须满足其中最高一级电压的要求。

（5）导线连接的步骤

① 了解电器元件之间导线连接的走向和路径。

② 根据导线连接的走向和路径及连接点之间的长度，选择合适的导线长度，并将导线的转弯处弯成90°角。

③ 用电工工具剥除导线端子处的绝缘层，套上导线的标志套管，将剥除绝缘层的导线弯成羊角圈，按电气安装接线图套入接线端子上的压紧螺钉并拧紧。

④ 所有导线连接完毕之后进行整理。做到横平竖直，导线之间没有交叉、重叠且相互平行。

5.5.2 电气控制柜的安装配线

电气控制柜的配线有柜内和柜外两种。柜内配线有明配线和暗配线、线槽配线等。柜外配线有线管配线等。

一、柜内配线

1. 明配线

又称板前配线。适用于电器元件较少，电气线路比较简单的设备。这种配线方式导线的走向较清晰，对于安全维修及故障的检查较方便。采用这种配线要注意以下几个方面：

① 连接导线一般选用BV型的单股塑料硬线。

② 线路应整齐美观、横平竖直，导线之间不交叉、不重叠，转弯处应为直角，成束的导线用线束固定；导线的敷设不影响电器元件的拆卸。

③ 导线和接线端子应保证可靠的电气连接，线端应弯成羊角圈。对不同截面的导线在同一接线端子连接时，大截面在上，且每个接线端子原则上不超过两根导线。

2. 暗配线

又称板后配线。这种配线方式的板面整齐美观。且配线速度快。采用这种配线方式应注意以下几个方面：

① 电器元件的安装孔、导线的穿线孔其位置应准确，孔的大小应合适。

② 板前与电器元件的连接线应接触可靠，穿板的导线应与板面垂直。

③ 配电盘固定时，应使安装电器元件的一面朝向控制柜的门，便于检查和维修。板与安装面要留有一定的余地。

3. 线槽配线

这种配线方式综合了明配线和暗配线的优点。适用于电气线路较复杂、电器元件较多的设备，不仅安装、检查维修方便，且整个板面整齐美观，是目前使用较广的一种接线方式。

线槽一般由槽底和盖板组成，其两侧留有导线的进出口，槽中容纳导线（多采用多股软导线作连接导线），视线槽的长短用螺钉固定在底板上。

4. 配线的基本要求

① 配线之前首先要认真阅读电气原理图、电器布置图和电气安装接线图，做到心中有数。

② 根据负荷的大小、配线方式及回路的不同选择导线的规格、型号，并考虑导线的走向。

③ 首先对主电路进行配线，然后对控制电路配线。

④ 具体配线时应满足以上三种配线方式的具体要求及注意事项。如横平竖直、减少交叉、转角成直角、成束导线用线束固定、导线端部加有套管、与接线端子相连的导线头弯成羊角圈、整齐美观等。

⑤ 导线的敷设不应妨碍电器元件的拆卸。

⑥ 配线完成之后应根据各种图纸再次检查是否正确无误，没有错误，将各种紧压件压紧。

二、 线管配线

线管配线属于柜外配线方式。耐潮、耐腐蚀、不宜遭受机械损伤。适用于有一定的机械压力的地方。

1. 铁管配线

① 根据使用的场合、导线截面积和导线根数选择铁管类型和管径，且管内应留有40%的余地。

② 尽量取最短距离敷设线管，管路尽量少弯曲，不得不弯曲时，弯曲半径不应太小，弯曲半径一般不小于管径的4～6倍。弯曲后不应有裂缝，如管路引出地面，离地面应有一定的高度，一般不小于0.2 m。

③ 对同一电压等级或同一回路的导线允许穿在同一线管内。管内的导线不准有接头，也不准有绝缘破损之后修补的导线。

④ 线管在穿线时可以采用直径1.2 mm的钢丝作引线。敷设时，首先要清除管内的杂物和水分；明面敷设的线管应做到横平竖直，必要时可采用管卡支持。

⑤ 铁管应可靠地保护接地和接零。

2. 金属软管配线

对生产机械本身所属的各种电器或各种设备之间的连接常采用这种连接方式。根据穿管导线的总截面选择软管的规格，软管的两头应有接头以保证连接；在敷设时，中间的部分应用适当数量的管卡加以固定；有所损坏或有缺陷的软管不能使用。

5.5.3 电气控制柜的调试

这一步骤是生产机械在正式投入使用之前的必经步骤。

一、调试前的准备工作

① 调试前必须了解各种电气设备和整个电气系统的功能。掌握调试的方法和步骤。

② 做好调试前的检查工作。包含：

- 根据电气原理图和电气安装接线图、电器布置图检查各电器元件的位置是否正确，并检查其外观有无损坏；触点接触是否良好；配线导线的选择是否符合要求；柜内和柜外的接线是否正确、可靠及接线的各种具体要求是否达到；电动机有无卡壳现象；各种操作、复位机构是否灵活；保护电器的整定值是否达到要求；各种指示和信号装置是否按要求发出指定信号等。
- 对电动机和连接导线进行绝缘电阻检查。用兆欧表检查，应分别符合各自的绝缘电阻要求，如连接导线的绝缘电阻不小于 7 MΩ，电动机的绝缘电阻不小于 0.5 MΩ 等。
- 与操作人员和技术人员一起，检查各电器元件动作是否符合电气原理图的要求及生产工艺要求。
- 检查各开关按钮、行程开关等电器元件应处于原始位置；调速装置的手柄应处于最低速位置。

二、电气控制柜的调试

在调试前的准备工作完成之后方可进行试车和调整工作。

1. 空操作试车

断开主电路，接通电源开关，使控制电路空操作，检查控制电路的工作情况，如按钮对继电器、接触器的控制作用；自锁、连锁的功能；急停器件的动作；行程开关的控制作用；时间继电器的延时时间等。如有异常，立刻切断电源开关检查原因。

2. 空载试车

在第一步的基础之上，接通主电路即可进行。首先点动检查各电动机的转向及转速是否符合要求；然后调整好保护电器的整定值，检查指示信号和照明灯的完好性等。

3. 带负荷试车

在第 1 步和第 2 步通过之后，即可进行带负荷试车。此时，在正常的工作条件下，验证电气设备所有部分运行的正确性，特别是验证在电源中断和恢复时对人身和设备的伤害、损坏程度。此时进一步观察机械动作和电器元件的动作是否符合原始工艺要求；进一步调整行程开关的位置及挡块的位置；对各种电器元件的整定数值进一步调整。

4. 试车的注意事项

① 调试人员在调试前必须熟悉生产机械的结构、操作规程和电气系统的工作要求。

② 通电时，先接通主电源，断电时，顺序相反。

③ 通电后，注意观察各种现象，随时做好停车准备，以防止意外事故发生。如有异常，应立即停车，待查明原因之后再继续进行。未查明原因不得强行送电。

5.6 电气控制系统设计举例

为了使读者熟悉整个第 5 章的内容，本节以 CW6163 型卧式车床电气控制系统和机械手的 PLC 控制系统的设计为例，说明继电接触式电气控制系统和 PLC 控制系统的设计过程。

5.6.1 CW6163 型卧式车床电气控制系统

一、 CW6163 型卧式车床的主要结构及设计要求

1. 主要结构

CW6163 型卧式车床属于普通的小型车床,性能优良,应用较广泛。其主轴运动的正、反转由两组机械式摩擦片离合器控制,主轴的制动采用液压制动器,进给运动的纵向左右运动、横向前后运动及快速移动均由一个手柄操作控制。可完成工件最大车削直径为 630 mm,工件最大长度为 1 500 mm。

2. 对电气控制的要求

① 根据工件的最大长度要求,为了减少辅助工作时间,要求配备一台主轴运动电动机和一台刀架快速移动电动机,主轴运动的起、停要求两地操作控制。

② 车削时产生的高温,可由一台普通冷却泵电动机加以控制。

③ 根据整个生产线状况,要求配备一套局部照明装置及必要的工作状态指示灯。

二、 电动机的选择

根据前面的设计要求可知,本设计需配备三台电动机,各自分别为:

① 主轴电动机:M1,型号选定为 Y160M-4,性能指标为:11 kW、380 V、22.6 A、1 460 r/min。

② 冷却泵电动机:M2,型号选定为 JCB-22,性能指标为:0.125 kW、0.43 A、2 790 r/min。

③ 快速移动电动机:M3,型号选定为 Y90S-4,性能指标为:1.1 kW、2.7 A、1 400 r/min。

三、 电气控制线路图的设计

1. 主电路设计

(1) 主轴电动机 M1

根据设计要求,主轴电动机的正、反转由机械式摩擦片离合器加以控制,且根据车削工艺的特点,同时考虑到主轴电动机的功率较大,最后确定 M1 采用单向直接起动控制方式,由接触器 KM 进行控制。对 M1 设置过载保护(FR1),并采用电流表 PA 根据指示的电流监视其车削量。由于向车床供电的电源开关要装熔断器,所以电动机 M1 没有用熔断器进行短路保护。

(2) 冷却泵电动机 M2 及快速移动电动机 M3

由前面可知,M2 和 M3 的功率及额定电流均较小,因此可用交流中间继电器 K1 和 K2 来进行控制。在设置保护时,考虑到 M3 属于短时运行,故不需设置过载保护。

综合以上的考虑,绘出 CW6163 型卧式车床的主电路图如图 5.6.1 所示。

2. 控制电源的设计

考虑到安全可靠和满足照明及指示灯的要求,采用控制变压器 TC 供电,其一次侧为交流 380 V,二次侧为交流 127 V、36 V、6.3 V。其中,127 V 给接触器 KM 和中间继电器 K1 及 K2 的线圈进行供电,36 V 给局部照明电路进行供电,6.3 V 给指示灯电路进行供电。由此,绘出 CW6163 型卧式车床的电源控制线路如图 5.6.1 所示。

3. 控制电路的设计

(1) 主轴电动机 M1 的控制设计

根据设计要求,主轴电动机要求实现两地控制。因此,可在机床的床头操作板上和刀架拖板上分别设置起动按钮 SB3、SB1 和停止按钮 SB4、SB2 来进行控制。

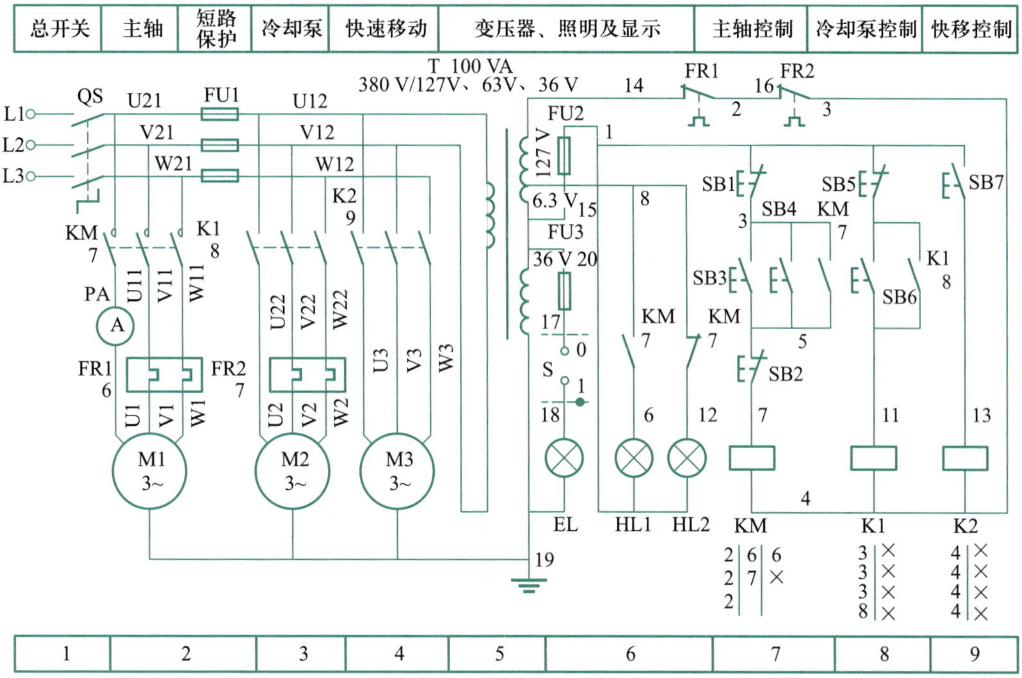

图 5.6.1 CW6163 型卧式车床电气原理图

(2) 冷却泵电动机 M2 和快速移动电动机 M3 的控制设计

根据设计要求和 M2、M3 需完成的工作任务，确定 M2 采用单向起、停控制方式，M3 采用点动控制方式。

综合以上的考虑，绘出 CW6163 型卧式车床的控制电路如图 5.6.1 所示。

4. 局部照明及信号指示电路的设计

局部照明设备用照明灯 EL、灯开关 S 和照明回路熔断器 FU3 来组合。

信号指示电路由两路构成：一路为三相电源接通指示灯 HL2(绿色)，在电源开关 QS 接通以后立即发光，表示机床电气线路已处于供电状态；另一路指示灯 HL1(红色)，表示主轴电动机是否运行。两路指示灯 HL1 和 HL2 分别由接触器 KM 的动合和动断触点进行切换通电显示。

由此，绘出 CW6163 型卧式车床的照明及信号指示电路图如图 5.6.1 所示。

四、电器元件的选择

在电气原理图设计完毕之后就可以根据电气原理图进行电器元件的选择工作。本设计中需选择的电器元件如下：

1. 电源开关 QS 的选择

QS 的作用主要是用于电源的引入及控制 M1 ~ M3 起、停和正、反转等。因此 QS 的选择主要考虑电动机 M1 ~ M3 的额定电流和起动电流。由前面已知 M1 ~ M3 的额定电流数值，通过计算可得额定电流之和为 25.73 A，同时考虑到，M2、M3 虽为满载起动，但功率较小，M1 虽功率较大，但为轻载起动。所以，QS 最终选择组合开关：HZ10-25/3 型，额定电流为 25 A。

2. 热继电器 FR 的选择

根据电动机的额定电流进行热继电器的选择。

由前面 M1 和 M2 的额定电流，现选择如下：

FR1 选用 JR0-40 型热继电器。热元件额定电流 25 A，额定电流调节范围为 16～25 A，工作时调整在 22.6 A。

FR2 选用 JR0-40 型热继电器。热元件额定电流 0.64 A，额定电流调节范围为 0.40～0.64 A，工作时调整在 0.43 A。

3. 接触器的选择

根据负载回路的电压、电流，接触器所控制回路的电压及所需触点的数量等来进行接触器的选择。

本设计中，KM 主要对 M1 进行控制，而 M1 的额定电流为 22.6 A，控制回路电源为 127 V，需主触点三对，辅助动合触点两对，辅助动断触点一对。所以，KM 选择 CJ20-40 型接触器，主触点额定电流为 40 A，线圈电压为 127 V。

4. 中间继电器的选择

本设计中，由于 M2 和 M3 的额定电流都很小，因此，可用交流中间继电器代替接触器进行控制。这里，K1 和 K2 均选择 JZ7-44 型交流中间继电器，动合动断触点各 4 个，额定电流为 5 A，线圈电压为 127 V。

5. 熔断器的选择

根据熔断器的额定电压、额定电流和熔体的额定电流等进行熔断器的选择。

本设计中涉及的熔断器有三个：FU1、FU2、FU3。这里主要分析 FU1 的选择，其余类似。

FU1 主要对 M2 和 M3 进行短路保护，M2 和 M3 的额定电流分别为 0.43 A、2.7 A。因此，熔体的额定电流为

$$I_{FU1} \geqslant (1.5 \sim 2.5) I_{Nmax} + \sum I_N$$

计算可得 $I_{FU1} \geqslant 7.18$ A，因此，FU1 选择 RL1-15 型熔断器，熔体为 10 A。

6. 按钮的选择

根据需要的触点数目、动作要求、使用场合、颜色等进行按钮的选择。

本设计中，SB3、SB4、SB6 选择 LA-18 型按钮，颜色为黑色；SB1、SB2、SB5 也选择为 LA-18 型按钮，颜色为红色；SB7 的选择型号相同，但颜色为绿色。

7. 照明及指示灯的选择

照明灯 EL 选择 JC2 型，交流 36 V、40 W，与灯开关 S 成套配置；指示灯 HL1 和 HL2 选择 ZSD-0 型，指标为 6.3 V、0.25 A，颜色分别为红色和绿色。

8. 控制变压器的选择

变压器的具体计算、选择请参照有关书籍。本设计中，变压器选择 BK-100 VA，380 V、220 V/127 V、36 V、6.3 V。

综合以上的计算，给出 CW6163 型卧式车床的电器元件明细表如表 5.6.1 所示。

表 5.6.1 CW6163 型卧式车床的电器元件明细表

符号	名称	型号	规格	数量
M1	三相异步电动机	Y160M-4	11 kW，380 V，22.6 A 1 460 r/min	1
M2	冷却泵电动机	JCB-22	0.125 kW，0.43 A，2 790 r/min	1

续表

符号	名称	型号	规格	数量
M3	三相异步电动机	Y90S-4	1.1 kW,2.7 A,1 400 r/min	1
QS	组合开关	HZ10-25/3	三极,500 V,25 A	1
KM	交流接触器	CJ20-40	40 A,线圈电压 127 V	1
K1、K2	交流中间继电器	JZ7-44	5 A,线圈电压 127V	2
FR1	热继电器	JR0-40	热元件额定电流 25A, 整定电流 22.6 A	1
FR2	热继电器	JR0-40	热元件额定电流 0.64 A, 整定电流 0.43 A	1
FU1	熔断器	RL1-15	500 V,熔体 10 A	1
FU2,FU3	熔断器	RC1-15	500 V,熔体 2 A	2
T	控制变压器	BK-100	100 V·A,380 V/127 V、36 V、6.3 V	1
SB3、SB4、SB6	控制按钮	LA-18	5 A,黑色	3
SB1、SB2、SB5	控制按钮	LA-18	5 A,红色	3
SB7	控制按钮	LA-18	5 A,绿色	1
HL1、HL2	指示灯	ZSD-0	6.3 V,绿色 1,红色 1	2
EL、S	照明灯及灯开关		36 V,40 W	2
PA	交流电流表	62 T2	0~50 A,直接接入	1

五、 绘制电器元件布置图和电气安装接线图

根据 5.4 节所做的讲述,依据电气原理图的布置原则,并结合 CW6163 型卧式车床的电气原理图的控制顺序对电器元件进行合理布局,做到:连接导线最短,导线交叉最少。

电器元件布置图完成之后,在依据电气安装接线图的绘制原则及相应的注意事项进行电气安装接线图的绘制。这样,所绘制的电器元件布置图如图 5.6.2 所示,电气安装接线图如图 5.6.3 所示,电气安装接线图中管内敷线明细表如表 5.6.2 所示。

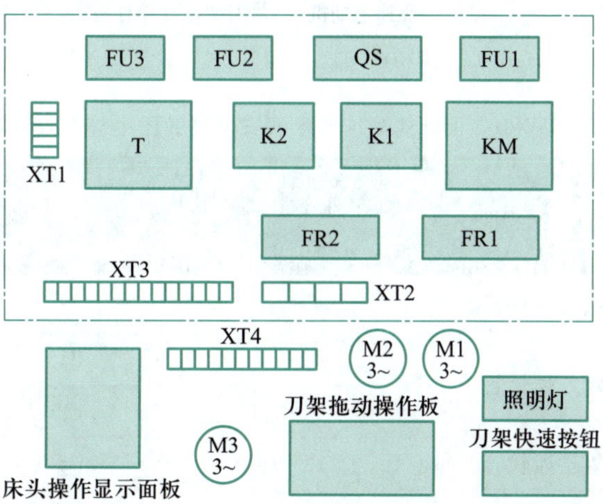

图 5.6.2 CW6163 型卧式车床电器元件布置图

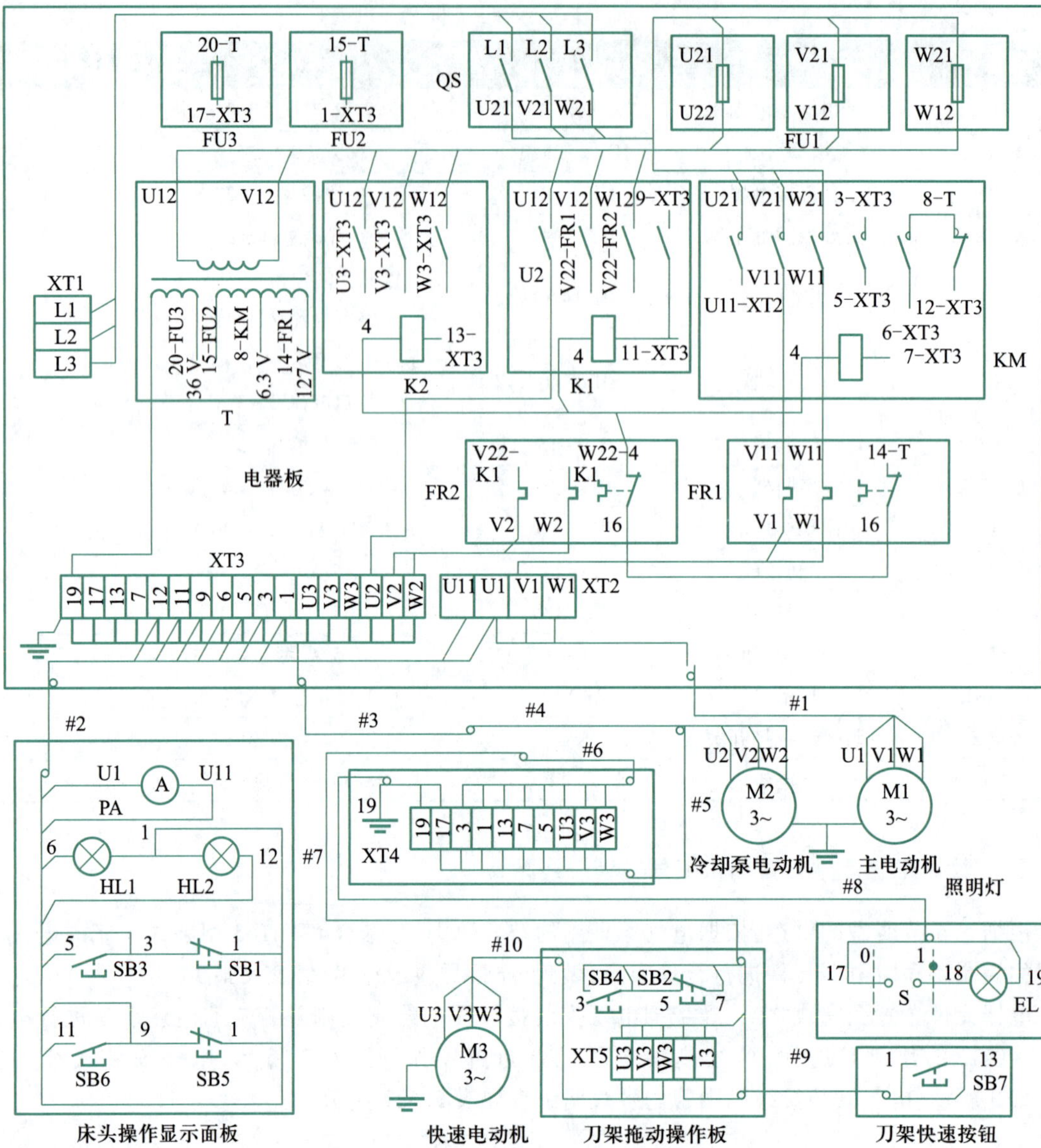

图 5.6.3 CW6163 型卧式车床电气安装接线图

表 5.6.2 CW6163 型卧式车床的电气安装接线图中管内敷线明细表

代号	穿线用管(或电缆类型)内径/mm	电线		接 线 号
		截面/mm²	根数	
#1	内径 15 聚氯乙烯软管	4	3	U1、V1、W1
#2	内径 15 聚氯乙烯软管	4	2	U1、U11
		1	7	1、3、5、6、9、11、12
#3	内径 15 聚氯乙烯软管	1	13	U2、V2、W2、U3、V3、W3、1、3、5、7、13、17、19
#4	G3/4(in)螺纹管			

续表

代号	穿线用管(或电缆类型)内径/mm	电线		接线号
		截面/mm^2	根数	
#5	15 金属软管	1	10	U3、V3、W3、1、3、5、7、13、17、19
#6	内径 15 聚氯乙烯软管	1	8	U3、V3、W3、1、3、5、7、13
#7	18×16mm^2 铝管			
#8	11 金属软管	1	2	17、19
#9	内径 8 聚氯乙烯软管	1	2	1、13
#10	YHZ 橡套电缆	1	3	U3、V3、W3

六、检查和调整电器元件

根据电器元件明细表中所列的元件，配齐电气设备和电器元件，并结合前面所讲述的内容，逐件对其检验、检查和调整电器元件。

七、电气控制柜的安装配线

1. 制作安装底板

CW6163 型卧式车床电气线路较复杂，根据电气安装接线图，其制作的安装底板有柜内电器板(配电盘)、床头操作显示面板和刀架拖动操作板共三块，对于柜内电器板，可以采用4 mm的钢板或其他绝缘板作其底板。

2. 选配导线

根据车床的特点，其电气控制柜的配线方式选用明配线。根据 CW6163 型卧式车床的电气安装接线图中管内敷线明细表中已选配好的导线进行配线。

3. 规划安装线和弯电线管

根据安装的操作规程，首先在底板上规划安装的尺寸以及电线管的走向线，并根据安装尺寸锯电线管，根据走线方向弯管。

4. 安装电器元件

根据安装尺寸线进行钻孔，并固定电器元件。

5. 电器元件的编号

根据车床的电气原理图给安装完毕的各电器元件和连接导线进行编号，给出编号标志。

6. 接线

根据接线的要求，先接控制柜内的主电路、控制电路，再接柜外的其他电路和设备，包括床头操作显示面板、刀架拖动操作板、电动机和刀架快速按钮等。特殊的、需外接的导线接到接线端子排上，引入车床的导线需用金属导管保护。

八、电气控制柜的安装检查

1. 常规检查

根据 CW6163 型卧式车床的电气原理图及电气安装接线图，对安装完毕的电气控制柜逐线检查，核对线号，防止错接、漏接；检查各接线端子的情况是否有虚接情况，以及时改正。

2. 用万用表检查

在不通电的情况下,用电阻挡进行线路的通断检查。具体如下:

(1) 检查控制线路

断开电动机 M1 的主电路接在 QS 上的三根电源线 U21、V21、W21,再断开 FU1 之后与电动机 M2、M3 的主电路有关的三根电源线 U12、V12、W12,用万用表的 $R\times100$ 挡,将两个表笔分别接到熔断器 FU1 两端,此时电阻应为零,否则有断路现象;各个相间,电阻应为无穷大;断开 1、14 两条连接线,分别按下 SB3、SB4、SB6、SB7,若测得一电阻值(依次为 KM、K1、K2 的线圈电阻),则 1-14 接线正确;按下接触器 KM、K1 的触点架,此时测得的电阻仍为 KM、K1 的线圈电阻,则 KM、K1 自锁起作用,否则,KM、K1 的动合触点可能虚接或漏接。

(2) 检查主电路

接上主电路的三根电源线,断开控制电路(取出 FU1 的熔芯),取下接触器的灭弧罩,合上开关 QS 将万用表的两个表笔分别接到 L1-L2、L2-L3、L3-L1,此时测得的电阻应为无穷大,若某次测得为零,则说明对应两相接线短路;按下接触器 KM 的触点架,使其动合触点闭合,重复上述测量,则测得的电阻应为电动机 M1 两相绕组的阻值,三次测的结果应一致,否则应进一步检查。

将万用表的两个表笔分别接到 U12-V12、U12-W12、V12-W12 之间,此时测得的电阻应为无穷大,否则有短路;分别按下接触器 K1、K2 的触点架,使其动合触点闭合,重复上述测量,则测得的电阻应分别为电动机 M2、M3 两相绕组的阻值,三次测的结果应一致,否则应进一步检查。

经上述检查如发现问题,应结合测量结果,分析电气原理图,排除故障之后再进行以下的步骤。

九、 电气控制柜的调试

经以上检查准确无误后,可进行通车试车。

(1) 空操作试车

断开图 5.6.1 中 M1 主电路接在 QS 上的三根电源线 U21、V21、W21 和 M2、M3 主电路接在 FU1 之后的三根电源线 U12、V12、W12,合上电源开关 QS,使得控制电路得电。按下起动按钮 SB3 或 SB4,KM 应吸合并自锁,指示灯 HL1 应亮;按下 SB2 或 SB1,KM 应断电释放,指示灯 HL2 应亮。合上开关 S,局部照明灯 EL 应亮,断开 S,照明灯则灭。K1、K2 的检查类似。

(2) 空载试车

第一步通过之后,断电接上 U12、V12、W12,然后送电,合上 QS。按下 SB3 或 SB4,观察主轴电动机 M1 的转向、转速是否正确;再接上 U21、V21、W21,按下 SB6 和 SB7 观察冷却泵电动机 M2 和快速移动电动机 M3 的转向、转速是否正确。空载试车时,应先拆下连接主轴电动机和主轴变速箱的皮带,以免转向不正确损坏传动机构。

(3) 带负荷试车

在机床电气线路和所有机械部件安装调试后,按照 CW6163 型卧式车床的各项性能指标及工艺要求,进行逐项试车。

5.6.2 机械手的 PLC 控制系统

机械手在工业控制中应用非常广泛,图 5.6.4 所示是应用于自动生产线的搬物转位机械手,系统起动运行后,可将传送带 A 上的物体搬送到传送带 B 上。下面讨论其控制系统的设计过程。

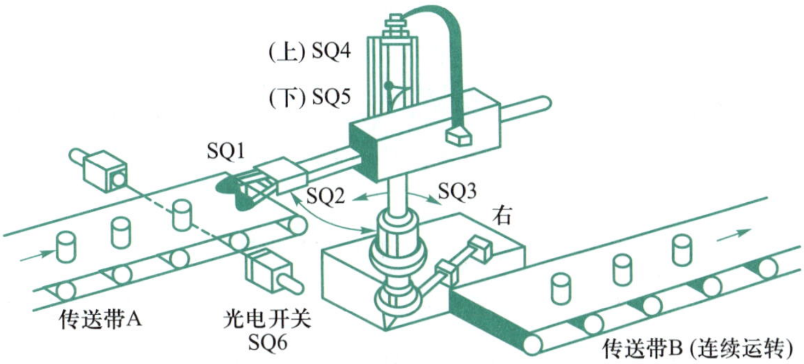

图 5.6.4　机械手搬物动作示意图

1. 控制要求

根据生产工艺要求,机械手动作顺序如下:

① 原位状态下(机械手在左限、上限位置)按下起动按钮,传送带 A 开始运行,当传送带 A 上的工件进入光电检测区,光电开关动作,传送带 A 停止。传送带 B 与系统同时起动,起动后连续运转,停止时由单独的按钮控制。

② 机械手从原位开始下降,下降到下限位,行程开关动作,下降结束。

③ 机械手抓工件,直到抓物限位开关动作,抓物动作结束,上升运动开始。

④ 上升到上限位,行程开关动作,上升结束,机械手开始右旋转。

⑤ 右旋转到右限位,行程开关动作,右旋转动作结束,机械手开始下降。

⑥ 下降到下限位,行程开关动作,下降结束,放物动作开始。

⑦ 经时间 T 延时,放物动作结束,机械手开始上升。

⑧ 上升到上限位,行程开关动作,上升结束,机械手开始左旋转。

⑨ 左旋转到位,限位开关开始动作,左旋转动作结束,一个工作循环完毕。如果未按停止按钮,则自动进入下一个循环。

⑩ 在工作过程中,如果按下停止按钮,则一个工作循环后停止运行,回到原位状态。

机械手的上升/下降、左旋转/右旋转的执行机构均采用双线圈的二位电磁阀驱动液压装置实现,每个线圈完成一个动作;抓紧/放松由单线圈二位电磁阀驱动液压装置完成,线圈得电时执行抓紧动作,线圈断电时执行放松动作;传送带 A 由接触器线圈 KM1 控制起动、停止;传送带 B 由接触器线圈 KM2 控制,系统起动后连续运转,直到系统停止为止。

2. 输入输出分析

根据控制要求分析,此系统为开关量顺序控制系统。

① 输入共有 9 个开关量控制信号:系统起动、停止按钮信号、光电开关、左限位、右限位、上限位、下限位、抓物到位和工件到位开关。

② 输出共有 7 个开关量控制信号:传送带 A、传送带 B 运行控制接触器线圈 KM1、KM2;左旋转、右旋转、上升、下降、抓物和放物控制电磁阀线圈 YA1、YA2、YA3、YA4、YA5。

3. I/O 通道分配与 I/O 接线图

本系统选用 CPM2A 型 PLC 进行控制,其 I/O 通道分配及 I/O 接线图分别如表 5.6.3 和图 5.6.5 所示。

表 5.6.3 I/O 通道分配表

输入信号				输出信号			
信号名称	端子号	功能说明	备注	信号名称	端子号	功能说明	备注
起动按钮 SB1	00000	起动系统运行	动合	传送带 AKM1	01100	控制传送带 A 运行	通有效
停止按钮 SB2	00001	停止系统运行	动合	传送带 BKM2	01101	控制传送带 B 运行	通有效
光电开关 PS	00002	检测工件到位闭合	动合	左旋转 YA1	01102	机械手左旋转	通有效
抓物到位 SQ1	00003	机械手抓物到位闭合	动合	右旋转 YA2	01103	机械手右旋转	通有效
左限位 SQ2	00004	机械手左转到位闭合	动合	上升 YA3	01104	机械手上升	通有效
右限位 SQ3	00005	机械手右转到位闭合	动合	下降 YA4	01105	机械手下降	通有效
上限位 SQ4	00006	机械手上升到位闭合	动合	抓物 YA5	01106	机械手抓紧工件	通抓物、断放物
下限位 SQ5	00007	机械手下降到位闭合	动合				
工件到位 SB3	00008	停止传送带 B 运行	动合				

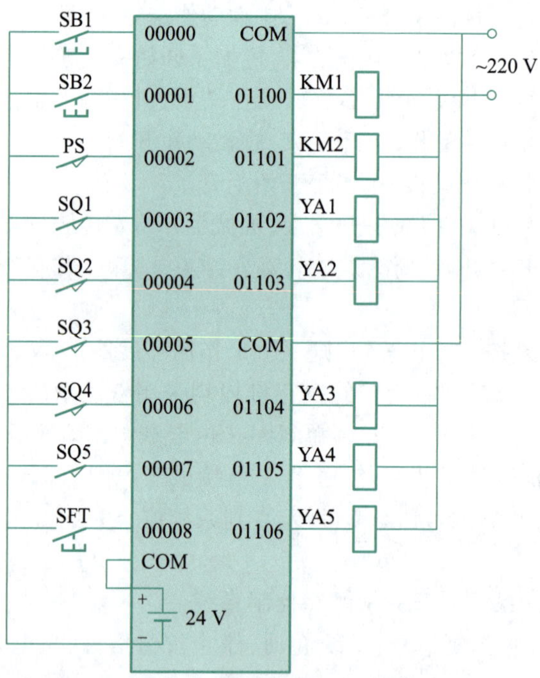

图 5.6.5 机械手控制的 I/O 接线图

4. 梯形图程序设计

根据机械手的工作过程，可以将其工作过程分成九个步骤，这是典型的具有步进性质的顺序控制，因此可以用移位寄存器来设计机械手的控制程序。这里我们介绍用画状态流程图的方法设计梯形图程序。

状态流程图的画法如下：

将整个系统的工作过程分成若干个清晰的阶段，一个阶段又称为一步或一个状态，每步均要完成一定任务的操作，一步中可以有数个命令或动作。状态转移图由状态、转换、转换条件和动作四个内容组成。

① 状态用矩形框表示，框中的数字是该状态的编号。在梯形图中，其编号主要为内部继电器、移位寄存器、状态寄存器等，控制系统的初始状态用双线框表示。

② 转换用有向线段表示，在两个状态框之间必须用转换线段相连接。

③ 转换条件用与转换线段相垂直的短划线表示，或者用 PLC 的继电器、定时器等的接点表示，在短划线旁或接点旁用文字、图形符号或逻辑表达式注明转换条件的具体内容。当相邻两状态之间的转移条件得到满足时，转移得以实现，即上一个状态的活动结束而下一状态的活动开始。状态转移条件可以是一个信号，也可以是若干逻辑信号的组合。

④ 动作用矩形框围起来，以短线与状态框平行连接。在 PLC 控制系统设计中，通常动作直接画成定时器、计数器及继电器线圈等，在其旁边用文字标出动作的名称。

机械手步进控制状态流程图如图 5.6.6 所示。用具有掉电保持功能的内部辅助继电器 HR0000～HR0008 代表机械手各个位置的状态。

根据状态转换流程图，采用移位寄存器设计梯形图，如图 5.6.7 所示。

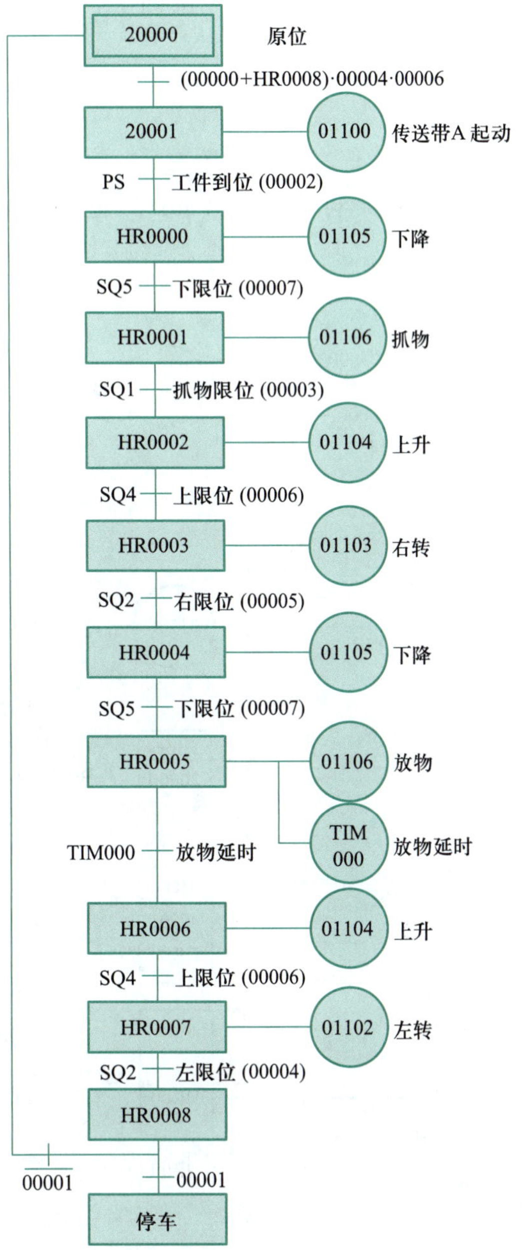

图 5.6.6 机械手步进控制状态流程图

机械手在原位(00004、00006 为 ON)时，按下起动按钮，其对应的 00000 为 ON，01101 为 ON，传送带 B 开始运行；20001 为 ON，01100 为 ON，传送带 A 起动。

当传送带 A 上的工件进入光电检测区，光电开关动作，00002 为 ON，20001 被复位，01100 为 OFF，传送带 A 停止；在 01100 的下降沿，20000 为 ON，MOV 指令将常数 0001 送入 HR00 通道，HR0000 为 1，01105 为 ON，机械手执行下降动作。

机械手下降到位时，下限位开关 00007 为 ON，20002 为 ON，产生移位脉冲，HR0001 为 1，HR0000 为 0，01105 为 OFF，01106 为 ON，机械手停止下降，开始抓物，同时为下一个移位脉冲的产生做准备。

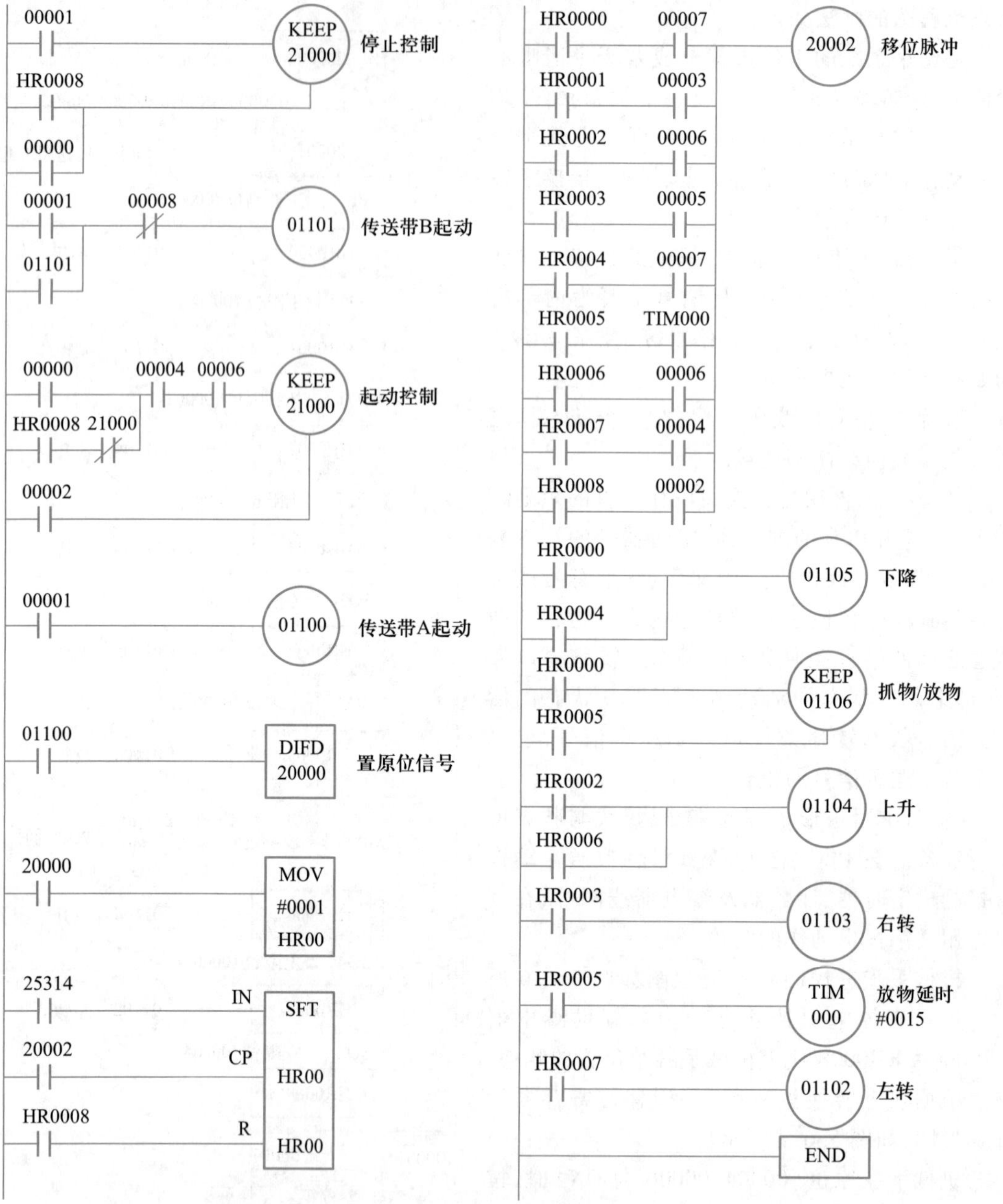

图 5.6.7　机械手梯形图

机械手抓紧到位时，抓物到位开关00003为ON，20002为ON，发出移位脉冲，使HR0002为1，HR0001为0，01106保持为ON，01104为ON，机械手上升，同时为下一个移位脉冲的产生做准备。

机械手上升到位时，上限位开关00006为ON，20002为ON，发出移位脉冲，使HR0002为0，HR0003为1，01104为OFF，01103为ON，机械手右转，同时为下一个移位脉冲的产生做准备。

机械手右转到位时，右限位开关00005为ON，20002为ON，发出移位脉冲，使HR0003为0，HR0004为1，01103为OFF，01105为ON，机械手右转停止，开始下降，同时为下一个移位脉冲的产生做准备。

机械手下降到位时，下限位开关 00007 为 ON，20002 为 ON，产生移位脉冲，使 HR0005 为 1，HR0004 为 0，01105 为 OFF，01106 被复位，机械手停止下降，开始放物，并且起动定时器 TIM000，同时为下一个移位脉冲的产生做准备。

在 TIM000 定时时间（本系统设置为 1 · 5 s）到时，机械手放物完毕，TIM000 动合接点为 ON，20002 为 ON，又产生移位脉冲，使 HR0006 为 1，HR0005 为 0，01104 为 ON，机械手开始上升，同时为下一个移位脉冲的产生做准备。

机械手上升到位时，上限位开关 00006 为 ON，20002 为 ON，发出移位脉冲，使 HR0006 为 0，HR0007 为 1，01104 为 OFF，01102 为 ON，机械手左转，同时为下一个移位脉冲的产生做准备。

机械手左转到位时，左限位开关 00004 为 ON，20002 为 ON，发出移位脉冲，使 HR0007 为 0，HR0008 为 1，01102 为 OFF，机械手左转结束，此时机械手已经回到原位。只要在之前没有按停止按钮 SB2，HR0008 将 20001 置位，传送带 A 重新起动运行，同时 SFT 被复位，进入下一个周期。

无论何时，按下停止按钮 SB2，00001 为 ON，21000 被置位，使得串接在锁存器 20001 置位输入端的 21000 的动断触点断开，在当前循环全部结束后，机械手停止于原位。此时按下按钮 SB3，传送带 B 停止运行。

图中 SFT 数据输入端的 25314 为常 OFF 继电器，在 PLC 运行期间，其动合触点始终是断开的。

5.7　电气控制系统的故障诊断与处理方法

5.7.1　电气控制系统的故障诊断步骤

1. 故障调查

电路出现故障时，切忌盲目乱动，在检修前应对故障发生情况进行尽可能详细的调查。

① 询问操作人员故障发生前后电路和设备的运行状况以及发生故障时的迹象等。例如：设备有无异响、冒烟及异常振动等；故障发生前有无频繁起动、制动、正反转和过载等。

② 仔细观察触点是否烧蚀、熔焊，线头是否松动、松脱，线圈是否过热烧焦，熔体是否熔断，脱扣器是否脱扣，电器元件有无烧坏、发热、断线，导线连接螺钉是否松动，电动机转速是否正常，等等。

③ 在电路和设备还能勉强运转又不致扩大故障的前提下，可通电起动运行，倾听有无异响，尽快判断出异响的部位后迅速停车。

④ 刚切断电源后，尽快触摸吸引线圈、触点等容易发热部分，看温升是否正常，有无电器元件烧焦的异味。

2. 查找故障范围

① 认真分析被检修设备的工艺过程和被检修电路的工作原理。

② 从主电路入手，首先检查各电动机是否正常，然后逆着电流方向，检查主电路的触点系统、热元件、熔断器、隔离开关及线路本身接线等是否有故障。

③ 根据主电路与控制电路之间的控制关系，检查控制电路的接线、自锁或互锁触点、电磁线圈以及制动装置、传动机构等是否正常，从而判断故障范围。若通过直接观察、断电检查无法找到故障点，可对电气设备进行通电检查。通电检查前先断开主电路，让电动机停转，将控制器和转换开关置于零位，行程开关还原到正常位置，然后用万用表检查电源电压是否正常，是否有缺相或严重不平衡等。

3. 机械故障的检查

在电气控制线路中，有些动作是由电信号发出指令，由机械机构执行驱动的。如果机械部分的联锁机构、传动装置及其他动作部分发生故障，即使电路完全正常，设备也不能正常运行。在检修中，应注意机械故障的特征与表现。

5.7.2 电气控制系统的故障诊断方法

1. 断路故障的诊断

(1) 试电笔诊断法

试电笔检修断路故障示意图如图 5.7.1 所示。用试电笔依次测试图中的 5、4、3、2、1 各点，测到哪点试电笔不亮，表示该点为断路处。

(2) 电压表法

在图 5.7.2 中，按下起动按钮 SB2，万用表置于 500 V 交流电压挡，把黑表笔固定在中性线 N 端，以红表笔做移动笔，分别触及图中的 1、2、3、4、5 各点，即可判断出断路处。

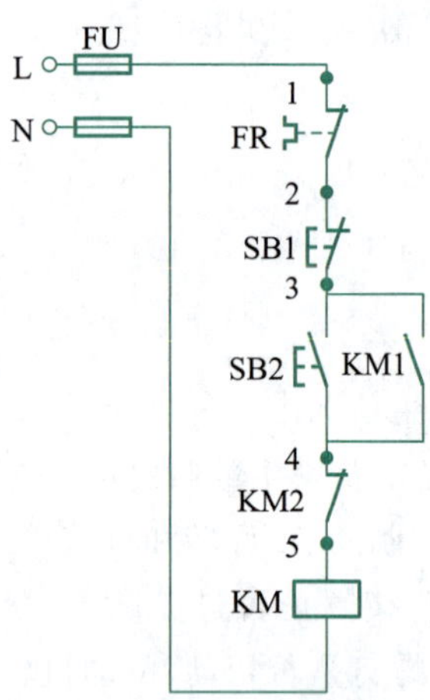

图 5.7.1 试电笔检修断路故障示意图

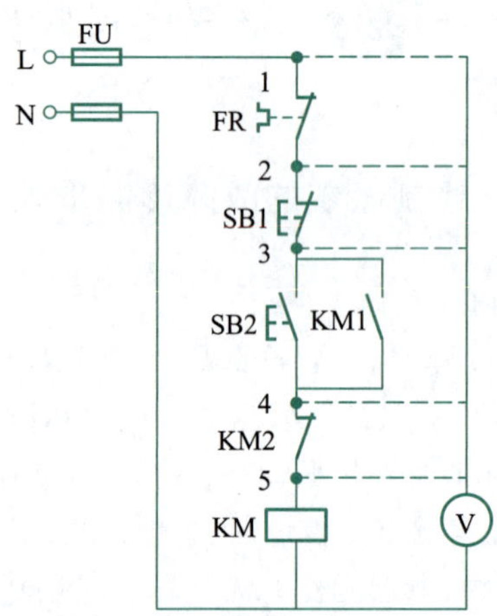

图 5.7.2 电压表法检修断路故障示意图

(3) 电阻表法

在图 5.7.3 中，按下起动按钮 SB2，接触器 KM1 不吸合，该回路有断路故障。在查找故障点前，首先把控制电路两端从控制电源上断开，然后将万用表置于 $R\times1\ \Omega$ 挡进行故障查找。使用电阻表法要注意以下几点：

① 用电阻测量法检查故障一定要断开电源。

② 如被测电路与其他电路并联，则必须将该电路与其他电路断开。

③ 测量高电阻值的电器元件时，把万用表的选择开关旋转至合适的电阻挡。

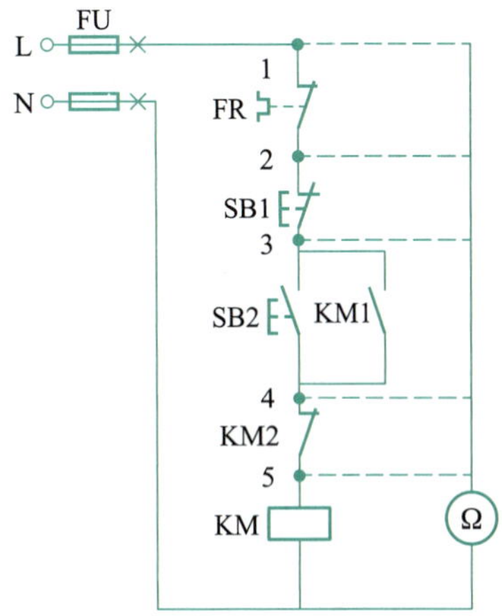

图 5.7.3　电阻表法检修断路故障示意图

（4）短接法

用一根绝缘良好的导线，把所怀疑断路的部位短接。如短接后电路被接通，说明该处断路。用短接法诊断故障时应注意以下几点：

① 短接线必须绝缘良好，避免触电事故发生，保证人身安全。

② 短接法只适合于检查电压降极小的导线和触点之间的断路故障，对于压降较大的电阻、线圈和绕组等的断路故障，不能采用短接法，否则会发生短路事故。

③ 对于机床等设备的某些要害部位，必须在保障电气设备或机械部位不会出现故障的情况下才能使用短接法。

2. 短路故障的诊断

短路故障主要包括电源间短路和电器触点间短路。

（1）电源间短路故障的诊断

电源间短路故障一般是通过电器的触点或连接导线将电源短路的，如图 5.7.4 所示。行程开关 SQ 中的 2 号与 0 号因某种原因形成连接，将电源短路。电源合上，熔断器 FU 就熔断。

（2）电器触点之间短路故障的诊断

如图 5.7.5 所示，接触器 KM1 的两个辅助触点 4 号和 8 号端子因某种原因短路，当合上电源时，接触器 KM2 就吸合。

控制电路的短路故障，大多数是由于同一个电器各触点因接线不规范或掉进导电杂物等原因造成的。在故障诊断时，应仔细检查电器触点，从而找出故障点。

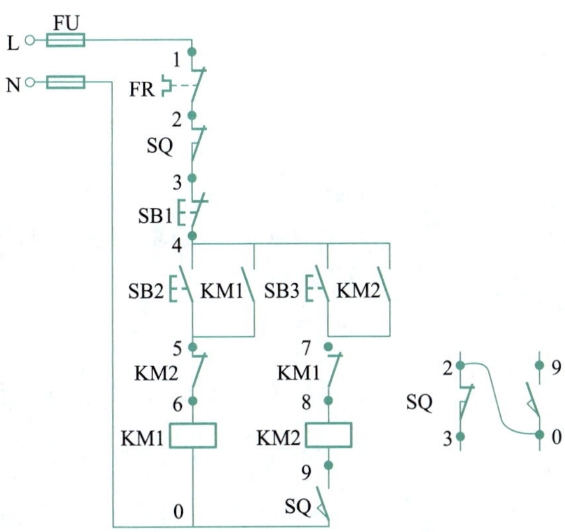

图 5.7.4　电源间短路的诊断

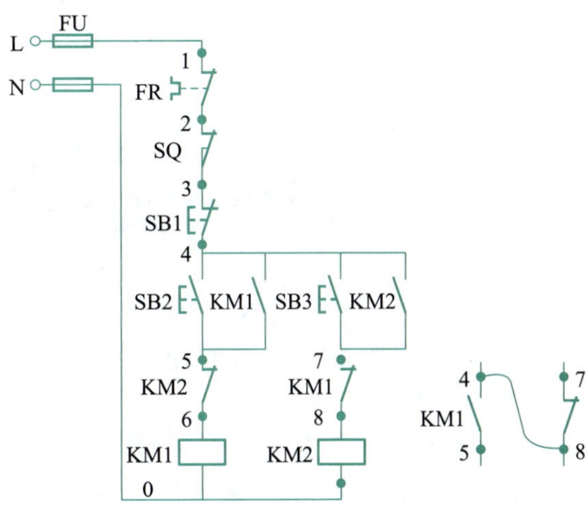

图 5.7.5　电器触点之间短路故障的诊断

5.7.3　成套电气控制设备的维护

低压电器是组成低压配电装置和成套电气控制设备的主要基础元件，因此，对低压电器的维护与检查往往不是单独进行的，而涉及低压成套装置的维护与检查。

1. 日常维护

日常维护应着重于诸如绝缘破坏或老化、接触部分的烧损、导线连接处过热与线圈温度升高、控制回路接触不可靠或动作不准确、保护特性不良、机械运动部分与操作机构的磨损与断裂等经常发生事故的部位，主要包括以下 5 项：

① 外观有无破坏、变色、凝露、浸水，有无绝缘油和异味外漏。

② 指示器状态有无异常。

③ 导体、绝缘介质等的温度有无异常。

④ 导体、零件和电器等有无异常的振动和噪声。

⑤ 有无烧焦气味。

2. 定期维护

定期维护的项目主要包括如下 5 项：

① 清除尘埃和污物（特别是绝缘体和导体）。

② 绝缘水平测定。

③ 导体连接处是否松动、接触点是否磨损或需要更换。

④ 检查并判别易损元器件是否需要更换。

⑤ 保护继电器特性测定。

成套低压电气设备定期检查的项目与维护要点见表 5.7.1。

表 5.7.1 成套低压电气设备定期检查的项目与维护要点

检查项目	检查内容	维护要点
一般项目	1. 封闭式配电盘下部的紧固螺栓是否松动、脱落 2. 接地线的导体连接是否良好 3. 各连接部分和侧板的安装处是否松动、螺栓有无脱落 4. 门的开关、手柄的操作是否灵活 5. 喷漆及其外观情况	1. 若有，予以紧固 2. 若不好，予以纠正 3. 若有，予以紧固 4. 加润滑油 5. 根据需要与制造厂联系
母线室	1. 导线连接部分是否松动，螺栓是否脱落 2. 导体及连接部分是否出现变色和滑牙 3. 母线支架上是否积有尘埃 4. 绝缘物是否有损伤 5. 测量导电部位的绝缘电阻 6. 室内是否积有尘埃 7. 是否嵌有异物 8. 结构件是否有损伤	1. 若有，予以紧固 2. 查找原因，仔细磨去氧化表面，再紧固螺栓 3. 若有，予以清除 4. 若有，可与制造厂联系 5. 若绝缘电阻偏低，应调查原因 6. 若有，予以清扫 7. 若有，予以除去 8. 若有，与制造厂联系
配电通道室	1. 动力用、控制用导线有无断线，绝缘有无损坏 2. 测量导电部件绝缘电阻 3. 连接部分的安装是否松动 4. 结构件有无损伤	1. 若有，调查原因后重新配线 2. 若绝缘电阻偏低，查找原因 3. 若有，予以紧固 4. 有异常，可与厂家联系

续表

检查项目	检查内容	维护要点
低压电器及其他元器件	1. 可动部分拉出是否灵活 2. 器具安装是否正确 3. 连接部分是否松动,螺栓是否脱落 4. 主电路断路器和接触器有无变色、损坏 5. 绝缘物是否积有尘埃 6. 元件、操作开关、信号灯等有无损伤 7. 刀刃形插口有无不良 8. 检查动作电流刻度设定值 9. 动作试验有无异常 10. 结构件机构部件有无损伤	1. 查找原因 2. 予以正确安装 3. 若有,予以紧固 4. 若有不良,查找原因,仔细磨去氧化表面 5. 若有,予以清扫 6. 若有,予以更换 7. 若有,予以修理 8. 若未达到需要值,予以整定 9. 若不动作,查找原因,更换元件或予以修理 10. 若有,与制造厂联系
端子室	1. 端子座是否积有灰尘 2. 端子及导电部件是否变色 3. 连接部分是否松动,螺栓是否脱落 4. 测量端子座绝缘电阻 5. 导线有无断线、绝缘损坏 6. 从盘外引进的电线是否正确 7. 端子座是否夹有异物 8. 室内是否有尘埃 9. 结构件是否有损伤	1. 若有,予以清扫 2. 查找原因,磨去氧化表面,紧固螺栓 3. 若有,予以紧固 4. 若绝缘电阻偏低,应查找原因 5. 若有,予以连接或更换 6. 检查后测量绝缘电阻 7. 若有,予以除去 8. 若有,予以清扫 9. 若有,与制造厂联系

在对成套装置定期检修时,拆卸下来做解体检修的低压电器应做出厂试验,其目的是验证检修后的产品是否满足原产品的技术要求,发现并处理缺陷,以达到安全可靠的使用。出厂试验包括一般检查、动作性能、绝缘耐压试验和发热试验等。

习题

5.1 判断题(用√和×表示)

(1) 在电气控制线路中,应将所有电器的联锁触点接在线圈的右端。(　　)

(2) 在控制线路的设计时,应使分布在线路不同位置的同一电器触点接到电源的同一相上。(　　)

(3) 在控制线路中,如果两个动合触点并联连接,则它们是逻辑**与**关系。(　　)

(4) 继电器开关的逻辑电路是以执行元件作为逻辑函数的输出变量。(　　)

(5) 在画电气安装接线图时,同一电器元件的部件都要画在一起。(　　)

5.2 选择题

(1) 现有两个交流接触器,它们的型号相同,额定电压相同,则在电气控制线路中其线圈应该(　　)。

(a) 串联连接　　(b) 并联连接　　(c) 既可串联也可并联连接

(2) 用来表明电动机、电器的实际位置的图是(　　)。

(a) 电气原理图　　(b) 电器布置图

(c) 功能图　　(d) 电气系统图

(3) 现有两个交流接触器,它们的型号相同,额定电压相同,则在电气控制线路中如果将其线圈串联连接,则在通电时(　　)。

(a) 都不能吸合　(b) 有一个吸合,另一个可能烧毁　(c) 都能吸合正常工作

(4) 电气控制电路在正常工作或事故情况下,发生意外接通的电路称为(　　)。

(a) 振荡电路　　(b) 寄生电路

(c) 自锁电路　　(d) 上述都不对

(5) 电压等级相同的电感较大的电磁阀与电压继电器在电路中(　　)。

(a) 可以直接并联　　(b) 不可以直接并联

(c) 不能同在一个控制电路中　　(d) 只能串联

(6) 在控制线路中,如果两个动合触点串联,则它们是(　　)。

(a) 逻辑**与**关系　　(b) 逻辑**或**关系

(c) 逻辑**非**关系　　(d) 逻辑**与非**关系

5.3 问答题

(1) 电气控制设计中应遵循的原则是什么? 设计内容包括哪些方面?

(2) 如何根据设计要求选择拖动方案与控制方式?

(3) 正确选择电动机容量有什么重要意义?

(4) 电气原理图设计方法有几种? 常用什么方法?

(5) 经验设计法的内容是什么? 如何应用经验设计法?

(6) 在电气控制线路中,常用的保护环节有哪些类型? 各种保护的作用是什么?

(7) 如何绘制电气设备及电器元件的布置图和安装图? 有哪些注意事项?

(8) 安装电器元件之前,为什么必须进行检查? 检查的主要内容有哪些?

(9) 电气控制柜安装的一般步骤有哪些?

(10) 电气控制柜调试前应做哪些准备?

(11) 电气控制柜调试的内容有哪些? 调试中应注意什么?

5.4 设计题

(1) 某电动机要求只有在继电器 K1、K2、K3 中任何一个或两个动作时才能运转,而在其他条件下都不运转,试用逻辑设计法设计其控制线路。

(2) 对于 5.2 节中的皮带运输机,如果采用 PLC 进行控制,完成下列设计任务:

① 进行 I/O 分配,画出 PLC 的 I/O 接线图。

② 设计出 PLC 控制系统的梯形图。

(3) 某送料小车的示意图如题图 5.1 所示,小车由交流异步电动机拖动,电动机正转,小车前进;电动机反转,小车后退。对小车的控制要求如下:

① 单循环工作方式:每按一次送料按钮,小车后退至装料处,10 s 后装料完成,自动前进至卸

料处，15 s 后卸料完毕，小车返回至装料处待命。

② 自动循环工作方式：按一次送料按钮后，上述动作自动循环进行。当按下停止按钮时，小车要完成本次循环后，停在装料处。

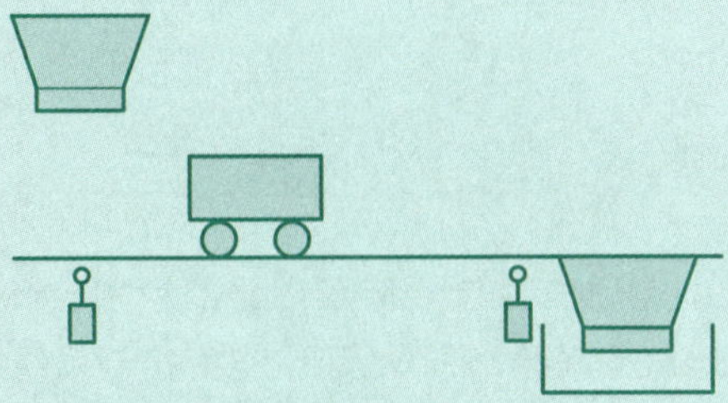

题图 5.1

试用 PLC 对小车进行控制，要求：

- 进行 I/O 分配，画出 PLC 的 I/O 接线图。
- 设计出 PLC 控制系统的梯形图。

第6章　电气控制技术实训

内容提要

本章列出了13个实训项目，实训内容包括低压电器的识别、拆装、选择、整定、故障诊断与维护；电气控制线路电器布置图、电气安装接线图的设计；电气控制系统的安装调试；典型生产机械电气控制线路的分析、故障诊断与维护；生产机械电气控制线路的设计、PLC控制系统的设计等。

实训是整个教学过程的一个重要环节，是培养学生独立工作能力，使用所学理论解决实际问题、巩固基本理论并获得实践技能的重要手段。

本章共列出了13个实训项目，通过实训，熟悉常用电器的结构，了解其规格和用途，学会正确选择、整定以及拆装、故障诊断与维护方法；掌握继电接触控制线路的基本环节；掌握电气原理图、电器布置图和电气安装接线图的设计方法以及PLC控制系统的设计方法、传统继电接触式控制系统PLC改造的设计方法，培养编写技术报告和编制技术资料的能力；具备一定的电气控制线路的分析和一般生产机械电气设备的独立操作能力；掌握典型电气线路安装、调试、故障诊断与维护等基本技能。

实训项目1　低压电器的识别

1. 实训目的

① 认识常用的低压电器。

② 熟悉电器型号的意义。

2. 实训内容

① 根据摆放的低压电器的实物，写出各电器的名称。例如，可以摆放常用的HK2、HR5、HZ15、DW15、DZ10、LA18、JS7、CJ40、RC1A、RL1、RT0、JR16、CZ0等系列低压电器。

② 指导教师在上述电器系列不同规格的电器中，选择出部分电器（应不少于5个类组10件电器），列出清单，学生按照清单选择出电器元件。

③ 去掉上述电器元件实物的型号，选择并正确写出各电器元件的型号。

实训项目2　交流接触器的拆装与测试

1. 实训目的

① 熟悉交流接触器的结构。

② 掌握交流接触器的拆装与测试方法。

③ 掌握交流接触器的常见故障检修方法。

2. 实训内容

(1) 选择实训材料

CJ10-20 交流接触器、按钮、三相电源开关、导线、220 V/40 W 白炽灯、熔断器、万用表、电工工具。

(2) 交流接触器的拆卸

按以下步骤进行交流接触器的拆卸训练。

① 灭弧罩拆卸。CJ10-20 交流接触器的灭弧罩为陶瓷材料,易碎,拆卸时两边紧固螺钉松开时,要交替均匀地进行,以免单边断裂。

② 主触点拆卸。先将压在三片动触点上面的触点压力弹簧片拆下,再拆下动触点;用旋具旋下三对静触点的紧固螺钉,即可拆下静触点。

③ 辅助动合触点拆卸。拆卸辅助动合触点的静触点时,用旋具旋下两边紧固导线螺钉与连接片,再用钳子将静触点拔出。

④ 吸引线圈与铁心拆卸。将接触器底座朝上,用旋具将后盖拆下,取出静铁心、铁心支架、缓冲弹簧;再用钳子将吸引线圈的线端拔出,取下线圈、反力弹簧。

⑤ 辅助动断触点拆卸。将接触器翻转,用旋具将动断触点的静触点上紧固导线的螺钉拆下,再用钳子将静触点拔出。

(3) 交流接触器的装配

检查所有触点、铁心及吸引线圈等零件,用清洁干布去除油污;触点如有烧蚀应予以修复;查看铁心的短路环是否完整;用万用表测量线圈电阻,判断线圈是否完好。完成上述检查后,再按下列顺序进行装配。

① 铁心及线圈装配。先将反力弹簧装进槽内,再将吸引线圈装入动铁心中;用钳子将吸引线圈出线端插进接线片中;装上缓冲弹簧、铁心支架及静铁心,盖上后盖时应检查是否平整,再旋上螺钉紧固。

② 主触点装配。将三对主触点的静触点用螺钉紧固,嵌进槽内装平,不能错位;再将三片动触点装上,压上触点压力弹簧片,用手按下三副主触点检查,应无阻滞;最后用旋具旋上接线螺钉。

③ 辅助触点装配。先将两对辅助动合触点推进槽内(要平整不能错位),悬上接线螺钉。安装动断触点之静触点时,要用手按下主触点,使辅助触点之动触片往下移位,再以钳子将静触点嵌进槽内,旋上接线螺钉。

④ 灭弧罩装配。装灭弧罩时要将罩嵌进槽内放平整,然后再均匀地旋紧两边的紧固螺钉。

(4) 交流接触器的测试

接触器经拆装后各触点应接触良好,释放迅速,并做到压力适当,动作灵活,无噪声。按以下步骤进行测试。

① 接触器接入测试电路,如图 6.2.1 所示。

② 测试方法。闭合三相电源开关 QS,EL1 和 EL3 灯亮,表明两个辅助动断触点装配合格;按下 SB2 按钮,接触器线圈通电,两个辅助动断触点断开,三个动合主触点和两个动合辅助触点均闭合,三只白炽灯同时亮;按下 SB1 按钮,接触器断开,表明接触器所有触点装配合格。

③ 机械性能检验。经多次按下 SB2 及 SB1,使接触器反复通断。若接触器无噪声、三相白炽灯无闪烁、主触点无明显火花溅出,表明接触器机械性能良好。

(5) 接触器常见故障检修方法和步骤

经过测试,如果接触器出现故障,不能正常工作,按下述方法和步骤进行检修。

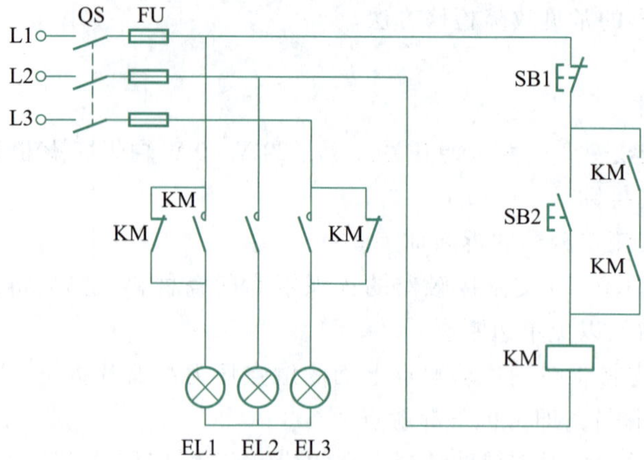

图 6.2.1　交流接触器测试电路

① 接触器不释放或释放缓慢,其检修方法和步骤如下:

- 检查触点是否已经熔焊相连,若是,则需更换触点。
- 若铁心极面有油污或尘埃粘着,需清理极面。
- 若反力弹簧损坏无反作用力,需更换反力弹簧。

② 接触器吸不上或吸力不足,其检修方法与步骤如下:

- 检查电源电压是否过低或吸引线圈额定电压与电源电压是否相符,若是,需调整电源电压。
- 检查接触器吸引线圈是否断路或烧毁,若是,更换吸引线圈。
- 检查接触器机械可动部分是否被卡住,若是,需重新拆装,消除卡住部分,修理受损零件。

③ 接触器通电后电磁噪声大,其检修方法与步骤如下:

- 若铁心极面生锈或有异物嵌入,需除锈或取出异物。
- 若铁心短路环断裂,需更换铁心。

实训项目 3　空气阻尼式时间继电器的拆装与测试

1. 实训目的

① 熟悉空气阻尼式时间继电器的结构。

② 掌握空气阻尼式时间继电器的拆装与测试方法。

③ 掌握空气阻尼式时间继电器的常见故障与检修方法。

2. 实训内容

(1) 选择实训材料

JS7-A 型空气阻尼式时间继电器、按钮、三相电源开关、导线、220 V/40 W 白炽灯、熔断器、万用表和常用电工工具。

(2) 空气阻尼式时间继电器的拆卸

空气阻尼式时间继电器的拆卸除气室及微动开关(瞬时及延时触点)不必拆卸外,其余所有部件均需拆卸。按下列顺序进行拆卸:

① 气室的拆卸。气室连同杠杆装配在铁底板上,气室本身与胶木装置是密封的,不必拆卸,但在拆卸继电器时应从底板上松下紧固螺钉将其取下,以免拆卸过程中损坏。

② 衔铁(动铁心)的拆卸。取下弹簧,拔出安装在固定衔铁上插销的开口销,拔出插销,取下弹簧片,将衔铁连同推板架取出(注意推板架上有三粒滚珠不要丢失)。

③ 线圈的拆卸。从铁底板中拔出固定线圈的钢丝支架,从静铁心中抽出线圈,将静铁心从固定架上取出,用旋具将固定铁心架的螺钉从铁底板旋下,拆下固定架。

(3) 空气阻尼式时间继电器的装配

首先检查所有零件、铁心及线圈(铁心短路环应完整无损;用万用表测量线圈直流电阻,其阻值应符合要求;气室未拆卸也要检查,用旋具调节螺钉时,推杆应能做快慢调节;用清洁干布去除零部件油污),然后按下列顺序进行装配。

① 线圈与铁心装配。将线圈嵌进固定架静铁心中,装上钢丝支架固定;将推板架插入固定架中装上衔铁,推板架上三粒滚珠用牛油粘在凹槽上;将衔铁插进弹簧片;再将插销插进衔铁,装上开口销及两边弹簧。

② 总体装配。将经过调整的气室用紧固螺钉紧固在铁底板上,将装上线圈的固定架也紧固在铁板上,统一调整。

(4) 空气阻尼式时间继电器的测试

空气阻尼式时间继电器经拆装后,应动作灵活、释放迅速、瞬时触点及延时触点动作正常、延时调节正确可靠,为此,按以下步骤测试予以检验。

① 按如图 6.3.1 所示电路将空气阻尼式时间继电器接入测试电路,调节时间继电器延时时间为 5 s。

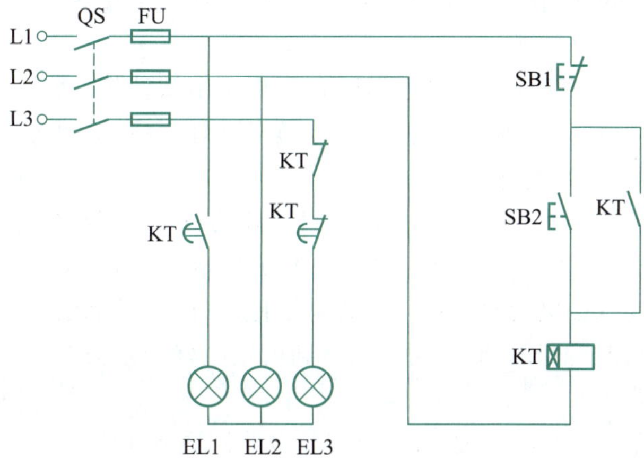

图 6.3.1　时间继电器测试线路图

② 闭合三相电源开关 QS,EL2 和 EL3 两相灯亮,表示瞬时动断触点和延时动断触点正常。

③ 按下按钮 SB2,时间继电器线圈通电动作,瞬时动合触点闭合,继电器自锁,延时开始。此时,瞬时动断触点断开,EL2 和 EL3 两相灯熄灭。延时 5 s 时间到时,延时动合触点闭合,EL1 和 EL2 两相灯亮。

④ 按下 SB1 按钮,时间继电器线圈失电,EL1 熄灭,EL2 和 EL3 两相灯又亮。表明时间继电器通电延时功能正常。

⑤ 机械性能检验。时间继电器在通电过程中应无噪声,断电释放迅速灵活。

(5) 空气阻尼式时间继电器常见故障检修方法与步骤

经过测试,如果时间继电器出现故障,不能正常工作,按下述方法和步骤进行检修。

① 延时触点不起作用，其检修方法和步骤如下：

• 检查固定线圈支架的螺钉是否未扭紧，支架位置太前或太后都会影响推板压合气室推杆的位置，以致不能压合触点系统，所以，应仔细调节线圈固定位置。

• 推杆上螺钉未调节好，影响延时触点动作，应仔细调节螺钉位置。

② 通电吸合有噪声、线圈发热，其检修方法和步骤如下：

• 检查铁心短路环是否损坏，若有，则需要更换铁心。

• 线圈及铁心安装松动，使铁心不能较好闭合，会发出噪声也会引起线圈发热，应重新拆装。

③ 调节延时螺钉气室无反应，其检修方法和步骤如下：

• 若调节螺钉旋过头使气室中活塞无法再调节，应将调节螺钉反方向旋转直至气室工作。

• 若气室中薄膜橡胶损坏破裂，无法控制气量，应更换薄膜橡胶，重新调整调节螺钉。

实训项目 4 交直流电压继电器动作电压的整定

1. 实训目的

① 熟悉电压继电器的结构、工作原理、型号规格及使用方法。

② 掌握交直流电压继电器的吸合电压和释放电压的整定方法。

2. 实训内容

① 首先选择待整定的交、直流电压继电器各一个，记录型号及参数，然后选择图 6.4.1 中的其他设备。

② 按图 6.4.1 连接线路，图中的指示灯 HL 用于指示衔铁动作，当衔铁吸合带动继电器自身的动合触点闭合，从而接通指示灯电路，只要指示灯一亮即可知道衔铁已经动作。

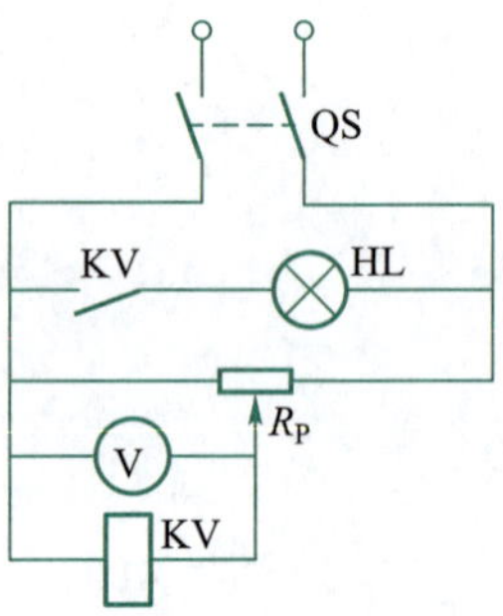

图 6.4.1 电压继电器的整定线路

③ 吸合电压的整定。交直流电压继电器均可采用滑线变阻器取分压的方法以获取其吸合电压 U_X。合上刀闸 QS，接通电源，移动滑动端点，将电压调节到所要求的吸合电压值。吸合电压值调好后，滑动端点就不再改变了。这时，改变释放弹簧的松紧，直到衔铁刚好产生吸合动作即指示灯亮为止。

④ 释放电压的整定。释放电压 U_F 的整定实验电路同图 6.4.1，但调整方法不同。先合刀闸 QS，接通电源使衔铁吸合。移动滑动端点，将线圈电压减小至所要求的释放电压为止。若衔铁不释放，则拉开刀闸 QS，在衔铁内侧面加装非磁性垫片。重新合刀闸，若衔铁还不释放，则再打开刀闸 QS，增加非磁性垫片的厚度，直至衔铁刚好产生释放动作时为止。这时指示灯从亮到不亮表示衔铁从吸合转入释放状态。

实训项目 5 万能转换开关的使用

1. 实训目的

① 了解万能转换开关的结构、工作原理和接线。

② 掌握用一块电压表测量三相电源电压的方法。

2. 实训内容

① 选择实训材料。三相胶盖闸刀开关 HK2-15/3 一个,LW6 系列万能转换开关一个,电压表一块,万用表一块,电工工具及导线。

② 观察并记录所选的万能转换开关有几个触点,操作手柄有几个位置。

③ 将万能转换开关的操作手柄置不同的位置,用万用表分别观测各触点的通断情况,由此画出万能转换开关的图形符号和接通表。

④ 设计出用一块电压表通过万能转换开关测量三相电源线电压的线路,然后,按图接线。参考线路如图 6.5.1 所示。

⑤ 接线完成后用万用表进行认真的检查,防止出现短路现象。

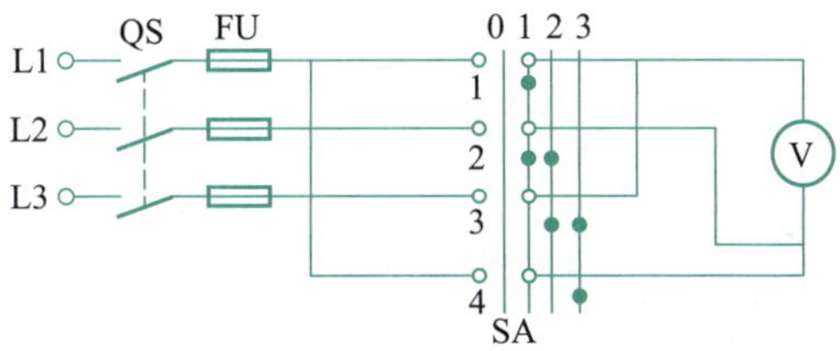

图 6.5.1　三相电源电压测量电路

⑥ 确定线路无误后,合刀闸 QS。当万能转换开关 SA 的手柄置于“0”位置时,所有触点均不通,电压表指示为零;当万能转换开关 SA 的手柄置于“1”位置时,触点“1”“2”接通,电压表指示为 U_{L1L2};当万能转换开关 SA 的手柄置于“2”位置时,触点“2”“3”接通,电压表指示为 U_{L2L3};当万能转换开关 SA 的手柄置于“3”位置时,触点“3”“4”接通,电压表指示为 U_{L3L1}。

实训项目 6　低压电器的选择

1. 实训目的

① 熟悉常用低压电器的选择方法。

② 熟悉常用低压电器的整定方法。

2. 实训内容

① Y-132M-4 型三相异步电动机的技术数据为:7.5 kW、380 V、15.4 A、三角形联结、1400 r/min,电动机为连续工作制,根据这些条件,选配刀开关、熔断器、热继电器、接触器。

② 指出热继电器发热元件的电流应如何整定。

实训项目 7　根据电气原理图绘制电气安装接线图

1. 电气原理图

图 6.7.1、图 6.7.2、图 6.7.3 分别为三相异步电动机单方向起动、停止及点动控制、可逆运转控

制和星-三角降压起动控制的电气原理图，根据这些原理图绘制出电器布置图和电气安装接线图。

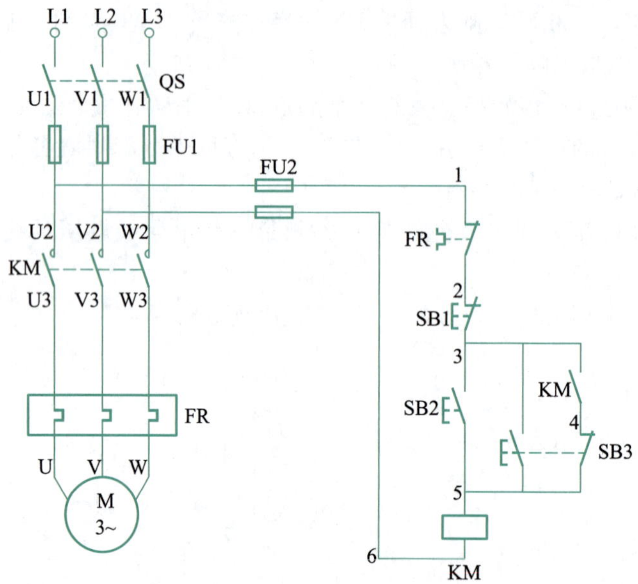

图 6.7.1　三相异步电动机单方向起动、停止及点动控制线路

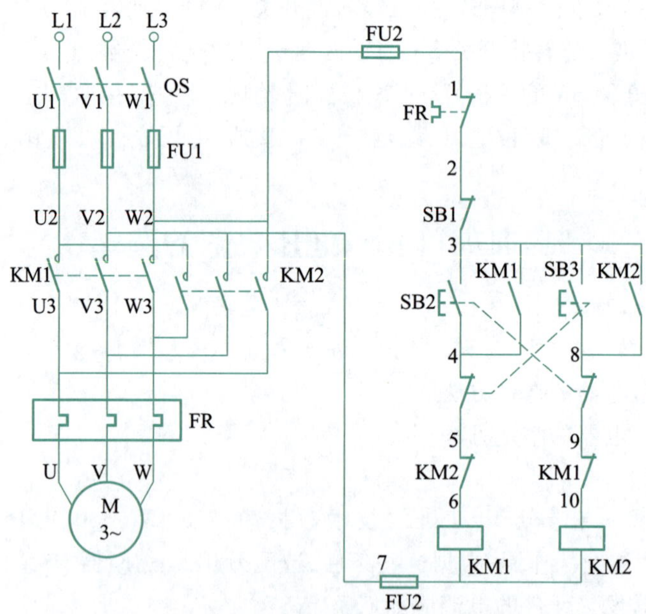

图 6.7.2　三相异步电动机正、反转控制线路

2. 绘图要求

① 电源开关、熔断器、交流接触器、热继电器、时间继电器等画在配电板内部，电动机、按钮画在配电板外部。

② 安装在配电板上的元件布置应根据配线合理、操作方便、确保电器间隙不能太小、重的元

件放在下部、发热元件放在上部等原则进行，元件所占面积按实际尺寸以统一比例绘制。

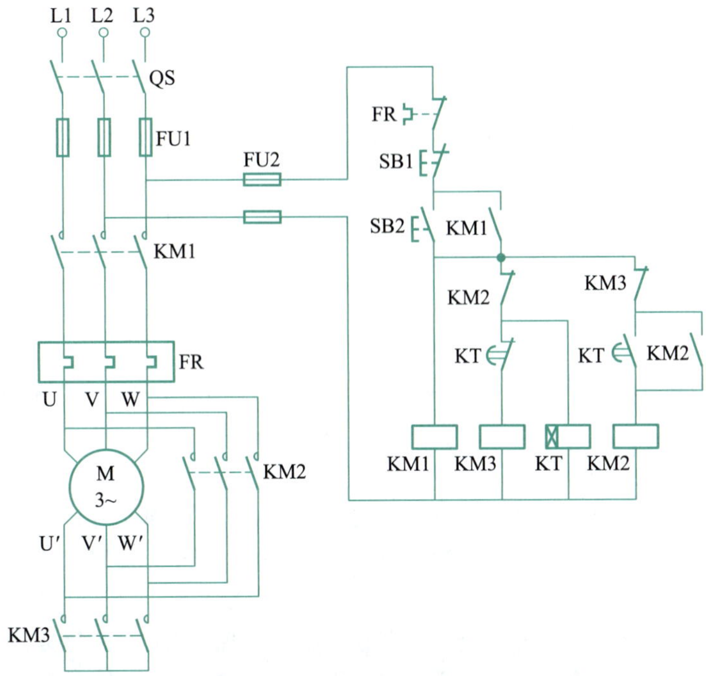

图 6.7.3 三相异步电动机星-三角降压起动控制线路

③ 安装接线图中各电器元件的图形符号和文字符号应和原理图完全一致，并符合国家标准。

④ 各电器元件上凡是需要接线的部件端子都应绘出并予以编号，各接线端子的编号必须与原理图中的导线编号相一致。

⑤ 电气配电板内电器元件之间的连线可以互相对接，配电板内接至板外的连线通过接线端子进行，配电板上有几个接至外电路的引线，端子板上就应有几个线的接点。

⑥ 因配电线路连线太多，因而规定走向相同的相邻导线可以绘成一股线。

3. 实训步骤

① 弄清电气原理图的工作原理。

② 列出电器元件明细表，搞清楚各电器元件的结构形式、安装方法及安装尺寸。

③ 绘制电器布置图、电气安装接线图的草图，经过指导教师检查绘制出正规的电器布置图和电气安装接线图。

实训项目8 基本控制线路的接线练习

1. 实训目的

① 熟悉常用电器元件的结构、工作原理、型号规格、使用方法及其在控制线路中的作用。

② 熟悉三相异步电动机常用控制电路的工作原理、接线方法、调试及故障排除的技能。

2. 线路图

本实训项目的线路图利用“实训项目7”中已绘制的安装接线图。

3. 主要材料

① Y801-4 型、0.55 kW、380 V、1.6 A 的三相异步电动机一台。

② CJ40-10 型、电压 380 V 交流接触器三只。

③ RL1-15 型螺旋式熔断器五只,6 A 熔芯三只,2 A 熔芯两只。

④ JR0-20/3 型热继电器一只,热元件整定电流为 1.5～2.4 A,整定为 1.6 A。

⑤ LA10-3H 型按钮一只。

⑥ HZ10-10/3 型组合开关一只,也可以选用 HK2-3 型三相胶盖闸刀开关一只。

⑦ JS7-1 A 型、380 V 时间继电器一只。

⑧ JX2-10 型 10 挡接线端子板一只。

⑨ 450 mm×600 mm 木制配电板一块。

⑩ 主电路用 BV1.5 mm^2 塑料铜线,控制电路用 BV1.0 mm^2 塑料铜线,接入按钮用 BVR0.75 mm^2 塑料铜芯软线,接入电动机用 YHZ 四芯橡套电缆。

4. 实训要求

① 安装时除电动机外的其他电器必须排列整齐、合理,并牢固安装在配电板上。

② 控制板采用板前接线,接到电动机和按钮盒的导线必须经过接线端子引出,并应有保护接零。

③ 板面导线敷设必须平直、整齐、合理,各接点必须紧密可靠,并保持板面整洁。

④ 安装完毕后,应仔细检查是否有误,如有误应改正,然后向指导教师提出通电请求,经同意后才能通电试车。

⑤ 通电试车时,不得对线路进行带电改动。出现故障时必须断电进行检修,检修完毕后必须再次向指导教师提出通电请求,直到试车达到满意为止。

⑥ 操作起动和停止按钮,认真观察电动机的起动、运行、停车情况。

实训项目9　典型生产机械电气控制线路的分析

1. 实训目的

① 熟悉典型生产机械的电气控制线路,掌握其分析方法。

② 熟悉典型生产机械常用的电气设备及其安装方法。

2. 设备简介

(1) T68 型卧式镗床简介

① 主要机构及运动形式。

T68 型卧式镗床主要由床身、前后立柱、镗头架、尾架、工作台、上下溜板、导轨、床头架升降丝杠、镗轴、平旋盘、刀具溜板等组成,如图 6.9.1 所示。它的主传动由主轴电动机拖动,镗头的快速移动、工作台快速移动以及尾架、后立柱的快速移动都由快速移动电动机拖动。

② 对拖动及控制的主要要求。

主轴电动机采用双速电动机,能实现正反转、点动及高低速控制,电动机有两级调速可以任意选择,高速运转应先经低速起动,电动机高低速是由变速手柄控制的:主轴电动机要求制动准确,本机床采用电磁铁带动的机械制动装置;主轴电动机有过载保护。

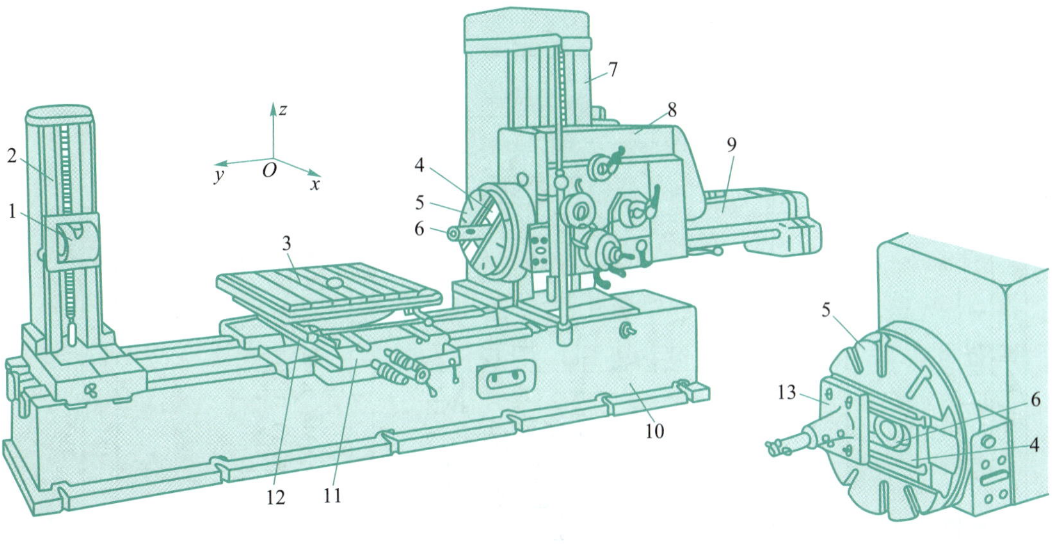

(a)　(b)

1—支架；2—后立柱；3—工作台；4—径向刀架；5—平旋盘；6—镗轴；7—前立柱；8—主轴箱；9—后尾筒；10—口床身；11—下滑座；12—上滑座；13—刀座

图 6.9.1　T68 型卧式镗床外形图

（2）M7120 型平面磨床简介

① 主要结构及运动形式。

平面磨床是用砂轮来磨削加工各种零件平面的一种机床。M7120 型平面磨床主要由床身、电磁吸盘、垂直进给手轮、工作台、行程挡铁、主轴砂轮矫正器、横向进给手轮、拖板、磨头、驱动工作台等部分组成，如图 6.9.2 所示。

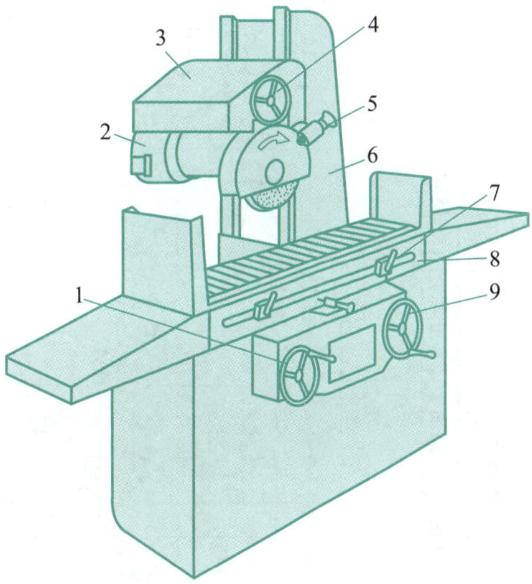

1—工作台纵向移动手轮；2—砂轮架；3—滑板座；4—砂轮横向进给手轮；5—砂轮修整器；6—立柱；7—撞块；8—工作台；9—砂轮垂直进给手轮

图 6.9.2　M7120 型平面磨床

工作台上装有电磁吸盘，用以吸持工件，工作台在床身的导轨上做往返（纵向）运动，主轴可在床身的横向导轨上做横向进给，砂轮箱可在立柱导轨上做垂直运动。它共有四台电动机，砂轮电动机直接带动砂轮旋转，对工件进行磨削加工，是平面磨床的主运动；砂轮升降电动机使拖板在立柱导轨上做垂直运动，要求能双向运动；工作台和砂轮的往复运动是靠液压泵电动机进行液压传动的，能保证加工精度；冷却泵电动机供给砂轮和工件冷却液。

② 对拖动和控制的主要要求。

砂轮电动机、液压泵电动机和冷却泵电动机只要求单向运转，砂轮升降电动机要求双向运转；电磁吸盘与液压泵、砂轮、冷却泵三台电动机有联锁装置，电磁吸盘不工作或发生故障时，这三台电动机均不能起动；冷却泵电动机在砂轮电动机工作后才能起动；电磁吸盘要求有充磁和退磁功能；指示电路能反映四台电动机和电磁吸盘的工作情况。

T68 型卧式镗床及 M7120 型平面磨床电气原理图分别如图 6.9.3、图 6.9.4 所示。

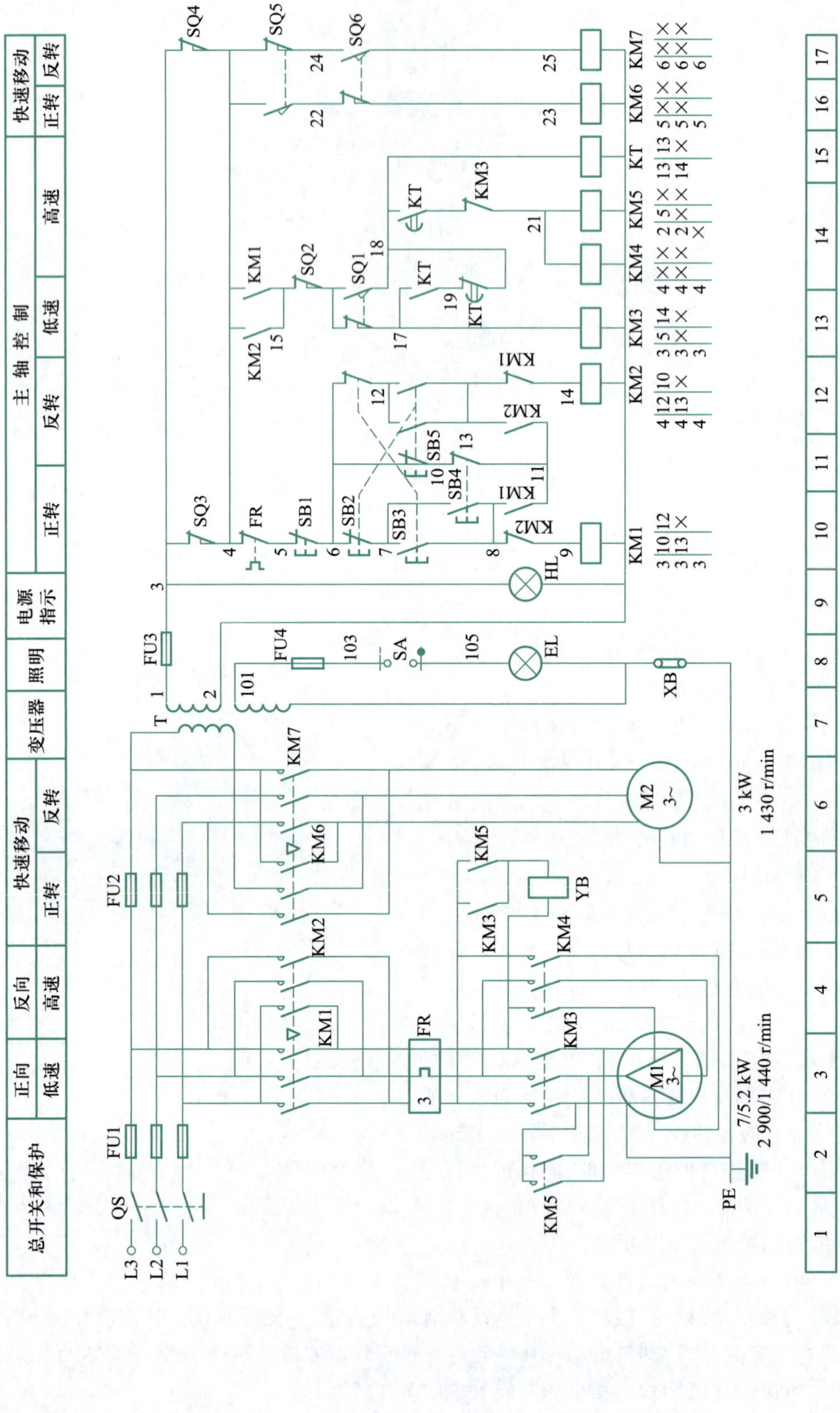

图 6.9.3 T68 型卧式镗床电气原理图

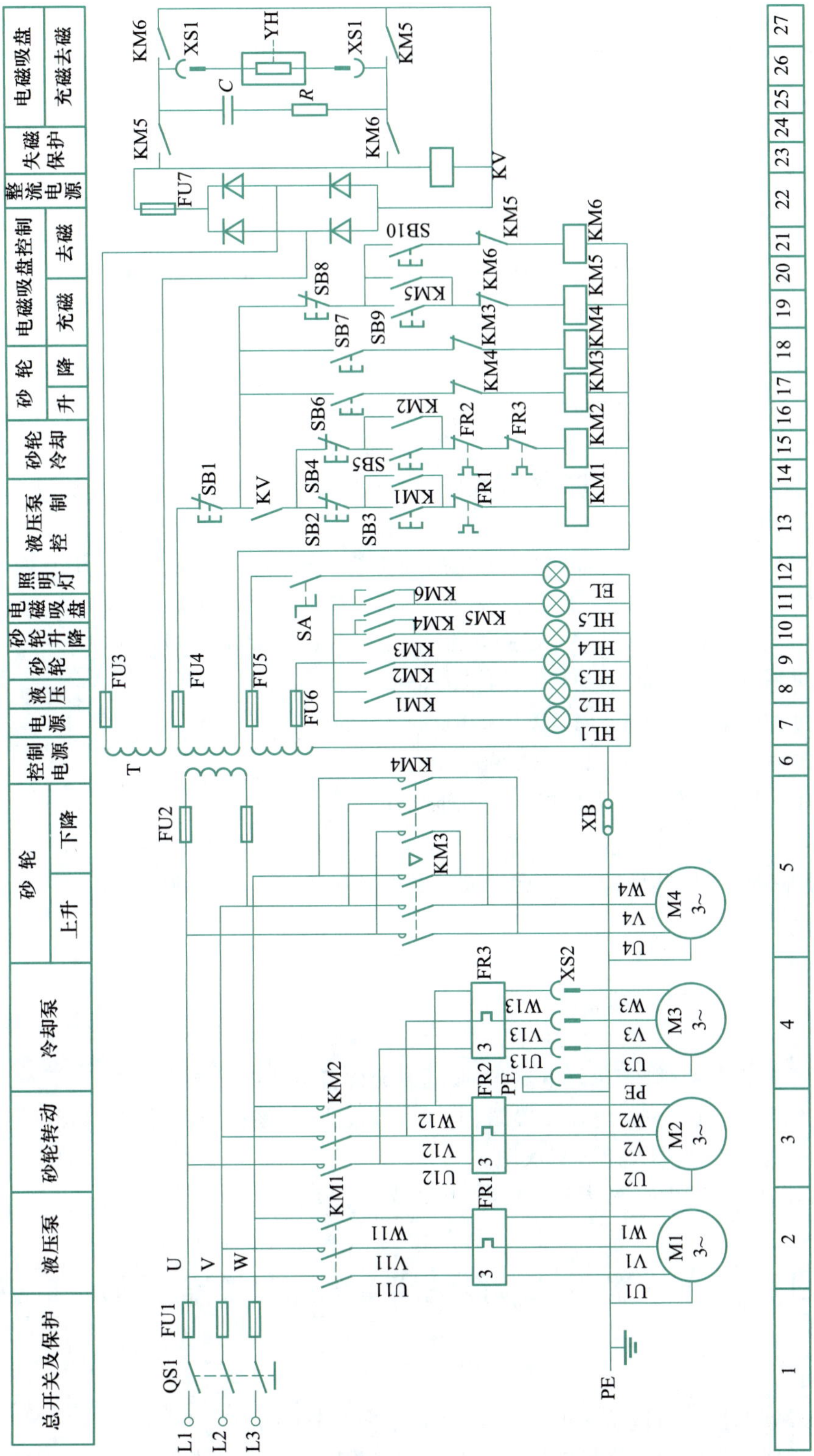

图 6.9.4　M7120 型平面磨床电气原理图

3. 实训内容与要求

① 深入现场实习,充分了解机床的结构、操作和工作过程以及对拖动和控制的要求。同时做好记录。

② 根据了解的情况,分析电气原理图。包括对主电路、控制电路、辅助电路、联锁和保护环节及特殊控制环节等的分析,熟悉每个电器元件的作用。

实训项目10　专用榫齿铣床电气控制系统设计

1. 实训目的

① 培养综合运用专业及基础知识,解决实际工程技术问题的能力。

② 培养查阅图书资料、产品手册和各种工具书的能力。

③ 培养工程绘图以及书写技术报告和编写技术资料的能力。

2. 设备概况介绍

榫齿铣是用于某种发电机叶片根部榫齿铣削加工的一种高效专用铣床,其中有四台电动机拖动,即

铣刀主轴拖动电动机 M1 为 1.7 kW,960 r/min。

铣刀架工进拖动电动机 M2 为 1 kW,1440 r/min。

铣刀架快进拖动电动机 M3 为 1 kW,2860 r/min。

冷却泵拖动电动机 M4 为 0.125 kW,2900 r/min。

根据加工工艺要求,其动作循环如图 6.10.1 所示。

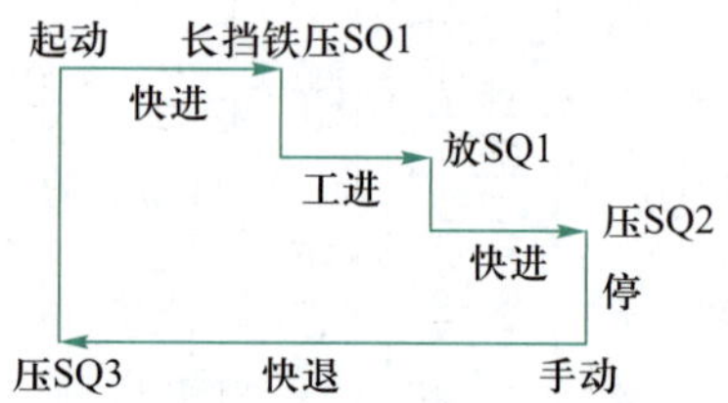

图 6.10.1　专用榫齿铣床加工动作循环图

3. 设计要求

① 具有两种控制选择,即加工时的连续循环及调整中单机(快进、工进与快退)点动。

② 有照明及必要的灯光显示。

③ 有必要的电气保护与联锁。

4. 设计任务

① 设计并绘制电气原理图,选择电器元件,编制元件目录清单。

② 设计并绘制工艺图,包括电器布置图、电气安装接线图、底板加工图;控制面板布置图、接线图及面板加工图;电气箱图及总装接线图。

③ 编制设计、使用说明书,列出参考资料目录。

实训项目11　X62W 型卧式万能铣床电气控制线路故障诊断与处理

1. 实训目的

① 熟悉 X62W 型卧式万能铣床电气控制线路,掌握其分析方法。

② 掌握 X62W 型卧式万能铣床电气控制线路故障诊断与处理方法。

2. 常见故障及其诊断方法

X62W 型卧式万能铣床电气控制线路如图 4.4.2 所示,其常见故障及其诊断方法如下。

① 主轴电动机不能转动，其可能的原因如下：

- 控制电路熔断器 FU3 熔丝熔断。
- 主轴换相开关 SA5 在停止位置。
- 按钮 SB1、SB2、SB3 或 SB4 的触点接触不良。
- 主轴变速冲动行程开关 SQ7 的动断触点接触不良。
- 热继电器 FR1、FR3 已经动作，没有复位。

② 主轴停车时没有制动，按下列顺序进行检查：

- 首先检查按下停止按钮后反接制动接触器 KM2 是否吸合，如 KM2 不吸合，则应检查控制电路。检查时先操作主轴变速冲动手柄，若有冲动，说明故障的原因是速度继电器或按钮支路发生故障。
- 若 KM2 吸合，则首先检查接触器 KM2 主触点与串联的电阻 R 回路是否有缺两相的故障存在，如果制动回路缺两相则完全没有制动现象；其次检查速度继电器的动合触点是否过早断开，如果速度继电器的动合触点过早断开，则制动效果不明显。

③ 主轴停车后产生短时反向旋转，是由于速度继电器的弹簧调得过松，使触点分断过迟引起的，只要重新调整反力弹簧就可以消除故障。

④ 按下停止按钮后主轴不停，其可能的原因及检查方法如下：

- 若按下停止按钮后，接触器 KM3 不释放，说明接触器 KM3 主触点发生了熔焊。
- 若按下停止按钮后，接触器 KM3 能释放，KM2 吸合后有“嗡嗡”声，或转速过低，则说明制动接触器 KM2 主触点只有两相接通，电动机不会产生反向转矩，在缺相运行。
- 若按下停止按钮后，电动机能反接制动，但放开停止按钮后，电动机又再次起动，则是起动按钮在起动电动机 M1 后绝缘被击穿。

⑤ 主轴不能变速冲动，其故障原因是主轴变速行程开关 SQ7 位置移动、撞坏或断线，导致其不能正常工作。

⑥ 工作台不能向上进给，按下述步骤进行检查：

依次进行快速进给、进给变速冲动或圆工作台向前进给、向左进给及向后进给的控制，若上述操作正常，则可缩小故障范围，然后再逐个检查故障范围内的各个元件和接点，主要检查接触器 KM5 是否动作、行程开关 SQ4 是否接通、KM4 的动断联锁触点是否良好、热继电器是否动作等。若上述检查都正常，再检查操作手柄的位置是否正确，如果手柄位置正确，则应考虑是否由于机械磨损或位移使操作失灵造成故障。

⑦ 工作台不能左右（纵向）进给，按下述步骤进行检查：

首先检查横向或垂直进给是否正常，如果正常，进给电动机 M2、主电路、KM4、KM5、SQ1、SQ2 及与纵向进给相关的公共支路都正常。此时应检查 SQ6-2、SQ3-2、SQ4-2，其中有一对触点接触不良或损坏，工作台就不能向左或向右进给。SQ6 是变速冲动开关，常因变速时手柄操作过猛而损坏。

⑧ 工作台各个方向都不能进给，按下述步骤进行检查：

用万用表检查各个电路的电压是否正常，若控制电路的电压正常，可扳动手柄到任一运动方向，观察其相关的接触器是否吸合，若吸合，则控制电路正常。再着重检查主电路，检查是否有接触器主触点接触不良、电动机接线脱落或绕组断路。

⑨ 工作台不能快速进给，其主要原因如下：

工作台不能快速进给，其主要原因是牵引电磁铁回路不通，如线头脱落、线圈损坏或机械卡死。如果按下 SB5 或 SB6 后,牵引电磁铁吸合正常,则故障是由于杠杆卡死或离合器摩擦片间隙调整不当。

3. 实训内容

在掌握了 X62W 型卧式万能铣床电气控制线路常见故障及其诊断方法的基础上,开始进行实训。

① 指导教师根据实际情况设置故障点。

② 学生按照观察故障现象、分析故障原因、查找故障点等顺序,进行故障诊断。

③ 对查找的故障点进行处理,直至机床能正常工作为止。

实训项目 12 专用榫齿铣床 PLC 控制系统设计

1. 实训目的

① 培养运用可编程序控制器,解决实际工程技术问题的能力。

② 培养查阅图书资料、产品手册和各种工具书的能力。

③ 培养工程绘图以及书写技术报告和编写技术资料的能力。

2. 设备概况介绍

同实训项目 10。

3. 设计要求

同实训项目 10。

4. 设计任务

① 设计并绘制主电路图,选择电器元件型号。

② 确定 PLC 的输入设备(包括按钮、行程开关等)、输出设备(包括接触器线圈、指示等),选择电器元件型号,列出明细表。

③ 对 PLC 的输入输出通道进行分配,列出 I/O 通道分配表(包括 I/O 编号、设备代号、设备名称及功能),画出 PLC 的 I/O 接线图。根据工艺要求,将所需要的定时器、计数器、辅助继电器等也进行相应的分配。

④ 进行 PLC 控制系统的软件设计,画出梯形图。

⑤ 对编制的梯形图进行调试,直到满足要求为止。

⑥ 设计并绘制工艺图,包括电器布置图、电气安装接线图、底板加工图;控制面板布置图、接线图及面板加工图;电气箱图及总装接线图。

⑦ 编制设计、使用说明书,列出参考资料目录。

实训项目 13 T68 型卧式镗床 PLC 控制系统设计

1. 实训目的

① 培养运用可编程序控制器,解决实际工程技术问题的能力。

② 培养运用 PLC 进行传统设备改造的能力。

③ 培养工程绘图以及书写技术报告和编写技术资料的能力。

2. 设备概况介绍

关于 T68 型卧式镗床的主要机构、运动形式、控制要求、电气原理图等，请参阅实训项目 9。

3. 设计要求

根据 T68 型卧式镗床的工艺特点及控制要求，结合图 6. 9. 3，采用 PLC 实现 T68 型卧式镗床的控制。

4. 设计任务

① 根据图 6. 9. 3，确定 PLC 的输入设备（包括按钮、行程开关等）、输出设备（包括接触器线圈、指示等）。

② 根据输入输出设备，对 PLC 的输入输出通道进行分配，列出 I/O 通道分配表（包括 I/O 编号、设备代号、设备名称及功能），画出 PLC 的 I/O 接线图。根据工艺要求，将所需要的定时器、计数器、辅助继电器等也进行相应的分配。

③ 进行 PLC 控制系统的软件设计，画出梯形图。

④ 对编制的梯形图进行调试，直到满足要求为止。

⑤ 设计并绘制工艺图，包括电器布置图、电气安装接线图、底板加工图；控制面板布置图、接线图及面板加工图；电气箱图及总装接线图。

⑥ 编制设计、使用说明书，列出参考资料目录。

参考文献

[1] 李仁．电器控制[M]．北京:机械工业出版社,1990.

[2] 丁明道．高低压电器选用与维修[M]．北京:兵器工业出版社,1990.

[3] 罗淑玲．电子电器[M]．北京:兵器工业出版社,1993.

[4] 宋宏．工厂电器控制设备[M]．延吉:延边大学出版社,1996.

[5] 王炳勋．电工实习教程[M]．北京:机械工业出版社,1999.

[6] 胡学林．可编程序控制器应用技术[M]．北京:高等教育出版社,2000.

[7] 隋振有．中低压电控实用技术[M]．北京:机械工业出版社,2003.

[8] 方承远,等．工厂电气控制技术[M]．北京:机械工业出版社,2007.

[9] 张泽军．低压电器故障诊断与维修[M]．北京:化学工业出版社,2009.

[10] 顾桂梅．电气控制与 PLC 应用项目教程[M]．北京:机械工业出版社,2011.